文化发展哲学引论

INTRODUCTION TO
THE PHILOSOPHY
OF DEVELOPMENT
OF CULTURE

操　奇◎著

中国社会科学出版社

图书在版编目（CIP）数据

文化发展哲学引论/操奇著．—北京：中国社会科学出版社，2016.4
ISBN 978 - 7 - 5161 - 6510 - 2

Ⅰ.①文…　Ⅱ.①操…　Ⅲ.①文化发展—文化哲学—研究　Ⅳ.①G02

中国版本图书馆 CIP 数据核字（2015）第 159915 号

出 版 人	赵剑英
责任编辑	张　林
特约编辑	吴连生
责任校对	高建春
责任印制	戴　宽

出　　版	中国社会科学出版社
社　　址	北京鼓楼西大街甲 158 号
邮　　编	100720
网　　址	http://www.csspw.cn
发 行 部	010 - 84083685
门 市 部	010 - 84029450
经　　销	新华书店及其他书店

印　　刷	北京明恒达印务有限公司
装　　订	廊坊市广阳区广增装订厂
版　　次	2016 年 4 月第 1 版
印　　次	2016 年 4 月第 1 次印刷

开　　本	710 × 1000　1/16
印　　张	25.5
插　　页	2
字　　数	433 千字
定　　价	96.00 元

目　录

引　论

文化发展的哲学研究

马克思曾经这样描述他生活的时代："在我们这个时代，每一种事物好像都包含着自己的反面。我们看到，机器具有减少人类劳动和使劳动更有成效的神奇力量，然而却引起了饥饿和过度的疲劳。新发现的财富的源泉，由于某种奇怪的、不可思议的魔力而变成贫困的根源。技术的胜利，似乎是以道德的败坏为代价换来的。随着人类日益控制自然，个人却似乎愈益成为别人的奴隶或自身的卑劣行为的奴隶。甚至科学的纯洁光辉仿佛也只能在愚昧无知的黑暗背景上闪耀。我们的一切发现和进步，似乎结果是使物质力量具有理智生命，而人的生命则化为愚钝的物质力量。"①

在后马克思时代，"危机"从经济层面逐渐侵入人类社会交往实践和精神层面，两次世界大战的爆发是其最大的表演。随后，"异化"逐渐微观化、深化、日常生活化。日常生活的异化就是异化总体化，因为日常生活包裹着的是文化的内核。生活共同体的意义共享的基础日益碎裂化与离散化，观念和精神危机全面爆发。漫步文化超级市场，刘小枫在论说现代学时曾说过："现代化社会的现代状况在不断向社会理论抛出新的麻烦，种种危机发现和危机呼吁几乎已经使理论界和公共论域习以为常。危机已经成了常态。"②

20 世纪六七十年代，人类社会最终爆发了全面生存危机即生态危机，

---

① 《马克思恩格斯全集》第 12 卷，人民出版社 1962 年版，第 4 页。
② 刘小枫：《现代性社会理论绪论——现代性与现代中国》，上海三联书店 1998 年版，第 57 页。

正如海德格尔所言："在以技术方式组织起来的人的全球性帝国主义中，人的主观主义达到了它的登峰造极的地步，人由此降落到被组织的千篇一律状态的层面上，并在那里设立自身。"①

迈入21世纪后，寄身在"危机"四伏的文化方舟上的我们，在一个个"危机漩涡"中随波逐流。从经济危机到社会危机、观念危机，再到生存（生态）危机，唯一能够总体表征这一现象的只能是"文化危机"。这样一来，如果说21世纪人类社会发展有什么总问题式（problematic）②的话，毫无疑问它就是"文化危机"，当代人类生存的困境表明，对整个文化问题的理解已经成为理解现实和时代的钥匙。

20世纪人文社会科学领域的全面文化转向也在学术维度确证了这一事实。从经济危机到社会危机、观念危机，再到生存（生态）危机，似乎印证了马克思所说的范畴生成史③。马克思对"资本"范畴生成史的阐述同样适合"文化危机"范畴的生成史，在这种意义上可以说，"文化危机"这一总问题式已经表明文化成为理解当代人类活动的总体性范畴。

从哲学意义上讲，文化是人类存在的家园。文化危机日渐凸显文化发展的重大意义，——但恰如荷尔德林所言："Wo aber Gefahr ist, wächst/Das Rettende auch."④（哪里有危险，哪里就有拯救。）重新解决"神圣、超验的意义理念的收缩，普遍有效体系的亏空，正当性论据的失效"⑤ 的问题，为主体重建家园已成为人类存在的巨大重心。文化发展总

---

① 《海德格尔选集》下卷，孙周兴选编，三联书店1996年版，第921页。

② 阿尔都塞的"总问题"（Problematic）认为："科学只能在一定的理论结构即科学的总问题的场所和视野内提出问题。"（［法］路易·阿尔都塞、艾蒂安·巴里巴尔：《读〈资本论〉》，李其庆、冯文光译，中央编译出版社2001年版，第17页。)

③ "在资本存在之前，银行存在之前，雇佣劳动等等存在之前，货币能够存在，而且在历史上存在过。因此，从这一方面看来，可以说，比较简单的范畴可以表现一个比较不发展的整体的处于支配地位的关系或者一个比较发展的整体的从属关系，这些关系在整体向着以一个比较具体的范畴表现出来的方面发展之前，在历史上已经存在。在这个限度内，从最简单上升到复杂这个抽象思维的进程符合现实的历史过程。"见《马克思恩格斯选集》第2卷，人民出版社1995年版，第20页。

④ Hölderlin, *Gesamtausgabe*, Leipzig：Insel Verlag, 1939, s. 230. 又见 Martin Heidegger, *Erläuterungen zu Hölderlins Dichtung*, Frankfurt am Main：Vittorio Klostermann Verlag, 1996, s. 21.

⑤ 刘小枫：《现代性社会理论绪论——现代性与现代中国》，上海三联书店1998年版，第490页。

是通过某一具体的文化主体来发展的，文化发展总是为了某一具体的文化主体而发展的，因此，通过文化如何发展和为何发展的主体论求证来获取文化重建的某种可能路径是本书的研究对象。

第一节　文化如何发展和为何发展

英国著名政治哲学家杰弗里·托马斯认为："任何一种学术探究都要追问四大问题：（1）其研究领域、学科对象或问题域是什么？（2）它在该领域的研究方法是什么？（3）这种探究的内在结构是什么，有哪些组织和分支？（4）这种探究具有什么样的价值？因此，关键词是：领域、方法、结构、价值。"① 本节将按照这一模式展开，说明本研究的对象、价值、方法、结构。

一　文化如何发展和为何发展的主体论求证

从哲学上讲，"文化发展"即主体重新筹划（海德格尔意义上的）并最终优化人类的生活方式，而对于如何筹划并最终优化人类的生活方式而言，最有价值的理论视界就是马克思哲学。因为面向未来的文化发展是基于超越自身有限性的筹划，是此在"生存论建构"的本质特性，而以实践辩证法为其核心的马克思哲学尤为强调人的感性生存和超越性存在——马克思哲学认为："辩证法，在其合理形态上，引起资产阶级及其夸夸其谈的代言人的恼怒和恐怖，因为辩证法在对现存事物的肯定的理解中同时包含对现存事物的否定的理解，即对现存事物的必然灭亡的理解；辩证法对每一种既成的形式都是从不断的运动中，因而也是从它的暂时性方面去理解，辩证法不崇拜任何东西，按其本质来说，它是批判的和革命的。"② "辩证法的本性不是像形式逻辑一样的单纯的一种方法，

---

① ［英］杰弗里·托马斯：《政治哲学导论》，顾肃、刘雪梅译，中国人民大学出版社 2006 年版，第 3 页。

② 《马克思恩格斯选集》第 2 卷，人民出版社 1995 年版，第 112 页。

它既是本体论，也是认识论，而本体论、认识论跟人的主体性绝对分不开的。所以'逻辑本质上是自由的事业'。""辩证逻辑是自由逻辑又是生命逻辑，但是在这样一个层次上面呢，辩证逻辑已经超越形式逻辑那样一种外在的规范、一种形式的规范，而是立足于对自由生命的一种体验或者是内在的感悟。"① 因此，从马克思哲学的视界来看，文化发展理论应该上升到马克思辩证法的高度来研究，这样的马克思主义的文化发展哲学实际上就是一种文化辩证法。

当然，文化辩证法是一个包含着许多问题的巨型问题域，本书以"文化如何发展和为何发展的主体论求证"为研究对象，力图从马克思哲学视界出发，对文化发展进行主体存在论的哲学探究。这个探究首先界定马克思哲学的"文化""文化发展""主体"概念，在此基础上深入考察客体自然与文化发展和主体的生产实践、交往活动、解释行为与文化发展的复杂关系，而对这四对关系的探讨是以主体（性）的生成、文化结构的优化、文化模式的改良为逻辑节点来展开。本研究最后探讨了文化发展的根本动力、发展标准和主体目的。

本书要解决的关键问题：研究客体自然与文化发展和主体的生产实践、交往活动、解释行为与文化发展的复杂关系、文化主体的历史生成与文化发展的动力关系、文化发展的标准和目的等问题。

二　本研究的价值

世界文明从不缺少把文化颗粒绞合在一起的力量，人类从不缺少形形色色的文化招魂术、文化救生术、意义加工厂，而主体却相对缺少甄别种种文化颗粒、文化招魂术优劣肥瘦高下的眼光。如此一来，"文化如何发展和为何发展的主体论求证"应运而生，它追求的是具有批判性的文化接生术，精神助产术，存在解放学。它认为：任何文化在生产自己的同时，也生产了自己的反面。因此，"文化如何发展和为何发展的主体论求证"反抗经验主义、经济主义、理念主义、自然主义的文化发展观，也反对狭隘的去文化（叁）的社会发展观，它试图肯定文化主体在文化

① 邓晓芒：《哲学史方法论十四讲》，重庆大学出版社 2008 年版，第 142、143 页。

实践中的各种有价值的打开未来向度的文化抵抗，探讨文化主体的主动创造品质，引入文化间性理论辩证分析文化冲突、辩证理解文化矛盾。以文化（人化）反抗异化，以存在创造本质，以实践超越规定，以自由反抗奴役，以文化逻辑反对资本逻辑，以科学的文化发展理论推动生成新的文化主体是其根本目的。这样的研究县有如下价值：

1. 现实价值

（1）文化发展与主体解放

当代世界的发展越来越需要一种总体性的范畴来加以把握，因为人类生活方式的整体性改变趋势越来越明显。资本逐步成为物和人、文的王、主、神，资本泛神论的强大冲击，使得资本的剩余价值冲动获得巨大的扩张。生活世界正在被资本殖民化，异化的总体化、微观化、深化、日常生活化现象越来越严重；世界是这样的世界：有知无识，有歌无诗，有物无人，有精无神，有类无个，有命无魂，有我无人，有欲无望，有存无在，有此无彼，媚资、媚俗、媚权风行天下，人，丢弃了人的解放旨趣和意志。在这种历史语境中，"文化如何发展和为何发展的主体论求证"继承马克思的社会批判精神和自由意志，运用宏大的历史视界，重新祭起"辩证法"的"照妖镜"，关注现实的人的现实自由和现实解放，有助于生成新的主体，谋划新的世界公民，重新谋划世界文化的合理形式。

（2）中国当下的社会发展需要从主体存在的视角均衡社会发展

仅仅重视生产和消费的物质方面，而忽视了人的精神活动及其社会条件的社会主义是一种"粗陋的"社会主义。联合国教科文组织的《文化政策促进发展行动计划》（1998年）中说："发展最终以文化概念来定义，文化的繁荣是发展的最高目标。"中国当前的社会主义建设事业面临一次必然的能级提升，即从目前的财富、社会、政治等社会层面上升到哲学、审美、道德层面。"文化如何发展和为何发展的主体论求证"可以辩证分析文化总体性发展对社会发展、经济发展、政治建设的整合功能，纠正去文化（叁）的"粗陋的"社会发展观，均衡四重奏总体社会发展；有利于制定正确的文化发展方略，为总体社会发展提供强劲的文化动力。这一研究并不是基于"发展主义"意识形态的形而上学冲动，毋宁是探寻那些使中国人能够共享一种更有德性、更具健全人格和更令人满意的生活的理想图景，达至人的复归。

（3）中国文化历史与文化国情召唤从主体论求证"文化如何发展和为何发展"

在经历了马克思主义中国化，接受精神文化的西方救济，服吃新儒学补药，不断榨取传统文化的剩余价值之后，中国文化发展还是进入了：需要文化巨人而没有产生文化巨人的时代，需要文化大典没有产生文化大典的时代，需要文化跃迁而没有产生文化跃迁的时代。这就是我们的基本文化国情，这种奇怪的"文化不孕症"，召唤新的文化发展理论，因为立足于主体存在论的文化发展理论本质上是一种总体性文化发展理论，它反驳了脱离生产方式、交往方式语境空谈精神文化发展的理念主义的文化发展观，其总体性、主体性、现代性视界有助于中国传统文化的现代转型实践。

2. 理论价值

（1）"文化如何发展和为何发展的主体论求证"弥补了正统马克思主义理论中的文化视角的缺陷

马克思天才地提到了"人的（四重）生产"的重要性，但他本人更注重人的物质生产和劳动生产，其后的马克思主义者也忽视了精神生产和关系生产维度。马克思晚年的人类学转向凸显了文化世界的重要性，它开启了马克思主义的新视界，孕育着马克思主义发展的新维度。但这次"华丽的转身"，急需后人的思想跟进。首先跟进的是恩格斯，在致梅林的信（1893）中，恩格斯承认马克思和自己"都有同样的过错"，"这就是说，我们最初是把重点放在从作为基础的经济事实中探索出政治观念、法权观念和其他思想观念以及由这些观念所制约的行动，而当时是应当这样做的。我们这样做的时候为了内容而忽略了形式方面，即这些观念以什么样的方式和方法产生的"①。但随后的正统马克思主义理论把唯物辩证法局限于物质生产逻辑，阻碍了我们理解生产的文化特性，或者影响了我们正确实践全部人类相互作用的交际理性。威廉姆斯·雷蒙德在其专著——《马克思主义与文学》（1977）中主张，传统马克思主义中有一种把交互行动还原为劳动的趋向，因而在这一方面模糊了文化传

---

① 《马克思恩格斯选集》第4卷，人民出版社1995年版，第726页。

统和语言的构成意义。威廉姆斯的文化理论帮助我们发展和加强了正统马克思主义这一有些落后于时代的传统观点。

在此基础上，本书同意文化是渗透于上层建筑与经济基础的人类实践因子，不只是决定论的解释对象的看法。这样一来，弥补正统马克思主义理论中的文化视角的缺陷，探索出恩格斯所言之"这些观念（即政治观念、法权观念和其他思想观念）""以什么样的方式和方法产生的"，考察自然与文化发展和主体的生产实践、交往活动、解释行为与文化发展的复杂关系，理所当然成为本书的核心论题。

（2）科学发展观理论再生产文化发展哲学，"文化如何发展和为何发展的主体论求证"是科学发展观的新的学术增长点

众所周知，科学发展观是马克思主义在当代中国发展出的硕果，而马克思主义文化发展哲学本身就是科学发展观的内在发展的必然结果。作为文化理论和科学发展观的学术增长点，"文化如何发展和为何发展的主体论求证"更加焕发发展理论研究的活力，开拓新的论域，生产新的理论和思想。开展文化如何发展和为何发展的主体论求证，有助于科学把握文明和文化发展的基本内涵，有利于坚持和发展马克思主义的文化发展观；开展文化如何发展和为何发展的主体论求证，有助于揭示总体发展的内在联系，有助于弥补"去文化（叁）"的现代化转型的弊端，有助于揭示文化发展与社会进步、经济发展、政治建设之间的联系，发现并丰富社会主义国家建设规律；开展文化如何发展和为何发展的主体论求证，有助于探索社会主义社会文化发展的特殊规律。

（3）"文化如何发展和为何发展的主体论求证"为文化发展研究开拓了一个有益的、科学的研究路径——马克思主义文化发展哲学，并有助于探究人类文化发展理论的新范式

到目前为止，有两种文化发展理论范式："粗陋的"的文化发展研究范式和"反省的"的文化发展研究范式。它们的区别表现在文化概念、发展对象、发展主体、正确发展的起源和途径、发展方法、发展的标准和目的等等问题上。

a. "粗陋的"文化发展研究范式：经验主义、经济主义、理念主义、自然主义

经验主义的文化发展观：从经验认识的角度出发，从朴素的生活经

验出发，对文化发展研究是一种直观性把握，这必然导致文化发展的僵滞化、低水平重复化、庸俗化。经济主义的文化发展观妄想着永远剥削文化红利，在实质上代表着产业化、物性化的意识，使人屈从于物性化的现存社会结构，改造客观世界的同时奴役着文化主体。它培育人的主动异化意识，去创造主动剩余价值，是一种反文化发展的庸俗经济学。理念主义的"文化发展学说"，反省了文化的运动，但却只是抽象地、唯心地发展了精神文化的能动性，而忽视了文化发展的主体存在的基础作用、文化结构的总体性优化、文化主体与客体以及文化生态之间的互动，过于强调主体的精神能动性，因而在理论性质上是一种神秘形态的"文化发展观"，必然导致文化发展的无根化、神秘化、空洞化，最终走向反现实的意志论。自然主义的文化发展观只考虑到文化起源的单一性，同一发展阶段的人类文化的类似性以及同一社会条件下人们精神作用的一致性，人类文化在同质的一般历史条件下按照同质的单一连续性取得发展，把人类文化进程中的历史环境如生态环境和人文地理因素对具体进化过程的影响排除在外，忽视了文化主体的自否性、批判性以及人类社会和文化进化中的区域性和民族性。

b. "反省的"文化发展研究范式：立足于马克思实践哲学的文化发展观

立足于马克思实践哲学的文化发展哲学的提出使得文化发展研究上升到了哲学范式。"文化如何发展和为何发展的主体论求证"奠基于马克思哲学，不仅仅是一个文化学、社会学意义上的、只喻示着事实性的科学命题，更是一个哲学意义上、价值性意义的科学命题，它是"反省的"、哲学的文化发展范式，它企图在马克思主义视界中建立科学的文化发展哲学，确立历史唯物主义的文化发展观，辩证地高扬主体性哲学。既驳斥了经验主义、经济主义文化发展观的粗鄙、狭窄，又批判了理念主义文化发展观的虚妄、空想，同时还反对自然主义文化发展观的机械性。立足于主体生存论的文化发展观奠基于深刻的存在论基础，其最深层的动机正在于捍卫人作为历史的创造者这一主体地位，弘扬人的主体意识，克服主动异化意识、主动剩余冲动。

三　文化发展的哲学研究方法

本书的理论研究模型以马克思主义理论为框架，以历史唯物主义作为一般的方法论和最高的认识原则，运用马克思主义哲学的基本原理和方法，会通其他相关现当代社会科学理论，对问题进行研究。

具体的研究方法和研究路径决定了研究的视界。黑格尔说得好："方法并不是外在的形式，而是内容的灵魂和概念。"① 任何严肃的研究都是重视研究方法的结果，马克思主义理论研究更是如此。本书运用的研究方法有：

1. 概念分析法

人们永远不会超出他们在时间里的主观存在，但他们可以打破僵化的外壳，达到对现实本身的更清晰的理解。因为每个人选择的范畴，最终都要理解为历史境况的某个方面。所以，概念分析法不预先设定固定的范畴，包括"文化""发展""主体"等。概念分析法认为，这些"预先设定固定的范畴"的前提是值得追问的。马克思辩证法的概念分析法永远承认自己范畴、概念中的历史性，而决不会使它僵化，对现实的压力麻木不仁。当代种种文化实践和文化现象，都需要用马克思辩证法来辨析它们的思想活动和作用，并以此来克服人们对"文化"范畴在理解上的局限，从而再反过来指导人们的文化实践。对于辩证法而言，不存在什么固定的"文化""发展""主体"范畴，而且所谓的"文化"更是一个总体性的范畴，更需要反复辩难；而一种文化不可能不与一个更大的文明整体发生联系，不可能不与本身即是历史境况一部分的文明整体相关。"文化发展"这一概念就更加不是自明的，更加需要运用概念分析法来做出清晰的界定。"主体"永远是矛盾中的"主体"，黑格尔说得对，"矛盾"标志着一种理性反思的高度。它喻示着一种理性自我意识，即超越了不反思、自发、狭隘的生存等生活境界，标志着对生活、文化的反思和批判。"文化""文化发展""主体"这三个核心概念辨析清楚后，理论的视界和境域就基本确定了。

---

① ［德］黑格尔：《小逻辑》，贺麟译，商务印书馆 1980 年第 2 版，第 427 页。

2. 逻辑与历史相一致方法

马克思哲学不是"历史**唯物主义**",而是"**历史**唯物主义",是在唯物主义的基础上始终贯穿着的一种历史主义方法。要达到对文化发展的科学阐释,没有生成和发展的逻辑即辩证法是不行的。马克思哲学的革命及其在世界范围内的发展,还有马克思本人成长为一个马克思主义者这三个文化事件的生成过程,本身就是文化辩证法的重要范本。在思想的生成过程中,马克思对哲学思想史遗产的清算是和对自己原有的哲学思想的自否定紧紧地绞合在一起的。探讨文化发展这样的重大哲学课题,尤其需要运用逻辑与历史相一致方法。例如,在后马克思历史语境中,"生产方式"研究逐步让位于"生活方式"研究。"无产者""社会批判""解释""实践"等历史唯物主义核心范畴语义在历史运动的挤压下均发生了巨大的改变。在这一总体语境之下,马克思所谓的"实践活动"也必然是基础性的物质实践活动与"高级"的(如亚里士多德意义上的伦理—政治行为等)实践活动构成的总体实践。这种总体实践与文化发展具有密切的联系。

3. 跨学科研究方法

马克思是人文、社会科学领域的伟大的天才。马克思主义理论是运用跨学科研究方法的最好的实践成果之一。"除了《反杜林论》这种特殊情况以外,没有哪本著作可以明确地界定为纯粹的哲学或经济学、社会主义专著,或马克思主义本是一种学科界限较为相对和淡化,或者说跨学科的社会理论。"[1] 德国著名马克思主义文学家、美学家迈彻尔(Thomas Metsche)提出过"一体化的马克思主义"(integrative Marxism)概念,它是一种包括本体论、认识论、人类学、经济学、政治学、伦理学、文化学等在内的整体的马克思主义,即包括(历史作为辩证过程的)本体论维度、(人与社会关系总体作为自然本性的)人类学维度、(统一理智概念的)认识论维度、(生产关系的)形态史维度、(世界形成、美学的)文化史维度、(反对压迫、表达人权的)伦理与政治—实践维度。"在法兰克福学派那里,哲学、经济学、政治学、心理学等学科,构成了相互融合、相互支援的理论资源,形成了对资本主义社会及其文化的总

---

[1] 刘森林:《发展哲学引论》,广东人民出版社2000年版,第9页。

体批判。在这些讨论中，他们都以马克思哲学的批判精神为主导，透视当代资本主义社会的政治、经济、文化，实现一种理论逻辑上的整合。"①本书力图整合诸如全球化理论、交往理论、精神分析学、人格心理学、生态哲学、知识社会学、后殖民理论，因为只有这样才可能获得整体性的、阔大的理论视界，才可能避免文化发展研究落后于文化实体的现有的具体发展的逻辑悖谬。

4. 文本解读法与征候阅读法相结合的方法

受哲学解释学的影响，当代马克思主义理论研究十分注重文本研究。完整的文本研究应包括前后相续、层层累积而又相互支持和融通的三个步骤、三个阶段，即版本考证、文本解读和思想研究②。

马克思的文化发展哲学思想隐藏在其丰富的显性文本中，这些文本除了《博士论文》《1844年经济学哲学手稿》《共产党宣言》《德意志意识形态》外，还应该包括《〈政治经济学批判〉导言》（1857年）、《〈政治经济学批判〉序言》（1859年）、《1857—1858经济学手稿》《资本论》和《哥达纲领批判》，以及恩格斯晚年关于经济基础与上层建筑"互相作用"的论述（指恩格斯在19世纪90年代的若干封书信）。这些文本中的文化发展哲学思想，需要运用文本解读法来研究。

此外，其文化发展哲学思想还寄寓于其文本的"空隙"和"省略"中，例如马克思晚年研究的人类学转向问题，早、中、晚期马克思思想的断裂都有丰富的方法论意味和思想征候。这些文本的"空隙"和"省略"需要一种叫作"征候阅读法"的很有价值的解读方法。它是阿尔都塞主张的一种文本解释学方法，同时也是一种理论研究方法。阿尔都塞在《读〈资本论〉》一书中说："所谓征候阅读法就是在同一运动中，把所读的文章本身中被掩盖的东西提示出来并且使之与另一篇文章发生联系，而这另一篇文章作为必然的不存在于前一篇文章中。""我们只是力图把那种'征候读法'也运用到马克思的阅读上。这种方法使马克思在斯密著作中读出读不出来的东西，因为马克思用没有相应问题的回答这

① 仰海峰：《形而上学批判——马克思哲学的理论前提及当代效应》，江苏人民出版社2006年版，第51页。

② 聂锦芳：《版本考证与文本解读、思想研究的关系辨析——以〈德意志意识形态〉为例》，《马克思主义与现实》2007年第3期，第77页。

一悖论所包含的看不见的总问题来衡量他开始就看见的总问题。"① 在文本的意味深长的"沉默"中，在它的空隙和省略中，最能清楚地看到意识形态的存在。阿尔都塞认为，马克思在写作《资本论》时所取得的突破性科学认识就是依靠对亚当·斯密和李嘉图等人著作的"征候阅读法"所获得的，马克思在一个新的理论框架中说明的是他们的文本中为什么会出现某些"空隙"和"省略"，而"马克思主义理论"很多内容就是被后人运用征候阅读法发展出来的。

本书拟对马克思主义文化发展哲学思想采取整合的征候阅读法路径：首先，马克思哲学构成本书的整体视界；其次，马克思《1844年经济学哲学手稿》中的思想可以用来揭示文化的"人化""对象性活动"本质，并可结合《博士论文》的自由思想、《共产党宣言》中的"人性的充分自由发展"思想来确立文化发展的标准、目的；再次，《提纲》"11条"为界定"文化"概念提供了逻辑构件，恩格斯晚年的意识形态相对独立性、能动性的思想揭示的经济、政治、文化之间的复杂关系思想为建构"文化"概念的总体性提供了视界；最后，用马克思1859年《序言》中的思想来解答文化演进和嬗变的根本动力。

本书的研究承认这样的哲学前提：以马克思哲学为基本框架，诸如历史辩证法对社会发展进程采取的"进步观"，唯物史观对人的历史的创造性、主体性的强调，自由的、有意识的、超越性的类活动是人的本质观，以及意识形态批判、社会批判理论、社会形态理论等，并会通其他相关现当代社会科学理论。以历史唯物主义作为一般的方法论、以生存本体论为本体论原则，同时辅以广义马克思主义理论：以广义马克思主义理论资源作为分析的主要辅助工具，例如中国化的马克思主义、国外马克思主义理论、后现代主义、现代性理论、全球化理论等，来深入研究"文化发展"，完成"文化如何发展和为何发展的主体论求证"。

---

① ［法］路·阿尔都塞等：《读〈资本论〉》，李其庆、冯文光译，中央编译出版社2001年版，"序言"第21页。

四　本研究的内在结构

黑格尔说过哲学的理论体系应该是"全体的自由性"与"各个环节的必然性"的统一，而不能是所谓的"散漫的整体性"。康德的在三大"批判"中明确表示自己刻意经营"纯粹理性的建筑术"，这些都表明了论文结构的重要性。本书的逻辑架构是：

本书内在逻辑是：文化活动即对象性活动，按其指向的对象，包含着自然、社会、自身三个基本层面的活动，即生产实践、交往活动和解释行为。主体的生产实践本源地构成文化发展理论的逻辑起点。主体的交往活动是与生产实践同步发生的，同样具有原初的意义。为了凸显其作为文化发展主要路径的重大意义，特将其从生产实践中逻辑地剥离出来，其中重点考察主体间性与文化发展。生产实践和交往活动获得两方面成果：在客体方面结晶为文化客体，在主体方面向内晶化为文化主体的解释活动，"主体的解释活动"就构成了文化发展的内在前提。主体始终是历史的、具体的、生成的，这一特性内在构成文化发展的动力，主体的解放即个人的全面自由发展和自由个性内在构成文化发展的目的。生产实践、交往活动、解释行为构成文化发展的共时性维度，主体的历史生成构成文化发展的历时性维度。

从文化发展的存在论到认识论，再到目的论，——落脚点的目的论实际上又回到存在论，因为所有文化发展的目的归根结底还是为了优化人的存在，——完成了一个和人的存在、文化发展的相一致的哲学（也是生存）圆圈：起点、实践活动、终点/起点。目的论始终总是存在论视界中的目的论，没有存在论视界的目的论是无效的；"共产主义社会""个人的全面、自由发展"总是未来向度中的马克思存在论，包含着马克思实践哲学意义上的"本体论承诺"（奎因语）。

本书所谓"文化发展"一般都限定在主体（性）的生成、文化结构的优化、文化模式的改良三个逻辑节点来开展，所以本书将先后从客体自然，主体的生产实践、交往活动、解释活动、发展动力和主体目的，围绕这三个方面来论述文化发展的主体可能性。

第二节　研究综述

研究综述将从三个方面加以论述：国内研究现状分析、国外研究现状分析以及国内外研究现状综述。

一　国内研究现状分析

在国内，大部分所谓的"文化发展"研究还只是文化发展"具体科学"研究，这种研究采用的是经济学、管理学、文化学、文化人类学、社会学、历史学等具体科学视角，只能具体地、局部地说明文化发展的某一阶段、特征或某些方面和某些特征、却不能从总体上把握文化发展的主体存在论根基，只能说明文化发展的现象，不能揭示文化发展的本质。因此，它们把文化发展的研究降到了具体科学的层次，否定了其研究的哲学性质，尽管这种研究也能洞察到文化发展的某些特征，某些品格。既然还停留在文化发展前哲学研究的理论视界，当然不是文化发展哲学研究，当然也就谈不上"主体存在论"的理论视界。真正有力度涉及文化如何发展和为何发展的主体论求证这一论题的是几部以"文化哲学"命名的专著。采撷这两个方面有代表性的研究成果分述如下：

1. "具体科学"研究视角

许明、花建主编的《文化发展论》探讨了文化发展的特点。文化在发展过程中至少呈现出四大特点：从空间维度、从文化自身的结构以及一文化与他文化的关系、文化领域或其他领域的关系来看，表现出整体性与差异性以及先进性和落后性的特点；从时间维度来看，文化发展的历史过程体现为稳定性与时代性的特点，而其发展的形态则呈现为常态性和危机性的特点。其中较有意义的是提出过先进性标准的学理问题。他们初步探讨了文化发展的诸动因。但总的来说，对各动因的具体运作机制着墨不多，也没有自始至终自觉坚持马克思主义文化发展哲学视界，理论的抽象与概括也不够。

许明、马驰主编的《马克思主义与当代文化发展》一书，虽以"马克思主义与当代文化发展"为名，实则论述"马克思主义与当代文化发展"之间关系的篇幅甚少。其主要篇幅只是简述了早期西方马克思主义和后期马克思主义一些代表性人物的一些观念，"马克思主义与当代文化发展"蜕变为"马克思主义的发展"后，结构就有些散乱、缺乏逻辑。在第三节"都市文化研究：范式及其问题"中谈到了"城市文化"时，区分了狭义的"城市性的文化"和广义的"城市中的文化"，比较有学术价值。

作为文化部教育科技司司长的韩永进，在其《新的文化发展观》一书中，从文化管理、文化政策、文化体制改革等视角切入比较详细论述了中国当代文化发展问题。

在《当代文化的生成机制》一书中，舒扬从"当代文化的生成机制"这一研究视角，凸显"当代文化"的维度，试图突破和超越以往人们对文化研究的单一思路，而从一个全新的多维视角来追问文化的发生和生成机制，以期从文化传统与当代文化的关系、文化的冲突与共生、文化的批判与反思以及当代文化的新形态等多个方面，来勾勒当代文化生成的多维图景，从而为文化生成的定位和发展寻找到合理的根据。应该说，在当代文化生成研究的主要难题和关键所在几个方面，这本著作做出了很好的尝试。

陶伯华在其《大飞跃——人类文明演进的十大飞跃点》对世界文明演进史上的十大飞跃点加以总览，俯瞰性地揭示了带有普遍性的文明演进的飞跃规律：与世间万事万物一样，文明演进也总是量变与质变、渐进与飞跃两种状态的交替相继、螺旋上升。对人类文明演进十大飞跃点的孕育原因、基本特征、推进结构、发生过程、主要事件、历史作用做了一个大致的描述。陶伯华理论模型最大的特点是：结合人性形态、社会形态、经济形态来探讨文明形态。

2. 文化哲学视角

朱谦之先生在1933年出版了《文化哲学》一书，该书中"文化的进化""文化的分期"等方面涉及了文化发展的一些基本论题并做了有益的探讨。

许苏民的《文化哲学》出版于1990年，其理论框架对之后的文化哲学研究影响很大。该书涉及文化发展哲学的内容很多诸如文化发生论、文化结构论、文化发展论、文化动力论，包括文化创造、文化交流及其方式、机制、作用、文化反省与文化自觉。这个体系的特点是内容比较全面，深入中国文化的内在机制和结构之中来展开论述，不仅有静态的理论层面分析，而且有动态的历史描述，涵盖了人类社会的主要文化现象，堪称一部典范性作品。

李鹏程的《当代文化哲学沉思》论述了文化时间（历史、传统、文化进步、文化危机与文化复兴）、文化空间（文化干涉与文化交流、文化冲突与文化整合、文化全球化）。该书对文化意识的历时形态、文化实在性、文化价值的具体分析等方面都颇有新意。但该书的主要思想不是建筑在马克思主义哲学基础上，而是基本从普泛的文化学思考中得出的。

邹广文的《文化哲学的当代视野》。涉及文化发展哲学的内容有：马克思的文化意识述要（包括马克思文化观的逻辑结构、世界历史意识与现代化进程、人化自然理论、人的需要与全面发展）、文化哲学的当代追求（包括文化哲学的时代品格、建构原则、文化反思的问题意识、文化哲学的当代主题）、当代社会发展的文化选择、现代人对自然的文化意识、审美文化与审美人生、文化自觉与人的全面发展（包括个体的现代文化生成、日常生活价值的凸现）等。

何萍的《马克思主义哲学与文化哲学》认为，文化哲学研究文化，不是研究现存的文化形式，而是研究人的文化创造如何可能，亦即人的文化如何可能的问题。通过研究维科与马克思的文化哲学及其相互关系，揭示文化哲学的本体论和建构原则，并以此思考文化哲学的其他基本问题，探讨文化哲学的基本问题、研究方式和认识论、方法论问题。对文化与人的信念，乃至中国知识分子问题、女性主义问题都进行了颇有深度的分析。作者把文化哲学看作历史哲学发展的一个结果，这一思路和上述其他人的思路具有一定差别。在实践哲学和文化哲学的关系上，她认为，文化和辩证法相结合，才是真正马克思意义上的实践，辩证法正是马克思主义的实践原则。文章还创造性提出了文化历史研究的三大方法：文化发生方法、历史比较方法、否定性方法。全书真正具有完整的马克思辩证法的视界。

衣俊卿是文化哲学研究的另外一位重要的代表人物。他的《文化哲学》一书出版于2001年。他从生存方式的角度来解释文化，把文化的核心确定为日常生活领域。他在这部著作中建立的理论体系是从文化概念入手，对文化现象进行总结，以文化模式的危机、转型、批判、重建为主要线索，以现代性的主体精神为核心理念，以日常生活世界的批判为落脚点。这个思路比较全面地总结了西方哲学演变的背景，以回归文化和生活世界为重要理论特征。

黄力之、张春美主编的《马克思主义文化哲学与现代性》认为"巴黎手稿"正确地解决了研究人类文化问题的逻辑起点问题。"巴黎手稿"确认了文化的本质，即人的本质力量的对象化。"巴黎手稿"在辩证地批判异化的过程中确立了新型的文化价值理念。"巴黎手稿"在实际上批判了唯心主义的文化史观。还认为：在"宣言"中，马克思、恩格斯讲的人与文化则是一个分裂性的概念，就是说，"宣言"中的人与文化不再是一个整体，它们被分裂为阶级形式和民族形式，这样，在资本主义时代，文化的问题不再是人与自然的关系问题，而是全球范围内的社会性问题。马克思、恩格斯在"宣言"中总体上是对资本主义文化变革及文明模式作了批判。

二　国外研究现状分析

从文化发展研究视角来看，国外有关文化发展的专业研究多是文化学、文化人类学、文化经济学、文化社会学、文化政治学、知识社会学、历史学的视角，部分著作采用了文化哲学视角。还有一部分文化发展"思想"散落于一些著名哲学家、历史学家的著作中。

在文化人类学方面，有古典进化论学派、传播论学派、功能主义学派、新进化论学派、文化人格学派、文化解释学派如博厄斯、罗维、克鲁伯、韦斯勒、高登卫塞等，为我们提出了文化发展形态理论。从马克思主义人类学视角切入文化发展的研究成果，以美国人类学家劳伦斯·克拉德、唐纳德·凯利为主要代表。克拉德在《卡尔·马克思的民族学笔记》《亚细亚生产方式》《作为民族学家的马克思》等著作中，凯利在他的代表作《晚年马克思与人类学》一文中提出了一些文化发展的基本思想。墨菲（R. Murphy）在《社会生活的辩证法》等书中，则以马克思的辩证法思想为指导来研究人、文化和社会，从而构建他的"社会生活辩证法"思想。而在《文化唯物主义》一书中，美国的哈里斯（Muarain Harris）标榜自己的理论是以马克思关于人们的"社会存在决定人们的意识"的论断为核心，并"补充"进了新进化论和结构主义等理论，形成了他的"文化唯物主义"。法国的结构马克思主义学派如戈德莱厄（Muarice Gdeelier）等把战后兴起的结构主义人类学思想与马克思的哲学理论捏合起来作为自己的学术旗帜。

西欧马克思主义诸流派对发达工业社会和现存社会主义进行了全方位的批判，他们的文化批判理论或社会批判理论的基础是实践哲学，而实践哲学的基本框架是奠定在青年马克思的理论构想之上的。从卢卡奇、科尔施、葛兰西为代表的第一代西方马克思主义者，到法兰克福学派、萨特等第二代西方马克思主义者，以及包括南斯拉夫实践派、匈牙利布达佩斯学派、波兰的人道主义学派、捷克的柯西克在内的东欧新马克思主义者，都立足于马克思早期思想，主张回到马克思坚持实践哲学立场，主张社会主义的人道化和实践的人道化，西方马克思主义的文化批判使得马克思主义的传统焕发了新的面貌。尤其是以：卢卡奇、科尔施、葛兰西对物化意识和资产阶级文化领导权的批判；法兰克福学派对启蒙理性、大众文化、心理机制、性格结构的批判；列菲伏尔和赫勒等人对日常生活的批判。①

胡塞尔的现象学理论从文化批判角度推进了文化哲学的思考，提出了生活世界理论。受胡塞尔这种文化哲学思路的启示，海德格尔、伽达默尔等人也对生活世界理论进行了深入的论述，他们的研究从理论层面和实践层面上推动了作为哲学理解范式的文化哲学向生活世界的回归。

晚期马克思主义大家詹姆逊把解符码化、再符码化和精神分裂同现实主义、现代主义和后现代主义——对应起来，建立起了一个文化（文学）嬗变的历史描述模式：蒙昧时代：符码化（coding）→野蛮时代：超符码化（overcoding）→文明时代：解符码化（decoding）→19 世纪末：再符码化（recoding）→当前：精神分裂。

在文化政治学方面，亨廷顿认为，文明是放大了的文化，是最广泛的文化实体。提出了我们大体经历了三个发展阶段的理论：第一阶段是

---

① 参阅衣俊卿《文化哲学十五讲》，北京大学出版社 2004 年版。

文明在公元 1500 年前的发展。第二个阶段是西方文明崛起，形成对其他文明冲击的发展时期。第三个阶段是当代多元文明发展的时期。

历史上有很多哲学家、历史学家或其他社会学家在其著作中部分论述了文化发展的一些问题，这些对我们的研究有很大启发作用。远到新康德主义的文化科学，狄尔泰的精神科学，斯宾格勒的历史循环论，近到胡塞尔、舍勒的存在论和现象学，桑巴特等人的新历史主义，帕雷托的精英主义，弗洛伊德的精神分析学说。例如：黑格尔的《历史哲学》《哲学史讲演录》，福柯的《癫狂与文明》，布罗代尔的《资本主义的动力》，马克斯·舍勒的《资本主义的未来》，马克斯·韦伯的《新教伦理与资本主义精神》，卡尔·雅斯贝尔斯的《历史的起源与目标》，阿诺德－汤因比的《历史研究》等等。

除此以外，还有列维－斯特劳斯的结构主义，舍勒、蓝德曼等人的哲学人类学，以福柯、德里达等人为代表的后现代主义的文化批判思潮等或多或少地讨论了文化发展的部分问题。这些理论的共同性局限在于：对文化发展的主体存在论根基探讨，缺乏一种总体性视界和历史唯物主义的运思方式。

总的来说，最有价值的还是国外马克思主义理论、现代性批判、全球化理论、系统理论、主体间性理论、交往理论、人格心理学、生态哲学、知识社会学、性别理论、都市理论、后殖民理论、认同理论、族群理论、酷儿理论、第三文化理论等。它们或从理性主义（尤其是技术理性批判甚至启蒙精神、理性和人本精神本身）是，或从统治模式和国家理论、意识形态，或从大众文化和文化工业、心理机制和性格结构，或从族群认同等不同的角度、层面、向度为我们奠定了复杂多姿的文化发展哲学理论基础。这些思想是深层的文化批判，它们帮助我们深入现有最发达的文明范式——资本主义文化模式的各个方面，使得我们的总体辩证法、文化辩证法成为可能。

三　国内外研究现状综述

通过部分爬梳国内外有关文化发展的研究文献，我们也发现现有文化发展研究还存在一些缺憾：

1. 范式的非总体性

"文化发展"是一种主体在生产实践（文化壹）、交往活动（文化贰）、解释行为（文化叁）三个向度上重新筹划并在更高形态上优化其总体生活方式的总体对象性活动。相应地，对其展开的理论研究，必然也是从这三个向度上生发的总体性范式的理论观照。统而观之，现有的文化发展研究文献尚需超升到这种总体性范式，它们在描述和解释文化的运动、变化和发展时，有一些没有达到从人类的生产实践、交往活动、解释行为三个向度及其历史发展出发去理解和说明文化发展中的统一和统一中的发展的范式。很多文献对"文化""文化发展"概念的理解还停留在前马克思哲学视界和工业文明水平阶段，没有反思性、后工业文化的阐释视界。例如，很多文章往往从"精神文化"视界出发单向度地探究狭义"文化"的发展，最终导致了唯心主义、唯智主义、理念论的文化发展观，使得文化模式的整体转型被阻碍。还有一些观点或著作中的GDP主义、功能主义、文化经济学的文化发展观，常常把总体的文化发展问题钝化为单纯的工具理性的文化发展观和把文化作为促进经济社会GDP增长的工具论，这种理论探讨的深层症结是"三文铜钱买来"（马克思语）的GDP附庸的行政长官意志的"文化发展经济学"，"文化发展"变形为长官行政经济，这种被发展的"文化"反而变成阻碍生产力发展的僵化体制，异化为二次文化发展的对象。在强大的资本逻辑和政治逻辑的场作用下，持上述观点的人往往无意识地将文化发展的哲学问题置换成文化发展的经济问题。这种资本逻辑和政治逻辑对文化逻辑的遮蔽的根本原因，也是因为理论阐释没有上升到马克思哲学的总体性视界，从而导致立论的空疏、鄙下。这样的理论研究不仅谈不上发展文化，反而是文化发展的障碍，这是一种文化的倒退，是一种思想倒车。要而言之，这些片面视界的文化发展研究，亟待回到自由目的和人的总体解放价值立场上，亟待总体性视界的文化发展哲学研究。

2. 视界的非哲学性

统而观之，现有的文化发展研究文献或从文化学视角，或从人类学视角，或从历史学视角，或从社会学视角，或从知识学视角，或从文化研究视角，或从交叉学科视角（如文化社会学、知识社会学、文化经济学）出发，但尚需超升到一种哲学视界。一般来说，我们可以看到四种片面的"文化发展研究"类型：

（1）经验主义文化发展研究具有明显的经验论痕迹，是一种在经验层次（以及实证科学层次）上描述和说明文化的运动、变化和发展的直观唯物主义的"文化发展学说"，它描述了文化的运动而没有反省文化的运动，因而在理论性质上仍然是一种朴素的"文化发展学说"。这种文化发展研究是就事论事的所谓"实证"的研究，因为那类研究充其量只是在缺失理想图景的情势下对经验现象的议论或评论，而不是具有知识增量、价值增量、自由增量意义上的学术研究，当然更不是对所谓更"人道化的"文化的思考或探寻。

（2）经济主义或 GDP 主义的文化发展观在实质上代表着产业化、物性化的意识，使人屈从于物性化的现存社会结构，改造客观世界的同时奴役着文化主体，培育人的主动异化意识，去创造主动剩余价值，是一种反文化发展的庸俗经济学。文化发展理论一旦续上经济意识形态的尾巴，必然使得文化发展经济利益驱动，发展目标单一化，文化发展呈现出反主体性。

（3）另一种是在理性的层次上描述和说明文化的运动、变化和发展的理念主义的文化发展学说，它反省了文化的运动，但却只是抽象地、唯心地发展了文化的能动性，而忽视了文化主体的能动性、文化主体与客体、文化生态的互动，因而在理论性质上是一种神秘形态的"文化发展研究"。例如卢梭把文化发展的动力归因于上帝赋予人的"不断完善化"能力，黑格尔是这种文化发展观的集大成者。马克思对这一形而上学做出了最彻底的批判："黑格尔完成了实证唯心主义。他不仅把整个物质世界变成了思想世界，而且把整个历史也变成了思想的历史。"[1]"桑乔（即施蒂纳——引者注）由于从头脑中抛开了'人'而获得了惟一性。……他从头脑中抛开了观念，因而就成为惟一者。"[2] 因此，这种理念态度的核心表现为"抛开观念"，"把圣物从头脑中挤出去"；而这样的抛开或排挤本身不能不是纯粹理论的，因而此唯一者便只能依赖于理论态度而在实践方面要求最为空疏的"应当"，以便把现实的状况或困难

---

① 《马克思恩格斯全集》第 3 卷，人民出版社 1960 年版，第 16 页。

② 同上书，第 509 页。

"从头脑中挤出去";于是施蒂纳要求否定形而上学的努力便只能在理论态度的内部兜圈子:"'惟一的东西'或者'惟一者'在这里的特点是第九百次地企图把圣物从头脑中挤出去,所以正像我们也不得不第九百次地重复一样。一切都是老样子,更不用说这只是一个虔诚的愿望了。"①

(4)自然主义的文化发展观

文化达尔文主义即文化进化论或古典进化论学派,试图通过社会自然主义来建构一个社会和文化形态的历史进化体系,并希望通过文化进化的研究,建立一门能阐释人类行为和文化发展的普遍规律的科学。自然主义的文化发展观就是建立在文化进化论的基础上的。它把人类作为生物体的演化和人类的创造物文化的演化的研究做了整合。自然主义的文化发展观往往从生命周期的角度(如生长、兴盛、衰落)来讨论文明变化。这些关于人类生命时间的类比过于依赖各种文明各自分立的特性,并且忽视了这一事实:当各种文明"衰落""死亡"后,曾处于那些文明之中的人们却延续下去甚至有可能繁荣起来。自然主义的文化发展观只考虑到文化起源的单一性,同一发展阶段的人类文化的类似性以及同一社会条件下人们精神作用的一致性,人类文化在同质的一般历史条件下按照同质的单一连续性取得发展,把人类文化进程中的历史环境如生态环境和人文地理因素对具体进化过程的影响排除在外,忽视了文化主体的自否性、批判性以及人类社会和文化进化中的区域性和民族性,没有在哲学上从进化论上升到辩证法。

这种种局限绝不仅仅是哲学与各门具体科学在思维的任务、目的和方式的不同,而导致的研究对象在范围、层次上的不同,从根本上讲,这是理论阐释范式的非哲学性造成的。因此,需要一种从人的生存实践和反思视界去建构新的文化发展"哲学范式"——文化辩证法。只有从这种辩证法的方法论、主体论出发,才能克服感性与理性的主体矛盾。文化辩证法将重点探讨谁应该、谁可以发展文化,文化应该得到怎样的发展这样的问题,批判的辩证法的文化发展还应该做到第三点:文化发展的前提是什么?是什么样的文化发展才算是真正的文化发展?人们所要求的文化发展的本质要求哪些条件?只有这种对文化发展本身的批判,

① 《马克思恩格斯全集》第3卷,人民出版社1960年版,第509页。

才算是对文化发展的淋漓尽致的批判，也才能使文化真正获得跃迁。

3. 方法的非科学性

相当数量的文化发展研究文献存在"方法论障碍"（［苏］E. A. 瓦维林、B. П 弗法诺夫语）问题：前唯物史观的方法论。其突出的表现大概是受困于"同一性"思维模式。这种思维模式崇尚同一性逻辑，也受制于同一性逻辑。把文化发展问题单一化为文化总体的某一个方面的问题，并且把这一问题提高到绝对的、始基的（arche）、本体的地位，其余元素皆处于臣属地位。上述四种片面的"文化发展研究"的基本思路的对立，就在于受困于这种"同一性"思维模式。经验论者注重感性经验，坚持"文化发展"的可感性，可以说是一种经验主义的"文化发展研究"。产业论者注重文化经济功能，坚持"文化发展"的效益性，可以说是一种物质主义的"文化发展研究"。唯心理性论者则注重理性思维，坚持"文化发展"的超验性，可以说是一种理念主义的"文化发展学说"，进化论者关注文化客体自在的演化，坚持文化发展的自然性，可以说是一种自然主义的"文化发展学说"。

方法的非科学性还导致理论的非批判性。最明显的症状就是这些论文、论著大多是关于文化发展的具体理论命题和实践命题的分析，很少有关于文化发展本身元理论层面的深层次的学理分析，即是说，人们很少提出诸如文化、文化发展的规定性、文化发展得以顺利推进的内在机制等基础性问题，而是把这些内容视为无须反思的、理所当然的、给定的前提，视为已经解决并达成共识的问题。实际上，关于文化、文化发展的基础性和前提性问题并没有完全得到解决。如果我们不对这些问题进行自觉的和深入的分析探讨，不从深层机制入手为文化发展构建保证机制，若没有这种批判性的马克思哲学视界，文化发展研究只会陷入一种自在的、经验的、自然的当然也是片面的境地，从而导致相当数量的文化发展研究文献将文化发展的哲学问题形而下化、经济化、功利化、实用化。一个非常明显的现象就是：由于方法的非科学性导致其逻辑递升的困难、逻辑工具的乱用等方法论问题。部分文章把"文化"的发展与"文化产业"的发展放在同一个逻辑层面来论述，把一般概念与具体概念相混淆。从方法论上看，制定这两个概念的方法、逻辑、视界、价值预设是完全不同的。"文化产业"是一个文化经济学的概念，其价值预设是 GDP 主义，GDP 主义文化经济学运用的方法是结构功能方法，它的"文化发展"也是一种描述型概念模式；而真正辩证法的"文化发展"概念不仅要注意文化发展的结构功能方面，更要注意文化发展的主体向度、主体目的、为人的法则，是一种规范型概念模式。马克思历史辩证法的"方法论的保障"是科学研究文化发展哲学的王道。

4. 理论的无主体性

上述理论研究视界的非总体性、范式的非哲学性、"方法论障碍"和知识悖谬以及来自经验的兴趣等原因，使得文化发展研究的主体性向度深度销声匿迹，并且出现有文化实体，无自我反思能力的文化主体的尴尬局面。

文化发展理论的主体性缺席是现有文化发展研究普遍存在的缺陷。这必然导致我们长期以来忽视的一个重要理论问题：文化发展与人类实践的主体向度的内在理论关系以及文化的发展对文化主体的关怀尺度。它也是造成后来人们在社会主义实践中，忽略人类主体解放的现实历史基础的重要原因之一。"睡在'人类的无人身的理性'怀抱里"（马克思语）的规律论，必然不会推动文化的健康发展，反而成为文化发展的障碍。"强调主体的经验支撑层面，目的是为了针对以前的内生性思路换一种方式重建主体的现实根基，找到一种新的力量和关系对主体进行内容的充实，使其所立足的根基更为坚实、内在力量更加厚重、对更多的主体更具有现实的操作性，防止主体的抽象性和形式化，使主体都能实现自主自为。"[1]

因此，当我们反思文化发展的主体，考察文化发展的主体性时，不能不重视文化主体的个性特征。这是文化发展的根基和出发点，是我们在深入理解文化发展本身时不能不追溯的众多文化发展现象的根源。我们必须明确，文化发展首先是一种人的个性化的活动，作为文化生成最初源起的个体的"此在"（Dasein）是具有特殊性和多样性的存在。谁应该谁可以发展文化、文化反过来发展出什么样的主体，这些问题提出的是文化发展的主体性问题。在历史主导因素的尺度上关注文化发展上的

---

① 刘森林、龚庆：《马克思的经验主体观：从批判施蒂纳的角度看》，《学术研究》2008 年第 4 期，第 30 页。

主体向度，是对庸俗文化发展经济学的颠倒。

第三节　创新点及不足之处

具体地说，本书的理论创新点主要表现在以下几方面：

1. 初步建构文化发展的主体存在论根基，确认文化发展的外在前提和内在前提

本书最重要的创新点是在"文化发展的真实根基"这一问题上表现出了自觉追求和理论意识，文化发展的根基并非一个无须反思的、自明性的问题，而是一个需予以澄清的、需加以反思和论证的前提性的课题——主体广泛的生产实践和交往活动是文化发展的外在根基，独立人格主体深刻的先验批判是文化发展的内在根基。在此基础上重点探讨生产实践、交往活动、先验批判，与主体生成、文化结构、文化模式之间的辩证关系。

2. 超越"粗陋的"文化发展理论，提出"反省的"文化发展研究范式——哲学范式

针对日益狭窄、僵化的经验主义、物质主义、理念主义、自然主义文化发展观，本书提出了一种重要的研究范式和一个深具成长性的理论前沿课题：文化发展哲学研究，运用马克思主义哲学理论建构了总体性、主体性、现代性、反思性相结合的文化发展理论，把文化发展理解为主体在生产实践、交往活动和解释行为三个向度上重新筹划并在更高形态上优化其总体生活方式，是一个主体对人的总体解放的不断推进和主体的历史生成过程。

3. 依据马克思主义哲学，提出文化发展的标准和主体目的

"文化发展标准"试图为处于急剧转型中的当下世界文化图景提供了一种合理的文化秩序以及世界文化的发展目标。文化发展标准由文化生态的优化、文化主体的自由度、文化客体的分化和整合来组成。前者是总体的要求；中间的是质的要求；后者是量的要求。总体、量和质的统一使文化图景的各构成要素处于优化状态，从而达至文化主体的总体性解放。人对自然的生态互动程度、人与人之间的自由理性交往程度、人

与自我之间的自否性程度和个人全面发展及自由个性的发达程度，是检验人类文化进步状况的具体标准。"个人全面发展"和"自由个性"是文化发展的主体目的。

本书的研究成果主要表现在以下几方面：

1. 从马克思哲学视界出发，界定了马克思哲学的"文化""文化发展"概念

马克思式的"文化"概念描述了一种对象性活动，是人类改变和理解人、世界及两者关系的总和。按其指向的对象，文化包含着自然、社会、自身三个向度的活动，即生产实践、交往活动和解释行为。"文化发展"即是主体在这三个向度上重新筹划并在更高形态上优化其总体生活方式，具体是指特定时代特定民族文化共同体在文化主体进步、文化结构优化与协调，以及文化模式改良与升级三个方面的辩证否定变革，文化发展最终表征为人的主体性的提升。

2. 和其他文化发展理论不同，本研究指认文化主体的历史生成是文化发展的根本动力

主体始终是历史的、具体的、生成的，这一特性内在地构成文化发展的根本动力：主体的文化现成性与存在生成性之间的矛盾。文化现成性构成定在主体，存在生成性构成实在主体，这样一来就形成了现成与生成的矛盾、定在与实在的矛盾。文化现成性与存在生成性之间的矛盾在人与自然维度构成了生产力向度的矛盾，在人与社会维度构成了交往力向度的矛盾，在人与自身维度构成了解释力向度的矛盾，从而形成文化发展的三重动力。这些矛盾在其现实性上表现为个体和群体、个体与文化模式、群体与时代的矛盾。而新的文化要素、文化特质、文化精神就会通过主体的各种具有革命和批判的本性的生存实践活动而逐渐生成，它们从最初开始反抗传统文化部分要素，到最终转换传统文化模式，生成新文化模式和新文化主体。

本书的不足之处主要体现在以下几点：

1. 在论题的重心上

过于偏重文化结构、文化模式变革等宏观叙事，弱于文化发展实践的微观机制的考察与思量，比如："大众文化研究"所比较注重的"文化抵抗"等；对交往实践中的日常交往、尤其是网络交往与文化发展问题

给予的关注远远不够。

2. 在马克思主义理论资源的取向上

过于偏重马克思本人的文本和思想，对列宁主义、中国化马克思主义、国外马克思主义学者以及一些后马克思主义学者，对马克思主义在文化发展哲学方面的研究成果给予的关注远远不够，例如：对阿尔都塞、拉康对"主体"哲学的反思、鲍德里亚对马克思"自由时间"与景观意识形态的批判等等。

3. 在全部世界文化发展哲学的理论资源的取向上

过于偏重马克思主义的文本和思想，对中国传统文化之文化发展哲学的理论资源的关注远远不够，例如：儒家把最高尊心之道达于自然世界，以仁心加以涵盖护持，以敬意加以尊重；不言人为万物之主宰，亦不言人为宇宙生命进化之顶点，更不言一切万物自始皆为人而创造而存在等思想，其实对发展文化具有醍醐灌顶之妙用。

4. 在理论与实践的辩证结合中

对文化发展的具体实践之关注远远不够，这一点尤其体现在对中国传统文化的现代转型给予的关注远远不够。

总之，本书力图在研究视界的层次上，追求更为开阔的理论视野；在论证方法上，追求更为科学的研究方法；在理论思考上，追求更为自觉的反思性。但当然存在种种不足之处。

第一章

重要概念理解:马克思哲学视界

文化、文化发展、主体这三个核心概念的界定是本书研究的逻辑起点。本章将从马克思哲学视界出发,对这三个核心概念做出必要的解释。

第一节　马克思哲学的文化概念①

在"文化"是什么这一点上,我们遭遇了货真价实的文化分歧和文化多元。我们也将会遭遇到以下两方面的挑战:文化概念分歧程度之大、这一概念分歧之难以驾驭。不过好在我们可以用马克思哲学作为强有力的逻辑支撑和有效的理论支援。文化概念在不同时期、不同文化系、不同学科视角下有不同的意义。即使在同一学科视角下还存在不同理论范式,不同的理论范式意味着的是完全不同的理论视界。

一　哲学视角下不同范式中的不同文化概念

对文化概念的哲学理解,大概有三种理论范式。一是经验主义的范式;二是理念主义的范式;三便是与上述两种理解范式有着重大不同的马克思的实践哲学范式。

经验主义范式中的文化概念片面强调文化的物质、制度向度,忽视

---

① 本节参阅操奇、朱喆《马克思哲学的文化概念》,《马克思主义哲学研究》2010 年卷,湖北人民出版社 2010 年版,第 320—333 页。

了文化的精神、解释向度,它对文化的理解往往只是人的行为的外在条件和环境因素的描述①;理念主义范式中的文化概念片面强调文化的精神、解释向度,忽视了文化的物质、制度向度,它的文化概念往往只是人的内在形而上学本质的规定性的解释,是对人自身的静止认识和知性把握。总的来说,这两种非马克思哲学视界中的文化概念的缺陷有:(1)非总体性视界,仅仅侧重于对总体文化作单向度的解释;(2)非实践、静止性的视界,常常不自觉地从静止的价值、观念、解释系统去认识文化,其实文化魔方每天都是新的,因为人类每天都在进行实践活动,"文化"与"生产"一样,"说到生产,总是指在一定社会发展阶段上的生产——社会个人的生产"。②

当代复杂、冲突的文化实践和现实召唤对上述理论范式中的"文化"概念的哲学视界做一个根本性的转换。这一哲学视界变换的最佳选择毫无疑问是马克思哲学,马克思"生存实践论"哲学范式可以超越上述两种范式的弊端。具体来说,如何从马克思哲学视界出发,重新理解和阐释"文化"这一最基本的哲学范畴?

二 界定马克思哲学文化概念的方法论

界定马克思哲学文化概念的方法论其要点有三:首先应该把"文化"理解为一个"总体性范畴";其次可以运用文本学解读法与征候阅读法相结合的方法;再次在致思路径上应该具有辩证法视界和实践哲学范式,将文化概念把握为一个关于作为主体的人的对象性的生命活动及其历史生成的生存论概念,文化在根本上是人的最基本的生命存在和生命活动方式,文化的重要性就在于它为全面地理解人的现实生命及其历史发展提供一种基本的反思视界。

---

① 布尔迪厄认为,他选择"习性"这个深奥的术语的原因是因为"文化"这个术语有过分被决定的特征(overdetermined character)。参阅 Bourdieu: *Structruralism and theory of sociological knowedge. Social Research* 35 (4), pp. 681—706.

② 《马克思恩格斯全集》第46卷(上),人民出版社1979年版,第22页。

（一）总体性范畴

关于文化的概念，正如当代马克思主义文化理论家伊格尔顿（Terry Eagleton）所说："在这个单一的术语之中，关于自由与决定论、主体性与持久性、变化与同一性、已知事物与创造物的问题得到了模糊的凸现。如果'culture'的意思是对自然生长实施积极的管理，那么它就暗示人造物与天然物、我们对世界所做的与世界对我们所做的事情之间的一种辩证法。"① 可以说，文化是对人类历史总体性和全面性的表征，"文化创造具有广泛得多的范围，而且比从前所认为的能达到更深刻的程度，在人类中，生活很少以自然的安排为基础，而是以在文化上被塑造成的形式和惯例为基础。"② 也就是说，我们首先应该把"文化"理解为一个"总体性"的范畴。

那么，什么是"总体性范畴"？正如列宁所说："马克思和恩格斯称之为辩证法（它与形而上学方法相反）的，不是别的，正是社会学中的科学方法，这个方法把社会看作处在经常发展中的活的机体。"③ 总体性范畴不仅是一个实践与理论相统一的本体论概念，同时也是一个凸显历史主动性的方法论概念，一个彰显了主体作用的突出人的主体性、高扬主体性原则的哲学精神的范畴，其实质是主体性精神。其实在黑格尔和马克思那里，总体性范畴始终就是一个基础性的和全局性的理论原则。经过卢卡奇等人的重新解读，这个兼有多重规定的理论范畴能够体现历史过程中物质与精神的统一，能够建立起以实践主体为中心的历史发展逻辑，也找到了处置经济基础与上层建筑关系问题的方法。文化就是"这样一个最能体现总体性结构和总体性过程的概念。因为文化这个概念代表了社会整体生活方式中各种因素之间的关系与组合，从而可以使经济基础与上层建筑统一在历史的整体之中。""社会历史的发展不是一种经济活动的独唱曲，而是一首经济、政治、法律、道德、宗教、艺术的

---

① ［英］T. 伊格尔顿：《文化的观念》，方杰译，南京大学出版社 2006 年版，第 3 页。
② ［德］M. 兰德曼：《哲学人类学》，阎嘉译，贵州人民出版社 2006 年第 2 版，第 203 页。
③ 《列宁全集》第 1 卷，人民出版社 1984 年版，第 32 页。

合唱曲,是一首总有领唱的多声部大合唱。"①

　　马克思认为:"物质生活的生产方式制约着整个社会生活、政治生活和精神生活的过程。不是人们的意志决定人们的存在,相反,是人们的社会存在决定人们的意识。"② 马克思的总体性思想给了美国哲学家哈里斯很大的启发。他在此基础上提出,每一社会首先必须解决生产问题,即在行为上首先满足最低限度的生计需要;因此必须有一种客位行为的生产方式。其次要在行为上解决生殖繁衍的问题,避免人口出现破坏性的增加或减少;这就需要人口再生产的方式。再次,有必要通过组织保持组成社会的各群体之间的和与其他社会之间的安全、有序的行为关系。最后,人类语言和符号对人类心理具有重要作用,从而出现文学艺术、科学、仪式等客位上层建筑。这样,我们就有了生产方式、人口再生产方式、家庭经济、政治经济和上层建筑五类,将一、二类,与三、四类分别合并,社会就划分为基础结构(生产方式和人口再生产)、结构(家庭经济与政治经济)和上层建筑三部分。在此之外,还有思想,如宗教、亲属关系、政治思想、神话、哲学、美学、价值观念等,这可归为思想的或主位的上层建筑。他认为,一部分上层建筑只能从参与者那里获得或由观察者推断,是关于行为的有意识或无意识的信仰、人生观等,也就是说,前面的三部分都是行为方面的,而这一部分是思想方面的。他指出:"文化唯物主义所断定的社会文化体系的普通结构……依赖于思想与行为的区别及主位与客位的区别。"③

　　正是在这种文化哲学的诠释视界中,衣俊卿教授才说:"文化哲学视野中的这种本体意义上的文化,不是与政治和经济等社会活动外在并列的具体的文化活动,而是内在于人的全部生存活动和社会活动的内在的机理性的存在。""文化从根本上不是与政治、经济等相并列的领域或附属现象,而是人的一切活动领域和社会存在领域中内在的、机理性的东西,是从深层制约和影响每一个体和各种社会活动的生存方式。"④

---

　　① 欧阳谦:《文化的辩证法——关于"文化主义的马克思主义"的几点思考》,《马克思主义与现实》2008 年第 4 期,第 49、50 页。

　　② 《马克思恩格斯选集》第 2 卷,人民出版社 1995 年版,第 82 页。

　　③ 〔美〕哈里斯:《文化唯物主义》,张海洋、王曼萍译,华夏出版社 1988 年版,第 61 页。

　　④ 衣俊卿:《文化哲学十五讲》,北京大学出版社 2004 年版,第 36、41 页。

（二）文本学解读法与征候阅读法相结合

我们要想界定马克思哲学的"文化"范畴大概可以运用文本学解读法与征候阅读法相结合的方法。

黄力之先生对马克思主义原典文本（指《马克思恩格斯全集》中文第一版共 50 卷）进行了一番较为全面的考察，发现了如下现象：

马恩全集中较少使用"文化"一词。"文化"一词在全集中的分布状况是：7 卷零状态（14%），34 卷有 1—5 处（68%），7 卷有 6—9 处（14%），2 卷有 13—15 处（4%），零状态与极少量状态占 82%。

马恩实际上大量地讨论了我们今天所说的文化问题，但是较少使用"文化"概念。马克思在有限地使用"文化"概念时，同时也使用了"文明"概念，比较起来，后者使用的频率大大超过前者（以第一卷至第三十九卷统计，后者的使用频率是前者的 7 倍）。

其次，马克思在使用"文化"一词时，常常使用的是文化概念的狭义，或从精神、观念、或与"知识水平""程度""教养"等词连用，将文化确认为知识水平及接受教育的程度，如马克思在 1844 年《评"普鲁士人"的"普鲁士国王和社会改革"一文》中，在比较魏特林和蒲鲁东的理论水平时说："谈到德国工人总的文化、知识的水平或者他们的接受文化、知识的能力，那我就提醒读者注意魏特林的天才著作，不管这些著作在论述的技巧方面如何不如蒲鲁东，但在理论方面有很多却胜过他。"① 显然，将文化与知识并列，这首先是一种通俗而非哲学意义的用法。②

此外，马克思恩格斯还常常在考古学意义上使用"文化"一词，例如弗·恩格斯在《论日耳曼人的古代历史》中提到："精致的纺织物、美丽的平底鞋和作精巧的套具，都说明这是一个比塔西佗时代的日耳曼人高得很多的文化阶段；而尤其使我们惊讶不止的，是本地的金属制品。"③

通过对马克思主义原典文本的考察，我们发现了一个现象，即马恩

---

① 《马克思恩格斯全集》第 1 卷，人民出版社 1956 年版，第 483 页。

② 参阅黄力之《解读马克思、恩格斯的文化概念》，《上海行政学院学报》2007 年第 7 期，第 5—6 页。

③ 《马克思恩格斯全集》第 3 卷，人民出版社 1963 年版，第 519 页。

较少使用"文化"一词，其哲学意义上的"文化"范畴隐而不彰。所以，对马克思主义哲学"文化"概念的理解和规定，不能仅仅凭借马克思、恩格斯使用"文化"一词的片言只语，而应依据马克思主义哲学基本原理和一贯精神；不应停留在书本的考察和诠释上，而应如实地反映人类历史发展的生活实践。诚如 B. M. 梅如叶夫所说："列宁的文化观包含着丰富的内容，其中不仅有活的活动，而且有实体化活动，不仅有物质活动，而且有精神活动；不仅有动的产物，而且有活动的主体，不仅有社会意识的各种现象，而且有社会存在的不同方面，不仅有生产力和生产关系，而且有上层建筑。"①

此外，我们要想从一些原典文本中窥视到马克思哲学视界的"文化"含义，还要合理运用征候阅读法。"征候阅读法"是阿尔都塞主张的一种文本解释学方法，它同时也是一种理论研究方法。阿尔都塞在《读〈资本论〉》一书中说征候阅读法是指"一种认识的生产"，"改变已经存在的东西"②，"所谓征候阅读法就是在同一运动中，把所读的文章本身中被掩盖的东西提示出来并且使之与另一篇文章发生联系，而这另一篇文章作为必然的不存在于前一篇文章中。""我们只是力图把那种'征候读法'也运用到马克思的阅读上。这种方法使马克思在斯密著作中读出读不出来的东西，因为马克思用没有相应问题的回答这一悖论所包含的看不见的总问题来衡量他开始就看见的总问题。"③

征候阅读法告诉我们：马克思主义原典文本（即马克思、恩格斯本人创作的文本）中的"文化"语词并非马克思哲学视界中的"文化"范畴，它蕴藏在其文本的丰富空隙之中。例如在《1844 年经济学哲学手稿》中，"人化的自然""人类学的自然界""世界历史""人的本质的对象化"，在经过改造之后，自然界就"表现为他的作品和他的现实""人所采取物化形式的本质力量"等说法，实际上都表征了"文化"范畴。《关

---

①　B. M. 梅如叶夫：《文化与历史》（第76页），转引自［苏］E. A. 瓦维林、B. Π. 弗法诺夫《历史唯物主义与文化范畴》，雷永生、邱守娟译，河北人民出版社1987年版，第65—66页。

②　［法］路·阿尔都塞等：《读〈资本论〉》，李其庆、冯文光译，中央编译出版社2001年版，第29页。

③　同上书，"序言"第21页。

于费尔巴哈的提纲》对其新唯物主义哲学逻辑起点——实践的确立，实际上为我们确立了马克思哲学"文化"范畴的崭新视界。《德意志意识形态》对形而上学幽灵的批判以及对生产力与生产关系的划分，对人类社会整体存在的四重本源性关系的区分，实际上为我们区分了"文化"范畴的内在结构。《1857—1858 年经济学手稿》在经济学语境中对"实践"概念的具体化叙述，暗示我们"文化"范畴的具体性和抽象性的统一；而三段式社会形态的划分，暗示我们"文化"发展的分期及其分期标准。《共产党宣言》的"自由人的联合体"理论，《1857—1858 年经济学手稿》中的个人全面发展自由个性理论提出的文化发展的总体性"主体性"标准，远远超越了唯心主义的和旧唯物主义的单向度的主体性尺度。马克思晚年《人类学笔记》和东方社会发展道路的思索对历史发展"单线论"做出的深刻批判，雄辩地告诉我们世界文化是特殊性和普遍性的统一，寄寓着文化发展理论的"一"和"多"的辩证法，马克思的以坚持"世界历史"发展理论为基本前提的"历史多元论"又是文化间性理论的理论地平线。以上不厌觑缕，是因为要想科学界定马克思哲学的"文化"范畴，运用文本学解读法与征候阅读法相结合的方法是一种合理的选择。

（三）致思路径：辩证法视界和实践哲学范式

马克思辩证法视界和实践哲学范式提供了一个把个人的感性生存实践活动理解为文化世界的生存实践论基础，把人类交互行动理解为文化发展的主要路径，把人类的自我反思同主体性历史生成的结合理解为文化动力的逻辑框架。从文化哲学来看，正是建立在对人类实践活动的理解基础之上，才形成了对人类文化的这种马克思哲学式的理解。

1. 人类与世界的关系

"现实的个人"的历史活动是马克思哲学的逻辑起点，而"现实的个人"必然是同社会历史生活结合在一起的人，这样的人是与其自然、社会环境及其生活过程相互制约的动态结构、一种立体式的关系结构。从某种意义上讲，人与世界的关系是一种包括环境刺激在内的多种自变量的函数、映射关系。所以文化必须放到人类与世界的相互关系中加以理解——世界对于人的隐喻是：洞穴、玄牝、结构、矩阵——我们在这种矩阵中蠕动，在文化的胃中粗重地呼吸。马克思的历史的现实的具体的社会存在理论告诉我们:处于社会历史中的人是四重间性的此在:我际、人际、天际、世际。所谓我际,既指主体的知情意的间性,又指自我、本我、超我的关系,即是自我间性;所谓人际是指人与人之间的关系,也即是主体间性;所谓天际是指人与自然万物的关系,也即是生态,一种主客体间性;所谓世际是指一定时空中的此在与前后代此在的代际关系,世际也即是时间间性。依此可以绘出"世界矩阵图"(见图1-1)。

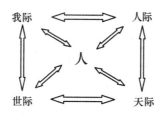

图1-1 世界矩阵图

人与世界的动态关系,首先体现在人与自然的关系方面。马克思说过:"人直接地是自然存在物。人作为自然存在物,而且作为有生命的自然存在物。一方面具有自然力、生命力,是能动的自然存在物;这些力量作为天赋和才能、作为欲望存在于人身上;另一方面,人作为自然的、肉体的、感性的、对象性的存在物,和动植物一样,是受动的、受制约的和受限制的存在物,也就是说,他的欲望的对象是作为不依赖于他的对象而存在于他之外的;但这些对象是他的需要的对象;是表现和确证他本质力量所不可缺少的、重要的对象。"① 人既依赖着自然,又否定着自然,人既是自然存在物,又具有超越自然的本性,而使人与自然的这种矛盾关系实现内在统一的便是人能动的感性实践活动。感性实践活动是一种人与自然、主体与客体相互规定、相互作用、相互转化的活动。"在动物和植物中,形成对环境的适应性,是通过其基因型的变异。只有人类对环境刺激的反应,才主要是通过发明、创造和文化所赋予的各种行为。现今文化上的进化过程,比生物的进化更为迅速和更为有效",

---

① 《马克思恩格斯全集》第42卷,人民出版社1979版,第167—168页。

"获得和传递文化特征的能力，就成为在人种内选择上最为重要的了。"①

海德格尔曾从其现象学存在论的立场，专门讨论了人的"在世界之中存在"的生存论结构。"无世界的单纯主体并不首先'存在'，也从不曾给定。同样，无他人的绝缘的自我归根到底也并不首先存在。"② 这就是说，人和世界的这种动态关系还体现在人与人之间的关系上。马克思的经典表述是："人的本质是人的真正的社会联系，所以人在积极实现自己本质的过程中创造、生产人的社会联系、社会本质，而社会本质不是一种同单个人相对立的抽象的一般的力量，而是每一个单个人的本质，是他自己的活动，他自己的生活，他自己的享受，他自己的财富……因为这种社会联系的主体，即人，是自身异化的存在物，人们——不是抽象概念，而是作为现实的、活生生的、特殊的个人——就是这种存在物。这些个人是怎样的，这种社会联系本身就是怎样的。"③

此外，人和世界的这种动态关系还体现在人与自身之间对象性的关系上。在此意义上，人实际上是一种真正的"意义的存在"，要真正认识人，就必须认识整个意义世界，人的自我理解以及对世界的理解是融为一体的，它们合起来构成了整个意义世界。在马克思看来，人与世界之间除了通过实践的途径寻求统一的关系，还通过认知的、意义的途径来寻求统一的关系，在生存的实践中否定世界，也在意识的观念的领域实施革命来改变和批判世界。"一个人自同于大全，则我与非我的分别，对于他即不存在。……此等境界我们谓之同天……知天、事天、乐天等，不过是达到此等境界的一种预备。"④

人和世界的这三重关系同时原初性地构成了文化的三个向度：生产、交往、解释（哲学和文学艺术、社会科学、自然科学）实践。

2. 人的类特性

诚如 B. M. 梅如叶夫所说："从实质上说，马克思所讲的文化（尽管他不一定使用这个术语），常常是指潜在于历史的、对象性的现实之中的

---

① [苏] 杜布赞斯：《遗传学与物种起源》，谈家桢译，科学出版社 1982 年版，第 288、289 页。

② [德] 海德格尔：《存在与时间》，陈嘉映、王庆节译，三联书店 1987 年版，第 143 页。

③ 《马克思恩格斯全集》第 42 卷，人民出版社 1979 版，第 24—25 页。

④ 冯友兰：《新原人》，三联书店 2007 年版，第 96 页。

人的东西。文化概念可以披露这些对象所具有的人的特征和人自身的对象性特征。"① 所以，马克思有关人的类特性或类本质理论是界定文化概念最重要的理论质点之一。较有文化哲学价值的人的类特性理论最初叙述在《1844 年经济学哲学手稿》中，包括"自然的人化"和"人的本质力量对象化"等等说法。马克思说:

> 通过实践创造对象世界，改造无机界，人证明自己是有意识的类存在物，就是说是这样一种存在物，它把类看作自己的本质，或者说把自身看作类存在物。动物只生产它自己或它的幼仔所直接需要的东西，动物的生产是片面的，而人的生产是全面的；动物只是在直接的肉体需要的支配下生产，人甚至不受肉体需要的影响也进行生产，并且只有不受这种需要的影响才进行真正的生产；动物只是在直接的肉体需要的支配下生产，人甚至不受肉体需要的影响也进行生产，并且只有不受这种需要的影响才进行真正的生产；动物的产品直接属于它的肉体，人则自由地面对自己的产品；动物只是按照它所属的那个自然物种的尺度和需要来构造，而人却懂得按照任何一个种的尺度来进行生产，并且懂得处处都把内在的尺度运用于对象；因此，人也按照美的规律来构造。②

人对世界的关系，按照马克思的观点，是人以"任何物种的尺度"和人的"内在固有的尺度"去改造世界，把世界变成人所期待的世界，让世界满足人的需要。因此，在人与世界、思维与存在的关系中，一方面是人以自己的认识活动在观念中否定世界（存在）的现存状态，并在观念中建构人所要求的现实；另一方面，则是人在自己的实践活动中现实地否定世界（存在）的现存状态，把观念中的目的性要求和理想变成现实的存在。这种人与世界、思维与存在之间的否定性统一性关系，构成了人以否定的、批判的态度看待现存的一切的辩证法。③

---

① B. M. 梅如叶夫:《文化与历史》（第 76 页），转引自［苏］E. A. 瓦维林、B. Π. 弗法诺夫《历史唯物主义与文化范畴》，雷永生、邱守娟译，河北人民出版社 1987 年版，第 13 页。
② 《马克思恩格斯选集》第 1 卷，人民出版社 1995 版，第 46—47 页。
③ 孙正聿:《辩证法研究》（下），吉林人民出版社 2007 年版，第 19 页。

马克思成熟的类特性理论主要叙述在《关于费尔巴哈的提纲》里。在第 1 条中，马克思明确地指出，以往的全部哲学——包括唯物主义哲学和唯心主义哲学——的根本问题，就在于不是从人的"实践的感性活动"去理解人对世界的关系，因而不能真实地理解人与世界的真实关系。在这里，马克思已经把《1844 年经济学哲学手稿》中确认为人的"类特性"的"自由自觉活动"科学地上升为人的历史"实践"活动。在"第11 条"里马克思说："哲学家们只是用不同的方式解释（interpretiert）世界，问题在于改变（verändern）世界。"① (Die Philosophen haben die Welt nur verschieden interpretiert, es kommt darauf an sie zu verändern.) 俞吾金教授对"第11 条"有非常精到的诠释：

> 其实，这段话的意思是：哲学家们"只是"（nur）停留在对世界的解释活动中，而马克思的哲学不"只是"解释世界，更重要的是诉诸实践活动，以便改变世界。……在马克思那里，对世界的理解和解释活动是与改变世界的实践活动不可分离地交织在一起的。……在这里，我们遭遇到的是一种双向互动关系。一方面，理解和解释活动规约着人的实践方式；另一方面，这种活动又是在实践活动的基础上得以展开的。从逻辑关系上来看，实践活动乃是理解和解释活动的前提。②

因此，人的类特性大概是改造和解释世界。从人之为"人"的角度看，"改造和解释世界"作为人的"本源性"的生命存在和活动方式，构成了人生存于其中的本源性的现实生活世界的奥秘和深层根据。套用海德格尔的话讲，"'改造和解释世界'本身就是此在的一个建构要素"③。

---

① 恩格斯在《马克思论费尔巴哈》中的表述为："哲学家们只是用不同的方式解释世界，而问题在于改变世界。"（《马克思恩格斯选集》第 1 卷，人民出版社 1995 年版，第 57 页）加"而"后，"解释世界"与"改变世界"之间关系就由马克思意义上的递进关系变为恩格斯意义上的选择关系，本书选取马克思意义上的递进关系。

② 俞吾金：《重新理解马克思》，北京师范大学出版社 2005 年版，第 404 页。

③ "'世界'本身就是此在的一个建构要素。"参阅 ［德］海德格尔《存在与时间》，陈嘉映、王庆节译，三联书店 1987 年版，第 65 页。

恩格斯在《反杜林论》《家庭、国家与私有制的起源》等著作中的理解与此大体上也是一致的。如他就曾这样说："最初的、从动物界分离出来的人，在一切方面是和动物一样不自由的；但是文化上的，每进一步，都是迈向自由的一步。"① 恩格斯认为，文化是人走向自由、文明的内在动因，但他首先将文化理解为人的现实性活动和历史实践的结果。

由此可知，马克思哲学"文化"概念的秘密就隐藏在《关于费尔巴哈的提纲》"第11条"里。从马克思在"第11条"中的著名论断可以获得重要启示：文化的"坚定不变的基础或实体本性"实乃"人化"。

3. 人的生成性

正如恩格斯所言："生物在每一个瞬间是它自身，但却又是别的什么。所以，生命也是存在于物体和过程本身中的不断地自行产生并自行解决的矛盾；这一矛盾一停止，生命亦即停止。"② 人是生成性的存在，不是现成性的存在，更不是完成性的存在，这就意味着人在文化发展中实现了自我超越——人是一种超越其所是的存在即以"生成"为其存在方式的存在，既是其所是，又非其所是。因此，对人的存在方式的辩证理解，最重要的是对"生成"的辩证理解。这才是符合马克思辩证法精神的。人的生成性来源于人的多重矛盾性，人的本质是一种多元二重性矛盾结构，马克思对此的论述极为深刻："站在稳固的地球上呼吸着一切自然力的人……是受动的、受制约的和受限制的存在物……是肉体的、有自然力的、有生命的、现实的、感性的、对象性的存在物。"③ 从"人的多元二重性矛盾结构"角度看，主体始终是历史的、具体的、生成的。人不是受既有的自然进化与社会文明进化成果限定的、凝固不变的"定在"，而是不断超越既有存在的"易在"，是一种通过创造性实践不断超越自己的"易在"。"定在"的本质规定是定在性内涵，是一切"在场"即给定的东西如自然性、民族性、传统性、空间性、结构性、静止性、确定性。"易在"的本质规定是实在性内涵，是"现实的存在"（das wirkliche Dasein）的生成性、世界性、现代性、他性、时间性、主体性、

① 《马克思恩格斯选集》第 3 卷，人民出版社 1995 年版，第 154 页。
② 同上书，第 462—463 页。
③ 《马克思恩格斯全集》第 42 卷，人民出版社 1979 年版，第 167—168 页。

历史性、不确定性。

因此，马克思辩证法视界中的文化范畴是一个从"人是生成性的存在"① 出发做出的辩证的概念界定。

总之，"文化"是一个描述主体的对象性活动的总体性范畴，马克思哲学为我们提供了足够的克服"方法论的保障"（E.A.瓦维林、B.П.弗法诺夫语）的理论视界和逻辑工具。

三　马克思哲学视界中的文化概念

康德在《纯粹理性批判》的"先验方法论"中认为，下定义比较适合数学，但是哲学不能，哲学只能从概念的生成与运动的过程中来考察它的内涵。凡定义皆是抽象、片面的②。而且，文化的内涵如此丰富而多样，以至于给文化概念做出界定无疑试图给"有翼之神马"套上鞍子一样。

尽管如此，但黑格尔说："一切事物都是一直言判断，亦即一切事物皆有构成其坚定不变的基础或实体本性。只有当我们从类的观点去观察事物，并认为事物必然地为类所决定时所下的判断，才算是真正的判断。"③ 黑格尔的总体性思想给了马克思很大的启发。马克思说："生产的一切时代有某些共同标志，共同规定。生产一般是一个抽象，但是只要真正把共同点提出来，定下来，免得我们重复，它就是一个合理的抽象。不过，这个一般，或者说，经过比较而抽出来的共同点，本身就是有许

---

① 中国古代儒家思想同样具有这种典型的"贵生"思想："生生之谓易。""宇宙是大流"，"天地之大德曰生""天何言哉，四时行焉，百物生焉，天何言哉"；"致中和天地位焉，万物育焉"；"天地变化，圣人效之"，"大哉圣人之道洋洋乎发育万物，峻极于天"；"唯天下至诚为能尽其性，能尽其性则能尽人之性，能尽人之性则能尽物之性，能尽物之性则可以赞天地之化育，可以赞天地之化育则可以与天地参矣"；梁漱溟先生认为"我心目中代表儒家道理的是'生'"："这一个'生'字是最重要的观念，知道这个就可以知道所有孔家的话。孔家没有别的。就是要顺着自然道理，顶活泼顶流畅的去生发。他以为宇宙总是向前生发的，万物欲生，即任其生，不加造作必能与宇宙契合，使全宇宙充满了生意春气。"（梁漱溟：《东西文化及其哲学》，上海人民出版社2006年版，第117页。）

② ［德］康德：《纯粹理性批判》，邓晓芒译，人民出版社2004年版，第1页。

③ ［德］黑格尔：《小逻辑》，贺麟译，商务印书馆1980年版，第352页。

多组成部分的、分为不同规定的东西。其中有些属于一切时代,另一些是几个时代共有的。"① 马克思还在《〈政治经济学批判〉导言》中对《资本论》的研究方法的说明中指出:"如果我抛开人口的阶级,人口就是一个抽象。如果我不知道这些阶级所依据的因素,如雇佣劳动、资本等等,阶级又是一句空话。而这些因素是以交换、分工、价格等等为前提的。比如资本,如果没有雇佣劳动、价值、货币价格等等,它就什么也不是。"② 这样一来,"人口"这个概念是通过具有内在联系的其他概念而得到把握的。

这些都给了我们许多方法论上的启示。从上文中我们知道,"人类与世界的关系""人的类属性""人的生成性"是"文化"的"坚定不变的基础或实体本性"或者"共同的东西",它们成为表征文化范畴的核心要素。

(一) 文化概念的马克思哲学界定

从马克思哲学出发,就人生在世而言,文化是人类改变和理解人、世界及两者关系的总和。文化既是人的本质力量的对象化,自由意志的实现和外化,同时也是人的自我实现的方式及其结果的表征。人类知其所知、想其所想、造其所造、美其所美、信其所信、是其所是,一句话,人成其为人的总和。简而言之,文化是一定主体历史生成的一定生活方式,是人的生产模式、交往方式和解释方式的和合体。本书大多数情况下是在这种意义上使用"文化"这一范畴的,它是广义的总体的,马克思哲学已然告诉我们,狭义精神文化的发展必然与广义总体文化的整个结构是联系在一起的,"文化发展"研究必须有马克思式的广义文化的视界,否则这方面的研究只会成为唯心主义的文字游戏,再演鲍威尔、施蒂纳等人为代表的青年黑格尔派用"词句"的空洞斗争来替代对现实世界的批判的哲学闹剧。

这一概念界定包括了两个螺旋体(改变人、世界,和理解人、世界)和六个方面的内容:改变人、世界及其两者之间的关系,理解人、世界

---

① 《马克思恩格斯选集》第 2 卷,人民出版社 1995 年版,第 3 页。
② 同上书,第 102—103 页。

及其两者之间的关系。下面分三个要点对此概念的具体内涵作一个解释说明。

1. 文化结构：文化壹、文化贰、文化叁

皮亚杰说："结构主义真的是一种方法而不是一种学说。"斯特劳斯在《社会结构》一文中，给"结构"一词作了一次较为完全的定义，他说："……社会结构一词，根本与经验的实在无关，而只是与某种依据经验实在建造起来的模式有关。"① 萨林斯在《文化与实践理性》中认为，马克思的经典理论其实比结构主义者还要更早地意识到结构的力量，对文化概念的理解有必要考察文化的结构。

首先，文化活动根本即是人的自由自觉的活动。马克思说："把人的活动本身理解为对象性（gegenständlich）的活动"，任何人的活动必然是对象性活动，对象性活动必然指向具体的客体对象，没有客体对象的活动是不存在的。"到现在为止，我们只是考察了人类活动的一个方面——人对自然的作用。另一方面，是人对人的作用……"② "生命的生产——无论是自己生命的生产（通过劳动）或他人生命的生产（通过生育）——立即表现为双重关系：一方面是自然关系，另一方面是社会关系。"③ 由此可知，马克思基本上把人类活动整体划分为人对自然的作用和人对他人的作用。人对自然的作用，即生产和劳动，而人对人的作用正是"交往"的本质含义。如此一来，文化活动指向的客体对象包含着自然、社会（他人）两种，文化活动可以此划分为两个基本向度的活动，即生产实践、交往活动。

但人的活动还不止于此，人之所以为人，除了生产实践外，人还能够把活动反过来指向人自身，这一活动意味着人这一主体把自身的活动作为对象的活动，人对"对象性活动"本身的对象性活动，也就是说，人还反过来把人对自然和他人的活动作为"对象性活动"的对象。这样一来，人的"对象性活动"必然包含着二重性：一重指向客体的对象性活动、一重指向"对象性活动"本身的对象性活动，后一种活动实际上

① 转引自高宣扬《结构主义》，台北远流出版公司1997年版，第60页。
② 《马克思恩格斯全集》第3卷，人民出版社1960年版，第41页注释①。
③ 《马克思恩格斯选集》第1卷，人民出版社1995年版，第80页。

是人这一主体的反思和自我意识活动。所以马克思还指出：在"革命的活动中，在改造环境的同时也改变着自己"①。人们在实践活动中产生着两种结果：一是对人的外部环境和人的内在自然的改造；另一是对人自身观念世界的改造。当马克思在发现"社会存在决定社会意识"这一真理时，这种活动本身就是一种"社会意识"，同时发生了另一种文化活动：解释。"社会存在决定社会意识"只是说明社会意识的具体内容来源于具体的社会存在，是社会存在的产物，但意识活动本身与存在本身是同步的，意识活动系统本身的运行问题同样制约着人的存在。人对"对象性活动"本身的对象性活动就构成了人的解释活动。

如此一来，生产实践、交往活动、解释系统（行为）构成了文化的三维结构。

其次，生产实践、交往活动、解释系统的划分只是一种理论研究"理想型"的逻辑区分。在现实的实践活动中，三者经常渗透、重叠、错综、交织在一起，难以截然区分。

（1）生产活动指人的物质生产和自身的生产，它是人与自然关系向度的文化形态。在物质生产活动中，人与自然首先是一种物质性的否定关系，即生产劳动，这种物质生产是决定其他一切活动的基础性活动。人自身的生产包括生育、培养和教育后代。显然，这两种生产是相互制约相互影响的。

（2）交往实践可以理解为在一定历史中现实的个人或诸如阶级、民族、社会集团、国家等共同体之间在物质、精神上相互作用的动态活动和静态形式的和合体，它是人与人关系向度的文化形态。其中，动态活动是指人们的交往活动，包括生产交往（经济）和生活交往（政治生活、日常生活、宗教生活等精神生活）。静态形式是指人们在交往中形成的关系系统，亦即"交往形式"（马克思语）。

（3）解释行为是指人类对世界和人自身的认识、理解、探索、创新等精神性活动，是人与其自身关系向度的文化形态。在这里，文化必然表征人的存在及价值，以全面阐发人与自身的关系（人与自身的关系内在地包括人与自然、人与社会、人与自身关系）为核心内容，文化必然

---

① 《马克思恩格斯全集》第 3 卷，人民出版社 1960 年版，第 234 页。

是个体或群体的历史的生存样式与思想样式、道德理念、宗教体系和形而上学体系之间的动态系统。它显示人们如何运用自己所有的一切哲学的、科学的、神学的、神话的、伦理的以及意识形态的信仰和信念来观照和阐释世界。在《形态》中，马克思、恩格斯明确提出解释系统的产生根源，"思想、观念、意识的生产最初直接与人们的物质交往与现实生活的语言交织在一起的。观念、思维、人们的精神交往在这里还是人们物质关系的直接产物。表现在某一民族的政治、法律、道德、宗教、形而上学等的语言的精神生产也是这样"。①

马克思是从社会结构的层面视角划分社会有机体的（经济基础与上层建筑），本书则是从立体的向度视界出发把文化共同体视为三个向度的有机体：以"人"为原点，向自然（长度）、他人（宽度）、自身（高度）生成的一个立方体，目的既为了避免"经济决定论""政治决定论"，也为了避免"唯心主义""唯智主义""意志论"。把"文化"理解为物质生产、交往实践、解释系统的内在统一，"文化不是与经济、政治、科技、自然活动领域或其他具体对象相并列的一个具体的对象，而是内在于人的一切活动之中，左右人的行为方式的基本的生存模式"②。这样从总体上、历史唯物主义地把握"文化"，也使得历史唯物主义才成为一门真正的关于"人"的科学。

总之，文化结构的基本向度大概可以划分为：文化壹是指生产活动，相当于人们常说的物质文化（包括生产工具技术、筑居材料、人口再生产方式、家庭、亲属等）、文化贰是指交往实践，相当于人们常说的制度文化（社会、经济、政治、军事、宗教的制度和组织以及娱乐等）、文化叁是指解释系统，相当于人们常说的精神文化（精神生产生成活动）三个向度。见图1-2：

---

① 《马克思恩格斯选集》第1卷，人民出版社1995年版，第72页。
② 衣俊卿：《文化哲学——理论理性和实践理性交汇处的文化批判》，云南人民出版社2001年版，第26页。

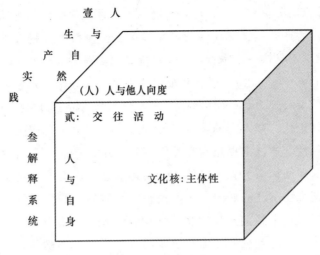

图 1 - 2　文化魔方

再次，来研究一下上述三者的辩证关系。

三个子系统（三个向度）的互动构成文化系统运动的内在机制。正如尤林所言:"生产过程充满了观念、概念和文化设想，它们原本是上层建筑的组成部分，是要符合生产基础的，现在情况变了，相反，它们居然成为生成基础的构成和意义的基本要素了。生产过程具有彻底的社会性，它只是通过相互理解的交际性交换才有可能实现。这不是说剩余价值的占有在解释社会/阶级区分，或者解释某些社会形态的特殊性方面不是首要标准，而是说基础和上层建筑的区分限制了我们把生产和再生产过程视为象征性的交互行动的认识能力。不但通过象征性的普通语言交际而对象化了的仪式和政纲不属于上层建筑的活动，而且全部人类活动都包括生产和再生产。这就是生产过程的特征，像一连串的象征互换一样，它使人类学家能够去识别经济制度和社会制度中那些可选择的理性，哪怕是用形式规则或者规律的标准识别。"① 生产实践、交往活动原本同源同构，相互缠绕。两者之和相当于马克思意义上的"实践"范畴，可以合并为"（外在）活动系统"，解释系统显然是一种"（内在）活动系

----

① ［美］罗伯特·C.尤林:《理解文化:从人类学和社会理论视角》，何国强译，北京大学出版社 2005 年版，第 188 页。

统"。因此，改变世界、人，与理解世界、人是文化结构相互缠绕生成的双螺旋体。生产实践、交往活动内在包含了解释系统（精神生产生成活动），如果看不到这一根本特性，在对待文化实践时常会使我们陷入"生产之镜"（鲍德里亚语）；或者相反，一次又一次地堕入形形色色的观念拜物教。前者表现为萨林斯声称的："戈德利耶、特雷和梅拉索使历史唯物主义本体论化，夸大它的物质特性，总体上掩盖了生产关系和社会关系的文化特性。通过把思想和交际性相互作用转换成工具行动的行为系统功能，这种结构马克思主义的理论阐述损害了历史唯物主义的文化维度。由于把唯物辩证法局限于生产逻辑，就阻碍了我们欣赏生产的文化特性，或者影响了我们正确评价告知全部人类相互作用的交际理性。"①后者具体表征为马克思一生大加挞伐的各种形而上学幽灵、形形色色的拜物教。

对于文化发展来说，生产逻辑是更活跃的向度，交往逻辑、解释逻辑、语言逻辑，随时随地与生产逻辑互动；生产实践向度是更基本的文化向度，交往实践向度与解释文化向度分别是生产活动向度内化与外化的产物。但是解释与生产相结合的实践才是人类文化发展的基础。体脑结合的人类劳动永远存在，并且始终构成人类文化发展的基础。"在结构主义的马克思主义那里，文化与物质交互行动的分裂以基础和上层建筑的面目不断被生产出来，而在 E. P. 汤普森那里，则采取社会存在与社会意识的辩证法形式来克服分裂。威廉姆斯希望发展一种社会存在的语言学理论之桥，来跨越文化与物质交互行动分裂之堑。他发展起来的社会存在概念把物质交互行动视为服从文化、历史和权力决定的交际性互换。他的立场有别于那些公认的马克思主义理论家，因为他主张，文化是物质交互行动过程的组成部分，文化就像它在普通语言的交流符号中具体呈现的样子，而不是物质交互行动过程的相互关系或者辩证关系。威廉姆斯争辩道，在历史唯物主义体系中，文化与生产，语言与现实，以及社会存在与社会意识之间的区别，只不过是文化意识形态理论的重点转移而已。一旦文化与物质交互行动的分裂得以巩固，就只是在沟通意义

---

① ［美］罗伯特·C. 尤林：《理解文化：从人类学和社会理论视角》，何国强译，北京大学出版社 2005 年版，第 191—192 页。

上把握文化,就像从物质上把握物理的声音一样。"①

大致来讲:文化壹即物质生产活动构成文化的外在存在,是文化的个别环节;文化贰即交往实践构成文化的直接存在,是文化的特殊环节;文化叁即解释系统构成文化的内在存在,是文化的普遍环节,元文化,并用来规范、设计各种文化所需要的符号系统和观念、概念系统;另外还有一个文化肆,是指附丽于文化壹、文化贰上的附着层文化,即是指文化产业、文化事业,包括文化设施、文化制度,构成文化的具体环节。

总之,生产实践、交往活动和解释行为在现实的实践中往往交织在一起,是同一文化活动的不同侧面。这些活动在主体的二重性矛盾作用下,使人的存在成为开放的、具体的、生动的存在,不断生成"属人的"总体文化世界。

2. 主体性:人类的主体活动及其结果的晶化

文化一方面是有意识、有目的的人类活动的对象化;同时又是自然物和人类创造物的主体化(内化);同时还是人的自然的人化。一言以蔽之,文化最大程度上表征了人的主体性,无论是改变世界还是理解世界。

文化结构的不同向度,表明主体和客体关系的复杂性和间接性。文化结构不同向度的增加和分化,是同主客体关系的状况、主体活动水平的提高密切相关的。随着主客体关系的深化、发展,主体活动水平的提高,文化结构的层次将更为分明,各个层次之间的联系将更为紧密。文化结构的三个不同向度实则是人的主体性的不同向度:文化壹是指向弥补物质财富的缺失、人的自身生产、克服自然必然性的工具理性;文化贰是指向反抗自主性和他役性的矛盾、克服社会必然性(即虚假共同体)、试图把握控制世界的交往理性;文化叁是指向解释先验性的,试图克服各式拜物教、精神异化,并重构符号、价值、意义体系的反思理性。

要而言之,文化表征人的本质力量,具体说来:生产活动的最终本质标志是生产力,生产力的最终本质标志是技术与资本。交往实践的最终本质标志是交往力或组织力,交往力的最终本质标志是民主与自由。

① [美]罗伯特·C. 尤林:《理解文化:从人类学和社会理论视角》,何国强译,北京大学出版社 2005 年版,第 204 页。

解释系统的最终本质标志是解释力，解释力的最终本质标志是合理理性与独立精神。人的本质力量是上述三大系统力量的整合，在一个动态合理的文化结构中，这种整合不是加和而是乘积，这三大系统力的乘积就是文化力，也就是人的本质力量或人性。所以，文化力＝生产力×交往力×解释力。

3. 人生在世：文化的历史性和文化间性

从结构主义的视角来看，人生活在世界矩阵中（见图1－1）。因此，没有时间向度的文化概念只是一个静态的模型，是一种抽象的思维游戏。所以哲学的文化概念还要考察人类不同世代之不同文化的间性向度。

任何文化都是具体的文化，同时，任何文化又都有四维的向度，是在我际、人际、天际、世际中不断生成的具体文化。恰如马克思所言："历史的每一阶段都遇到有一定的物质结果、一定数量的生产力总和、人和自然以及人与人之间在历史上形成的关系，都遇到有前一代传给后一代的大量生产力、资金和环境，尽管一方面这些生产力、资金和环境为新的一代所改变，但另一方面，它们也预先规定新的一代的生活条件，使它得到一定的发展和具有特殊的性质。"① "每个个人和每一代当作现成的东西承受下来的生产力、资金和社会交往形式的总和，是哲学家们想象为'实体'和'人的本质'的东西的现实基础，是他们神化了的并与之作斗争的东西的现实基础，这种基础尽管遭到以'自我意识'和'唯一者'的身份出现的哲学家们的反抗，但它对人们的发展所起的作用和影响却丝毫也不因此而有所削弱。"②

总而言之，这基本上是马克思哲学的文化概念的具体内涵，分享马克思实践哲学视界，超越狭义精神文化观（文化叁），走入总体文化观，才可能真正解决好当代文化发展问题。马克思实践哲学视界告诫我们：文化发展需要由面到体的总体视界。如果把文化概念的理解窄化，把文化发展仅仅局限文化壹或者是文化贰、文化叁，甚至仅仅是文化肆等方面；对文化的理解局限于纯政治性、伦理性、情感性，而失去了总体性维度，那么我们实际上还在旧文化模式里发展旧文化，这样的文化往往

---

① 《马克思恩格斯全集》第3卷，人民出版社1960年版，第43页。
② 《马克思恩格斯选集》第1卷，人民出版社1995年版，第92页。

成为文化第二次发展的对象，从根本上不利于总体文化的模式转型。中国传统文化近代转型的出场路径正好确证了由面过渡到体的总体视界的重要性：其经历了从物质层面的文化变革（洋务运动）到制度层面的文化变革（维新变法运动），再到观念层面的文化变革（五四运动），最后到文化模式之总体现代转型（中华人民共和国文化模式）的艰难历程。

（二）马克思式"文化"概念的基本特征

这是一个马克思式的文化定义，祛除了泰勒主义（Tyloreanism）的味道。在此意义上，马克思的哲学本质上是一种文化哲学。马克思式"文化"概念的根本特征是"属于人（of 成因）通过人（手段、原因）为了人（for 目的）好了人（welfare 结果）"①。具体说来，马克思式文化范畴的主要特征有：人生在世性、人之为人性、习以为常性、先在嵌入性、历史情境性、恒久生成性。

1. 人生在世性

人总是文化的人，人的世界在某种意义上就是文化的世界。苏联民族学家勃罗姆列伊指出："人诞生时并不带有某种已经形成了的民族性格特点。人具有这些特点是由于在世时养成的。"② 所以，文化的第一个特征就是确保人类生存的人生在世③性，即是说文化就是人的存在方式，"文化是存在的家园"。④ 家园性、在世性、植根性是马克思式"文化"概念的第一规定。"文化世界"构成"人生在世性"之"世"，所谓使人与世隔绝，主要是指人具体地生活于其中、与人息息相关的、充满意义的世界消失了。这种世界即是文化。著名哲学人类学家蓝德曼指出："正如我们历史地所探究的，没有自然的人，甚至最早的人也是生存于文化

---

① 梁漱溟认为，孔家要旨也只在不碍生机。讲到世法，孔家所以值得特别看重，越过东西一切百家的，只为唯他圆满了生活，恰好了生活，而其余任何一家都不免或多或少窒碍、斫戕、颓败，搅乱了生活。参阅梁漱溟《东西文化及其哲学》，上海人民出版社 2006 年版，第 171 页。

② ［苏］勃罗姆列伊：《民族和民族学》，李振锡等译，内蒙古人民出版社 1985 年版，第103—104 页。

③ "我把哲学的根本问题概括为人生在世的'在世结构'的问题。'结构'就是指人与世界相结合的关系和方式。"参阅张世英《新哲学讲演录》，广西师范大学出版社 2004 年版，"自序"第 2 页，第 1—55 页。

④ 相当于梁漱溟所说"人类生活的样法"，和胡适所说的"人民生活的方式"。

之中。"①

马克思常常毫不迟疑地从文化壹即"生产活动"向度论及这一特征："任何人类历史的第一个前提无疑是有生命的个人的存在。因此第一个需要确定的具体事实就是这些个人的肉体组织，以及受肉体组织制约的他们与自然界的关系。"② "人们用以生产自己必需的生活资料的方式，首先取决于他们得到的现成的和需要再生产的生活资料本身的特性。这种生产方式不仅应当从它是个人肉体存在的再生产这方面来加以考察。它在更大程度上是这些个人的一定的活动方式、表现他们生活的一定形式、他们的一定的生活方式。因此第一个需要确定的具体事实就是这些个人的肉体组织，以及受肉体组织制约的他们与自然界的关系。"③

其他一些哲学家也常常从不同向度论及这一特征。文化实践已不仅是一种简单的理解活动，而成为人的生活世界和社会生活赖以持存的基本方式，为人提供必需的"在世结构"（海德格尔语）。而海德格尔的基础本体论强调，作为人之存在的"此在"（Dasein）乃是"在世界之中的存在"（das in-der-Welt-sein），这种存在本质上又是与"他人"（Andere）"共在"（Mitsein 即 being with others，与他人同在）的。"在与人共在方面，如果我是我自己，我就必然荒芜"④。作为人生在世最为源始的生存活动，文化实践构成了人类其他活动得以进行的"先验"条件和约束，它不是一种可以学习和模仿的技术，而是与人的生活实践内在相关的生存性活动。伽达默尔则从文化叁解释向度出发论及这一特征："理解不属于主体的行为方式，而是此在本身的存在方式。这种运动性构成此在的有限性和历史性，因而也包括此在的全部世界经验。"⑤ 舍勒对知识（相当于本书的文化）的在体论也直接指认了这一特征：知识是个体参与实在时的所获。"知识是一种存在关系（Seinsverhaltnis）"，这种关系是在整体和部分上设定了的存在形式：一个在者参与（Tail hagan）另一在者的

---

① ［德］M. 兰德曼：《哲学人类学》，阎嘉译，贵州人民出版社 2006 年版，第 203 页。

② 《马克思恩格斯全集》第 3 卷，人民出版社 1960 年版，第 23 页。

③ 同上书，第 24 页。

④ Karl Jaspers, *Philosophie* II, Berlin/Gttingen/Heidelberg: Springer-Verlag, 1956, S. 56.

⑤ ［德］伽达默尔：《真理与方法》上卷，洪汉鼎译，上海译文出版社 1999 年版，第 6 页。

所在。"这种关系绝非一种空间的、时间的和因果的关系。'精神'可称之为'认知的'在者的 X 或行为的投入，通过这种行为，参与才是可能的。"① 这种参与的在体结构决定了知识——尤其是社会知识或世界观知识不可能排除个体的涉身性。因为，通过认知行动，认知在者成为一种"意向性的在者"，而不再是单纯的实际在者（ens reale）。知的行为本身使在者（个体的人身）走出了自身的单纯状态，没有这种走出自身（her aus zugehen）就根本谈不上"知识"的可能。因此，"所知"（Gewusste）只是参与所"知"的东西，任何认识形式、思想概念都受个体在性的约束。知识是一个在者的所在（Sosein）成为一个"意向性之在"（ens intentionale），这一论点的含义是：一旦个体进入知识状态，就离开自然性的在之状态。②

刘小枫说："理念及其文化制度规定一个人的在世身份。无论希腊、希伯来还是中国古代，都有文明与蛮夷之分或人兽之分，区分的标准在于个人是否归属一套文化性的价值理念系统。文化性的价值理念系统有如一服饰，某个身体穿上它才禀得一种生存的人性身份和社会性的权利。"③ 格尔茨说："文化，这类模式的集大成者，不只是一个人存在的装饰品，而是——就其特性的主要基础而言——人存在的基本条件。""没有人类当然就没有文化，但是同样，更有意义的是，没有文化就没有人类。"④ 与"文化"隔绝的人最终必然是孤独的人，与周围世界失去了真实的联系，人就是物、石头，甚或空无、抽象，或其他任何东西，使自我失去了与世界的真实联系，失去了自身存在的现实性和活生生的内容。

2. 人之为人性

"人之为人性"表现为两重性："是其所是"性和人的主体性。所谓"是其所是"性，也就是教化成人性，成人成事性，一句话就是让人成为

① M. Scheler：《认识与劳动》，载《知识的形式与社会》（全集卷八），Bern1980，第 203 页；转引自刘小枫《现代性社会理论绪论——现代性与现代中国》，上海三联书店 1998 年版，第 290 页。

② 刘小枫：《现代性社会理论绪论——现代性与现代中国》，上海三联书店 1998 年版，第 290 页。

③ 同上书，第 333 页。

④ ［美］格尔茨：《文化的解释》，韩莉译，译林出版社 1999 年版，第 58、62 页。

人。亚里士多德认为"人是理性的动物",按照海德格尔的观点,这种对人的理解实质上是把人当作"现成存在和摆在那里这种意义上加以领会的"①,因而与理解物的方式并无本质差别。舍勒说得更清楚,这种理解方式实际上是把"人的本质及其价值视为一种自然事实的自然延伸",它在表面上把人看得很高,其实是人的贬值和人的价值的颠覆。人的文化活动才是区别人与动物的根本尺度,人是什么?是与他的文化生产相一致的,人的生命活动、文化活动的性质是自由自觉的活动。

个人生来原本只是抽象的"自身",没有他的对象世界;只有当他变为"人",成为社会性"主体"时,他的环境才会一跃而成为他的"为我世界"。"变成人类就是变成个体的人,而我们是在文化模式指导下变成个体的人的;文化模式是历史地创立的有意义的系统,据此我们将形式、秩序、意义、方向赋予我们的生活。"② 人的生命区别于动物生命的一个重要方面是:人来自自然,但人只是自然的一个半成品,人的另一半需要文化来打造,需要文化去形成;同时,人的重大使命就是要超越自然的全部秩序,去"再生产整个世界"(马克思语),去创造自己的生活,去人化自然。正如马克思所说:"正是在改造对象世界中,人才真正地证明自己是类存在物。……这种生产是人的能动的、类的生活。通过这种生产,自然界才表现为他的作品和他的现实。"③ "是其所是"性又内在地包含了"是其所不是"性,因为人本质上是一种包含了无限可能性的生物,他在他的历史性与可能性之间保持是其所是和非其所是的生态平衡。"文化"还是人的主体性的表征,文化的"人之为人性"还在于它的属人性。文化是人作为主体的活动和结晶,因而文化的本性总是同人的本性一脉相承。简言之,有怎样的人就有怎样的文化。文化犹如一面镜子、一把标尺,反映着、标示着人的活动、人的主体性。

3. 习以为常性

在某种意义上,文化即是人的第二自然。具体文化中的人并不是时时刻刻都意识到自己"身历其境"的"文化"。因为"文化本身是限制

① [德]海德格尔:《存在与时间》,陈嘉映、王庆节译,三联书店1987年版,第60页。
② [美]格尔茨:《文化的解释》,韩莉译,译林出版社1999年版,第65页。
③ 《马克思恩格斯选集》第1卷,人民出版社1995年版,第47页。

个人行为变异的一个主要因素。法国著名社会学家埃米尔·涂尔干（Em-lie Durkheim）强调说，文化是我们身外的东西——它存在于个体之外，而又对个人施加着强大的强制力量。我们并不老是感到文化强制的力量，这是因为通常总是与文化所要求的行为和思想模式保持着一致。然而，当我们真的试图反抗文化强制时，它的力量就会明显地体现出来了。"①文化虽然无所不在，但又是无形的、难以直接把握的东西。它们似乎无所不在，但人们真正面对时，又好似"无物之阵"。通常，只有在个人生活和社会生活的一些重要的转折处，人们可以感受到文化的存在或文化的力量。一种情形是，当我们把一个人从他所熟悉的生存环境"抛入"异国他乡陌生的新环境中时，文化会非常鲜明地跃现在他的言谈举止、待人接物、应答问题、处理事务等一切活动之中。另一种情形是，在个体或社会生活的重要转折处，人们会遭遇到更大的文化力量。例如，在个体的层面上，从儿童到成人，常常会经历一个"青春期骚动"或"青春期危机"。在社会运行的层面上，在文艺复兴、"五四"新文化运动等重大历史转折时代，人们会以一种极端的方式体会到文化的存在，这就是身临和目睹文化的大的断裂，即一种旧文化的衰亡和一种新文化的诞生。②

4. 先在嵌入性

"先在嵌入性"包括时间上的在先性和逻辑上的在先性。文化以"模式"进入传统，依靠传统发挥作用。文化可以承传——中介是借助于各式"符号"，而且文化靠"符号"承传或传播的过程与方式也同样构成文化。文化是人类创造的，但它一旦被创造出来，就不为尧存、不为桀亡，就在一代代社会历史传递中成为超越社会有机体、也超越个体心理而存在的有意义的现象世界了。它构成了一个客观现实的世界，和人类生存的有意义的社会历史环境。这就是时间上的在先性。文化矩阵或文化母体，构成文化主体的"先见和前提"，对文化主体进行逻各斯控制。这种历史的文化积淀构成理解的"不自觉的和无条件的前提"（恩格斯），构

---

① ［美］C. 恩伯、M. 恩伯：《文化的变异》，杜彬彬译，辽宁人民出版社1988年版，第37页。

② 参阅衣俊卿《文化哲学十五讲》，北京大学出版社2004年版，第22页。

成"前理解"。"河狸修坝、鸟建巢、蜜蜂找到蜜源、狒狒组织社会性的团体、老鼠交配，这些都主要依靠被编码于它们的基因中并由适当的外部刺激激发出来的学习形式，但是人修拦水坝或住所、找到食物、组织社会团体或者选择性伙伴都是在编码干作业流程图或蓝图、狩猎知识、道德体系和美学判断之中的指令指引下进行的；概念性的结构形成无形的能力。"① 这就是逻辑上的在先性。文化的核心由一部分无从选择而必须接受的传统（社会所必需的）和依个人当下需求可以任选的价值观念两部分组成。当然，文化的接受是有弹性的，这就形成了文化的另一个特征：恒久生成性。

有什么样的后文化世界，也就有什么样的先验的主体性。所谓先入为主，就是这种先验主体性的特征。马克思从人类的现实存在及其历史发展出发，提出"人的存在是有机生命所经历的前一个过程的结果。只是在这个过程的一定阶段上，人才成为人。但是一旦人已经存在，人，作为人类历史的经常前提，也是人类历史的经常的产物和结果，而人只有作为自己本身的产物和结果才成为前提"②。人作为文化的前提与结果的辩证运动，就是人及其文化的辩证法。

5. 历史情境性

文化的历史情境性即文化共同体的某种共同的行为规范体系在历史的情境中表现为个体性的特征，具体表现为文化的民族性、地域性、时代性、个体性、族群性、阶级性等。杰弗里·托马斯认为："社会情境性"强调自我的社会情境性，社会情境性意味着，个人通过在历史上特定的社会或文明中观念性地把握的东西来获得理解，获得他们的善的观念及他们的"构成性目标"③。

从马克思主义的观点看来，现实的个人总是具体的、历史的存在，是社会的人、实践的人。"人不是抽象地蛰居于世界之外的存在物，人就是人的世界，就是国家、社会。"④ 正是从这样的基点出发，从不同角度，

---

① ［美］格尔茨：《文化的解释》，韩莉译，译林出版社1999年版，第62—63页。

② 《马克思恩格斯全集》第26卷，人民出版社1974年版，第545页。

③ ［英］杰弗里·托马斯：《政治哲学导论》，顾肃、刘雪梅译，中国人民大学出版社2006年版，第303页。

④ 《马克思恩格斯选集》第1卷，人民出版社1995年版，第1页。

例如，从宗教、信仰、地方性知识储备、语言、艺术、仪式、习俗、原始意象、集体无意识等各个方面出发，可以证明文化的历史情境性内在地包含了文化的具体性、历史性，包含了文化主体的社会性和实践性，故所谓文化的主体性首先是作为具体的、历史的社会实践的人的主体性。

6. 恒久生成性

马克思在其《博士论文》中说："所以一个人，只有当同他发生关系的另一个人不是一个不同于他的存在，而他本身，即使还不是精神，也是一个个别的人时，这个人才不再是自然的产物。但是要使作为人的人成为他自己的唯一真实的客体，他就必须在他自身中打破他的相对的定在，欲望的力量和纯粹自然的力量。排斥是自我意识的最初形式；因此，它是同那种自认为是直接存在着的、抽象单一的自我意识相适应的。"① 还在《1844 年经济学哲学手稿》中把人的本质规定为自由自觉的活动，在《关于费尔巴哈的提纲》把实践规定为人的本质。这实际上已包含了对人的生成性维度的承诺，在此意义上，甚至可以把人的生命活动本性规定为否定性，否定性意味着人的生命的自我生成和自我实现，意味着人不断地摆脱束缚。这就表明：人的存在世界是一个动态的、无限开放的、有始无终的、生长着的世界。"此在时间的主体性是这偶然的创发性。关键在'此'，这个独一无二的此时此刻与世界、与自然、与他人相联的存在。这个存在既是客观的历史成果；却又是主观孤独的处境，更是向前原创的基地。只有它，能超越那普遍必然的客观社会性，不断开创出自己（扩而及于群体—人类）的自由天地。"②

人的这一生成性特质又先验地规定了文化的"恒久生成性"。文化是人确证自己为人的全部活动及其成果，理所当然是一种持久的创造活动，从来就没有什么现成的，人们可以一劳永逸地先定地把握的"文化"，文化总是在人的生存实践活动中才得以"出场"、"退场"、再"出场"……，或者说是在人的生存实践活动中才得以揭示和开放出来，文化的意义并不存在于超验实体中，而就在于人的生存实践活动的展开之中。"文化"这个概念本身虽然同时兼有名词与动词的属性，但毋宁说其

---

① 《马克思恩格斯全集》第 40 卷，人民出版社 1982 年版，第 216 页。
② 李泽厚：《历史本体论·己卯五说》，三联书店 2003 年版，第 47 页。

本质上是一个动词：文化即 cultivate 即人化即生成即发展，总与"造化"相对。因为，这样的理解更容易保持文化作为一种行为的意义——文化是工具制造、制度再造与意义创造的反复化过程。在这一反复化过程中，是递嬗与生成，继承与创新的辩证的统一。

就文化客体而言，所有文化文本都是"可写的"文本。"每一种伟大的文化和每一个文化时期尽管复杂多样，但它们理性的精神结构却能够达到部分真实和部分正确的程度，虽然它们不必达到这样的程度。"① 但同时每一种伟大的文化也只能达到部分真实和部分正确的程度。这也决定了文化具有了恒久的生成性。

很显然，到目前为止，本书论及的"文化"概念还只是文化一般，是很抽象的文化。而一般文化、具体文化与文化主体息息相关。正如马克思方法论所表明的："饥饿总是饥饿，但用刀叉吃熟肉来解除的饥饿不同于用手、指甲和牙齿啃生肉来解除的饥饿。"②

一般文化，具体文化与文化主体之间的复杂关系，以及它们与文化发展的关系将在后文作具体分析研究。

（三）相近概念辨析

那么，这个马克思式"文化"概念与人们常常说到的"实践""社会""文明"等概念又有何异同呢？必须对与"文化"相近的这几个概念予以区分，否则无法消除黑格尔所说的"黑夜里的阴影"。

1. 文化概念与实践概念

文化与实践是人的生存方式、发展问题的两个侧面，它们同为人类存在的真实根基。文化是人类实践活动的内化、晶化和物化，实践是人类文化发生、发展的源泉和动力。

首先，我们可以看出两者有如下几个共同点：

（1）二者都是事关重大的总体性范畴。对于人的存在而言，"文化""实践"都不是一个特殊的、部门性的概念，而是与人的全部存在内在相

① ［德］舍勒：《文化社会学导论》，载《东西方文化评论》第三辑（1990），北京大学出版社1991年版，第140页。

② 《马克思恩格斯选集》第2卷，人民出版社1995年版，第10页。

关的总体性范畴。在根本意义上说,文化就是人化,就是人的本质力量的确证。而实践就是人本身,人就是实践的存在物,实践实际上"是在实际活动中不断建立的人与世界、物质与精神、主体与客体、产品和生产能力的统一"①。

(2)两者都是规范性、价值性概念。"文化""实践"都不是一个中立性、描述性概念,它们所指向的都是人的自由自觉的本真生存状态。文化发展与人类解放的伟业互为表里。辽阔幽暗的人性如同拉美原始森林,野兽出没,同时又人迹罕至。真正的文化发展是人性结构优化的结晶体和外显。"实践是一种自由的普遍活动,这种活动就是目的本身,而非达到其他目的的手段。""实践(praxis)是一个规范概念,它指的是一种人类特有的理想活动,这种活动就是目的本身,并有其基本的价值过程,同时又是其他一切活动形式的批判标准。"②"实践既是人的对象化和对自然的主宰,又是人的自由的实现。"③

(3)"文化""实践"不仅都构成人与世界的基础,而且还具有向着一般实在开放、向人之外的总体性存在开放的本体论维度。黑格尔把文化规定为精神(人)本身的生命存在和生命运动的全过程,本质显现(外化、对象化)为现象,经受世间的"磨难",在这个自我教化(也即自为发展)的历史过程中,最后达到自己的最高级的、理想的(也即合目的的)本质。在黑格尔那里,人的整个生命存在(他把它视做、也称做精神)就是在现实世界中的自我升华的教化(即文化)过程。很显然。这是人的生命存在的自我优化过程。科西克认为人:"宁肯说,他在实践的基础上展现自己以达到对存在的理解。因而他是一种人类学 – 宇宙学的存在。"④

其次,还可以看出两者有如下联系:

---

① [捷克]科西克:《具体的辩证法》,傅小平译,社会科学文献出版社 1989 年版,第171 页。
② [南斯拉夫]马尔科维奇、彼德洛维奇编:《南斯拉夫"实践派"的历史和理论》,郑一明、曲跃厚译,重庆出版社 1994 年版,第 23、38 页。
③ [捷克]科西克:《具体的辩证法》,傅小平译,社会科学文献出版社 1989 年版,第173 页。
④ 同上书,第 174 页。

文化是人类实践的对象化及其表征。布尔迪厄曾把人类实践还原为一种自为的记号语言系统。张一兵先生认为："实践是作为马克思主义文化哲学的总体逻辑起点，是马克思主义文化哲学抽象的具有总体性的范式。文化是在历史的现实的具体的社会实践中，文化主体通过物质活动改变自然对象的生产和再生产过程就成为具体的真实基础。实践广义的主体方面（实践活动），是第一性的一般对象物质，文化是人们改变对象的历史的现实的具体的感性物质活动，确定在自然物质前提之上的人类社会存在中的基始因素。"①

实践系统是时间在先，实践系统通过人的思维系统转化为解释系统，解释系统对于后来的实践系统来说又是逻辑在先。实践也直接就是解释。无论我们把实践和解释看作一个主体的活动或者许多个人的活动，它们总是表现为一个过程的两个要素，在这个过程中，实践是实际的起点，因而也是起支配作用的要素。解释，作为必需，作为需要，本身就是感性活动的一个内在要素。但是实践活动是活动的起点，因而也是活动的起支配作用的要素，是整个过程借以重新进行的行为。个人实践作用于一个对象和通过解释这个对象返回自身，然而，他是作为生产的个人和自我再生产的个人。所以，解释表现为实践的要素。

实践改造着解释，实践创造出解释的材料，没有实践，解释就没有对象。但是解释也中介着实践，因为正是解释生产创造了实践主体。

两者有如下几个不同点：

（1）虽然制定这两个概念的方法是同样的，两者并不互相抵触，反而互相补充，但是这两个概念处在不同的抽象层次。相对而言，文化更是一种总体性范畴，"事实上文化既有客观的属性也有主观的属性。在历史的组合式发展演变中，可以说是你中有我，我中有你。物质生产条件及其环境制约甚至决定着人们的生活方式和价值观念，然而人的思想观念也不是无所作为的，更不是消极等待的，而是往往直接参与到经济生产活动中去"②。

① 张一兵：《马克思历史辩证法的主体向度》，南京大学出版社 2002 年版，第 110 页。
② 欧阳谦：《文化的辩证法——关于"文化主义的马克思主义"的几点思考》，《马克思主义与现实》2008 年第 4 期，第 50 页。

（2）实践是时间上在先，文化是逻辑上在先。文化中的"解释系统"渗透在人类实践的方方面面。马克思关于实践的著名论断"不是从观念出发来解释实践（Praxis），而是从物质实践出发来解释观念的东西"①，对于我们来说已经成为一种解释意识，一种内在的文化，作为逻辑上在先的"文化"指导我们实践。

（3）文化内涵大于实践，实践常常侧重于物质生产生活，张一兵教授认为，实践的合法性仅仅在于工业性②，马克思式"文化"概念则是生产实践、交往活动与解释体系的和合体。

2. 文化概念与社会概念辨析

文化唯物主义创始人威廉斯认为，"文化是一种社会的中介"③，文化本身就是一个生产过程。按照马尔库塞的理解，这种文化唯物主义的"辩证法思想把一切事实理解为一个过程的不同阶段——在这个过程中间，主观和客观紧密联系，最终我们只能在主观与客观的整体中来确定真理……一切事实都体现了认识者以及行动者的作用；它们在不断地将过去转化成为现在。因此，客观在其自身的结构中'包含'有主观性"④。事实上，文化是社会的，而社会也是文化的。"我们永远也观察不到在纯客观条件下所发生的经济变化，如同我们永远也观察不到遗传的精确影响一样——当这个影响力已经呈现在外界环境中以后，我们才有可能研究。资本主义和工业资本主义，这个曾经由马克思按照历史分析方法而用一般性概念加以描述的现象，只能产生在一定的现存文化中。"⑤威廉斯主张文化与社会是可以互换的概念，意图纠正正统马克思主义者的基础与上层建筑的还原主义公式。社会的发展规律之所以不同于自然的演变规律，正是因为有了文化的活动和作用。正如日本马克思主义学者所言：

① 《马克思恩格斯全集》第3卷，人民出版社1960年版，第43页。
② 张一兵：《马克思哲学的历史原像》，人民出版社2009年版，第558页。
③ R. Williams, *Marxism and Literature*, London and New York：Oxford University Press, 1977, p. 99.
④ Marcuse, *Reason and Revolution*, *Hegel and the Rise of Social Theory*, Boston：Beacon Press, 1960, p. 534.
⑤ R. Williams, *Culture and Society* 1780—1950, Harmondsworth：Penguin Books, 1983, p. 343.

　　存在着不同于政治的、经济的活动的文化活动，它（体育除外）从来是作为精神文化来理解的，特别是在德国系的哲学中，大体说来，只有这种活动才作为文化来考察的。但是我认为，文化活动把这种相对地按其本身的性质来实现的文化活动作为重要的侧面包含在自身之中：当把它作为广义的文化活动来把握的时候，如前所述，它浸透于政治、经济活动之中。……我认为，文化活动在广义上是覆盖了人类活动的全部领域的东西。……

　　因此，或许可以这样说：当从人类的活动来看时，经济活动、政治活动等，是当成作为经济事物的人类活动、作为政治事物的人类活动来看的。而且，上述狭义的——相对地作为其本身来从事的——文化活动，也应看作是作为人的事物的人类活动。这样看时，它的"人的"活的可以说是文化活动吧！①

　　因此，大概来讲，首先，从发生学来说，文化先于社会，社会是在文化发展后建立起来的。其次，从研究对象上讲，文化概念包含了人与自然、人与人、人与自身的关系三个向度，社会概念一般只研究人与自然、人与人的关系，一般不包括解释系统。再次，从概念外延上讲，它们在外延上有巨大的重合区，广义文化包含了社会；即一切社会现象既是"社会"现象又是"文化"现象，但反之不然；从概念内涵上来讲，社会相对是一个实证性的概念，文化概念更具人文性，社会概念更具实证性；文化概念更加凸显人的主体性（文化在我看来常常是一个动词而不是一个名词），社会概念更加凸显社会的客体性；文化概念更加凸显个体的独立性，社会概念更加凸显社会的集体性；文化概念更加凸显人的超越性、否定性、批判性、生成性，社会概念更加凸显社会的稳定性、肯定性、协调性、现成性，"文化"一词与"生成"一词具有内在的和谐一致。最后，从结构划分上讲，文化概念有人与自然、人与人、人与自身的关系三个向度，而社会一般为经济基础和上层建筑。当然，这大概只是它们之间的一些主要的区别。

---

　　① 〔日〕岩崎允胤：《文化和人类活动的辩证法》，《哲学研究》1990 年第 2 期，第 29 页。

　　社会研究只是马克思主义理论的一个侧面,社会的实践化和革命化是其理想。但是马克思主义理论决不能只被理解"社会理论",它包含了人与自然、人与人、人与自身的关系三个向度的丰富理论资源。正因为如此,国外的马克思主义研究才会在"人与自然"的向度上生成了"生态学马克思主义",在"人与自身"的向度上生成了"精神分析马克思主义"、几代西方马克思主义者陆续提出的"意识形态批判""日常生活批判"理论,尤其是法兰克福学派对启蒙理性、大众文化、心理机制、性格结构的批判等等理论。

　　3. 文化概念与文明概念辨析

　　本书认为,大写的总体文化概念与"文明"概念相当,正如在英文中"文化"与"文明"(civilization)在广义上有共通的内涵和外延。两者的差异大概是这样的:英、法、美国社会学家则常常使用 civilization 这个词,而德国历史哲学家常常使用 culture 这个词。"这不是单纯的咬文嚼字,而是体现了在西方文化研究中起支配作用的两种对立传统:思辨的历史哲学传统和实证的社会传统。"① 前者认为,文化应是一种以生命为本位的活的东西,是流动的,是不断地消亡、创生、发展的生活样态。因而形态化、制度化、程式化就意味着文化的衰落和死亡。这种文化死亡的终极形态就是文明,因此,文明是对文化的一种反动,虽然究其本质仍是一种文化。在后者看来文化是人类所创造的物质文明成果和精神文明成果的总和。由此可见,西方思辨的历史哲学传统是从变化着的动态角度切入文化研究,而实证的社会学传统则是静态地定义文化,认为文化是既定事实的各种形态的总和②。马克思哲学的"文化"概念毫无疑问归于动态的、批判的历史哲学传统。

第二节　发展与文化发展

　　解释完"文化"概念后,本节将转入对"文化发展"这一重大概念

---

　　① 张岱年、程宜山:《中国文化与文化争论》,中国人民大学出版社 1990 年版,第 1 页。
　　② 参阅张岱年、程宜山《中国文化与文化争论》,中国人民大学出版社 1990 年版,第 1—3 页。

的理解研究。作为对文化变动特性的表征，除了"发展"一词外，"进步""建设""变迁""进化""演化""跃迁"是几个基本处于同等序列的概念。马克思主义文化发展哲学选用"发展"这一相对科学的概念，是因为其一，在内设价值判断上，这个概念更明显地侧重于表征变动后的更高文化形态和积极价值追求。其二，这一概念更能表征文化的"主体向度"。从生物界来看，其他动物没有发展能力，只有生存能力。"发展"不仅确证了人类对自身、世界的改变，同时也表征了人类对自身命运的理解，是对人类主体性的本质表征。其三，"发展"更是人的存在方式，它表征了主体对生存与发展的关注，包含着对生命的终极性关注。追根究底，文化发展，就是要求主体最大值的生成性存在。此外，在语义的学科意蕴上，"发展"一词更具有哲学意味。

一 发展概念

有的学者提出，生存与发展问题，是人类生命存在的永恒主题。生存与发展分别代表着人的生命存在的两极，即生命的底线和上线。人的生命的本真意义正在于谋求发展，因此，发展是人类生命存在的高级自觉与永恒追求，也是生命意义的标志。人类永远无法摆脱死亡的威胁，却又通过生生不息的世代更替推动着文明的进步与社会的发展。这正是人生的悖论，也是人生的价值。①

（一）发展概念的历史形态

同所有哲学范畴一样，"发展"概念是一个历史性的生成性的范畴。"发展"概念随发展主体的"发展"观念的变化而变化。这一历史正如刘森林所言："从古代的'循环'到启蒙时代的'进步'，从胚胎学的development 和地质学的 evolution 到现代科学的'发展'与'进化'，从古典经济学到现代经济学，从经典理性主义和功利主义的发展观到马克思主义发展观，人们关于社会变化发展的观念经历了复杂的嬗变。"②

---

① 孙正聿：《辩证法研究》（下），吉林人民出版社 2007 年版，第 229 页。
② 刘森林：《发展哲学引论》，广东人民出版社 2000 年版，第 1 页。

从古埃及、苏美尔人的神话传说可以推论人类最早关于自然变化的观念是"循环"或"轮回"。古希腊哲学家对人类社会所持有的普遍观点是：世界是由神创造的，并且由神推动，神创造的世界是完美的。"从整体上说，很多希腊、罗马人似乎已经接受了物质进步的观点，但是却又趋向于把物质进步与道德衰退连接起来。"① 基督教历史观首次试图给人类历史的整个过程赋予一种确定的意义，并认为，过去将会引向未来一种理想的确定目标。奥古斯丁将时间分为过去、现在、将来，所有的时间以现在为核心。

确切地说，发展观念只是近代以来的事情，近代进步论就是文艺复兴以来的人文主义和科学新文化冲破基督教历史观之后形成的。科学技术所取得的非凡成就逐渐成为人们的坚定信念，并且随着工业革命和人类物质生活的极大改善而渗透到社会生活的方方面面。

现在我们使用的"发展"一词，其形成得自多种理论中关于方向性变化观念的多义合成。它直接源自近代生物学的胚胎发育学说，并在把它用于说明社会变迁时接受了启蒙理性主义"进步"观的深刻影响。

喻示发展内涵的胚胎隐喻，似乎从古希腊就出现了。根据卡思陀瑞狄思的说法，在古希腊哲学看来，"有机体渐次向生物成熟的阶段演化就是发展。……简短地说，发展指涉的是一个实现本体的过程，由 dunamis 而至 energeia，由潜能（potentia）而至行动（actus）。"②

种子成长开花、婴儿成长为大人，就是这种实现了内在潜能的过程的"发展"。自近代以降的社会"发展"观念更是直接来自 Development（即"发育"一词）。在近代，虽然"时间"在经典力学中是说明物理客体之本质的新参量，但它是均匀可逆的。对象客体的本质随时间变更发生变化的现象在经典力学中没有地位。这种现象倒在研究生物发育过程的胚胎学和研究地层演化的地质学中作为基本现象得到处理。Development（即后来用于说明现代社会变迁的"发展"）最初就是用以指作生物胚胎在大小、形态和功能方面逐渐成熟的过程。于是，规模、功能、分

---

① ［加拿大］布鲁斯·炊格尔：《时间与传统》，蒋祖棣、刘英译，三联书店1991年版，第74页。

② 转引自［美］汤林森《文化帝国主义》，冯建三译，上海人民出版社1999年版，第292页。

化、复杂性、定向性、适应力就成了其内含的一些基本方面。在 18 世纪尤其是 19 世纪，"进步""发展""进化"等概念的含义几乎没有什么大的区别（比如斯宾塞就把 Development 从胚胎领域拓展到所有自然过程，并把它称作"进化"）。Evolution（进化）在近代则在地质学的基础上出现，并在对生物变异的说明中得到丰富和传播。"发展"与"进化"的初始含义是一样的。按照拉兹洛的说法，"进化"是从拉丁字"evolvere"来的，其含义是展开。最初人们把完全成形的微小机体"展开"成完全成熟的有机体这一现象称为"进化"①。吉登斯说，进化来自拉丁词"evolutio"，词义是羊皮书籍的书页的展开。"直至十七世纪晚期，这个词才逐渐形成它的现代含义，开始指一种历经一些可以识别的阶段的有序变迁过程。""进化"说明的对象从岩石层化到生物变异，即从非生命物质到生命物质以至人类社会和文化，并日益与偶然、机遇、非先定性联系了起来（拉兹洛有句名言："进化从来不是命运，而是机遇"）。

近代唯理主义发展观的突出代表黑格尔就是在胚胎发育隐喻基础上解释发展的。他用"循环"来解释自然界的变化，用"螺旋式"进展规范人类历史的发展。而"螺旋式"进展就隐含着一种胚胎发育的隐喻。库诺认为，黑格尔主张"发展的真正意义在于，一开始就已存在了的东西慢慢成长、壮大、直到最后显现出来"②。这是一种颇似胚胎渐成论的观点。黑格尔理解的发展就是一种发育，先得有一个胚胎似的基础作为发展的发生前提，否则发展就无法谈起。而这个胚胎似的基础就是作为世界基础、灵魂、主宰和推动力的理性。未来发展的步骤和支配发展进程的必然规律早以浓缩形式包含在历史胚胎之中。这种神化理性的倾向使发展脱离了实际而陷入了宿命论③。

二战结束以来，"进化"在一些学者那儿已与"进步"失去了固定的联系。尤其在一些人类学家那儿，"进化"仍被接受，"进步"却受到一些学者的质疑。在发展学中，有的学者、特别是一些第三世界的学者和

① ［美］拉兹洛：《进化——广义综合理论》，闵家胤译，社会科学文献出版社 1988 年版，"前言"第 1 页。

② ［德］库诺：《马克思的历史、社会和国家学说》第 1 卷，袁志英译，商务印书馆 1988 年版，第 244 页。

③ 参阅刘森林《发展哲学引论》，广东人民出版社 2000 年版，第 3—29 页。

"左"派学者,对"进化"甚至"现代性"这样的概念都抱有十分谨慎,甚至弃之不用的态度。他们认为,"进步""现代性"等概念"均具有价值的内涵。研究者如果使用这种术语,就等于作出一个主观的价值判断",所以"宁可将这种判断的权力交给社会,只有社会本身才能确定已经发生的事件实际上是好是坏"①。同时,"进化"这一概念在发展学中受到的对待似乎更多是谨慎和反思,而不是广泛应用。"发展有别于进化之处在于它是有意识的行动。发展是社会、或至少是那些有权代表社会的人们自觉努力的结果;而进化并非在任何时候、任何场合都需要自觉意识。"② 一般来说,有些"进化"只涉及变异,并不包含有"向更高形式不断进步"之义。而"发展"必定蕴涵着一种趋向更"好"的方向性含义。在这个意义上,"发展"显然是一个以现代价值为预设前提的现代语词。③

根据当代西方发展理论的立论依据和研究方法上的根本变化,可以把其60余年的演变历程大致划分为三个阶段:"欧洲中心主义"阶段、地区主义阶段到全球主义阶段的三个发展演变阶段。

从20世纪40年代中期至60年代中期是其早期阶段,也称欧洲中心主义阶段。当时,发展学家们主要以西方资本主义国家从中世纪传统社会转变为现代工业社会的历史经验为基本的立论依据,以近现代西方经济学理论和社会进化理论为基础,对西方国家特别是美、英、德、法等国的历史经验做了分析,探讨了现代化的动力、特征与模式等问题,形成了包括发展经济学和现代化理论在内的早期发展理论。

现代化理论与发展经济学尽管立论角度不同,却有着共同的本质特征:两者都是从各自的学科角度对近代以来西欧、北美国家的现代化历史经验进行单层次的经验描述和实证归纳,并把所描述的经验事实视为现代化的最佳模式和落后国家学习的样板。正因如此,以这两个流派为代表的早期发展理论被称为"欧洲中心主义"的发展理论。

20世纪60年代中期以后,早期发展理论的立论依据和研究方法受到

① 伊斯梅尔·萨布里·阿卜杜拉在联合国组织的关于"现代性/现代化抑或发展?"的巴黎会议上的发言,载《国际社会科学》(中文版)1990年第1期,第138页。
② 同上。
③ 刘森林:《发展哲学引论》,广东人民出版社2000年版,第3—5页。

了越来越多的批判，许多观点也受到了"修正"乃至否定。于是，当代西方发展理论进入到第二个演变阶段：地区主义阶段。在这一阶段，发展理论家们开始把考察的视线从西方资本主义国家的历史经验转向广大落后国家的发展实践，丰富了研究内容，扩大了观察视野。虽然一些学者仍难免戴上西方的有色眼镜来观察落后国家的发展问题，但西方中心论或现代化等于西方化的理论前提已被大多数人抛弃。此外，发展理论家们还突破了早期发展理论只对发展过程的某一方面做粗泛的宏观分析的旧框架，开始从哲学、历史学、社会学、政治学及文化学等多种学科角度探讨发展问题，形成了一些新的理论分支和流派，如发展哲学、发展社会学、发展政治学、文化发展观，以及依附论、世界体系论等；有的学者还运用多学科和跨学科方法对落后国家的现代化发展实践做了具体的个案分析并进行了比较研究，取得了一些积极成果。[1]

20世纪60年代中期以来，当代西方发展理论家们根据地方社会特性和发展现状，对前一阶段各种不切实际的、具有极大片面性的理论进行了"修正"与否定。但正如我们已看到的那样，他们在提出"新"观点的同时，又陷入了新的困惑：难于科学地揭示出发展过程的一般特征和根本动力；他们虽然摒弃了现代化就是西方化的错误埋论，批驳了主张全球现代化过程必须遵循西方模式的西方中心论，更可贵的是，有的学者不无合理地指出每个国家的现代化必然在继承其"历史遗产"的基础上选择不同的发展道路，但他们最终都没有正确地指出决定各国现代化模式选择的"共同的"终极原因和世界现代化历史发展过程的一般规律。

瑞典发展学家 B. 海腾看到了这一趋势。他指出，发展理论必须摒弃模仿西方发展模式的西化论，同时又要超越强调地方特性的本土论，从而进入到"超越西方社会科学主流，并能表达多样化经历的""普遍化"理论阶段。他认为，"普遍化"这一概念虽然带有"思辨的色彩"，但它却代表着发展理论本身的未来"方向"，而且"沿着那个方向说明"发展理论未来的"某种趋势"也是发展理论家们所应承担的"研究课题"[2]。

---

① 参阅李国强《当代西方发展理论的变迁与危机》，《天津社会科学》1994年第4期，第52—54页。（本书引用时有改动）

② 同上书，第56页。

20 世纪 70 年代中期以后，针对资本主义世界经济中出现的一些新现象，如东亚奇迹和美国霸主地位的动摇，美国学者沃勒斯坦等人创立和发展了世界体系理论。从世界体系这个新视角，研究世界体系整体规律对发达与不发达国家的制约和影响。这样一来，社会发展理论研究也就进入了全球主义阶段。

要而言之，传统发展概念的基本内涵就在胚胎发育的基础上，结合人文主义的规范和基督教线性时间观的某些影响而形成。这就是说，胚胎发育的定向性、发育过程具有严格的步骤和预定的必然性，以及对同类的绝对普适性。这些发育过程的特点，给近代发展观念规定了基本的内涵：具有固定的目标，具有明显的分段步骤，受固定必然规律的支配和决定，对同类具有普适性。①

现代发展观视界中的发展概念更倾向于把发展视为一种面对危机或困境的创新、抉择，或者创新或抉择的能力。它没有预定的轨道，没有什么力量能保佑它沿固定方向前进。发展的确并没有清醒的理性来规范和控制（理性只是工具），更没有必然性作保障。就像佩鲁所说："随着 19 世纪科学、技术和教育唤起的热情，人们持有这样一种观点：进步既不是一种带来幸运的必然性，和一种自我维持和积累的过程。经验则证明了恰恰相反的东西：进步取决于永不衰竭的创造能力、严格而细致的管理和坚韧不拔的毅力。正如不存在自我维持的增长一样，也不存在自我维持的进步。"② 1992 年，联合国在巴西里约热内卢召开了全球环境与发展大会。会议通过了《里约热内卢宣言》和《21 世纪议程》。可持续性发展得到了与会各国的认可。"发展，现在意味着减少对一个或几个大国的文化依附——即在学校中扩大本国语的使用范围，在电视上播出更多的本地（或邻国）摄制的节目，增加在本国获得高级学位的比例，等等。"发展"甚至更多地涉及国家同跨国公司进行谈判和处理其技术发明和文化影响的能力"。③

---

① 刘森林:《发展哲学引论》，广东人民出版社 2000 年版，第 29 页。

② ［法］佩鲁:《新发展观》，张宁、丰子义译，华夏出版社 1987 年版，第 20—21 页。

③ ［英］西尔斯:《发展的含义》，载罗荣渠主编《现代化：理论与历史经验的再探讨》，上海人民出版社 1993 年版，第 72、73 页。

（二）马克思主义哲学视界中的发展概念

文化发展概念与马克思主义哲学的发展概念密切相关。所以，理解马克思主义哲学的"发展"概念，对建构马克思主义文化发展哲学的"文化发展"概念至关重要。

"经典文本间具有相互交叉的关系。事实上，它们形成了即使不是连续性的对话，至少也是复杂的回应与反思的关系。亚士多德回应了柏拉图；马克思声称把黑格尔倒置的辩证法再颠倒过来。"虽然马克思主义哲学根本上可以解释一种发展哲学，但是它并没有一个界定清晰的"发展"概念。对于马克思主义哲学的"发展"概念，我们只能运用征候阅读法从马克思主义经典文本中的相关论述中去"发展"马克思主义的"发展"概念。

谈到"发展"，马克思曾具体指出："一切发展，不管其内容如何，都可以看作一系列不同的发展阶段，它们以一个否定另一个的方式彼此联系着……任何领域的发展不可能不否定自己从前的存在形式"。① 恩格斯有一段非常著名的论述与"发展"观念有关："中世纪是从粗野的原始状态发展而来的，它把古代文明、古代哲学、政治和法律一扫而光，以便一切从头做起。"② 列宁在《卡尔·马克思》里非常具体地论及"发展"观念："现时，发展观念，进化观念，几乎完全深入社会的意识，但不是通过黑格尔哲学，而是通过另外的道路。可是马克思和恩格斯依据黑格尔哲学所表述的这个观念，要比流行的进化观念全面得多，内容丰富得多。发展似乎是重复以往的阶段，但那是另一种重复，是在更高基础上的重复（'否定的否定'），发展是按所谓螺旋式而不是按直线式进行的，发展是飞跃式的、剧变的、革命的；'渐进过程的中断'；量到质的转化，对某一物体、或在某一现象范围内或在某个社会内部发生作用的各种力量和趋势的矛盾或冲突造成发展的内因；每种现象的一切方面（而历史不断揭示出新的方面），都是互相依存的，彼此有极其密切而不可分割的联系，形成统一的、有规律的世界运动过程，——这就是辩证

---

① 《马克思恩格斯全集》第 1 卷，人民出版社 1956 年版，第 169 页。
② 《马克思恩格斯全集》第 7 卷，人民出版社 1979 年版，第 400 页。

法这一内容更丰富的（比通常的）发展学说的几个特点。"① 当然这些还只是一些马克思主义的"发展"观念，但由此我们可知：马克思辩证法和感性活动（实践）就是马克思哲学视界中的发展概念的核心，而马克思主义的"发展"概念大概包括以下几个要点。

1. 感性活动（实践）是发展的生存论根基

人类的感性生存活动构成了发展的生存论根基，马克思意义上的四大"生产"才是发展的根本。

2. 主体生成是发展的存在论动力

在马克思哲学视角中，发展现象最明确地表征了人类的历史性和"生成性"之间的间距和矛盾。人类的"生成性"促使人类追求"完成性"，而人类的任何"完成性"又都是历史性的，这种历史性的"完成性"又反过来推动了"生成性"——这种循环往复的"生成性"与历史性的"完成"之间的张力构成"发展"的不竭动力。正如有的学者指出的："人类主体在客观历史进程中还要从必然走向自由，从今天的'是'（物质力量支配的客体状态）向资本主义物质生产条件（社会化大工业）已经构筑出的'应该'——人的全面自由发展的现实主体状态。"②

3. 发展最终归结为主体性的最大值生成

发展最终归结为主体性的发展。从某种意义上说，所谓"发展"也就是主体自我确证方式的一种革新。主体如何理解、设想、确证自己主体性，就是一种最根本的发展内涵。

4. 自否性是发展的根本精神

所谓"发展"，只能理解为一连串的否定过程。"自否定"表现为一种扬弃，但扬弃既不是怀着惋惜的心情对旧有东西加以掂量，看哪些还可以保留，哪些是不得不丢弃的；也不是怀着恐惧的心情对未来的东西加以预防，以免在得到新的好处的同时又带来新的祸害。相反，扬弃是否定，更确切地说是自否定。它就是投身于"死亡"，投身于"绝对的支离破碎"，并从中得到新生；或者说，这种否定或自否定本身就是新生——否定旧的价值标准带来的不只是新的祸害，也有新的前景；而旧

① 《列宁选集》第2卷，人民出版社1995年版，第584页。
② 张一兵：《马克思历史辩证法的主体向度》，南京大学出版社2002年版，第182页。

的价值标准不管人们愿不愿意，也已经在否定自己，使自己转变为自己的反面，转变为毫无价值的空壳，它已经从自身中"开出"了一条叫"怀疑的道路"或"绝望的道路"，而这正是一条走向真理之路①。此外，扬弃也不是以现有标准去识别和审查正在发展中的东西，毋宁说，扬弃本身就是由于现有的识别标准已经过时才显得刻不容缓②。诚如黑格尔所说："精神的提高固然是一种过渡和中介的过程，但同时也是对过渡和中介的扬弃。……只有通过否定世界的存在，精神的提高才有了依据，于是那只是当作中介的东西消逝了，因此也就在中介的过程中便扬弃了中介。"③

由此，大概可以得出马克思主义哲学视界中的发展概念：

发展是人类所特有的存在方式，其本质是基于人的生存实践，人历史性地否定自身，摆脱束缚、寻求解放和自由的本性，与作为物质存在方式的运动和作为生物存在方式的进化有很大不同。更重要的是，"发展的关键不在是否找到一种发育胚胎，而在于找到一种机制使原有结构发生合理性转变。这就意味着，发展并不一定是规模的扩大，而主要是一种结构性合理变革"。④

二　马克思哲学的文化发展概念⑤

我们对马克思主义哲学的发展概念的考察为解读马克思文化发展哲学的"文化发展"概念奠定了认识论基础。

从哲学上讲，"文化发展"是一个总体性概念，即人类主体在三个文化向度上重新筹划并在更高形态上优化其总体生活方式。具体指的是特定时代特定民族文化共同体在文化主体进步、文化结构优化与协调以及

---

① ［德］黑格尔：《精神现象学》上卷，贺麟、王玖兴译，商务印书馆 1987 年版，第55 页。

② 邓晓芒：《思辨的张力——黑格尔辨证法新探》，湖南教育出版社 1992 年版，第 168 页。

③ ［德］黑格尔：《小逻辑》，贺麟译，商务印书馆 1980 年版，第 137 页。

④ 刘森林著：《发展哲学引论》，广东人民出版社 2000 年版，第 37 页。

⑤ 朱喆、操奇：《马克思主义哲学中的文化发展概念》，《哲学研究》2014 年第 2 期，第24—29 页。

文化模式改良与升级三个方面的辩证否定变革。文化发展最终表征为人的主体性的加强与升级,主体的进步,文化共同体文化力总体的增强。

文化主体的进步主要是指生成具有崭新精神的文化主体,尤其是具有重大创造性的特定文化主体,例如古代中国的巫史祝卜儒,欧洲的资产阶级,开创社会主义社会的无产阶级,等等。文化的每一次新发展既依赖新的文化主体又创造新的历史主体;文化主体的内在精神结构得以优化,从而确立新的主体精神。文化的每一次重大发展都意味着在主体性、主体能力等方面获得一次解放,这种解放正如马克思所言:"人们迄今总是为自己造出关于自己本身、关于自己是何物或应当成为何物的种种虚假观念。他们按照自己关于神、关于模范人等等观念来建立自己的关系。他们头脑的产物就统治他们。他们这些创造者就屈从于自己的创造物。我们要把他们从幻想、观念、教条和想像的存在物中解放出来,使他们不再在这些东西的枷锁下呻吟喘息。我们要起来反抗这种思想的统治。"[1]

文化结构的优化与协调包括生产实践(技术、经济)、交往活动(政治和制度变迁)与解释系统(精神转换、体系重构)三系统的优化,也是文化壹、文化贰、文化叁之间的相适应、相协调。

文化发展还包括文化模式改良与升级。所谓文化模式,是特定时代特定民族在一定的实践方式下创造并沉淀着的一定的生产方式、交往方式和解释方式。文化模式可以按历时态、共时态来划分:按历时态划分时可以用文化壹、文化贰、文化叁作为标准;按共时态划分时可以用文化主体属性例如国家、民族(心理)、主体的主体性等为标准。文化模式的改良与升级是指文化总体框架,包括文化壹、文化贰、文化叁的核心内核的升级转换,尤其是生产方式、交往方式、解释方式的辩证否定与革新。

从亚里士多德的"材料因、动力因、形式因与目的因"来看,人和自然是文化发展的最重要的材料因,主体的历史生成构成动力因,文化结构的优化与协调、文化模式的改良与升级构成形式因,个体主体的全面自由发展构成目的因。

---

[1] 《马克思恩格斯全集》第3卷,人民出版社1960年版,第15页。

1. 人和自然是文化发展的最重要的材料因

人是文化发展的最重要的材料因之一。马克思说："思想根本不能实现什么东西。为了实现思想，就要有使用实践力量的人。"① 卡西尔提出，不应该从实体性的角度、而应该从功能性的角度去理解人性。在对人性的理解中，必须用活动的统一性去代替结果的统一性，用创造过程的统一性去代替产品的统一性。这样，就可以用人类活动的体系规定和划定"人性的圆周"。作为这个圆的组成部分和各个扇面的语言、神话、宗教、艺术、科学和历史，就成为人的普遍功能的"同一主旋律的众多变奏"，从而使我们把人的全部活动理解为一个有机整体②。从而，使我们把人的全部活动理解为文化发展的最重要的材料因之一。

与此同时，人的任何创举又必然是建立在自然界的基础上。首先，"实践是人的活动，其中人创造了最佳的可能性"③。但是，实践从来都是建立在自然界的基础上的，正如马克思所言："如果把上衣、麻布等等包含的各种不同的有用劳动的总和除外，总还剩有一种不借人力而天然存在的物质基质。人在生产中只能像自然本身那样发挥作用，就是说，只能改变物质的形态。不仅如此，他在这种改变形态的劳动中还要经常依靠自然力的帮助。因此，劳动并不是它所生产的使用价值即物质财富的唯一源泉。正像威廉·配第所说，劳动是财富之父，土地是财富之母。"④ 在这里，世界的物质基质是不变的，进化显然不是造成物质基质本身的不断替换，而是物质基质的被组织态的质变。因而进化的本质不是某种新实体的出现，而是客观存在中某种新的有序关系的构成。"因此，材料在一定形式中保存下来，物质的形式变换服从于劳动的目的。劳动是活的、塑造形象的火；是物的易逝性，物的暂时性，这种易逝性和暂时性表现为这些物（质）通过活的时间而被赋予了形式。……棉花的物质在所有这些过程中都得到了保存，它在一种使用价值上消失，是为了进入

---

① 《马克思恩格斯全集》第2卷，人民出版社1957年版，第152页。
② 参见［德］卡西尔著《人论》，甘阳译，上海译文出版社1985年版，第87—91页。
③ ［南斯拉夫］马尔科维奇、彼德洛维奇编：《南斯拉夫"实践派"的历史和理论》，郑一明、曲跃厚译，重庆出版社1994年版，第171页。
④ 《马克思恩格斯选集》第1卷，人民出版社1995年版，第120—121页。

更高级的形式,直到物品成为直接的消费品。"①

此外,在实践中,人类的一些个体通过对自己或整个群体所面临问题的试错性求解而调适既有的有效发明和新创的（组织、技术性）发明。从群体角度看,众多相互交往的全体通过模仿、创新、调适,而自发地竞争着、激励着更为有效的方法发明,从而推动有效发明的合理化和增加。之后,"作为社会进化动力的改变了的人与人、人与自然之间的关系的构型革命引发的社会整体改变,在'转眼之间'冒出来的社会突变分叉中,'人与人以及人与自然关系的构型'被根本改变,由此导致新的社会进化层面的凸现"。②

最后,"那些发展着自己的物质生产和物质交往的人们,在改变自己的这个现实的同时也改变着自己的思维和思维的产物。"③ 每一次文化的发展实际上又是在主体性、意识、思想方面获得一次解放。

一言以蔽之,人和自然是文化发展的最重要的材料因。

2. 主体的历史生成构成动力因

人是一种多元"二重性"（Zwiespaltigkeit）矛盾结构,其本身就是一个张力系统——人是自然和社会、物质和精神、灵与肉、感性和理性、受动和能动、现实主体与理想主体的统一体。说人是一种集团矛盾,还只是说出了真理的一半,另一半则是"BeingisBecoming"——作为主体的人（存在）是一种生成。也就是说,主体人是一种具有了生成性的辩证存在,这种生成性才是文化发展的不竭动力。这与说人是一种"生命"意思是一样的——所谓"生命"是指"生成的命定"。人的多向度"二重性"矛盾,不但推动主体的历史生成,同样也推动文化的历史发展。人不是受既有的自然进化与社会文明进化成果限定的、凝固不变的"定在",而是不断超越既有存在的"实在",是一种通过创造性实践不断超越自己的"实在"。"定在"的本质规定是定在性内涵,是一切"在场"即给定的东西如自然性、民族性、传统性、空间性、结构性、静止性、确定性。"实在"的生成属性是实在性内涵,是"现实的存在"（马克思

---

① 《马克思恩格斯全集》第46卷（上）,人民出版社1979年版,第331页。
② 张一兵:《马克思历史辩证法的主体向度》,南京大学出版社2002年版,第384页。
③ 《马克思恩格斯全集》第3卷,人民出版社1960年版,第30页。

语，即 daswirkliche Dasein）的生成性、世界性、现代性、他性、时间性、主体性、历史性、不确定性。"定在"的本质规定来源于文化的现成性，"实在"的生成属性来源于存在的生成性。文化现成性构成定在主体，存在生成性构成实在主体，主体的定在性与实在性的矛盾形成了主体的文化现成性与存在生成性之间的矛盾。这一矛盾内在地构成文化发展的根本动力。主体的文化现成性与存在生成性之间的矛盾在人与自然维度构成了生产力向度的矛盾，在人与社会维度构成了交往力向度的矛盾，在人与自身维度构成了解释力向度的矛盾，从而形成文化发展的三重动力。这些矛盾在其现实性上表现为类与自然、个体和群体、个体与文化模式、群体与群体、群体与时代的矛盾群。主体为解决这些矛盾而进行的各种具有革命和批判的生存实践活动，推动新的文化要素、文化模式、主体精神逐渐生成。"文化"既是结构的实体，更是实践的实体，既是名词，更是动词，是这两者的统一。过去的 C_1（cultrue）发展为今天的 C_2，并正在走向 C_3……C_n，这就是真实历史发展中客观存在的"先文""现文"与"后文"的历史矛盾分析。一定的文化总是一定的"现实"与一定的"理想"的间距（la distantiation，福柯语）和"冲动"。一定的文化总是一定的"定在"与一定的"实在"之间的"最近发展区"。

人的时间性和类的延续性是主体的自我历史生成的自然基础，也是文化发展的根本保障。因此，人的超越性与精神的自否性是人类文化活动的深层本质，同时也是人类文化不断获得丰富的感性经验，打开生命活动的新空间，创造新的精神取向，走向广阔的文化发展与进步之路。

3. 文化结构的优化与协调、文化模式的改良与升级构成形式因

根据冯·诺伊曼和摩根斯顿的定理，"就一个相互联系的系统来说，我们不可能在一个给定的时间里求出多于一个定量的最大值"。也就是说，我们不可能在一定时间里使许多东西都成为最好的。在这个意义上，文化发展不只是进化意义上的，而且是结构的调整和完善、文化模式的改良与升级。包括文化壹、文化贰、文化叁的核心内核的升级转换，尤其是生产方式、交往方式、解释方式的辩证否定与革新，使之在一定时间段里，达到"一个定量的相对最大值"。形式因构成文化发展的两个不同维度：文化纵向（历时态）发展是指文化模式的改良与升级；文化横向（共时态）发展是指文化结构的优化与协调。

文化发展首先表现在人类的生产实践中。波普尔提出,科学的历史是发现理论、摈弃错误的理论并以更好的理论取而代之的历史①。通过实践,科学认知逻辑中的进步表现为:一是人们对世界的真实构成有了更加微观和具体的科学确认,二是揭示了更多的自然规律。这样一来,人类就获得了更为强大的生产力,从而能够改变天人关系,使得人不再屈从于自然界。

与此同时,人们的交往实践形成的交往力也在趋于"一个定量的相对最大值"。这表现在生产实践的扩展依赖人类交往的扩大,多样性交往是人类社会制度变革的重要途径,解释系统的发展依赖于主体之间的广泛、多层次交往,创造新的历史主体以及主体的全面、自由发展取决于主体的交往形式和方式等方面。在交往活动中,逐渐生成了一种新的主体性:"交往理性"即主体间性。在主体间性中,确立了交往辩证法——人与人、人与物、人与我之间是一种相互成全的关系。不同文化共同体之间的复杂、多样性的交往冲突构成了文化间性,坚持自我主体性的交往是文化间性的真谛。

此外,人一生下来,就被这种汪洋大海般的解释系统包围,因此,毫无疑问,文化的发展还取决于决定性地清算这些先验的内在的意识系统,只有这样才能开启新的存在视界或文化境界。以至于拉塞尔把意识观念的转变看作人类进化到现在所产生的一个关键当口处。就是说,它构成了从能量层开始的进化过程经物质进化和生命进化,而时至今日把进化合理延续下去的一个关键。"重新安排生活秩序,是被称之为'轴心时代'的公元前后数百年希腊、犹太、印度和中国文化圈的基本特征。重新安排生活秩序,这首先并非指新型的文化观,——比如所谓资本主义文化的出现,而是指生活原则的奠基理念的重大变化。"②

文化结构的三大系统的协调互动使文化结构得以优化,而文化模式会随着这种优化不断得以改善,当这种文化结构的优化发展到某种模式的顶点时,就会促使一种新的模式的诞生,这就是文化模式的升级或转

---

① 参见［英］波普尔《科学知识进化论》,纪树立编译,三联书店1987年版,第1页。

② 刘小枫:《现代性社会理论绪论——现代性与现代中国》,上海三联书店1998年版,第85页。

型，也就是文化纵向（历时态）发展。

4. 作为主体的每一个个人的全面自由发展和自由个性构成目的因

文化进化最根本的动力根植于人类自为的生命存在的实践活动，这种实践活动导致人类的文化世界变得愈来愈纷纭复杂。主体的历史生成构成了文化发展的根本动力，反过来说，文化发展的目的是为了主体的存在形态的更高完成——马克思关于"个人全面发展"和"自由个性"两个方面的经典表述是主体更高存在形态最根本的依据。它包含了文化壹、文化贰、文化叁三个向度的全面发展和自由内涵。所谓文化发展的目的论始终只是主体生存论视界中的目的论，"共产主义社会""个人的全面发展""自由个性"只是未来向度中的马克思主体生存论，包含着马克思主体生存论意义上的"本体论承诺"（奎因语）。

法国哲学家库辛声称，就人类而言，文明是最至高无上的事实，"最卓越的事实，普遍的事实，其他一切事实都融合于其中"。"文明"意味着进步或发展，这一词语"在得到表述之时就唤醒了一个处于运动之中的民族所具有的这一观念，不是改变其位置，而是改变其状态，使这一民族的状态在拓展和改进。进步观或发展观对我们来说似乎是包含在文明这一词语中的根本观念"①。真正的文化发展应该意味着：新产生的文化并不是重复旧的东西，而是更高级、更有生命力；旧文化的消灭也不是完全消失、不留痕迹，而是为新文化的产生作准备并渗透在新事物的血液中。

有人认为：文化包含纯粹文化、文化设施和文化产业的发展三个领域、八大部门，文化发展则包含文化生活、文化内容、文化制度和文化观念的发展。文化现代化的过程分析，可以按四个维度展开。文化现代化是不同步的，文化现代化的过程分析需要覆盖所有国家。本书的文化发展主要指上文中的"总体文化"的演进，包括文化设施和文化产业的发展在内。但本书不具体研究文化设施和文化产业的发展，因为那将是实证科学的问题域。

---

① ［美］林恩·桑戴克：《世界文化史》，陈廷璠译，陈恒整理，上海三联书店2005年版，第192页。

第三节　主体:文化发展的担当者

我国文化发展哲学研究正处于新生的襁褓中,在这种语境中,人们习惯于以"空主体"或"无主体"的方式来讨论文化发展的问题,但是,文化发展总是通过某一具体的主体来发展的,文化发展总是为了某一具体的主体而发展的,文化如何发展、谁来发展和为何发展等问题都与主体问题密切相关。文化发展实质上就是主体的自我革命,文化模式的转换实质上就是主体的主体性转换。主体既是文化的对象化主体,也是文"化"的对象化客体,有什么样的主体就会有什么样的文化,有什么样的文化就会有什么样的主体。"发展什么"和"怎样发展"固然重要,但最重要的是文化发展的主体。文化发展哲学理论最重大、最根本的变化,就是要去研究文化发展的主体根基、主体生成和主体目的。所以研究文化发展问题必然要有主体论的视界,事实证明,没有主体论的文化发展观是无效的。

一　主体概念

黑格尔曾指出:"现代世界的原则就是主体性的自由",而这种"主体性原则"最早是由笛卡尔奠定的,自笛卡尔开始,"我们踏进了一种独立的哲学。这种哲学明白:它自己是独立地从理性而来的,自我意识是真理的主要环节。哲学在它自己的土地上与哲理神学分了家,按照他自己的原则,把神学撇到完全另外的一边。……在这个新的时期,哲学的原则是从自身出发的思维,是内在性,这种内在性一般地表现在基督教里,是新教的原则。现在的一般原则是坚持内在性本身,抛弃僵死的外在性和权威,认为站不住脚。"① 主体性哲学具有丰富深刻的内容,这里结合文化发展研究的需要,只简单论及与马克思文化辩证法密切相关的

---

① ［德］黑格尔:《哲学史讲演录》第4卷,贺麟、王太庆译,商务印书馆1978年版,第59页。

主体概念、主体标准、主体类型三大问题。

"主体"首先是一个哲学范畴。在哲学上,它有多重含义:一是指"实体",它被理解为属性、状态和作用的承担者①,与"现象"等概念相对;二是指"物质的主要组成成分",与"次要组成成分"相对;三指逻辑意义上的主体,指逻辑判断中的主语、主词;四是指人。第四种含义又分为两种观点:一种认为,凡是人就是主体,其根据是马克思在《〈政治经济学批判〉导言》中说:"主体是人,客体是自然"②;另一种认为是,人只有成为某种活动的发出者才是主体,并认为,主体为认识者、实践者,客体为被认识和实践的对象。

只有在实践活动意义上的世界才真正被划分为主体和客体。在人的实践活动中,主体和客体构成了既相互联系和依赖,又相互离异和制约的两极。在古代,人们不是从人的角度而是从物质本体论的角度来理解和使用主体概念的。如古希腊哲学家亚里士多德认为,在本体、性质、状态、关系、活动的基质和主体中,性质、状态、关系、活动是从属于基质和主体的。只有本体和基质才是主体。17 世纪以来,西方哲学家开始从人的角度来理解主体。笛卡尔、费希特和黑格尔把人的精神当作主体,费尔巴哈则把人的感性存在视为主体。马克思和恩格斯在吸收前人关于主体思想的合理因素基础上,把主体看作是处在社会关系之中,并从事现实的感性活动的人。或者说:"马克思是立足于实践哲学角度在经验主体的意义上使用主体这个概念的,并且主要致力于从现实实践过程对实践主体的塑造、影响,而不是仅仅从理论地规定实践主体这样的角

---

① 海德格尔认为,"主体"(Subjekt,Subjectum)这个词源出古希腊语"根据"(ὑποκείμενο)。虽然"主体概念的形而上学概念最初并没任何突出的与人的关系,尤其是,没有任何与自我的关系",但"古希腊语词指的是眼前现成的东西,它作为基础把一切聚集到自身那里"。(海德格尔:《海德格尔选集》(下卷),孙周兴选编,上海三联书店 1996 年版,第 897 页。)孙周兴说,在海德格尔思想中,主体性是 Subjektiaet,而主观性是 Subjektivitaet。前者是指存在在存在者方面显示自己的方式,即存在显示为"主体";而它的含义原是指基础、根据,拉丁文的 subjectum,希腊文的(ὑποκείμενο)。到了近代,这种意义上的"一般主体"才转化为"自我意识"或自我(ego),特指人的"主体"。(参见海德格尔《林中路》,上海三联书店 1997 年版,第 231 页注①。)首先是笛卡尔,自我认识在认识论层面上成了绝对的主体,即"在自我认识中聚集着一切认识及其可认识的东西"。主体的主观性(Subjektivitaet)作为这样一种聚集就是思维(cogitatio)意识。

② 《马克思恩格斯选集》第 2 卷,人民出版社 1995 年版,第 3 页。

度,来看待经验性实践主体的社会奥秘。从思想的逻辑上说,马克思之所以能这样谈论主体概念以及主体性问题,当然是依靠于笛卡尔孕育、康德正式提出的先验主体概念。说主体是人,也只有在先验主体已被确定并受到反思的思想史背景下,仅就经验主体而言才能成立。"[1]

(一)马克思哲学的主体概念

马克思和恩格斯关于主体问题的论述散见于马克思的《关于费尔巴哈的提纲》、《1844年经济学哲学手稿》以及马恩的《神圣家族》《德意志意识形态》等著作。在这些著作中,马克思和恩格斯向人们表明了自己以科学的实践观为核心的历史唯物主义的哲学立场,对传统西方哲学的主体问题的理论,做出了十分深刻的科学总结。传统西方哲学的主体理论将主体视为先验的、绝对的,使主体失去来自客观对象的内在制约,结果使主体膨胀为非对象性的本体,进而变成覆盖世界的绝对规定。马克思的主体论是建基于"我在"主体与"我思"主体的统一。"主体性是马克思新哲学的目的论,是指马克思新哲学研究人的实践活动,是要在人与外部世界中能够确立'从自己出发','为我而存在'的关系,即为确立人的主体性,主体性是实践的目的、灵魂和结果。"[2]

马克思首先批评了以费尔巴哈为代表的旧唯物主义的对象观,《提纲》第1条"从前的一切唯物主义(包括费尔巴哈的唯物主义)的主要缺点是对对象、现实、感性,只是从客体的或者直观的形式去理解。而不是把它们当作感性的人的活动,当作实践去理解,不是从主体方面去理解。"[3] 马克思认为,作为认识主体的人并不是抽象地栖息在世界以外的东西。也不是孤立地站在自然界面前的人,而是以社会的方式从事着改造客观世界活动的人。为了生存需要,从一开始就不得不结成一定的社会关系改造客观世界并创造出客体;同时,在整个过程中,人也改造着自身,将自身作为主体创造出来。

---

① 刘森林:《对话:内化与空间拓展——以"主体性"问题为例》,《哲学研究》2005年第10期,第5页。

② 区剑伟:《谈谈马克思新哲学中主体性同实践性、科学性和阶级性的关系》,《现代哲学》1991年第3期。

③ 《马克思恩格斯选集》第1卷,人民出版社1995年版,第54页。

在马克思看来，在实际生产中，"主体是人，客体是自然。"而除了作为客体的自然即劳动的材料是一个出发点之外，"作为主体的人"同样"必须是运动的出发点"①。马克思的这一思想很深刻、很科学：说明在这个世界上，只有人才能做主体、做主人，其他自然物只能做客体、为人所利用。而人又离不开作为客体的自然。这就将辩证法、唯物论和实践观同时引入了主体观念。

不仅如此，马克思还把唯物史观引入主体思想，从而把主体理解为具体的历史的主体。我们知道，在康德等人那里，主体常常是抽象的，至多被了解为认识主体和道德主体，并且是缺乏历史特色的主体。在马克思这里，主体则成了丰富的活生生的存在，既可以是思维主体、道德主体，还可是生产实践主体、历史主体、艺术欣赏主体、宗教信仰主体等等。②

综上所述，可以发现马克思曾在不同的含义上使用过"主体"。其一，主体是本原、实体、存在意义上的主体。马克思曾经以唯物主义方式解释主体—客体关系。马克思说"物质是一切变化的主体"③。其二，主体是与自然界相对应、与人等价意义上的主体（"主体是人，客体是自然"）。其三，主体是与特定受动客体处于对象性关系之中的能动主体。

而分析马克思对"主体"概念的用法，很显然必须在两种维度上对"主体"概念作出区分：第一个维度是认识论"主体"与实践哲学"主体"的区分。马克思主要是在实践哲学意义上使用主体概念。第二个维度是先验主体与经验主体的区分。从康德以来的德国哲学都一直严厉谴责关于认识论的主体和经验主体的混淆。马克思更多在经验层面上谈论"主体"④，但其所谈论的经验主体又必然包含了先验主体的神性维度、价值诉求、精神超越叙事。主体概念在马克思理论中承担了理性力量不断成长壮大并为理想目标准备基础的功能，也承担了寄寓、盛装、确定社会目标的功能。我们把目标定向功能看做第一种功能，而把奠定基础和

---

① 《马克思恩格斯全集》第 42 卷，人民出版社 1979 年版，第 121 页。

② 以上参阅李为善等编《主体性和哲学基本问题》，中央文献出版社 2002 年版，第 11—12 页。

③ 《马克思恩格斯全集》第 1 卷，人民出版社 1956 年版，第 273 页。

④ 刘森林：《追寻主体》，社会科学文献出版社 2008 年版，第 175 页。

提供手段方法方面的视为第二种功能。[①]

（二）主体与主体性

专门研究"主体性"的丹麦著名哲学家 Arne Grøn 曾总结了主体性的三个含义：I. 作为根基（Grund）、中心（Zentrum）或出发点（Ausgangspunkt）。II. 作为本体（Substanz）：尼采反对把自我本体化，认为主体性意味着生成（Werden），而作为本体的主体隐匿了主体性的时间性（Zeitlichkeit）。III. 作为自我确定性（Selbstmaechtigkeit）：主体不依赖任何他者，对任何他者都没有依赖性[②]。相应地，"主体"也就是具备这些特性的存在。"主体"所具有的这三个特性，也许只有 III 最容易成为脱离了上帝的"人"的特性；I 在某种特定条件下与"人"发生相通或等同关系；而 II 显然与"人"相差甚远。在自我确定者这一点的基础之上，"主体"最重要的特质就是具有一种"承担者"和"支撑者"的意味——无论是作为可靠性知识的支撑者，还是作为可靠行为、责任的支撑者，抑或崇高目标和理想实现的支撑者，甚至个性自我的支撑者，都需要一种连续性的、稳定有力的、非依赖性的实体存在。[③]

总的来说，在西方哲学中，"主体性"主要是指"独立自主、自我决定、自由、能动性、自我、自我意识或自觉、个人的特殊性、发挥个人的聪明才智、以个人的自由意志和才能为根据等等含义。"[④] "主体能自我存在、自我确立、自我发展、自我立法、自我负责、自我立命、自我实现、自我救赎、自我定向，这种能为确定性的真理、行为、秩序，以及自由、富足、平等等几乎所有现代价值奠基的自足自立的'点状自我'，

---

① 刘森林：《追寻主体》，社会科学文献出版社 2008 年版，第 216 页。

② Arne Grøn, *Subjektivitaet*：*Begriff und Problem.* in：Ingolf U. Dalferth und Philipp Stoellger（Hg.）：*Krisen der Subjektivitaet*：*Problemfelder eines strittigen Paradingmas.* Tuebingen：Mohr Siebeck, 2005. ss. 324—325. 转引自刘森林、龚庆《马克思的经验主体观：从批判施蒂纳的角度看》，《学术研究》2008 年第 4 期，第 26 页。

③ 刘森林、龚庆：《马克思的经验主体观：从批判施蒂纳的角度看》，《学术研究》2008 年第 4 期，第 26—27 页。

④ 张世英：《天人之际——中西哲学的困惑与选择》，人民出版社 2007 年版，第 65 页。

恰恰就是现代启蒙辩证法的一个基本前提。"①

主体是自然和社会、物质和精神、灵与肉、感性和理性、受动和能动的统一体。如果说自然属性、社会属性和精神属性是主体的一般性质，那么，能动性、创造性和自主性则是主体的特殊性质。主体的基本特性是能动性、自主性和创造性。主体的能动性首先表现为主体活动的目的性。主体的能动性还表现为主体活动的选择性。广义地说，主体的能动性包含着创造性，能动性、创造性是主体的根本特性。能动性和创造性的统一，构成了主体的自主性。要而言之，主体性就是人在"自相矛盾"中实现"自我否定"，在"自我否定"中实现"自我发展"的特质。

二 主体标准

为什么在人之外②，还要提出主体的概念？这是因为主体是与客体相对而言的。能够变革客体的不是一般意义上的人，而是具有实践力量的人。马克思说："思想根本不能实现什么东西。为了实现思想，就要有使用实践力量的人。"③ 因此，"提出主体的概念主要不在于进一步给人定

---

① 刘森林：《主体性理论视域中的现代辩证法》，《南京大学学报》（哲学·人文科学·社会科学）2008年第1期，第21页。

② 关于"人"与"主体"的区别还可以参阅以下观点：马克思的主体论是处在经验性和规范性之间，不仅仅反对纯粹的超验性，同样也不主张纯粹的经验性。如前所述，"主体"的概念与"人"的概念并不一样："主体"明显含有规范性内涵，而"人"、"现实的人"则既可以被等同于经验性"主体"，也可以丢弃掉任何的"主体性"意蕴，并为世俗性和个别性维度完全吞噬。也就是说，"人"、"现实的人"概念如果任意加以解释，那完全可以不包含规范性内容，而为世俗性和个别性内涵所完全充满。消解普遍维度和神圣维度后的纯粹经验化，会导致经济理性、工具理性的一统天下，会导致霍克海默与阿多诺所说的如下结果："理性成了用于制造一切其他工具的工具一般，它目标专一，与可精确计算的物质生产活动一样后果严重。而物质生产活动的结果对人类而言，却超出了一切计算所能达到的范围。它最终实现了其充当纯粹目的工具的夙愿。"（霍克海默，阿多诺：《启蒙辩证法》，上海人民出版社2003年版，第27页。）意义、理想、无法诉诸经验衡量和计算的人文价值都因为无法成为日常百姓的经验而边缘化、可有可无化。人完全为 Verdinglichung（"物化"）与 Versachlichung（"事化"，或译为"物象化"）的存在所占有，成为 Verdinglichung 与 Versachlichung 的俘虏。对此，从卢卡奇到法兰克福学派，已做了颇为充分的研究。参阅刘森林、龚庆：《马克思的经验主体观：从批判施蒂纳的角度看》，《学术研究》2008年第4期，第30页。

③ 《马克思恩格斯全集》第2卷，人民出版社1957年版，第152页。

性,而在于给实践定性,即突出实践在变革客体过程中的巨大作用。虽然,我们说人是主体,但这里的真实意义是,具有实践力量的人是主体。主体性不同一般的人性。一般的人性包括自然属性、社会属性以及各种各样的个性。主体性所突出的则是实践的内涵。主体性是在变革客体的实践过程中所表现出来的能力,其中主要是主动性和创造性。"[①]

　　主体与人的区别实际上也就是主体标准的问题。我们首先可以从心理学视角来看主体标准。布鲁什林斯基认为,主体形成的第一个实质性标准是:"1—2岁的儿童通过早期与实现的感觉实际接触,赋予了词最简单的意义,从而区分出对于他来说有意义的人、物和事件。随后更重要的标准是,7—10岁的儿童在活动与交往的基础上,总结了最简单的概念,从而区分出对象(客体)。"主体形成的:第一个标准是,儿童把自己与外部世界相区分;第二个标准是儿童获得最简单的概念。谢尔琴科把它描述为主体形成的两种水平,即前一个标准为原则主体性水平,后一个为基本主体性水平。

　　赞科夫认为,至少还应该补充两个标准。主体的第三个标准是,人认识到自己完成的行为属于自由道德活动能力的形成,并为此行为对自己和社会负责。也就是说,只有内在自由的人,即首先在有道德信仰意识基础上接受他人相互交往方式的人,才可以称为主体。主体的第四个标准是能够不断提高从外审视自己的自我认识、自我理解和反省的能力。这首先体现在人的认识、伦理和审美能动性倾向不仅指向他人,也指向自己。也就是说,我们每个人对自己的反省突出地反映在对存在的关系上。对自己的反省能力成为主体的关键。主体就是具有自由选择,并能在自我认识、自我分析、自我理解基础上,认可自己实施的道德行为的人。他们列举了主体的总体参数,包括22项:(1)能动性的体现者;(2)认识和改造现实的源泉;(3)融入社会发展之中;(4)意识的存在;(5)以认识的客体形式反映世界的能力;(6)特性的系统性;(7)整体性、统一性、整合性;(8)自我调整和创造能力;(9)掌握一定形式的活动及其机能;(10)自我发展;(11)自给自足性和自主

---

　　①　谷方:《主体性哲学与文化问题》,中国社会科学出版社、中国和平出版社1994年版,第176页。

性；（12）实现心理过程、状态、特性的功能；（13）心理的个体化；
（14）使用心理资源作为解释生命活动和个性活动的手段；（15）具体
个性策略和生活风格；（16）个性与心理机能紧密协调统一；（17）高
水平的心理分化；（18）心理世界连续发生本质；（19）以自己的存在
增强他人及其价值的存在；（20）知觉、理解以及与作为主体的他人交
往；（21）存在个人历史和生活，道路；（22）能够解决外部和内部的
矛盾的能力。①

　　按主体心理学的观点，生活主体是人的成就，人的成就和主要潜能
的独特的总和，不能归结于某一关系的主体。人作为主体，其最重要的
系统特性在于能够支配自己的一切资源，并以此建立与现实、与世界的
联系。②

　　再来看看哲学上的探讨。主体当然是人，但又是具有特殊规定性的
人。从外在关系看，主体是相对于一定的客体而存在的人；从内在本质
上看，主体是从事自由自觉活动的人，即主体一定能够自做主张，自主
活动，能够利用客体，能够知道自己在干什么，为何如此，结果怎样，
并且明白自己行为的社会权利和责任，能够担负其各种责任。据刘森林
考证，按照现代主体性哲学的基本思路，现代主体的充分伸张与成熟，
起码意味着在以下三个方面要达到充分的实现：一是对他者的掌握与占
有——伴随着世俗化的不断加深，这种掌握与占有也愈来愈表现为对世
俗性存在（主要是物化财富）的掌握与占有；二是建立在自身内在性潜
能的充分实现基础上的自主性的获得与保持；三是与先验主体直接相关
的主体的纯粹或先验维度的充分展现，依靠这种展现，主体能够在自身
内部发掘出并建立起自己生命的意义。对他者的掌握、自主性的获得，
以及意义的确立，都是现代内向性主体论坚信通过挖掘自身、通过把自
身做大做强就能实现和达到的基本目标③。"主体不管是经验型的还是纯
粹型的，都首先意味着一种内在性的自我持有和自足性，意味着可以与

---

　　① 郑发祥：《主体心理学》，上海教育出版社 2006 年版，第 79—81 页。
　　② 同上书，第 99 页。
　　③ 刘森林：《辩证法的社会空间》，吉林人民出版社 2005 年版，第 195 页。

外物、客体没有必然关系仅凭自身内在所有就能完全自足。"①

　　但严格讲来,人并非都是主体,自然也并非都是客体。"一方面,只有在与一定客体的对象性关系中具有主体需要和主体能力并通过一定的主体性行为而取得主体地位、实现主体功能,达到主体性效应的人才是主体;在人际还有互为主—客体的情况。另一方面,只有具备为一定主体所需要和把握的属性被设置为认知评价、审美和实践的对象的自然才转化为客体;不仅自然,社会、思维和人自身也有可能成为客体。因此,主体和客体不是一对单纯的实体范畴,而是一种功能范畴。主体和客体之间本质上不是一种实体关系,而是一种功能关系。在这种功能关系中,主体是居于主动、能动、积极、支配的一方,客体则是相应居于被动、受动、消极、受控的一方。主体和客体之间可以看做主动与被动、能动与受动、积极与消极、支配与受控的关系。……主体论思维方式关注的是人,但却不是一般的人,而是作为主体的人;他也不是一般地关注人,而是从人的主体性生成、主体性结构、主体性地位、主体性功能及其实现途径等方面来关注人。"② 严格说来,就是正常的成人,也只有具备了一定实践技能、经验和科学文化知识,并实际地从事实践和认识活动,才算是真正的主体③。"作为主体的人的存在正是此种文化之性的显现,更确切地讲,是人的文化之性'成熟'后的显现。很清楚,人的文化之性是不断成长的。儿童也有自己的文化之性,其文化之性也会显现,但那常常是不成熟的文化之性的显现,所以儿童常常显得很'幼稚',不具有'主体性'。那么人的文化之性成熟的标志是什么?是人的本质本身的生成,亦即'人之为人'的特质的生成,亦即人的'自由自觉'性的生成;从外在特征上讲,是人的'成人'阶段的开始。假如我有自由意志,能自主活动,但却不去行动,那我就只能是'可能的主体'。只有当我去行动时,比如去研究问题,去变革事物时,我才成为'现实的主体'。更为明显的是,人在休息或睡眠时只能是可能的主体,而不会成为现实的

<hr />

　　① 刘森林、龚庆:《马克思的经验主体观:从批判施蒂纳的角度看》,《学术研究》2008 年第 4 期,第 27 页。

　　② 欧阳康:《哲学研究方法论》,武汉大学出版社 1998 年版,第 258 页。

　　③ 齐振海、袁贵仁主编:《哲学中的主体和客体》,中国人民大学出版社 1992 年版,第 92 页。

主体。"①

另一方面，人并不总是和都是主体，他们也有作为客体而存在和活动的时候；而且人也不总是作为类和自然界相对立，还作为一定的个体或集团来相互对立和相互作用，这就产生出人与人之间互为主体和客体的情况。在人际关系的社会网络之中，有人在一定的对象性关系中成为主体，则必然有人相应地成为客体；主体和客体之间的区分具有极大的相对性。主体只是处于特定情况和状态下的人。主体即在与特定客体的对象性关系中处于积极、主动、能动和支配地位的人，客体则是相应处于被动、消极、受动与受控的一方。主体和客体范畴既不是纯粹的实体性范畴，也不是一般的关系范畴，而是或主要是一对功能范畴。功能通常指一定事物或人在一定对象性关系中的地位、作用、影响和意义等。从功能方面来看，主体意味着主动、能动、积极、支配等，客体意味着被动、受动、消极、受挫等。②

三　主体类型

所谓主体类型是指主体存在的特定形式或形态。那么，主体有哪些具体的基本类型呢？

按照不同的划分标准，可以分为不同的主体类型。俄罗斯科学院心理学研究所所长布鲁什林斯基认为："在更完整和广义的理解上，主体——这是所有的人类整体，是另一种范围主体的矛盾系统的统一：国家、民族、种族、社会阶级及相互作用的个体和群体。因为任何个体的人总处在不同的社会群体之中，所以他和他的心理首先是社会的。""从广义上说，主体是全人类的整体，是多水平和范围的诸主体的矛盾系统的统一：国家、民族、社会阶层和班组、相互联系的各个个体。"③ 因此，许多人根据主体的不同社会存在形式，例如群体、个体、性别、阶级、国家、民族、族群，把主体划分为个人主体、集团主体、社会主体和人

---

① 李为善等编：《主体性和哲学基本问题》，中央文献出版社 2002 年版，第 17 页。
② 参阅欧阳康《哲学研究方法论》，武汉大学出版社 1998 年版，第 498—501 页。
③ 郑发祥：《主体心理学》，上海教育出版社 2006 年版，第 9 页。

类主体四种类型。这是有道理的：但是在这种划分中，往往比较注重这四种存在类型各自组合结构方式上的特点，而主体性质方面的各自特点，则被忽视了。因此，有必要从主体性质的角度来分析主体类型。据主体的性质和组合结构方式的不同，可以把主体划分为先验主体、经验主体，这样就更全面地揭示了主体的不同存在形式。

先验主体是承担、支撑思想观念的无物质前提性的存在者。马克思曾经大力批评过先验主体观，认为施蒂纳"把现实的那种脱离经验基础的、思想的、思辨的表现当作现实本身，因而才会设想此种神圣本质只与思想和观念有关。在他那里，人们变成'圣者'是多么容易啊！当人的思想脱离了自己本身和自己的经验关系以后，人就可以被理解为盛纳这些思想的简单容器……"先验主体的一个变异就是"超验主体"，即"纯粹主体"，基本上与"上帝"等同的概念。①

经验主体即"现实的个人"，或者称为历史主体或实践主体，总是处于一定的现实的社会关系中和立足于大地进行艰苦劳作的存在者。经验主体依赖于先验主体。真正的文化主体不是一般的现实人类主体，必定是特定历史阶段上的人类主体。人"不是某种处于幻想的与世隔绝的、离群索居的人，而是处于现实的，可以通过经验观察到的、在一定条件下进行的发展过程中的人"②。人就是他的"实际生活过程；人是什么主要取决于他们生产什么和怎样生产"，"取决于他们进行生产的物质条件"③。经验主体完成了对先验主体（超验主体）的内在性的洞穿、克服与超越。任何纯粹先验主体最终只会造就伪主体、非主体、反主体、无主体。但这不是说"经验主体"没有是先验维度和超验维度，"经验主体"是经验维度、先验维度和超验维度的统一的存在。

研究主体的这两种类型对研究文化发展问题意义至关重要，很多人在涉及文化发展路径和方案时，因为受到传统形而上学先验主体观的巨大影响，常常把复合的文化主体还原为先验主体，最终和施蒂纳一样认为，把思想收回到我自己的形体中来，用思想的办法来摧毁思想的"幽

---

① 《马克思恩格斯全集》第 3 卷，人民出版社 1960 年版，第 317—318 页。
② 同上书，第 30 页。
③ 同上书，第 24 页。

灵"性，于是"我"就解放和自由了。马克思哲学当然不赞同"先验主体"的认知人类学的理论框架和实践方案，马克思实践哲学认为："应当详细研究和致力于实际的、'经验的'实在性的那些实际结构和可靠中介等等。否则，你将只能驱除躯体的怪影性，而不是幽灵的躯体本身，亦即国家、皇帝、民族、祖国等等的现实性。"① 超验主体真正的现实肉身化，必须落实和渗透进劳动实践和社会生活中。

四　文化发展主体类型与文化发展模式

主体人类按照一定的文化进行实践并结构成社会关系的时候，他们也就成了社会实践的主体与文化发展的主体了。这时的主体，可以说既是文化行为的主体，同时又是文化行为的客体。因此，作为文化的实践主体和创造主体，人不仅是某一文化的创造物，而且也是这一文化的创造者。创造物和创造者在主体身上的这种同一性，在很大程度上设定了主体在探寻和确立文化发展之路的"文化客体依赖"品格。不管这种行为者是集体的，还是个体的，都是作为文化世界创造主体而采取行动的，都具有文化发展主体的性格。

（一）文化发展主体类型

任何意义上的主体都是文化主体，任何主体可以是文化的实践主体，也可以是文化的价值主体，但不一定是文化的创造主体。因此，文化发展的主体理论需要研究主体的发展文化的主体意识：发展文化的主体意识是文化发展发生的主观条件。

主体的多样性决定了文化的多样性，主体的创造性决定了文化的创造性。依据主体的文化创造能力和文化实践水平可以把文化发展主体区分开来。主体的性质是主体的内在本质规定，它在活动中就表现为主体的本质力量。而文化发展主体的本质力量是指主体的生理、心理等主体要素在指向文化客体的活动中所表现的主体发展文化的能力。文化发展主体类型大概可以划分为：自在文化发展主体、自为文化发展主体。如

---

① ［法］德里达：《马克思的幽灵》，何一译，中国人民大学出版社1999年版，第198页。

果主体没有发展文化的主体意识的真正觉醒，那么他或她只是一个"自在文化发展主体"，而不是一个"自为文化发展主体"，由"自在文化发展主体"变成"自为文化发展主体"，文化发展才获得发展主体性。正如论者所言："懂得文化的发展的人才能够使自己由'自在的文化主体'上升为'自为的文化主体'，充分发挥自己文化的主体性，成为文化的主宰者和创造者，甚至成为文化大师。"①

1. 自在文化发展主体

自在文化发展主体是指 the Subject in-itself of Cultural Develepoment，像柏拉图的洞穴人一样，他们处于某种文化矩阵中，受制于文化矩阵的种种文化前见和偏见，在知识、意识、价值、观念、解释上，处于被动、弱势。总之，以他人的意识形态为自己的意识，陷入文化主权、知识权力、意识治权、价值霸权、观念控制、符号生产、解释强权等文化贫困。自在文化发展主体的根本特征在于没有发展文化的主体意识的觉醒，否定性、批判性维度的消失使得他们成为马尔库塞意义上的"单向度"的主体或伪主体。对于文化发展而言，自在文化发展主体几乎是零主体，空主体。

在现代社会中，由于官僚体制、现代国家、意识形态、科学技术、大众传媒、现代性、大众文化、日常生活、权威、家庭等的种种软压迫和柔性统治的增多，自在文化发展主体亦有增多的趋势。其典型代表是处于转型社会缝隙中的"边缘群体"。知识社会学视界中的"边缘群体"概念主要是指在科学知识的生产、传播、消费、批判的过程中，处于非中心、被动、消极态势的存在者，包括流动人口、妇女、残疾人、农村人口、贫困地区人群等边缘群体。他们在文化的三个向度上多处于自在、被发展的境遇中。由于在生存情境（信息、资源和生产能力上相对匮乏和被动）、政治经济、科学接受图示和非认知因素（动力、价值、情感图式）、传播媒介（边缘群体内部二度传播、授体制定的接受客体与边缘群体的对接性和可接受性、授体的文化与人文精神制约、接受客体的接受度、匹配边缘群体的接受客体的形式、生产、制作，即接受客体同质化、平面化）等方面遭遇了科学知识（文化叁）的接受障碍，"边缘群体"

---

① 司马云杰：《价值实现论》，陕西人民出版社 2003 年版，第 12 页。

长期以来扮演着自在文化发展主体角色。要想彻底改变这一现象，必须建构"深度科学传播学范式"，即交互主体性科学传播模式。在我国科学传播事业的具体实践中，应该：尽快革除"授体主体中心主义"传播模式，培育"授受交互主体性"思想；尽快树立科学授体（传递者、生产者）的受体"差异"意识和"边缘受体"意识，实现科学传播接受系统结构的科学匹配，为科学接受提供科学理念的保证；促进科学授体（传递者、生产者）工作视界和指导思想的转变，为科学传播提供创新思维保证；最终培育"边缘群体"的科学接受的主体意识，提高其主体地位和作用，内化其科学意识、外化其科学行为、优化其日常生活、直至发展其主动发展文化科学的意识。

2. 自为文化发展主体

自为文化发展主体是指 the Subject for-itself of Cultural Develepoment，自为文化发展主体具有鲜明的发展文化的主体意识，能够从否定性、批判性维度把人的本质力量实现出来，把它们对象化在文化客体上，从而促进文化发展社会进步。对自为文化发展主体的培养和塑造，是文化现代化最为基本的主体性条件，也是衡量现代化水准的重要标尺。

自为文化发展主体在历史上处处都有他们艰辛劳作的身影。首先，在不同时期、不同地域、不同文化共同体中可以发现他们的战绩。"他们在中国是祝宗卜史，在印度是婆罗门，在两河流域与埃及是祭司。但在祝宗卜史转化为士，婆罗门转化为林中苦行的圣者，而祭司转化为流动的文士时，这些摆脱了传统约束的知识分子开始要反省所自出的传统了。稍后的时代，有一些知识分子，更为游离了现实权力之外，例如没落的贵族、亡国的王孙、失去故国的先知及新兴城邦的公民，终于个别地提出了更超越更普世的观念。人类思想的第一次突破是反省经验累积的后果，也与专业而独立的知识分子的出现当有密切的关系。"① 在此后的"轴心时代"，"重新安排生活秩序，是被称之为'轴心时代'的公元前后数百年希腊、犹太、印度和中国文化圈的基本特征。由意识形态和政治结构的耦合而成的'宗法一体化结构'。正是这样的制度安排，尽管其形态是多样的。这种制度安排，例如'宗法一体化'，之所以可能，乃是

---

① 许倬云：《中国文化与世界文化》，广西师范大学出版社 2006 年版，第 133 页。

由于这种制度安排的担纲者、亦即传统宗教的主导者阶层（犹太教的先知和长老、希腊的哲人和智者、中国的文士、印度的婆罗门和佛教的僧伽）的形成"①。

其次，在文化总体的各个向度均可以看到他们的成果。"人类文明创造表现在物态层、制度层、行为层、观念层等多个形态层次，总体上是从物态层向制度层、行为层、观念层深化的趋势。而观念层核心范式的突破反过来又会进一步提升物态层、制度层、行为层、一般观念层的文化创造。问题在观念层核心范式的突破不仅需要技术、经济、政治、文化变革诸条件做前提，还需要有难能可贵的主体条件，包括知识分子的群体条件与个体条件两个方面。"② 当然历史上的发明家、技术革新者，无名的能工巧匠们也都是这样的自为文化发展主体。

马克思曾指认"无产阶级"就是这种重要的自为文化发展历史主体，他们是寻求资本主义社会解放的新模式，开创人类存在新境界——共产主义社会的自为主体。"无产阶级"必须在文化总体的各个向度上尤其是在文化叁向度上成为自为的发展主体：正如卢卡奇从非人性和物性化现实出发得出了的结论：无产阶级的存在必然包含着批判和否定这种现实生活方式的强烈意向。"今天，对整个阶级来说，现实的和相关的问题是：无产阶级的内部改造问题，即向它的客观历史使命阶段发展的问题。这是一个在能找到实际上解决世界经济危机的办法之前，必须先解决的意识形态危机。"③ 葛兰西也认为："精神和道德改革必须同经济改革纲领发生联系——实际上经济改革纲领正是精神和道德改革自我体现的具体方式。"④ 马尔库塞说，高层文化所揭示的现实超越性向度，其实是构成现实的另一个向度，当这一个向度被消弭之后，文化和社会现实之间的对立不存在了，因为社会秩序已经把文化的批判性纳入到自身当中，并且大规模复制和显示它们。所以，在文化叁向度上成为自为的文化发展

① 参阅 ［以色列］艾森斯塔德（S. N. Eisenstadt）《轴心时代的突破：轴心时代的特征与起源》，《国外社会学》1993 年第 5 期，第 46—47 页。

② 陶伯华：《大飞跃——人类文明演进的十大飞跃点》，黑龙江人民出版社 2002 年版，第 266—267 页。

③ ［匈］卢卡奇：《历史和阶级意识》，王伟光、张峰译，华夏出版社 1989 年版，第80 页。

④ ［意］葛兰西：《狱中札记》，曹雷雨等译，中国社会科学出版社 2000 年版，第 95 页。

主体常常表征了主体的最高主体性。

自为文化发展主体在社会存在形态上可以是集体文化发展主体或个体文化发展主体（英雄主体）。

（1）集体文化发展主体

集体型文化发展主体更多地出现在史前社会和古代社会。例如，原始文化的综合是在群体参与、社会互动中进行的，它通常表现为集体的主体性。它表现为集体的经验、集体的表象，表现为集体的主体，杜尔克姆、列维－布吕尔都是从群体参与、社会互动中研究集体表象如何产生的。巴比伦神话的演变以及古代希腊神话的发展，都是在持续不断的历史变革中经过集体一次又一次地综合流传下来的。在这种综合中，集体的主体性是高于个人的主体性的。

（2）个体文化发展主体

个体（英雄）文化发展主体出现在古今中外所有的文化发展历史之中。在古代中国，《山海经》及不同典籍的女娲补天、伏羲画八卦、神农教种五谷、燧人钻木取火，以及仓颉作书、句芒作网、精卫填海、夸父逐日等神话故事，大多是个体文化英雄。至于有关炎黄的神话传说，则更属部落首领的文化创造事迹了。

（二）文化发展主体类型与文化发展模式

按照文化发展自在主体和自为主体在文化发展中的作用和地位，可以把文化发展模式划分为两种：自在外激发展模式、自为内生发展模式。自在主体在文化发展中占据主要地位并起主导作用的文化发展模式称为"自在外激发展模式"，表现为无序的、不知不觉的、无计划的、由他者推动或刺激的发展形态，受"看不见的手"的控制；自为主体在文化发展中占据主要地位并起主导作用的文化发展模式称为"自为内生发展模式"，表现为主动选择、人为的参与与控制、自发的和有计划的发展形态，受"看得见的脑"的控制。自为发展主体和自在发展主体在文化发展中的地位、作用、比例决定了文化：发展规模——整体发展和局部发展，发展方向——进步的或停滞或倒退的，发展性质——进化的和革命的、保守的，发展态势——正常、异常、非常和负发展（发展阻碍、断裂、停滞）等具体文化发展的形态。

　　文化发展的主体理论研究可以促进文化发展的自主性、自觉性、自为性和自律性,确立人类主导的、主动的地位,降低文化发展的物役性、受动性、自在性、他律性。尤其要改变文化发展的经济利益驱动,发展目标单一化趋势,以及人类活动社会历史进程中表现出"运动的盲目性"。而这种"运动的盲目性"在文化发展的现阶段表现尤为明显。依马克思所见,"资产阶级的社会的症结正是在于,对生产自始就不存在有意识的社会调节。合理的东西和自然必需的东西都只是作为盲目起作用的平均数而实现的"①。

　　一言以蔽之,文化发展的主体理论旨在人类文化实践中突出文化创造的主体性,最终生成更高形态、更具规模、更深程度的主体性。

---

　　① 《马克思恩格斯全集》第32卷,人民出版社1974年版,第542页。

第二章

生产实践与文化发展

马克思说："要能发展，首先必须生存。"① 在人类开始从事自己的感性生存活动的同时（当然，这是在一个逐渐生成的过程中实现的），文化也就开始发生了。

人的文化实践必然与主体的各种具体的、生动的、丰富的、历史性的"感性活动"同源同构，"全部历史是为了使'人'成为感性意识的对象和使'人作为人'的需要成为（自然的、感性的）需要而做准备的发展史"②。这自然包括文化壹生产实践、文化贰交往活动、文化叁解释行为（意义）领域。

古希腊的亚里士多德把人的活动划分为观察·理论（theoria）、行为·实践（praxis）、制作（poiesis），并且把理论视为主体的根本活动。马克思在考察感性活动的各种形态时，认为物质生活的生产实践，作为构成全部人类活动的不可缺少的基本条件的东西，是最根本的历史行为，主张实践（praxis）处于比"观察·直观"（auschaung）、"理论（theoria）"更优先的地位。因此，同物质生活的生产密切相关的人的活动，也即这样的劳动，被当做感性活动的基本形态来理解。

根据马克思的理解，实践是一种活动，但不是一般意义上的活动，而是规定着"人的类的特征"，即规定着人的本质的活动，是"自由自觉的活动"，是"实际创造一个对象世界，改造无机自然界"，进而创造人本身的活动。实践（praxis）除了生产劳动（labor）外，还有以主体间的

---

① 《马克思恩格斯选集》第3卷，人民出版社1995年版，第771页。
② 《马克思恩格斯全集》第42卷，人民出版社1979年版，第82页。

交往为核心的人的一些其他基本活动。不能把"生产"和"劳动"看成了"感性活动"的全部内容，正如衣俊卿所言：

> 在人所独有的自由自觉的和创造性的本质活动中，展开着并不断重构两种基本的关系或生存结构：一是主体—客体结构或主客体关系，其中既包括人与自然在实践层面上的交互作用，特别是人对客体的技术征服，也包括认识主体与客体在符号层面上的相互作用，即人对现实对象的理性把握；二是主体间性结构或主体与主体间的交往关系，由此而不断建构和结成人的各种社会关联、社会关系和社会结构。这双重结构的展开，从历时态来看，是人的历史或实践总体的演进，而从共时态来看，则是人的世界或人类社会的建构。①

所以，主体的物质生产劳动（labor）历史地构成文化发展理论的逻辑起点。主体的交往（communication）活动是与生产实践同步发生的，同样具有原初的、本源的意义。为了凸显其作为文化发展的主要路径的重大意义，特将其从生产实践中逻辑地剥离出来，并将重点考察主体间性与文化发展之间的辩证关系。因此，生产活动构成文化发展的物质基础，交往实践构成了文化发展的社会前提。两者合二为一构成了文化发展的外在前提。本章所谓的"文化发展"基本围绕上文所论证之主体的生成、文化结构的优化功能的分化、文化模式的改良与升级来逻辑展开。

第一节　自然生态与文化发展

"'自然'是人类在他自身内能够取得自由的第一个立脚点。"②泰勒认为，人类文化史是"自然历史的一部分，或者甚至是一小部分，我们的思想，愿望和行动是和那些支配着波的运动、化学元素的化合及动植

---

① 衣俊卿：《文化哲学十五讲》，北京大学出版社 2004 年版，第 31 页。
② ［德］黑格尔：《历史哲学》，王造时译，三联书店 1956 年版，第 124 页。

物生长的如此确定的规律相适应的。"① 马克思说"自然向人生成",与此同时,"人类向自然生成"。自然引导人类,人又向自然学习。整个世界是依自然法则运行的,这无论对于分子或有机体的运动,还是对于社会的运行来讲都是如此。真正的自然必然是文化的,真正的文化必然是自然的。

文化是人类"主体自然"与"客体自然(环境)"相互作用的产物。文化出于自然,并且永远属于自然。自然孕育文化,文化学习自然。自然是文化的前提,文化是自然的发展。自然(包括主体自然与客体自然两者)是文化发展的武库和土壤,文化不能脱离自然而自主发展。尊重自然(规律)的文化是"活文化",藐视自然(规律)的文化是"死文化"。②

一　自然环境与文化发展

马克思在其新唯物主义刚刚创立时这样阐述:"全部人类历史的第一个前提无疑是有生命的个人的存在(Die Existenz lebendigermenschlicher Individuen)。因此,第一个需要确认的事实就是这些个人的肉体组织以及由此产生的个人对其他自然的关系。当然,我们在这里既不能深入研究人们自身的生理特性,也不能深入研究人们所处的各种自然条件——地质条件、山岳水文地理条件、气候条件以及其他条件。任何历史记载都应当从这些自然基础以及它们在历史进程中由于人们的活动而发生的变更出发。"③(而现代社会早已经进步到可以"深入研究人们所处的各种自然条件"对文化发展的影响的程度了)后来在《资本论》中,马克思使用了"文化初期"这一说法,并把自然条件分为两种:一是生活资料的自然富源(土壤的肥力、渔产丰富的水等);一是劳动资料的自然富源(瀑布、河流、矿产、森林等)。"在文化初期,第一类自然富源具有决定

---

① [英]泰勒:《原始文化》,连树声译,上海文艺出版社 1992 年版,第 2 页。

② 参阅王至元、刘大基《文化学与文化概念》,《北京社会科学》1986 年第 2 期,第 15 页。

③ 《马克思恩格斯选集》第 1 卷,人民出版社 1995 年版,第 67 页。

性的意义，在较高的发展阶段；第二类自然富源有决定性意义。"① 这里的"文化初期"即处于蒙昧期和野蛮期的"文化发生时期"。无论在其早期思想中，还是在其晚期思想中，都可以看到马克思对自然环境与文化发展关系的重视。可以说，自然本身构成了文化发展的材料因、动力因、形式因与目的因。本节围绕主体生成、文化结构、文化模式三个方面来谈自然环境与文化发展的辩证关系。

（一）客体自然与主体生成

"人创造环境，同样环境也创造人。"不同的环境为主体提供不同的文化活动条件，不同的文化活动条件形成不同的文化活动特性，不同的文化活动特性又创造不同的主体特性，不同的主体特性反过来创造不同的文化结构和精神，不同的文化结构和精神熏陶创造环境的主体性能力又是不同的。

1. 两种自然与文化活动

所谓"自然"实则包括客体自然与主体自然两种。"自然向人生成"，客体自然指被主体化的自然或人化的自然界，是与主体发生了一定对象性关系的、"为我而存在"的自然。那些纯粹自在的与人类毫无关系的那一部分自然，没有纳入主体的对象性活动的外界事物也即旧唯物主义直观下的"自然"，以及自然主义意义上的与人无涉的纯粹的"自然"，我们只能说它是客观自然，而不能说它是客体自然。主体自然则是作为自然的结果和产物的人类。客体自然与主体自然的互动生成促进文化的发展。

客体自然在人类文化的发生期和发展期都起着巨大作用。文化发展所依赖的客体自然一般主要指有机环境和无机环境。"作为生态基石的地理环境可约略区分为两大部类：其一为生态系统的生物成分及其他有机物质，是人类生活的有机环境；其二为生态系统的气候、土壤、无机物质、地形、纬度、海拔高度等，是人类生活的无机环境，无机环境就广义言之，还应包括地质环境（地球整个岩石圈）和星际环境（宇宙条

---

① 《马克思恩格斯全集》第23卷，人民出版社1972年版，第560页。

件）。这两大部类共同构成人类生存的物质基石，创造文化的自然前提。"①

主体自然是指能够进行文化活动的人类本身。"生产的原始条件表现为自然前提，即生产者生存的自然条件，正如他的活的躯体一样，尽管他再生产并发展这种躯体，但最初不是由他本身创造的，而是他本身的前提；他本身的存在（肉体存在），是一种并非由他创造的自然前提。被他当作属于他所有的无机体来看待的这些生存的自然条件，本身具有双重的性质：（1）是主体的自然，（2）是客体的自然。生产者作为家庭、部落、特里布斯等等（它们后来和别的家庭、部落、特里布斯等等相混合、相对立，而在历史上采取各种不同的形态）的一个成员而存在，并且作为这样一个成员，他把一定的自然（这里说的还是土地）看作是自身的无机存在，看作是自身的生产和再生产的条件。"② 马克思主义地理唯物论强调气候、地形等自然条件对人类历史文化的影响，认为文化发展最有利的是最富于多样性的地理环境。但是马克思哲学从来不把地理环境完全看做文化发展的外力、认为是自然环境这种外力决定着文化的进程、左右着人性和文化的特征。马克思哲学认为，文化发展的根本动力来自于"主体自然"。"在马克思看来，地理环境通过在一定地方、在一定生产力的基础上所产生的生产关系来影响人的，而生产力的发展的首要条件就是这种地理环境的特性。"③ 恩格斯说："我们必须时时记住：我们统治自然界，决不像征服者统治异民族一样，决不像站在自然界以外的人一样——相反地，我们连同我们的肉、血和头脑都是属于自然界，存在于自然界的；我们对自然界的整个统治，是在于我们比其他一切动物强，能够认识和正确运用自然规律。"④

2. 自然规定性的制约与主体创造性的生成

马克思说："出发点当然是自然规定性；主观地和客观地。部落、种族等。"⑤ "部落、种族等"最初是作为人类文化活动的自然条件而存在

①　冯天瑜：《地理环境与文化创造》，《理论月刊》1991年第1期，第6页。
②　《马克思恩格斯全集》第46卷（上），人民出版社1979年版，第488—489页。
③　《列宁全集》第38卷，人民出版社1986年版，第459页。
④　《马克思恩格斯选集》第3卷，人民出版社1995年版，第618页。
⑤　《马克思恩格斯选集》第2卷，人民出版社1995年版，第28页。

的。然而恰如黑格尔对斯宾诺莎"限定即否定"的著名解释一样：规定即否定（Determinatio est negatio）。正如马克思所说，"人直接地是自然存在物。人作为自然存在物，而且作为有生命的自然存在物，一方面具有自然力、生命力，是能动的自然存在物；这些力量作为天赋和才能、作为欲望存在于人身上；另一方面，人作为自然的、肉体的、感性的、对象性的存在物，和动植物一样，是受动的、受制约的和限制的存在物。"①德国生物人类学家格伦通过非特定化或非专门化（unspecializ-ation）范畴来确定人在生物学领域中的"先验的结构整体"，并由此为文化的起源确定了基础。他认为，从人的生物学领域来看，人与动物的最大区别在于人的未特定化或非专门化。动物在体质上的特定化使它们可以凭借某种特定的自然本能在特定的自然链条上成功地生存，而人在体质和器官上则呈现出非特定化的特点，由此决定了人，在自然本能上的薄弱。德国哲学人类学家蓝德曼曾对人与动物的这一本质差别做了大量的研究，他分析得出，猿猴和一般的动物在生物学构造方面都比人更加专门化。而人的器官并不指向某一单一活动，而是原始的非专门化。例如，人的牙齿既非食草的，也非食肉的。因此，人在本能方面是贫乏的，人靠后天的创造来弥补先天的不足。这种补偿人的生物性之不足的活动，就构成了人的文化。因此，文化既超越自然，又补充着人的自然。格伦由此把文化称为人的第二本性。蓝德曼认为："尽管非专门化最初有消极的效果，但经过长途跋涉之后，它却具有不可估价的优点。专门化缺乏实际上相联于一高级肯定能力。因为人没有被本能控制，人自己可以反思和创造。因此人缺少此则具有彼。人所缺少的专门化得到补偿，甚至超出了补偿……理性实际上是非专门化的必然相关物。"②

远古人之腊玛古猿虽然还说不上是主体的人，但是它们的文化活动说明了客体自然的制约性促进了主体自然的发展。大约在1000万年前，地球上的气温比较高，在大片的热带雨林中生活栖息着大量攀援于林中的灵长目古猿。后来，由于地球气温变冷，冰川多次侵袭，雨林带逐渐南移。此时，有些古猿（多是类中强者）随森林南迁，而面对雨林锐减，

---

① 《马克思恩格斯全集》第42卷，人民出版社1979年版，第167—168页。
② ［德］蓝德曼：《哲学人类学》，彭富春译，工人出版社1988年版，第211页。

生存空间紧缩，有些原本生活在森林边沿的本能竞争力较弱的腊玛古猿被淘汰出雨林，只得选择了落地求生这一严酷的但却具有启动文化发生意义的生存方式。正是客体自然环境的制约使腊玛古猿选择新的落地求生的生存方式。腊玛古猿在落地前长期攀援于林中，前臂得到非行走使用，持握功能强化，落地后才能够强化手脚分工和直立行走，长时段的进化使手脚分工和直立行走由偶然进而为必然，从而使猎玛古猿不可逆地向现代智人进化。如果腊玛古猿本不具有感知地上的（可替代先前食物）可以获取生存必须的能量的食物的前文化能力，他们便不可能抛弃传统方式而风险性地离树寻食；如果腊玛古猿不曾长期生活于林中并使用前肢攀援树枝，他们便不可能拾起地上的树枝石块作为工具借以获取食物或护卫自己和类群，也便没有了文化发生。如果若地上有足够的可随意拾来的食物，猎玛古猿便不可能拾起树枝和石块，食物的匮乏使古猿不得不四处寻食，寻到食物往往又可能遇到别的动物的攻击，直立使古猿较易发现远处的食物和危险，也使古猿能携所获食物遁走，从而使直立终于完全形成，成为本能。正是在环境压力下，腊玛古猿在文化存在之路上愈走愈远，促动文化的完全发生。①

东非能人古猿，也是在自然环境的制约下开始了制造工具，逐渐扩展了食谱，尤其是食肉使他们变得更聪明，慢慢发现人的群居性的重要意义，从而进化得更快，也就成为"主体"生成链条上重要的一环。

因此，客体自然是文化发展的"自然前提"，文化是客体自然与主体自然相互生成的辩证统一体。人类通过生产劳动及其他社会实践与环境交相作用，这一过程是人类的主观能动性与客观（环境）规定性的辩证统一体。

3. 不同文化活动特性创造不同的主体精神特性

马克思说："人把他的生产的自然条件看作是属于他的、看作是自己的、看作是与他自身的存在一定产生的前提；把它们看作是他本身的自然前提，这种前提可以说仅仅是他身体的延伸。其实，人不是同自己的生产条件发生关系，而是人双重地存在着：主观上作为他自身而存在着，

---

① 唯易：《文化发生的生态动力》，《新东方》1995 年第 4 期，第 53 页。

客观上又存在于自己生存的这些自然无机条件之中。"① 在马克思看来，由于不同自然环境提供不同的文化活动条件，不同的文化活动条件形成了不同的文化活动特性、不同的主体精神特性。也就是说，不同的自然规定性生成不同的主体特性。正如马克思在批评另一个"真正的社会主义者"海尔曼·泽米希时指出的那样：他不是把人们的特性了解为他们的活动的结果，而是把活动解释为"人的特性"。他就"避开个人的现实行动，又躲到自己那种无法表达的、无法理解的所谓特性的怀抱中去了"。②

黑格尔认为，民族精神乃是客观精神的自我意识，而民族精神的状况是以自然条件为转移的。黑格尔把自然界看做精神发展的基地。把地理条件看做精神发展所需要的场地，"是'精神'所从而表演的场地"，"是一种主要的、而且必要的基础"。黑格尔认为，地理环境对社会发展具有巨大的意义。他说，有三种性质上不同的地理环境：（1）干燥的高地及其广阔的草原和平原；（2）巨川大河流过的平原流域；（3）海岸地区。他认为，由于地理环境不同，上述三个地区的居民的社会经济生活和职业是不同的。在第一类地理环境的国家里，人们从事牧畜业；在第二类地理环境的国家里，人们从事农业；在第三类地理环境的国家里，人们则从事工商业。黑格尔还认为，在这些具有不同地理环境的社会里，社会关系和政治制度也是各不相同的。黑格尔说，高山居民的特色是家长制的生活，大家族分为各个家庭，在这些高山居民中，还没有法律关系。他认为，文明是在大河流域开始的，在这些地区出现过大帝国，是由于在那里占统治地位的是农业、土地所有制以及与之相联系的法权关系。黑格尔认为，在不同的地理条件下，居民的性格也是不同的。"我们所注重的，并不是要把各民族所占据的土地当做是一种外界的土地，而是要知道这地方的自然类型和生长在这土地上的人民的类型和性格有着密切的联系。"③ 例如，高地居民的性格是好客和掠夺，平原居民的特性是守旧、呆板和孤僻，海岸居民的特性是勇敢、沉着和机智。④

---

① 《马克思恩格斯全集》第46卷（下），人民出版社1979年版，第491页。
② 《马克思恩格斯全集》第3卷，人民出版社1960年版，第548—549页。
③ ［德］黑格尔：《历史哲学》，王造时译，三联书店1956年版，第123页。
④ 同上书，第134页。

　　孟德斯鸠的研究非常接近后来的功能主义者的观点，他认为，北欧人喜欢新教，南欧人坚持天主教，"理由是很明显的：北方民族具有、并将永远具有一种独立和自由的精神，这是南方民族所没有的。所以，一种没有明显的首领的宗教，比一种有了明显的首领的宗教，更适宜于那种风土上的独立无羁的精神"①。丹纳在《艺术哲学》中比较了希腊人和其他民族的不同：希腊人是有闲的能战斗的公民，希腊人奉行"神明必有完美的肉体"，因而希腊神庙的形式不仅完美，而且充分表达艺术美的思想。拉丁民族与日耳曼民族也相去甚远，日耳曼民族爱内容甚于形式，爱真实甚于装饰，爱复杂、不规则，爱天然实物甚于经过加工、剪裁化和改造的东西，而拉丁民族则不然。所以德国产生了第一流的哲学，而英国兴盛第一流的诗歌（虽同属日耳曼族），意大利则高贵，法国则典雅（同属拉丁族）。② 鲁迅在论述中国人时则说："由我看来，大约北人爽直，而失之粗，南人文雅，而失之伪。"③

　　（1）多山海洋型生存自然环境与文化主体特性

　　古希腊多山贫瘠的生活环境孕育了古希腊人出海的冒险精神。首先，希腊是一片丘陵地。阿提卡的土壤尤其贫瘠单薄，出产的食物只有橄榄、葡萄、大麦和些少小麦。希罗多德说希腊"一生下来就是由贫穷哺育的"。园中长着美丽的果子，山坳里或山坡上种着一些谷，多但供养眼睛，娱乐感官的东西多，给人吃饱肚子，满足肉体需要的东西少。这样一个地方自然产生一批苗条，活泼，生活简单，饱吸新鲜空气的山民。减少了肚子的需要，只有增加智力的需要。在稀薄、透明、光亮的空气中长大，从小就特别聪明活泼，一刻不停的发明，感受，经营，别的事情都不放在心上，"好象只有思想是他的本行"。其次，希腊是丘陵地带，但也是滨海之区。这种地形势必鼓励居民出去航海，尤其土地贫瘠，海岸全是岩石，养不活居民。他们软硬兼施，搜刮东方几个油水充足的王国和西方的野蛮民族，带回黄金，白银，象牙，奴隶，盖屋子的木材，一切用低价买来的贵重商品，同时也带回别的民族的观念和发明，包括

————————

　　① ［法］孟德斯鸠：《论法的精神》（下），张雁深译，商务印书馆1982年版，第142页。

　　② 参阅［法］丹纳《艺术哲学》，傅雷译，安徽文艺出版社1991年版，第94—216页。

　　③ 鲁迅：《致萧军、萧红》，《鲁迅全集》（卷十三），人民文学出版社1981年版，第79页。

埃及的、腓尼基的、加尔底亚的、波斯的、伊特罗利亚的①。这种生活方式特别能刺激聪明，锻炼智力。证据是古希腊人中最早熟、最文明、最机智的民族都是航海的民族②。还孕育了古希腊人哲学思辨精神，"他们为思想而思想，为思想而创造科学"③。"值得注意的是他们对辩证法本身的爱好。他们不因为长途迂回而感到厌烦；他们喜欢行猎不亚于行猎的收获，喜欢旅行不亚于喜欢到达目的地。在希腊人身上，穷根究底的推理家成分超过玄学家和博学家的成分。他喜欢作细微的区别，巧妙的分析，要求精益求精，最高兴织蜘蛛网那样的工作。"④古希腊没有酷热使人消沉或者懒惰，也没有严寒使人僵硬迟钝……他既不会像做梦一般的麻痹，也不必连续不断地劳动；既不沉溺于神秘的默想，也不堕入粗暴的蛮性。古希腊人这种理性、成熟的气质，进而形成正如德国哲学家斯宾格勒所概括的"阿波罗精神"的希腊文化，即一种清晰、庄重、理性、在有限之中体现和谐的文化精神。所以现代意义上的哲学变革、科学变革、思想变革、文化变革都首先发生在以古希腊文化为其主要基因的西方文化世界。

（2）封闭的大陆性地理环境与文化主体特性

"封闭的大陆性地理环境"以古代中国和印度为例。中华民族发源于黄河流域，一面临海，背靠广袤的东亚大陆，基本上属于封闭或半封闭的大陆性地理环境。喜马拉雅山形成的雪域高原从文化生态环境上阻断了中原文化的南拓、雅利安文化的北展，使华夏先民对华夏九州以外的世界缺乏开阔观识，而形成天地以中原为中心的认识，导致制约华夏民

---

① 希腊人本来是北方的蛮族。他们来到希腊半岛和爱琴海诸岛屿的时候，开始也以务农为生。有些部族，所占土地肥沃，一直务农下去了，斯巴达就是其中之一。大部分部族，所占土地太贫瘠，几代以后，土地上的出产就养不活愈来愈多的人口了（最著名的是雅典）。可是爱琴海域海岸曲折，海域不宽，岛屿密布，周围又是一些早已具有高度文明的富裕的专制主义农业王国或帝国（埃及、巴比伦、波斯……），或者是已经相当开化的蛮族（北非的柏柏尔、欧洲的高卢、凯尔特、拉丁……），于是航海、商业（进一步兼及精制品的手工业）、殖民就成了他们的传统。参见顾准《顾准文集》，中国市场出版社2007年版，第207—208页。

② 参阅［法］丹纳《艺术哲学》，傅雷译，安徽文艺出版社1991年版，第315—322页。

③ ［法］丹纳：《艺术哲学》，傅雷译，安徽文艺出版社1991年版，第326页。

④ 同上书，第327页。

族数千年的华夏中心主义的发生①。人口流动缓慢，甚至历世不移，加之长期以来农业文明占主导地位，所以反映在文化主体也具有浓厚的保守性、自在性和封闭性等等特征。

古印度知识阶层反思的主题则是"人生无常，一切皆苦"，集中在如何寻求人生解脱那一端。佛陀创立佛教时，他对诸如万物起源、灵肉关系一般不做深入探讨。他举例说，如果一个人被毒箭射中，医生不是立即拔出箭，而是先问谁射的箭，制箭的材料是什么，造箭者是谁等问题，那么答案还未出来，中箭者早就死了。这与印度的自然社会环境有很大关系，印度河和恒河流域的外面绝大部分是德干高原，又干又热。印度河和恒河流域的气候湿热，植物容易生长。因为植物生长太容易了，所以不用精耕，农具与耕作方式极为保守。印度是割裂的次大陆，河流漫流的下游被小河流切割成一块一块；中游以上的支流虽多，但不能变成通畅的交通通道，反而成为隔绝的障碍。一个一个村落，全区都是割裂的小农区，破裂性很强。往南走是被德干高原分隔的地区，交通更不方便，印度次大陆上缺少统一的地理条件。印度西北暴露与中亚人，无法与中亚细亚隔开。而中亚地区干旱，生活条件差，当粮食缺乏或是气候改变时，中亚人就长驱直下侵入印度。因而在印度次大陆上有一拨又一拨的征服者进入。这种地理环境就造成了割裂保守与动荡苦难长期交织，造成了受苦受难而又无可奈何的民众向宗教寻求人生解脱。

但是，我们决不能孤立地研究自然要素对文化发展的作用，马克思在论及古代亚细亚和日耳曼不同的原始公社关系时曾经正确地指出了自然要素与文化发展的关系：

> 不管怎样，公社或部落成员对部落土地（即对于部落所定居的土地）的关系的这种种不同的形式，部分地取决于部落的天然性质，部分地取决于部落在怎样的经济条件下实际上以所有者的资格对待土地，就是说，用劳动来获取土地的果实；而这一点本身又取决于气候，土壤的物理性质，受物理条件决定的土壤开发方式，同敌对

---

① 唯易：《文化发生的生态动力》，《新东方》1995年第4期，第53—54页。

部落或四邻部落的关系，以及引起迁移、引起历史事件等等的变动。①

客体自然是文化发展的物质前提，主体自然既是文化发展的物质前提，又是其主体前提。主体是自然规定性与文化主体性的辩证统一。正因为如此，不同的自然规定性（环境）为主体提供不同的文化活动条件，不同的文化活动条件形成不同的文化活动特性，不同的文化活动特性又创造不同的主体特性，不同的主体特性反过来创造不同的文化结构和精神，不同的文化结构和精神熏陶创造环境的主体性能力又是不同的。

（二）原始环境和文化原型

不同的主体特性决定不同文化共同体发展的基因和结构，不同的原始环境和劳动特性不仅构成了文化活动不同的原始积累，而且型塑了不同文化共同体的文化原型。

1. 原始环境和文化原型

马克思所揭示的人类生活的历史之谜是"人和自然界之间、人和人之间的矛盾"。这种矛盾是人类文化产生的根源，人类文化不过是解决这种根本性矛盾的某种方式。人类文化的差异源于不同自然规定性的人们对人类生活的根本性矛盾采取了不同的解决方式。

在人类文明起源期，文化的发生和形成很显然特别容易受到周围环境的影响，正如人在童年时期容易受到周围环境的影响一样。诚如丹纳所言："一个民族永远留着他乡土的痕迹，而他定居的时候越愚昧越幼稚，乡土的痕迹越深刻。——法国人到波旁或玛帝尼克岛上去殖民，英国人到北美洲和澳洲去殖民，随身带着武器，工具，艺术，工业，制度，观念，带着一种悠久而完整的文化，所以他们能保存已有的特征，抵抗新环境的影响。但赤手空拳，知识未开的人只能受环境的包围、陶冶、熔铸。他的头脑那时还象一块完全软和而富于伸缩性的黏土，会尽量向自然界屈服，听凭搓捏，他不能依靠他的过去来抵抗外界的压力。"②

---

① 《马克思恩格斯全集》第46卷（上），人民出版社1979年版，第484页。
② ［法］丹纳：《艺术哲学》，傅雷译，安徽文艺出版社1991年版，第315页。

在人类文明轴心期，不同的自然环境造就了两种不同的文化原型：农耕型文化原型和游牧型文化原型。

农耕型文化原型一般诞生于内陆大河型、资源丰富型文明，包括古埃及文明、苏美尔文明、古印度河流域文明以及后来古华夏文明等。构成农耕型文化原型的主要特征就是农耕性。农耕性具体表征为文化主体的农耕气质：重视民族文化传统，自我肯定绝对多于自我否定，在文化发展上采取阴柔、防守、保守的姿态；文化结构表征为文化母本的同化力非常强大，较少差异性的文化因子，故而其活性弱化或不足，发展缓慢；文化模式表征为自在形态。

试以古华夏文明为例说明之。古华夏文明在自然环境上属典型内陆大河型文化：养育古华夏文明的是一种明显区别于开放性海洋环境的半封闭的内陆大河型地理环境。早期农耕文明的创造者长期定居一地，受四季更替规律影响，把人类历史看作是一种周而复始的循环轮回过程。占有这些耕地的人民也为这些土地所累，他们"闭关自守，并没有分享海洋所赋予的文明"①。"由四季节奏支配的农业生产方式是构成充分循环时间的基础，不朽与来生内在于此，它是人们今世重返之处。"② "因为这里的居民生活所依靠的农业，获得了四季有序的帮助，农业也就按着四季进行；土地所有权和各种法律关系便跟着发生了——换句话说，国家的根据和基础，从这些法律关系开始有了成立的可能。"③ 最终形成的是一种与古代希腊、罗马的城邦共和制、元首共和制、军事独裁制……都不相同的家国同构的宗法——专制社会。它同时也是典型的资源丰富型文化：资源丰富、地大物博。马克思说："过于富饶的自然'使人离不开自然的手，就象小孩子离不开引带一样'。它不能使人自身的发展成为一种自然必然性。资本的祖国不是草木繁茂的热带，而是温带。"④ 马克思又说："作为资本关系的基础和起点的已有的劳动生产率，不是自然的恩惠，而是几十万年历史的恩惠。"⑤ 这两种环境形成了古代中国不同于古

---

① ［德］黑格尔：《历史哲学》，王造时译，三联书店1956年版，第146页。
② ［法］德波：《景观社会》，王昭凤译，南京大学出版社2006年版，第58页。
③ ［德］黑格尔：《历史哲学》，王造时译，三联书店1956年版，第146页。
④ 《马克思恩格斯全集》第23卷，人民出版社1972年版，第561页。
⑤ 同上书，第560页。

希腊城邦工商业经济的家庭手工业与小农业相结合的自然经济并辅之以周边的游牧经济，以及建立在这种自足自给的自然经济基础上的宗法社会，和作为东方封建社会后期占统治地位的传统内核——宋明理学，其解释系统的基本格局是以儒治世，以佛治心，以道治身，三者互补，三教合一。

游牧型文化原型常常诞生于海洋草原型地理环境和资源匮乏型文明中。这一文化原型往往是草原居民文化与航海民族文化相结合而形成的，游牧型文化原型的形成与游牧民族对农耕世界发起的大冲突、大入侵直接相关，并且它的形成发生在大跨度的融合期和巨大的地理空间之内。它包括小亚细亚文明、古希腊文明、古罗马文明、基督教文明以及后来西欧工业文明等。构成游牧型文化原型的主要特征就是游牧性。游牧性具体表征为文化主体的游牧气质：重视反思民族文化传统，自我否定绝对多于自我肯定，在文化发展上采取进攻、积极、主动的姿态；文化结构表征为具有较多差异性的文化因子，文化母本与父本的文化杂交力非常强大，故而其活性很强，发展后劲强大；文化模式表征为自为形态。

"因为我们可以设想，游牧，总而言之流动，是生存方式的最初的形式。"① 游牧民族对农耕世界发起的大入侵一共有三次。第一次是从公元前3000纪末一直到公元前600年左右，持续了1500多年。在这段时间里，游牧民族对刚刚出现不久的农耕世界发起了第一次大入侵，以及随之而来的第一次文化大融合。这一次大入侵的主要发起者，最初可能是生活在黑海和里海之间的一些操原始雅利安语的游牧民族。这些游牧民族最初活动在黑海和里海之间草原上，从公元前3000纪末期开始，他们逐渐向亚欧大陆南面的农耕文明地区渗透、扩张。这种渗透和扩张的活动是通过千百年的时间才完成的，游牧民族的扩张过程是渐进式的。

操持原始雅利安语的游牧民族向西南、正南、东南三个方向侵入农耕世界。向西南方向迁徙的那些游牧民族，包括爱奥尼亚人、阿卡亚人、多利亚人等民族，先后进入了巴尔干半岛，进入了希腊，摧毁了亲代的克里特文明及其子遗迈锡尼文明。这些冲入希腊半岛的民族，可以分为三次：第一次主要是爱奥尼亚人，他们以一种比较和平的方式，渗透到

---

① 《马克思恩格斯全集》第46卷（下），人民出版社1979年版，第472页。

爱琴海世界，渗入希腊半岛，渗透到小亚细亚和西亚，建立了很多泛希腊的城邦。到了公元前 15 世纪前后，从北方又来了一支比较凶猛的游牧民族，自称为阿卡亚人。这些阿卡亚人侵入希腊半岛以后，就毁掉了克里特文明，然后在希腊半岛的东北角，在迈锡尼这个地方，模仿克里特文明建立了一个迈锡尼文明。前 11 世纪左右，从北方又冲来了第三支更为野蛮的游牧民疾，叫做多利亚人，这些多利亚人摧毁了由阿卡亚人建立的迈锡尼文明，整个古代爱琴文明到此彻底灭亡。多利亚人的入侵使希腊半岛陷入了三个多世纪的黑暗时代中，整个社会似乎又倒退回了史前状态。一直到公元前 8 世纪，才在文化融合的基础上产生出了一个崭新的希腊城邦文明。

第二次大入侵从公元前 2 世纪开始的，匈奴人的西迁迫使一支又一支的游牧民族纷纷向西迁徙或者向南迁徙。前 2 世纪开始，匈奴人就在汉朝军队的主动攻击之下向西迁徙，到了公元 1 世纪，匈奴人又在汉朝军面前受到了一次较大的军事挫伤，于是他们就大规模地向西迁徙，至了公元 5 世纪，匈奴人终于来到了欧洲多瑙河流域。在他们的挤压之下，当时亚欧大草原上的一些游牧民族，如月氏人、马扎尔人、匈牙利人、日耳曼人等，就纷纷往西跑或者往南迁，于是灾难就压到南部的那些农耕文明的头上。萨珊王朝受到了很大的冲击，罗马帝国则遭到了灭顶之灾。在这次大入侵的雄壮尾声中，新崛起的阿拉伯人又摧毁了奄奄一息的波斯萨珊王朝。至此，人类的第二代文明纷纷瓦解通过形态嬗变产生出第三代文明。印度文明是一个例外情况，因为它过早地确立了宗教价值系统提前进入到第三代文明形态，即宗教时代的文明形态中。

到了 12 世纪以后，在亚欧大草原上，又有一些不安定的地区开始躁动。这些躁动不安的因素就是蒙古高原上的蒙古人和中原上的突厥人，他们对南部农耕文明地区的进攻构成了游牧世界对农耕世界的第三次大入侵浪潮。这次大入侵的结果，导致一些国家的灭亡，但是它并没有从根本上改变四大宗教——伦理价值系统的文化特性和亚欧大陆文明体系的基本格局。从公元 13 世纪开始，蒙古人的金戈铁马横扫了几乎整个亚欧大陆，并在南部的那些农耕文明地区建了四大汗国和元朝。蒙古帝国衰落之后，一支伊斯兰教化的突厥人又迅速崛起，这就是土耳其人。他们在小亚细亚建立了一个奥斯曼帝国，并且迅猛地进行军事扩张，吞并了西亚、北非和东欧的大片疆域，并且在 1453 年攻陷了屹立千年之久的君士坦丁堡，对基督教欧洲形成了极大的威胁。这些在伊斯兰教化的过程中很快就接受了文明教化的土耳其人，标志着三千年以来不断冲击农耕世界的游牧民族浪潮的最后一个狂澜，他们既是对广阔的农耕世界发起最后一次入侵的牧羊人，也是近千年来向西方基督教文明发起尾声攻击的穆斯林战士。

土耳其人的征服浪潮也刺激了西方基督教文明的内在变革。如文艺复兴、宗教改革和启蒙运动。接着，在文化变革的基础上进行政治层面上的变革，资产阶级取得了政权，宪政体制和民主政治取代了专制制度。最后又在资本原始积累的基础上进行工业革命或产业革命，最终完成了西欧社会的经济体制转型。到了 18 世纪中叶，一个新兴的西方工业文明开始崛起于亚欧大陆的西北隅。

还有另一些操持原始雅利安语的游牧民族也卷入了向南迁徙的大浪潮，他们进入亚平宁半岛，成为罗马人的祖先；另外一批游牧入侵者进入了伊比利亚半岛，也就是西班牙半岛，他们成为高卢人的祖先，而高卢人则是法国人的祖先。

由此可见，地中海世界的三个半岛——巴尔干半岛、亚平宁半岛和伊比利亚半岛——上后来出现的较高水平的文明：希腊城邦文明和罗马文明，都是北方游牧入侵者与爱琴海文明相杂交、相融合的结果。公元前 8 世纪以后崛起的希腊罗马文化可以看做克里特文明或者爱琴文明之后的第二代文明形态。克里特、两河流域和印度河流域的三个亲代文明，都在公元前 3000 纪末期以后的游牧民族大入侵的浪潮中，以文化杂交的方式蜕变为新的文明形态，产生了希腊罗马文明、波斯文明和古代印度文明等第二代的文明。三者发生文明形态嬗变的重要中介，都是来自北方的操持原始雅利安语的游牧民族。①

农耕型文化原型和游牧型文化原型最终建构了中西方传统文化不同的结构形式：

传统中国文化表现为单源双核多元一体文化体——单源；古代华夏文化（极少数时间段除外）；双核，诗性与德性；多元一体：儒释道屈一

---

① 赵林：《赵林谈文明冲突与文化演进》，东方出版社 2006 年版，第 13—36 页。

体。单源的古代华夏文化构不成文化发展所需的矛盾和张力，文化中的
"他者"的缺席成为中国文化停滞的一个重要原因。

西方文化表现为多源双核多元多体文化体——多源，古希腊与希伯
来、多时段的东方文化、游牧民族习性；双核，理性与神性（信仰）；多
元多体，西欧的大陆文明和盎格鲁撒克逊文明、斯拉夫文明。古希腊与
希伯来（西方比较文化研究惯于称作"雅典和耶路撒冷"）源始地构成了
西方文化发展中的必需的张力。

2. 文化原型和文化原罪

马克思说："对活的个体来说，生产的自然条件之一，就是他属于某
一自然形成的社会，部落等等。这一点，举例来说，已经是发展他的语
言等等的条件了。他自身的生产存在，只有在这个条件下才是可能的。"①
人类学家莱奥·弗罗贝纽斯（Leo Frobenlus，1873—1938）认为，文化是
一种"活生生的有机体"，同任何有机体一样，文化也需要营养。它的食
物就是人类的经济活动。不同的主体特性决定不同文化共同体发展的基
因和结构，原始环境和劳动特性不仅构成了文化活动不同的原始积
累、文化原型，而且积淀了不同文化共同体的文化原罪。农耕型文化积淀了
该文化共同体中的农耕性文化原罪，游牧型文化积淀了该文化共同体中
的游牧性文化原罪。

东方的古代农业耕作这一经济活动使得农耕性文化原罪在文化壹向
度表现为：具有一次性创造后的重复性，自给自足性，对自然的强烈依
附性特征。在文化贰向度表现为：为数众多的、持续时间长的"虚假的
共同体"（马克思语）和东方专制主义、宗法社会，"一个人的自由"
（黑格尔语）。在文化叁向度表现为：崇天、尚根、尚中、被动、土性、
瓷质（脆弱）性、专制性等等特征。按照弗罗贝纽斯的观点："洞穴感
觉"、停滞、命中注定的观念，是"东方"文化所固有的特点；而"远大
感觉"感、个人主义和自由的思想，则是"西方"文化所固有的特点。②
这里还是以古代中国为例。农耕劳作的劳动特性配以上古遗留的"巫史

---

① 《马克思恩格斯全集》第 46 卷（上），人民出版社 1979 年版，第 491 页。
② 转引自夏建中《文化人类学理论学派——文化研究的历史》，中国人民大学出版社 1997
年版，第 58 页。

传统"（李泽厚语），古代中国文化具有浓郁的"崇天、尚根、尚中"特质。首先，表现为"小天下"的感觉：唯自己居中的感觉；居高临下，纵览无遗，又使人产生一种统摄的感觉。这种以黄河流域的汉族为天下中心的"中央大国"意识，并不仅仅是由于地理因素的作用，更多的是由于认知意识中对"中心"概念的崇拜感。以血缘家庭或家族关系为蓝本而在现实生活中复写的金字塔式结构，投影在人们的认知意识便形成对"中心"的崇拜。在政治上形成君父处于政治金字塔的中心顶端，因而形成对政治中心的崇拜。其次，这种以"中心"为出发点，层层向下扩散的认知图式，慢慢形成理解各种文化社会现象的先验图式。这一个"中心点"便变形为自然界中的"天"、环宇中的"日"、家庭中的"父"、夫妇中的"夫"、百兽中的"龙"、万物中的"金"、五脏中的"心"、五音中的"宫"、方位中的"中"、数字中的"五""九"等①。帝王意志、"一"的原始冲动、绝对情结、象数思维模式合起来完成了对传统中国解释模式的型塑合围，打造了其突出的"崇天、尚根、尚中"特质。

草原居民文化和航海民族文化的结合形成了游牧型文化，开放的海洋型地理环境和工农业商品经济的游牧生活实践在文化壹向度表现为流动性、趋利性、冒险性、杂交性、主动性、暴力等特质。在文化贰向度表现为城邦共和制、元首共和制和军事独裁制的相对民主的社会组织形式。古希腊古罗马文化、中世纪基督教文化、17世纪贵族君主政体、工业化的民主政体，发展到今天的以民主、科学为特征的现代文化模式。在文化叁向度表现为正如德勒兹所言："具有一种海盗精神，——一种游牧民族气质。"② 大海不像高山，不是把人们分隔的元素，而是把人们联结起来的元素。大海给了人们茫茫无定、浩浩无际和渺渺无限的观念；人类在大海的无限里感觉到他自己的无限的时候，他们就被激起了勇气，要去超越那有限的一切。"大海邀请人类从事征服，从事掠夺，但是同时

① 金太军、王庆五：《中国传统政治文化新论》，社会科学文献出版社2006年版，第66页。

② 转引自［法］阿兰·巴迪乌《当代法国哲学思潮》，陈杰，李谧译，《国外理论动态》2008年第12期，第82页。

也鼓励人类追求利润,从事商业。"① 大河流域的土地把人束缚在土壤上,使人产生对它的依赖,但是大海却挟着人们超越那些思想和行动的有限性。可供农业发展的陆地和农业生产行为都十分稳定,而大海虽然看起来驯服、和蔼、可亲,但实际上是"最危险、最激烈的元素"。因此,特别需要人的敢于冒险的精神和机智、沉着的品格。而这种冒险精神和机智的品格同发展贸易所需要的精神气质是完全一致的。所以工商文化首先产生于地中海沿岸就具有必然性了。

游牧民族在西方文化中留下了最大的精神遗产:游牧性。西方文化中由游牧部落携带的游牧性其本质是一种"自我否定性"。游牧性向外表现为征服性、侵略性、攻击性,向内表现为流动性、发展性、自否性。草原居民的原始游牧性冲动转换为军事远征、商业殖民、航海冒险、最终沉淀为高阶游牧性——征服自然、否定自我、精神游牧、解辖域化冲动、超验世界情结。从古希腊的阿那克萨戈拉的 nous(努斯)到伊壁鸠鲁的"原子偏斜运动",从笛卡尔的主体性哲学到康德的"哥白尼式的革命",从黑格尔的精神现象学到马克思辩证法的批判性再到后现代的"不在场的幽灵性",德勒兹的高原游牧、去辖域性,"自否性"这种高阶游牧性的各种变体一直是西方文化史的主流。

游牧性使得西方文化表现为一种弥散性文化,无论英美系的海洋国家文化,还是法德系的大陆国家文化,其弥散性非常明显,它有着广泛的渗透性、参与型的支配影响力。这种弥散性又与其他文化杂交后形成了一种类似于"青铜"的硬度极大的文化体。青铜是加入锡铅的红铜,所以硬度更大,更具流动性。游牧性文化不同于土性的(怀柔内敛、厚德载物)、瓷质的农耕性文化,它是一种金性(征讨杀伐、开疆拓土)、青铜质的文化。

游牧性文化原罪主要表现为:从古希腊开始,西方哲人就强调文化壹向度的人物二元对立论,导致在人与自然的关系上以人类为中心,当下的全球环境危机和自然资源的无限开发利用,与这种二元对立论的人类中心主义密切相关。西方哲人还强调文化叁向度的理性中心论,导致在人与自我的关系上对理性的崇拜,忽视情感、信仰、意志向度的生存

---

① 〔德〕黑格尔:《历史哲学》,王造时译,三联书店 1956 年版,第 134 页。

滋润，用刚性控制的理念和工具理性的绝对计量的方法来衡量一切的价值，导致工厂一样的模式化、批量化、标准件生产过程正在广泛地侵入社会交往的各个层面，工具理性的泛滥正在成为全球灾难。

（三）客体自然与文化结构

从发生学和辩证法来看：一方面，客体自然为人类提供物质、能量，奠定了文化壹（生产活动）的生产力基础；另一方面，客体自然还启发人类建构了文化贰（社会世界）和文化叁（意义世界），提高人类组织起来一起应对危机的能力，为人类提供思维的客体和思维的材料，以其对人类的制约性激发着人类的思维能力和训练着人类的思维方式，并引导人类发现自然规律例如生态规律。

1. 客体自然的物质、能源为人类文化壹提供了动能和改造自然的力量，奠定了文化发展的生产力基础

"人（和动物一样）靠无机界生活，而人和动物相比越有普遍性，人赖以生活的无机界的范围就越广阔。……人在肉体上只有靠这些自然产品才能生活，不管这些产品是以食物、燃料、衣着的形式还是以住房等等的形式表现出来。在实践上，人的普遍性正表现为这样的普遍性，它把整个自然界——首先作为人的直接的生活资料，其次作为人的生命活动的对象（材料）和工具——变成人的无机的身体。……所谓人的肉体生活和精神生活同自然界相联系不外是说自然界同自身相联系，因为人是自然界的一部分。"[1] 从古代采集文明、游牧文明和农耕文明的动、植、矿物到现代工业所需的矿物资源，都为人类文化壹（生产活动）提供了动能。尤其是用火作燃料制成的熟食对改变人类食物链和强化大脑脑容量的增加和刺激大脑神经元的活动都有重要作用。例如，阳光的能量供给与光合作用的生命合成对人类十分重要。岩石圈为人类提供了最古老的自然和人工工具：石器，这是人类直接取自自然的最早武器，表现了岩石圈的物理功能。岩石圈还能够为人类提供最直接的躲避猛禽野兽，狂风暴雨和冰雪霜露的住所：洞穴，这是最早出现文化因子的地方

[1]　《马克思恩格斯全集》第42卷，人民出版社1979年版，第95页。

之一。①

从历史上看，文化的每一次重大进步都与新能源的发现和利用有关。从人力、畜力，到水力、风力等自然力，再到电力、核动力，每一次能源革命都引起生产活动的巨大变化，甚至是文化活动的方向、模式的改变。怀特认为，使用符号的能力使文化的产生和发展成为可能，但是，符号未曾为文化进化提供动力，而这种动力只能来自能量。人类对能量形式的发现和改进对能量加以利用的手段，使得文化逐步发展起来。反过来讲，文化的首要功能也是利用和控制能量，使之服务于人类。两者是相互促进、相互影响的关系。可以讲，文化是一种机制，是人类特有的手段，它要为人类的生存和生存水平服务，这是人类独有的优越性。依据新能源的发现和利用，怀特将整个人类文化的进化历史分为四个主要阶段：（1）依靠自身能源即自身体力的阶段。与之相对应的是"原始共产制"社会。（2）通过栽培谷物和驯养家畜，即把太阳能转化为人类可以利用的能量资源的阶段。所有耕作植物中，谷物尤为重要，泰勒称其为"文明的巨大动力"。可以讲，全部伟大的古代文明都是通过谷物栽培而获得的。动物的驯养，一方面可以大幅度提高肉类食品量，另一方面，某些动物还可用作动力，为人提供了新的资源。对应的是古代文明的出现。（3）通过动力革命，人类把煤炭、石油、天然气等地下资源作为能源的阶段。怀特称此为"燃料革命"。与之相对应的是现代工业国家的出现。（4）核能阶段。怀特认为，到目前为止，核能还是小范围的应用，尚未有过普遍利用这种新的能源形态作为工业动力源泉的文化进展，但这是人类面对的一个重大问题。②

新能源的发现还加速了人口的繁殖。在燃料革命之前，欧洲人口从1650年至1800年间，由1亿人增至1.87亿人；然而，从1800年至1900年间，人口猛增至4亿人。再以工业革命的英国为例，1700年至1800年间，人口增加50%，但是在1800年至1900年间，人口却增长了260%。

客体自然奠定了文化发展的生产力基础，这一点还表现在其影响某

---

① 唯易：《文化发生的生态动力》，《新东方》1995年第4期，第52页。

② 参阅夏建中《文化人类学理论学派——文化研究的历史》，中国人民大学出版社1997年版，第221页。

个文化共同体的生产力结构和布局。生产力的结构，主要是产业结构，是地理环境作为社会的外部因素发生作用的结果。南方民族的生产力结构之所以不同于北方民族的生产力结构，沿海地区的生产力结构之所以不同于内陆地区的生产力结构，除了其他原因以外，应该说首先是由于自然条件，主要是气候、资源等条件影响的结果。所以说，由于地理环境的不同而导致的生产力结构不同的现象是普遍存在的。此外，客体自然的作用还表现在对生产力布局的影响。在远古的野蛮时代，东西两个半球由于天然资源的不同，使东半球形成以饲养动物为主的生产力，使西半球形成以灌溉法种植玉蜀黍等作物为主的生产力[1]。"一个无可争辩的事实是，在世界各地，几乎所有的大城市都是在大江大河的旁边。总之，正是由于地理环境对生产力的结构和布局具有影响作用，才使各个国家、民族和地区形成丰富多彩且各具特色的生产力。"[2]

自然环境还对生产力数量和性质的产生重大影响。马克思说："劳动生产率是同自然条件相联系的。"[3] 马克思在这里实际上论证了客体自然对劳动生产率的影响。地理环境对生产力数量的影响，同时也是通过对人的自然需要量的影响表现出来的。[4]

2. 客体自然还启发人类建构了文化贰（社会世界），引导人类组织起来一起应对危机的能力

进化中的原始人通过对自然的观察模仿，开始在头脑中和现实中建构自己的社会交往图式和模式，以及最初的科学知识。动物的社会化结构引导人类形成源于动物群体的社会结构，使人类得以凭借集体的力量抵御凶猛的猛兽，获取更多的食物，强化人类的生存能力，走向更广泛的生存空间，开创更广泛的文化空间。研究表明，动物中存在某种社会化结构。例如美国著名生物人类学家爱德华·威尔逊曾指出："……白蚁和猴子，它们都组成占据着领土的合作群体。群体成员之间通过 10—100

---

① 参见 ［美］摩尔根《古代社会》，杨东莼等译，商务印书馆 1977 年版，第 10 页。

② 顾乃忠：《地理环境与文化——兼论地理环境决定论研究的方法论》，《浙江社会科学》2000 年第 3 期，第 135 页。

③ 《马克思恩格斯全集》第 23 卷，人民出版社 1972 年版，第 560 页。

④ 顾乃忠：《地理环境与文化——兼论地理环境决定论研究的方法论》，《浙江社会科学》2000 年第 3 期，第 136—37 页。

个不合语法规则的信号指令进行有关饥饿、安静、敌意、等级状态或地位、生殖情形等方面的联络。个体对于群体成员与非群体成员之间的差别有着强烈的意识，亲族关系在群体结构中起着重要的作用，也许起初正是这种亲族关系扮演了主要的社交活动起因角色。在两种社会中都有标志明显的分工，尽管在昆虫社会中具有更加强烈的生殖成分。"① 以等级性的动物社会为参照对象建立的原始部落社会大多是等级性的。

此外，人类的很多生产技能也是从动物界中的各种活动里获得的启发从而开发出来的，德谟克里特认为："人从动物学会了耕作，从鸟儿学会了歌唱，从蜘蛛学会了用网捕猎等等。犬儒学派也很重视动物的楷模作用，传说也清楚地谈到了动物高度的智慧的灵巧。"②

客体自然还影响生产方式的变革和社会制度的变迁。客体自然影响生产力数量和性质的结果，使各地区生产力的发展水平和速度产生不平衡性从而使不同地区、不同民族处于不同的社会发展阶段，即处于不同的生产方式和社会制度之下。马克思说道："不是土壤的绝对肥力，而是它的差异性和它的自然产品的多样性，形成社会分工的自然基础，并且通过人所处的自然环境的变化，促使他们自己的需要、能力、劳动资料和劳动方式趋于多样化。社会地控制自然力以便经济地加以利用，用人工兴建大规模的工程以便占有或驯服自然力，——这种必要性在产业史上起着最有决定性的作用。"③ 埃及、伦巴第、荷兰等地的治水工程就是一个例子，印度、波斯等地的人工灌溉工程又是一个例子。这种事例的最典型的代表是中国（当然在埃及和印度也一样），以至于魏特夫把中国、埃及和印度的这种基于水利管理之上的东方专制主义社会称之为"治水社会"。④

在黑格尔看来，"所有权和生产性实业的原则就孕育在这当中"，是高原、平原和大海等不同的客体自然决定了牧业、农业和商业等不同的

---

① ［美］奥·威尔逊：《社会生物学——新的综合》，李昆峰编译本，四川人民出版社1986年版，第8—9页。

② ［德］M. 兰德曼：《哲学人类学》，阎嘉译，贵州人民出版社2006年第2版，第12页。

③ 《马克思恩格斯全集》第23卷，人民出版社1972年版，第561页。

④ ［德］卡尔·A. 魏特夫：《东方专制主义》，徐式谷等译，中国社会科学出版社1989年版，第17页。

生产方式，由这些不同的生产方式决定了不同的社会制度。黑格尔说过："说到亚细亚洲，上边关于地理上的差别的话，特别显得正确：就是说，饲养畜牧是高原的生计，——平原流域从事农、工、商业，——商业和航海在第三种土地上盛行。第一种的社会状态严格地是家长制的独立；第二种是所有权和地主农奴间的关系；第三种就是公民的自由。"①

3. 在对外在宇宙的观察模仿中，人类建构起解释系统尤其是宇宙观、世界观

马克思说："从理论领域说来，植物、动物、石头、空气、光等等……都是人的意识的一部分，是人的精神的无机界，是人必须事先进行加工以便享用和消化的精神食粮。"② 对宇宙内在节奏、韵律、形式、运动的把握，诸如海洋潮汐和人类周期生理变化，日出月落而作，日落月出而息，与人类生物钟同行，月盈月亏，周复循环，是太阴历的依据，外在自然启发人类感悟新陈代谢、吐故纳新等自然规律。

"整个环境系统互动相促形成的一些自然现象具有更大的对象功能，如电闪雷鸣、狂风暴雨、火山爆发、山崩地裂等导致了原始宗教、神话、巫术中一些重要文化因子的发生。""生命系统的对象功能产生了人类早期的宗教、艺术、图腾、巫术等的部分因素，一切生命体的生死旺衰都是重要的观念指向，孔武的大型动物，长生的千年古树，飞禽走兽等无不是观念形成的对象指示物。""人类对'天'的穷究的早期以想象为主的时期产生了天堂、天国、九宵天、天宫、甚至天子等一系列'天'的文化，在任何人类群体中，'天'都是一个绝对重要的文化概念和哲学范畴。""星体天象还是人类神话的重要对象，更是宗教的特别对家。有的是因为与人类的空际相对性，如有关天堂的宗教神话；有的是因为星体彼此的相关性，如中国神话中的牛郎织女星，阿拉伯文化中的山羊星群；也有的是因为自身的特征，如中国文化中象征倒霉，西方文化中象征死亡的彗星。"③

外在宇宙常常成为思维的加工对象，经过思维加工，外在宇宙常常

① ［德］黑格尔：《历史哲学》，王造时译，三联书店1956年版，第145页。
② 《马克思恩格斯全集》第42卷，人民出版社1979年版，第95页。
③ 唯易：《文化发生的生态动力》，《新东方》1995年第4期，第52、53页。

被人类精神化、人格化、成为一个人化的自在自然，例如中国传统文化中的庞大、复杂、自动化、机制化的植物象征系统，其中最著名的代表是"四君子"说，它们毫无疑问表征了这个民族的独特的世界观。

　　甚至于不同的外在宇宙景观还成为形成不同世界观、价值观的一个重要因素。正如丹纳所言："在民族的事业和历史上反映出来的，仍然是自然界的结构停留在民族精神上的印记。希腊境内没有一样巨大的东西；外界的事物绝对没有比例不称，压倒一切的体积。既没有巨妖式的喜马拉雅，错综复杂，密密层层的草木，巨大的河流，像印度诗歌中所描写的那样；也没有无穷的森林，无垠的平原，面目狰狞的无边的海洋，像北欧那样。眼睛在这儿能毫不费事的捕捉事物的外形，留下一个明确的形象。一切都大小适中，恰如其分，简单明了，容易为感官接受。"①　"知识初开的原始心灵，全部的日常教育就与这样的风光接触。人看惯明确的形象，绝对没有对于他世界的茫然恐惧，没有太多的幻想和不安的猜测。这就成了希腊人的精神模子。为他后来面目清楚的思想打下基础。"②　"希腊人不象印度人，埃及人，闪米特人，日耳曼人那样挂念永无休止轮回的坟墓中的静寂与永恒的睡眠，他们不想到没有形状的无底深渊，其中冒出来的生物似乎只是一阵水汽；也不想独一无二，包罗万有，威力无边的上帝，自然界所有的力量都集中在［即上帝］身上，而天和地在他只是一个帐幕和一个台阶；他们也没有虔诚的心情。在万物之中和万物之外发现那个庄严，神秘的，无形的威力。"③

　　奇特瑰丽的原始神话，积淀着人们的理想、愿望和要求，体现着原始人对大自然的独特看法和认知水平，它是通过人们的主观认知结构用一种不自觉的艺术方式加工过的自然图式本身，许多原始的观念，都是用人类自身的属性去比附自然、重建自然的结果。如原始的万物有灵论，就是用人自身的精神属性去比附自然万物，仿佛自然界的一切事物都是有知觉、有情感、有意志的。又如原始的阴阳交感观念，则是人以自身的生理属性和行为去比附自然界的结果。原始人所建构的这些自然的图

---

① ［法］丹纳：《艺术哲学》，傅雷译，安徽文艺出版社1991年版，第329页。
② 同上书，第330页。
③ 同上书，第332页。

景，都是把客观的自然现象同化于主观的认知结构的产物。

此外，"岩石圈还为人类提供最早的书写绘画记述历史表达情感进行祭祀和完成巫术的媒介，原始岩石画伟大意义的延续正是因为岩石圈的坚硬性"①。"水的形态变迁性（气态—液态—固态）和流变性（流动不息，依器而形）对文化发生有着不可忽视的对象功能。水的自然表象，江河湖海，更是人类文化的重要对象，如舟楫船夫为水而生，水手海妖因海而存。水还有一个重要的文化发生的对象，正是水的反射性使人能借助水看到自己的形象，这是原始人类唯一观察发现自身形象的参照物。"②

整个静默的宇宙都是生成新文化要素的重要源泉，宇宙的有、无限性和时空维度组成哲学的重要内涵，而宇宙的大化流衍、生生不息启发了人类的自强不息的探索精神和积极进取的奋斗精神，"天生万物人为贵"的好生之德，正所谓"天行健，君子自强不息；地势坤，君子厚德载物"。

二 自然生态与生态文化

人与自然之间并不总是和谐的。在《自然辩证法》中恩格斯写道："我们不要过分陶醉于我们人类对自然界的胜利，对于每一次这样的胜利，自然界都要对我们进行报复。每一次胜利，在第一步都确实取得了我们预期的效果，但是在第二步和第三步却有了完全不同的、出乎意料的影响，常常把第一次结果又取消了。"③ 近代以来，随着科学技术的进一步发展，人类获得了巨大的征服世界的能力。人们高扬主体性，强调人是客观世界的主人，人通过发挥自身主体的能动性和主动性，不断的认识世界，控制世界。人完全从自己的理性和需要出发对自然界以及整个世界进行改造和剪裁，其结果是导致了人对自然无限制地开发和掠夺，使人与自然之间的关系不断的恶化。在这种文化模式中，人的主体性意

① 唯易：《文化发生的生态动力》，《新东方》1995年第4期，第52页。
② 同上书，第53页。
③ 《马克思恩格斯全集》第20卷，人民出版社第2版，第519页。

识越强，人却越是陷入主体性的困惑中。这样一来，生态问题成为文化发展的首要问题，生态环境逼迫人类重新调整并优化文化结构，最终甚至于转换文化模式，生态文明（文化）就这样出现在人类文化发展史的新地平线上。

（一）生态危机与生态意识

"西方生活似乎越来越趋于熵化，经济和技术的混乱以及生态灾难，最终导致精神上的肢解和分裂。"[①] 事实上，这种现象并不仅仅出现在西方生活中，而是表现为整个人类文化的危机。有毒废弃物、酸雨和各种有害化学物质不断增多、空气质量急剧下降（空气混合着二氧化氮、二氧化硫、苯、二氧化碳）、全球变暖、北极冰川冰架加速度融化、海水上升、淡水资源严重匮乏、沙漠迅猛扩展、降雨模式改变、森林覆盖率急剧下降、海洋过度捕捞、物种加速灭绝，这种种现象警告我们生存于一个生态危机的世界。从昨天的"非典"到今天的"甲流"，好像就在一瞬间，这不禁让人要问明天将会是什么？究竟是什么使得文化发生了如此深刻的危机呢？

1. 活动环境的恶化与生态意识的崛起

事实上，人与自然关系的历史演变是一个从和谐到失衡、再到新的和谐的螺旋式上升过程。人类活动环境的恶化催生了文化系统中自然观的变迁：进入 19 世纪 70 年代后，在西方兴起的"生态主义"（Ecologism）开启了生态文化的艰难历程。正如美国文化人类学家斯图尔德在 1955 年出版的《文化变迁理论》一书指出："生态学主要的意义是对环境之适应。对大多数动物而言，适应是以它们的身体特征来达成，而人类的适应主要是靠文化的方式来达成。""人类进到生态的场景中……不仅只是以他的身体特征来与其他有机体发生关系的另一个有机体而已。他引入了文化的超机体因素。"[②] 由此，人类认识和实践发生了一个根本性的飞跃：从"自然条件"转变到"生态环境"，从"自然"转变到

---

① Morris Berman, *The Reenchantment of the World*, New York: Bantam, 1984, p. 1.

② Julian H. Steward, *Theory of culture change: the methodology of multilinear evolution*, Illinois: University of Illinois Press, 1955, p. 35.

"生态"，从"人类中心主义"转变到"生态中心主义"。

20世纪60年代以来，随着"生态思潮""生态意识"的扩张，在西方学术领域先后出现了生态哲学（Ecophilosophy）、生态心理学（Ecolog-cal psychology）、生态经济学（Eological economics）、生态艺术（Ecological art）、生态文学（Ecoliterature）、生态批评（Ecocriticism）、生态神学（Eco-theology）、生态政治学（Ecological politics）、生态社会学（Ecoso-cology）、生态伦理学（Ecological）、生态人类学（Ecological anthropolo-gy）、深生态学（Deep ecology）。其中的"生态中心主义"以人与自然的和谐共处作为生态理论的基本法则，并以此消除人类沙文主义的僭妄。"生态哲学把对自然生态危机的根源追溯到现代文明的人类中心主义、二元对立思维模式上，将自然科学研究所提供的生态思维和生态方法渗透到人的世界观和生存体验中，努力把生态精神培育为一种通向全新文明前景的思维方式、价值基础、精神信仰和文化观念。总之，今天的生态文化运动已经变成了一场自然科学研究成果与人文思考相结合、理论研究与实践行动相结合、对现代文明的批判反思与对一种更加健康完善的新文明的建设性思考并重的文化运动。"①

2. "深生态学"

以其理论所主张的生存中心对象，生态主义可分为三种范式：现代人类中心主义、生物中心主义、生态中心主义。现代人类中心主义以美国学者诺顿和墨特为代表。生物中心主义的代表观点有史怀泽的"尊重生命的伦理学"、辛格的"动物解放的伦理学"、泰勒的"生物平等伦理学"。深生态学则提出生态中心主义。

"深生态学"（Deep ecology）是一股非常有文化解释力的思潮，在其引导下，人类文化和思想发生了一场深刻的革命。

"深生态学"最大的贡献是从"环境主义"最初的技术—经济—环境层面的"治表"上升到世界观、价值观、文明观高度的"追根"，从颠覆西方现代文明核心范式的"破"再深化到重建后现代深层生态哲学的"立"。为了凸现这种范式转换意义上的哲学革命、文明变革与实践转向，

---

① 王岳川：《深生态学的文化张力与人类价值》，《江苏行政学院学报》2009年第1期，第39页。

他们把生态运动区别为现代的"浅层环境主义"与后现代的"深层生态学"两个不同质的阶段。卡普拉认为:"这种新实在观,在某种意义上是一种生态观,它远远超出了对环境保护的直接关心。为了强调这种更深层的生态意义,哲学家们和科学家们已开始明辨'浅层环境主义'和'深层生态学'之间的区别。浅层环境主义是为了'人'的利益,关心更有效地控制和管理自然环境。而深层生态运动却已看到,生态平衡要求我们对人在地球生态系统中的角色的认识,来一个深刻的变化。简言之,它将要求一种新的哲学和宗教基础。"①

深生态学来源包括自然主义田园牧歌的文学传统、生态科学、"新物理学"、女权主义、一些基督教资源、东方的精神传统,以及海德格尔、罗伯森·杰弗斯、约翰·缪尔等对深生态学有所贡献的思想资源。深生态学的其他主要倡导者有:George Sessions,Bill Devall,Alan Drengson,Richard Sylvan,Warwick Fox,FreyaMathews,David Rothenberg。

挪威哲学家阿伦·奈斯在《浅层生态运动和深层、长远的生态运动:一个概要》一文中,首先提出"深层生态学"概念。他指出,"深层"这一形容词的含义,是指在生态问题上,对"为什么""怎么样"这一类问题的"深层追问"。深层生态学强调这种追问的"问题的深度",从而揭示环境问题的根源和解决途径。奈斯从与浅层生态学在自然观、价值观、经济观、技术观、社会观、政治观诸方面的全面比较中,系统地阐述了深层生态学的深刻内涵,特别是从自然观、价值观的高度提出深层生态学试图建构的后现代的新理论、新范式。但是,作为科学的生态学是不追问这类问题的,如自然观和价值观,政治和伦理问题等。奈斯认为,深生态学的核心是"从人类精神史的深层生存视角出发提出人类何处去的关键问题。'深'与'浅'相对,意味着在人所不明或为人忽视的地方,才是真正需要拷问和挖掘的场域。这样'深生态学'就触及现代性弊端中最核心的问题——科学技术的发展更使人在自然面前巨人化,自然从与人的平等共处中被剥离出来,处在被人类征服蹂躏强制的弱势地位。作为宇宙主宰的人,自感大大优越于自然,在人定胜天的狂妄中

---

① [美]弗·卡普拉:《转折点:科学·社会·兴起中的新文化》,冯禹等编译,中国人民大学出版社1998年版,第309页。

肆无忌惮不计后果地盘剥自然。自然在人类现代性的掠夺下危机四伏。深生态学呼吁切实抛弃'人高于自然'的中心主义等级观念，而提倡人与其他物种'众生平等'的观念。"①

　　奈斯指出：深层生态学的一个基本准则就是，原则上每一种生命形式都拥有生存和发展的权利。另一基本准则是：随着人类的成熟，他们将能够与其他生命同甘共苦。迄今为止，绝大多数人的情感都是十分狭隘的。它需要新的"自我实现"原则。"自我实现"作为深层生态学的最高准则，它所强调的是：（1）"自我实现"中的"自我"是大写的"自我"，不是个人的自我和本我；（2）一个人要扩展他的自我，利他主义不是必然的，因为更大的世界是自我利益的一部分；（3）"自我实现"是一种行动条件，而不是一个人能达到的地点。"自我实现"是一个过程，一种生活方式。

　　"深生态学"认为，生物中心主义仅是一种强调有机体价值与权利的个体主义伦理学，具有太多的信仰成分，缺乏可操作性。深层生态学家们提出物种和生态系统比个体更重要，不仅生物，而且非生物的自然存在物都是道德关心的对象。地球是活的系统，自然存在物都是伦理学的扩展对象。"关于以谁为主，什么是主要矛盾，在许多场合它是没有意义的，比如左手和右手，左眼和右眼，上牙和下牙，哪一个重要，谁为主谁为次？这不是主要次要的问题，而是相互作用的问题。"（于光远）英国大气化学家拉弗罗克（James Lovelock）和美国微生物学家马古利斯提出"盖娅"假说（Gaea hypothesis）。这是以希腊神话中大地女神"盖娅"的名字命名的新的地球理论。它以生命观和动态观代替笛卡儿的机械观，被评价为"一种天才之举"。拉弗罗克把盖娅假说表述为：生命，或生物圈，以最有利于自身的方式，调节或维持气候和大气组成。生物圈作为适应的调节系统，能够自动维持地球的平衡状态。我们把世界视为一个生命机体，我们只是其中的一部分，而不是它的拥有者，甚至不是那种纯粹比喻中的地球飞船的乘客②。在盖娅系统中，人类社会只是活的地球

---

　　①　王岳川：《深生态学的文化张力与人类价值》，《江苏行政学院学报》2009年第1期，第40页。

　　②　［英］詹姆斯·拉弗罗克：《盖娅：地球生命的新视野》，肖显静、范祥东译，上海人民出版社2007年版。

的一部分，人类不能脱离这个系统而孤立存在，人类活动及其解决所面临的一切问题，都必须在整体的层次上进行，必须服从它的有机整体性的规律。在这个意义上，深层生态学提出了"生态中心主义平等准则"作为其核心范式。

　　这些思想后来转化成人类共同的行动纲领。1982 年 10 月 28 日，在人类环境会议召开十周年之际，联合国大会通过了《世界自然宪章》，1987 年，联合国环境与发展委员会在《我们共同的未来》的著名报告中，提出"可持续发展"的概念。1992 年在巴西举行的世界人类环境会议上，它被广泛地认可，并在《里约环境与发展宣言》和《世界 21 世纪议程》中规定为人类社会的发展战略。还制定了《国际生态环境保护法》，其基本原则主要有：第一，人类应享有环境权和发展权。第二，资源共享原则。第三，国际合作原则。第四，污染者负担原则和责任有别原则。第五，防止污染转嫁的原则。第六，各国负有保护本国环境不被损害和自主开发本国资源的权利，同时负有不损害别国和辖区外环境的责任。国际学术界还提出了经济学方向、社会学方向和生态学方向（"三 E"）关注：（1）生态可持续性（2）经济可持续性（3）社会可持续性三个方面建立与完善生态主义。

（二）"这种共产主义，作为完成了的自然主义＝人道主义"

　　与此同时，马克思哲学的生态哲学思想也被人们逐渐挖掘出来。福斯特作为一个生态马克思主义者，在这一方面提出了两个著名的判断："第一，在当今世界上唯有马克思主义理论才能真正成为人类克服生态危机、建设生态文明的指导思想，马克思主义为人类解决生态问题提供了大量的思想资源；第二，马克思主义的生态观点直接导源于他的唯物主义，特别是他的唯物主义自然观，如果否定或者抹杀马克思主义哲学的唯物主义本质，那么也就会无视马克思的生态理论的实质与意义。"①

　　很多人认为，马克思哲学是主体性哲学，其"反生态"的立场与生态中心主义毫不相干。其实，马克思说："通过自己的对象性关系，即通

---

　　① 转引自陈学明《马克思唯物主义自然观的生态意蕴——约翰·贝拉米·福斯特对马克思主义的解释》，《马克思主义与现实》2009 年第 6 期，第 113 页。

过自己同对象的关系而占有对象。对人的现实性的占有，它同对象的关系，是人的现实性的实现，是人的能动与受动，因为按人的含义来理解的受动，是人的一种自我享受。"① 马克思是把主体性解释为主、客体对象性关系，即多重能动与受动的关系，把主体性理解为一个关系范畴。"如果我们不带偏见地从马克思的文本出发，就会发现马克思的哲学思想中所贯穿着的不是一般人类中心主义意义上的人本主义，而正是生态主义意义上的人本主义。"② 就像福斯特所言：马克思的世界观 "是一种深刻的、真正系统的生态世界观"，而且 "这种生态观直接导源于他的唯物主义"③。并且，"马克思主义的生态主义并不应当只被看作马克思恩格斯的一种被忽视、被掩盖了的隐蔽思想，而应当看作在理论上大大超出当代生态主义的一种严密的生态哲学，它可以纠正当代生态主义的某种'见物不见人'的偏向"④。马克思主义的生态主义从根本上改变了人类对自然观的片面理解：马克思着重从人类社会实践的视角来考察人与自然的关系，更多地关注人与自然物质变换的社会条件。马克思恩格斯曾明确指出："我们仅仅知道一门唯一的科学，即历史科学。历史可以从两方面考察，可以把它划分为自然史和人类史，但这两个方面是密切相关的，只要有人存在，自然史和人类史就彼此相互制约。"⑤ 自然不再是与人对立和分离的存在，而是与人一体化的有机整体的一部分。

一般而言，一种生态理论首先要回答的是究竟如何看待我们周围的生态环境，即如何看待外部自然界。正如福斯特所言，马克思的生态观点正是立足于对生态环境外部自然界的正确认识，唯物主义自然观就是强调自然界的客观存在，即强调自然界是不随人的主观愿望转移的。尊重自然界的客观存在是马克思生态理论的基点。福斯特还指出，马克思

---

① 《马克思恩格斯全集》第 42 卷，人民出版社 1979 年版，第 124 页。

② 邓晓芒：《马克思人本主义的生态主义探源》，《马克思主义与现实》2009 年第 1 期，第 69 页。

③ J. B. Foster, *Marx's Ecology: Materialism and Nature*, Monthly Review Press, 2000, p. Ⅷ. 转引自陈学明《马克思唯物主义自然观的生态意蕴——约翰·贝拉米·福斯特对马克思主义的解释》，《马克思主义与现实》2009 年第 6 期，第 113 页。

④ 邓晓芒：《马克思人本主义的生态主义探源》，《马克思主义与现实》2009 年第 1 期，第 70 页。

⑤ 《马克思恩格斯全集》第 3 卷，人民出版社 1960 年版，第 29 页。

的生态理论把尊重自然的客观存在性与尊重自然的有限性联系在一起，因为按照马克思的唯物主义自然观，自然界既是客观存在的又是有限的。①

一种生态理论其次要回答的是究竟如何看待人自身，因为只有把人自身是什么这一点搞明白了，才能知道怎样正确地面对外部自然界。福斯特认为，马克思从其唯物主义自然观出发，提出了一系列对人的看法，这些看法构成了他的生态理论的重要组成部分。马克思认为，"人直接地是自然存在物"，那些"现实的、有形体的、站在稳固的地球上呼吸着一切自然力的人"，"本来就是自然界"②。恩格斯也指出："人本身是自然界的产物，是在自己所处的环境中并且和这个环境一起发展起来的。"③把人理解为自然界的一部分，不仅"直接地是自然存在物"，而且"是人的自然存在物"，这是马克思的生态理论中关于人的观点的核心。既然人是自然界的一个组成部分，从而人具有一般自然存在物的共同特性。具体地说，人这种自然存在物也是一种客观存在。福斯特认为："忘记人自身也是自然界的一个组成部分，并也像其他自然存在物一样是客观存在的，这是人们在与自然界打交道时经常犯的一个错误，而这正是马克思的生态理论所强调的一个重点。"④

一种生态理论再次要回答的是如何看待人与自然的关系。福斯特认为，马克思的唯物主义自然观为人类如何正确看待和处理人与自然的关系提供了理论基础。马克思在唯物主义自然观的基础之上提出了一系列正确看待和处理人与自然关系的基本准则，人类早晚得回到这些基本准则那里，把它们用来作为自己摆脱生态危机、建设生态文明的指导方针。⑤ 马克思认为："被抽象地孤立地理解的、被固定为与人类分离的自

---

① 陈学明：《马克思唯物主义自然观的生态意蕴——约翰·贝拉米·福斯特对马克思主义的解释》，《马克思主义与现实》2009 年第 6 期，第 110 页。

② 《马克思恩格斯全集》第 42 卷，人民出版社 1979 年版，第 167 页。

③ 《马克思恩格斯选集》第 3 卷，人民出版社 1995 年版，第 374—375 页。

④ 陈学明：《马克思唯物主义自然观的生态意蕴——约翰·贝拉米·福斯特对马克思主义的解释》，《马克思主义与现实》2009 年第 6 期，第 111 页。

⑤ 陈学明：《马克思唯物主义自然观的生态意蕴——约翰·贝拉米·福斯特对马克思主义的解释》，《马克思主义与现实》2009 年第 6 期，第 111 页。

然界，对人来说也是无。"① 马克思在批判费尔巴哈的抽象自然观时还指出："先于人类历史而存在的那个自然界，不是费尔巴哈生活其中的自然界；这是除去在澳洲新出现的一些珊瑚岛以外今天在任何地方都不再存在的，因而对于费尔巴哈来说也是不存在的自然界。"② "人的生活离不开自然界"，这是马克思所说的人与自然界最基本的关系。马克思在《1844年经济学哲学手稿》中说："只有当物以合乎人性的方式跟人发生关系时，我才能在实践上以合乎人的本性的态度对待物。"还说了如下一段著名的话："这种复归是完全的，自觉的和在以往发展的全部财富的范围内生成的。这种共产主义，作为完成了的自然主义＝人道主义，而作为完成了的人道主义＝自然主义，它是人和自然之间、人和人之间的矛盾的真正解决，是存在和本质、对象化和自我确立、自由和必然、个体和类之间的斗争的真正解决。"③

在马克思那里，全面的自然就是指人，自然界在产生出人之前是不全面的、未完成的。反过来，全面的人就是自然本身，不要把人理解为一个孤孤单单的这么一个人的身体，把他和自然界脱离开来。其实真正的人是和自然界融为一体的人、全面的人，就是自然本身、就是全部自然。马克思对共产主义的理想实际上就是要达到这样一种境界：人就是自然界，自然界就是人。"完成了的自然主义就等于人本主义，完成了的人本主义就等于自然主义"，就是把人和自然界回归到他们原来的一体化这样一种关系。马克思把自然界称之为"人的无机的身体"，把自然界看做人的"精神的无机自然界"，马克思认为，整个自然界都成为人的一部分，成为人的无机的身体，包括有机界，有机界就更加是人的有机的身体了。自然界发展出了人，人的身体当然也属于这个过程中间，属于这个生态链条之中的东西；但是反过来说，整个自然界都成为人的身体，人和自然界都成为人的身体，人和自然界合一，我们把整个自然界都看作是我们的身体。人类的理想就是要回到自然，或者说就是要把自然返回给人。马克思在他的《手稿》里谈的都是这个问题，就是使自然主义

① 《马克思恩格斯全集》第42卷，人民出版社1979年版，第178页。
② 《马克思恩格斯选集》第1卷，人民出版社1995年版，第77页。
③ 马克思：《1844年经济学哲学手稿》，人民出版社2000年版，第81页。并参见《马克思恩格斯全集》第42卷，人民出版社1979年版，第120页。

和人本主义统一起来。马克思所设想的未来共产主义就是要把自然界重新还给人，那就要取消私有制。所以人和自然的统一本来是一理想。"社会是人同自然界的完成了的、本质的统一。"人和自然界如何统一呢？通过社会，或者说通过他人。人和自然界统一不是直接统一，要通过他人，为什么要通过他人？就是要把自然界看做他人，我们才能跟自然界达到统一，要把自然界看做我们的朋友，我们才能和自然界达到统一。今天，有一部分人认为，我们应该撇开人类中心主义，应该转向自然中心主义的立场，人只是自然界的一部分。这是一种矫枉过正的做法。按照马克思的观点，自然中心论和人本主义其实是一个东西，自然是人的身体，你以自然为中心就是以人的身体为中心，以人为中心，只要全面地理解"人"，那就是以自然为中心。人和自然是一个系统，在这个系统中人是它的最高目的、最高项，但这个最高项绝对不脱离它底下的基础。所以环保意识今天应该这样来理解：应该从人本主义和自然主义的统一、本原的统一这个角度来理解，而不能把人和自然界按照以前对立的关系来加以处理。从哲学上来看，全部自然界都是人的一部分，都成了人的实践的一部分。这就是"实践本体论"的意义。实践本体论并不是说把自然界的一部分单独抽出来，当做是整个自然界，这种抽出来的做法还是传统自然科学的做法。把人看做仅仅是自然界的一个环节，那他就不能做本体了，本体还是自然界，还是自然科学的唯物主义的观点。其实马克思的观点已经将其倒过来了，就是不再把人看做仅仅是自然界的一个环节，而是把自然界看做是人的一个环节，包括人之前的自然界也是人的一个环节，因为人是自然界潜在的最高本质。[1]

三 天人辩证法：人本生态型文化模式

美国环境哲学家唐纳德·沃斯特认为："我们今天所面临的全球性生态危机，起因不在生态系统自身而在于我们的文化系统。"[2] 这种从文化

---

① 参阅邓晓芒《哲学史方法论十四讲》，重庆大学出版社 2008 年版，第 167—346 页。

② Donald Worster, *Nature's Economy: A History of Ecological Ideas*. Cambridge UK: Cambridge University Press，1994，p. 27.

人类学的视角探讨生态问题的思路，已经成为生态意识持有者的文化共识。活动环境的恶化反过来促使人类主体反思自己的主体化活动，这样也就再生产了生态理念，在这种生态理念的指导下，人类正在努力创造一种全新的生态文化①。毫无疑问，生态文化是人类文化发展史上的巨大飞跃。

依据人类对人与自然关系的认识和实践范式，可以把人类文化历时性地划分为自然中心型文化、人类中心型文化、人本生态型文化。当代文化正处在从人类中心型文化走向人本生态型文化模式的艰难转换中。

1. 自然中心型文化模式

客体自然的物质制约性、主体自然的自然规定性成为自然中心型文化模式的主要特征。马克思和恩格斯曾经正确地提出："自然界起初是作为一种完全异己的、有无限威力的和不可制服的力量与人们对立的，人们同它的关系完全像动物同它的关系一样，人们就像牲畜一样慑服于自然界，因而，这是对自然界的一种纯粹动物式的意识（自然宗教）。"②狭隘的交往实践和自然崇拜性的解释系统都没有脱离对生产力的依赖，世界各地的原始社会的宗教、巫术、艺术、各种遗存物、神话传说都属于这种自然中心型文化。狮身人面的斯芬克斯塑像就是这种文化的典型代表。

2. 人类中心型文化模式

从 15 世纪开始，随着人类理性能力的不断增长，自然科学学科不断创立，人类认识的自然规律也就越来越多，"与这个社会阶段相比，以前的一切社会阶段都只表现为人类的地方性发展和对自然的崇拜。只有在资本主义制度下自然界才不过是人的对象，不过是有用物"③。"在牛顿、笛卡儿的哲学视野中，自然界是惰性的、被动的、机械性的物质实体，

---

① "对生态文明（相当于本文的生态文化，引者注）的呼吁，最初是叶谦吉 1984 年在前苏联，然后是 1987 年在中国，接着是 1999 年罗伊·莫里森（Roy Morrison）在美国，正如他们呼吁的那样，我们需要创造一种'生态文明'。"参阅 Ye Qianji, *Ways of Training Individual Ecological Civilization under Mature Socialist Conditions*, Scientific Communism, 2nd issue, Moscow, 1984. 另外，生态文明的理念是中国环保部副部长潘岳倡议的，并进入了 2007 年 10 月中共十七大的报告，被采纳成为中国共产党的政治方针。

② 《马克思恩格斯选集》第 1 卷，人民出版社 1995 年版，第 81—82 页。

③ 《马克思恩格斯全集》第 46 卷（上），人民出版社 1979 年版，第 393 页。

是'物格化'的世界。在牛顿、笛卡儿机械论哲学的影响下，西方近代自然科学冲破了自古以来人们对'神格化'的自然力量崇拜、恐惧和敬畏的精神藩篱，驱散了宗教意识给自然界蒙上的泛灵论和神秘主义迷雾，将自然界视为可用技术手段加以剖析、'拷问'、乃至驾驭和利用的对象。近代科学技术帮助人们从自然界的压迫和摆布下解放出来，取得了人类文明的巨大发展。"① 因此，客体自然的物质制约性、主体自然的自然规定性上升为生产主体的能动性，是这种人类中心型文化模式，的主要特征。人成为世界、自然的主宰，它他之间的不平等原则践踏着这个星球，拓荒、殖民、杀戮、费尔巴哈所鄙视的"实践"充斥全球，人类成为天际危机的始作俑者。关于这种文化模式的解释特征，恩格斯曾经正确地指出："无论在 18 世纪的法国人那里，还是在黑格尔那里，占统治地位的自然观都认为：自然界是一个狭小的圆圈循环运动的、永远不变的整体，牛顿所说的永恒的天体和林耐所说的不变的有机物种也包含在其中。"②

3. 人本生态型文化模式

从 20 世纪 60 年代开始，"人类不断加深对'其他人'的意义的理解，这个"其他人"既包括人也包括其他生物体，更广泛一些，还包括生态系统，人类根据这种理解约束自身，这种借以约束自身的认识方面的进步是地方生态系统和全球生态系统回归健康所必需的约束。整合了所有这种认识的科学，也就超越了科学和人文学科的对立，从而能够给叙事和更抽象的思想腾出地盘，通过叙事和更为抽象的思想，人类创造自身并重新定义自身和其他事物的关系，这种科学就是生态学。"③ 人类的文化模式也由人类中心型文化模式慢慢向人本生态型文化模式转型。追求"共生论"的天人辩证法是人本生态型文化模式的生存本体论。

追求"共生论"的人本生态型文化模式首先追求一种人与人之间的和谐共存，是一种"他他（她）"辩证法，"主体间性"（inter-subjectivity）法则。

---

① 吴晓江：《生态哲学视野中的"第一生产力"》，《哲学研究》1991 年第 12 期，第 12 页。

② 《马克思恩格斯选集》第 3 卷，人民出版社 1995 年版，第 364 页。

③ ［澳］阿伦·盖尔：《走向生态文明：生态形成的科学、伦理和政治》，武锡申译，《马克思主义与现实》2010 年第 1 期，第 200 页。

马克思认为，人与人之间的直接的、自然的、必然的关系是男女之间的关系："在这种自然的、类的关系中，人同自然界的关系直接就是人和人之间的关系，而人和人之间的关系直接就是人同自然界的关系，就是他自己的自然的规定。"① "人们对自然界的狭隘的关系制约着他们之间的狭隘的关系，而他们之间的狭隘关系又制约着他们对自然界的狭隘的关系。"② 马克思在分析异化劳动的各种表现时指出："人同自己的劳动产品、自己的生命活动、自己的类本质相异化这一事实所造成的直接结果就是人同人相异化。当人同自身相对立的时候，他也同他人相对立。"③ "与这个社会阶段相比，以前的一切社会阶段都只表现为人类的地方性发展和对自然的崇拜。只有在资本主义制度下自然界才不过是人的对象，不过是有用物。"④ 要使人与自然和人与人之间的关系获得辩证的解决，就必须扬弃异化劳动，扬弃私有制，从根本上解决好人与人之间的关系，而这一使命是属于共产主义的。按照马克思的看法，"这种共产主义，作为完成了的自然主义＝人道主义，而作为完成了的人道主义＝自然主义，它是人和自然之间、人和人之间的矛盾的真正解决，是存在和本质、对象化和自我确立、自由和必然、个体和类之间的斗争的真正解决"⑤。从人与自然的历史关系看，自然最初表现为人的统治者，接着又下降为有用物，最后与人达到和解与统一。与此相应的是，人与人之间的关系也经历了三个阶段的发展，即从最初的人与人之间的狭隘的依赖关系到建立在普遍交换基础上的全面的然而异化的关系，最后达到个人全面发展并和他人和谐相处的关系。马克思这方面的论述深刻启示我们：只有深入地剖视人与人之间关系的历史发展，才能科学地说明人与自然之间的辩证关系。⑥

"不管人们以何种立场来看待共产主义学说及其基础，从存在的历史

① 《马克思恩格斯全集》第42卷，人民出版社1979年版，第97页。

② 《马克思恩格斯全集》第3卷，人民出版社1960年版，第35页。

③ 《马克思恩格斯全集》第42卷，人民出版社1979年版，第97—98页。

④ 《马克思恩格斯全集》第46卷（上），人民出版社1979年版，第393页。

⑤ 马克思：《1844年经济学哲学手稿》，人民出版社2000年版，第81页。参见《马克思恩格斯全集》第42卷，人民出版社1979年版，第120页。

⑥ 参阅俞吾金《重新理解马克思》，北京师范大学出版社2005年版，第336—337页。

的观点看来，一种对有世界历史意义的东西的基本体验已经在共产主义中确定不移地说出来了。"① 海德格尔用连字符号把作为"人之存在"的"此在"称为先天的"在世界之中的存在"（das in-der-Welt-sein），其目的正是为了"说出"一种"主体间性"的先在性和必然性，这是生存本体论视界中的天人辩证法的最好表达。"此在"本质上又是与"他人"（Andere）"共在"（Mitsein 即 being with others，与他人同在）的，具有"共存性"（Koexistenz, Lukacs 语），亦即它们是相互联系、相互交错、相互影响的。阿伦·盖尔对此论述道："为了取代那种集中权力、役使农民和工人、把人贬低为工具、促生贪婪和提倡消费主义的社会秩序，我们有必要创建这样一种社会，在这种社会里，人们通过与他人合作进行创造性的工作，通过参与自己共同体的生活和管理，获得人生的实现和意义，这种社会约束社会生活以使人自由地服务于公共利益并因此改善生活。最重要的是，我们有必要让市场服从共同体，把市场贬低为服务于这些共同体的工具，以便把人从市场规律的奴役下解放出来。……实现这一点的最有前途的途径是，发展一系列层次分明的共同体，这些共同体的特征是有组织的分权，较为广泛的共同体为较为地方性的共同体提供栖息地，并约束较地方性的共同体的生长和活动，防止冲突和剥削，支持并鼓励他们发展自己的全部潜能，以便改善他们的共同体的生活，同时使这些地方共同体能够约束较为广泛的共同体，以使这些较为广泛的共同体致力于公共利益。经济也应当以这种方式来组织。"②

其次，追求"共生论"的人本生态型文化模式是讲究人与万物之间的和谐共存，是一种"它他"辩证法、天际辩证法，"主客间性"（inter-subjectivity-objectivity）法则。这种共生论，早先出现在生物学领域，至今已有一个多世纪了。我们先对生物学共生论的历史作一个简要回顾：

追溯共生学说的历史，第一个提出生物是广义共生概念的是德国医生、著名的真菌学奠基人 daBary（1831—1888）。他在 1879 年明确指出，"共生是不同生物密切生活在一起（Living togehter）"，到了 1884 年他又

① M. Heidegger, *Üeber den humanismus*, Frankfirt A. M., Suhrkamp Verlag, 1975, ss. 27—28.

② ［澳］阿伦·盖尔：《走向生态文明：生态形成的科学、伦理和政治》，武锡申译，《马克思主义与现实》2010 年第 1 期，第 201 页。

大讲共生、寄生、腐生的问题，并且描绘了许多生物间这样那样的共生方式。Scott（1969）明确地提出共生是：两个或多个生物，在生理上相互依存程度达到平衡的状态。原生动物学家 Dale. S. Weis 指出："共生被定义为几对合作者之间的稳定、持久、亲密的组合关系。"即所谓普通生物学细胞或个体内外生物之间的共生组合（Symbiotic association）的普遍法则。1970 年，美国生物学家玛格丽斯（Mgarulis）提出"细胞共生学"，"共生学说"由此盛极一时，玛格丽斯在 1981 年又从生态学角度提出："共生是不同生物种类成员在不同生活周期中重要组成部分的联合。"1982 年格尔夫 Golf 指出，共生包括各种不同程度的寄生、共生和共栖。他们的这些见解，说明了生物间相互利害关系的动态变化。狭义的共生即是上述所指的生物之间的组合状况和利害程度的关系。

　　"共生"这个概念，随着人类认识的扩展和深化，不断发展变化，"共生体"也扩展至天人之际，恰如马古利斯所说："我们都是共生体，互利共生先于竞争，而且竞争常常受到约束，约束使得竞争变成一种服务于由互利共生统一起来的系统的机制。"① 现代生态学"共生论"把整个地球看成一个大的生态系统—生物圈。"我们应当把所有的生态共同体——从单个细胞到多细胞生物体再到地方生态系统，直到全球生态系统——都看作有生命的。这就证实了拉弗罗克的主张，即，全球生态系统是一个有生命的存在——盖娅。盖娅在处于逆境的情况下会丧失其协调其组件以服务于共同利益的能力，变得不健康甚至死亡。"② 生物圈内，各种各类生物间以及与外界环境之间通过能量转换和物质循环密切联系起来。生物间的能量转换存在于食物链和食物网之中，它们在生态系统的关系表现为生产者、消耗着和分解者。能量总是来自太阳，自然无所谓循环，而物质则不是这样。物质是通过生态循环保持着生物圈的继往开来生生不息。这也可以说是广义的共生。③

　　追求"共生论"亦是古代中国思想的核心，"唯天下至诚为能尽其

----

　　① ［澳］阿伦·盖尔：《走向生态文明：生态形成的科学、伦理和政治》，武锡申译，《马克思主义与现实》2010 年第 1 期，第 194 页。

　　② 同上书，第 198 页。

　　③ 参阅洪黎民《共生概念发展的历史、现状及展望》，《中国微生物学杂志》1996 年第 4 期，第 14 页。

性，能尽其性则能尽人之性，能尽人之性则能尽物之性，能尽物之性则可以赞天地之化育，可以赞天地之化育则可以与天地参矣"。"最高之尊心之道，正当惟是伸展此心之虚灵明觉，以达于自然世界之实在之全，而以仁心加以涵盖护持，以敬意加以尊重。此即成就一人与自然世界俱生之实在论思想，与常识之实在论性相呼应，而为一表现道德价值之思想也。此正为中国儒者之所持。……故中国儒者言人与自然世界之关系，恒只视之为主宾关系，自然为主，则我为宾，我为主，则自然为宾。儒者之言我与自然，互为主宾，则主宾可相遇以礼，相尚以仁，此即见中国儒家人生思想之开始之立脚点，已有一庄严阔大之气象矣。"①　老子说："天得一以清，地得一以宁，神得一以灵，谷得一以生，侯王得一以为天下正。"②　我们还应该说人得一以明。一者，天下一心也，万物一理也。人只有明白了这个道理，才能使自我获得最大的主体性，才能使自我行于大道，"是以圣人抱一为天下式。不自见，故明；不自是，故彰；不自伐，故有功；不自矜，故长"③。当然，这种古代中国文化模式远不是现代人本生态型文化模式。

再次，追求"共生论"的人本生态型文化模式是一种深层次的解释辩证法。以生态思维、生态理性为其核心的人本生态型解释模式是人类文化发展史上的巨大创新。

其一，人本生态型解释模式，首先是开创了一种崭新的系统的有效的思维方式，这种思维方式为重新思考人类与自然之间和个人与其社会之间的关系、重新思考文化和文明的本质提供了有力的武器，因此改变了人们物质生产和人际交往的方式。这种生态思维和生态意识具体表现为：（1）拒斥人类中心主义的狂妄，质疑西方传统的人是万物之主的霸权观。重视资源保护与发展运动、动物权利与动物解放运动、人道主义哲学等哲学领域中的改革，并从生态学视角指出这些运动中存在的人类中心主义的不足，坚持应逐渐唤醒民众的生态意识④。（2）人本生态型解

---

①　唐君毅：《中国文化之精神价值》，江苏教育出版社 2005 年版，第 127 页。

②　《老子》第 39 章。

③　《老子》第 22 章。

④　王岳川：《深生态学的文化张力与人类价值》，《江苏行政学院学报》2009 年第 1 期，第 40 页。

释模式的两个最重要的原则是"自我实现"与"建立在生态中心基础上的平等"。(3) 对工具理性加以批判,强调用精神启蒙或艺术诗意表达的人文理性取代工具理性,从而提升生命质量和精神存在价值。"自然本身作为一首具体的诗歌是充满混淆的。节奏和诗节从一个时刻向另一个时刻转变。但我们永远不是只决定我们所见之物的属性。我们希望看到结构,并且决定它在那里。当我们看的时候,世界为我们提供秩序。我们并没有选择栖居地。它允许我们在它里面生长繁荣。"① (4) 人本生态型解释模式在生态系统中对人与生命的理念做出了全新的思考,"在理论生态学的最近发展中,整合进了一些要素。这些要素中最重要的是非线性热力学、等级系统理论和复杂性理论中的其他进展以及包括生态症候学在内的生物症候学,所有这些要素都需要一种过程的世界观。理论生态学的发展涉及到生命本质的新的理解方式,也涉及到对拉弗罗克的所谓地球有生命的盖亚假说的证明。这样,这些思想就为人类生态学的新发展提供了基础,把人类的特征界定为全球生态系统中的过程和结构的合成体,并为文明为何崩溃以及避免这样的崩溃需要什么这些问题提供了新的认识。""生命是什么?我们最好把生命理解为生态系统,即存在共生关系的动力过程的共同体,直接地或者通过信号中介约束自身并能够互相约束,以此协调它们的行为,以促进共同利益,再生产并发展它们再生产和繁荣所需的环境条件,并因此维持它们在生命共同体中的存在。……所有生命都是由共同体的共同体组成的,这些共同体的共同体,为其自身及其组件共同体提供并扩大栖息地,在扩大彼此的栖息地并因此提升它们作为其部分的共同体生活的同时,为它们自身的繁荣、探索和创造性进入未来创造条件。"② 人们可以通过根据人本生态型解释模式展开实践行为而变成更加成熟健全的主体。

其二,人本生态型解释模式还必然表现在对待它之前的农业文明、工业文明的态度和方法、方式上。人本生态型解释模式认为生态文明首先应该是一种文明生态:"作为一种全球文明,生态文明只能从一种被工

---

① C. f Eric Katz, Andrew Light, and David Rothenber (ed.). *Beneath the surface: critical essays in the philosophy of deep ecology.* Cambridge, Mass.: MIT Press, 2000, p. 166.

② [澳] 阿伦·盖尔:《走向生态文明:生态形成的科学、伦理和政治》,武锡申译,《马克思主义与现实》2010 年第 1 期,第 194、197 页。

业文明统一起来的世界秩序中产生，但它将超越并彻底改变这种文明。它涉及到深层设定、思维方式和终极目的、生活方式和社会组织方式的转型，……但是，它仍会保存这些文明或者其他文明中最优秀的东西。接受生态学不仅涉及到科学的转型，而且涉及到科学与其他文化领域的关系的转型，影响着人们的生活、他们的制度和他们的组织，而且更严重地影响着他们对于未来、对于值得人们为之奋斗的终极目标的想象。""我在谈到农业文明、工业文明和生态文明时，主张我们需要的是这种较为显著意义上的转型。但同时，这种转型应被视为对工业文明中的和农业文明中的最好东西的整合。"①

总之，文化与自然（生态）之间有三个基本的辩证原理：

第一，不同的环境提供不同的文化活动条件，不同的文化活动条件形成不同的文化活动特性，不同的文化活动特性创造不同的文化结构和基因，不同的文化结构和精神有熏陶不同的主体特性，不同的主体特性反过来创造环境的主体性能力又是不同的。

第二，文化的发展水平和发展速度，是要与文化生态的再生产水平和自然生长速度及资源利用与保护相协调一致——也就是说，文化进化要与生态进化协调一致。

第三，文化发展主体的发展能力和发展目的要相融突和合，文化发展主体要与文化生态的方向和文化发展方向相融突和合。人本生态型文化模式是健康的自然生态和文化生态的良好范式。

在人类文化发展史中，时常出现实践的自悖谬困境，人类有时会困惑于黑格尔所言"理性的狡计"的神秘力量，但是理性的批判性反思常常带领我们走出一个个困境，生态文化作为人类文化的更高发展阶段，有助于消除生态与文化的外在对峙、外在平衡，而达到文明生态化、生态文明化的内在统一境界。这就意味着，生态文明有助于开创天人关系的第三个阶段：在这种新的天人关系中，"人类中心""生物中心"都失去了其各执一端、片面存在的意义。正如马克思所言，"完成了的自然主义＝人本主义"，"完成了的人本主义＝自然主义"。然而这里有一个前提

---

① ［澳］阿伦·盖尔：《走向生态文明：生态形成的科学、伦理和政治》，武锡申译，《马克思主义与现实》2010 年第 1 期，第 194、193 页。

条件，那就是必须是"完成了"状态。在现阶段，自然与人都还处于不成熟的"未完成"状态，或者更准确些说，正处于从"未完成态"向"完成态"的大过渡时期。

第二节　生产实践与文化发展

马克思的"生产"范畴包括物质生产、人自身的生产、社会交往或生产关系生产、解释系统生产。本节所谓"生产实践"主要指前两种生产。按照汉娜·阿论特的说法，"马克思是 19 世纪惟一的使用哲学术语真挚地叙说了 19 世纪的重要事件——劳动的解放的思想家"，其"学说真正反传统的倒是一个未曾有的侧面，即对劳动的赞美"[①]。就是这种"劳动"（即物质生产实践）构成了文化发展的物质基础。

一　生产实践：文化发展的物质前提

物质生产实践是文化发展的坚实根基和物质前提，这可以从共时态和历时态两个方面来加以论证。

马克思说："这种活动、这种连续不断的感性劳动和创造、这种生产，正是整个现存的感性世界的基础，哪怕它只中断一年，费尔巴哈就会看到，不仅在自然界将发生巨大的变化，而且整个人类世界以及他自己的直观能力，甚至连他本身的存在，也会很快就没有了。"[②] "劳动作为使用价值的创造者，作为有用劳动，是不以一切社会形式为转移的人类生存条件，是人和自然之间的物质变换即人类生活得以实现的永恒的自然必然性。"[③] 在人类生存本体论意义上，劳动具有"永恒的自然必然性"，因此，毫无疑问，在共时态上，一定的生产力、资金和环境的总和，构成了在一定社会存在的人的现实基础，同样构成了文化发展的坚

---

① ［德］汉娜·阿伦特：《马克思与西方政治思想传统》，江苏人民出版社 2007 年版，第 12 页。

② 《马克思恩格斯选集》第 1 卷，人民出版社 1995 年版，第 77 页。

③ 《马克思恩格斯全集》第 23 卷，人民出版社 1972 年版，第 56 页。

实根基。马克思指出："这里所说的个人不是他们自己或别人想象中的那种人，而是现实中的个人，也就是说，这些个人是从事活动的，进行物质生产的，因而是在一定的物质的、不受他们任意支配的界限、前提和条件下活动着的。"① 马克思哲学本质上是生存哲学，下面这些论述也许是对此最好的确证："我们首先应当确定一切人类生存（aller menschlichen Existenz）的第一个前提也就是一切历史的第一个前提，这个前提就是：人们为了能够'创造历史'，必须能够生活。但是为了生活，首先就需要衣、食、住以及其他东西。因此第一个历史活动就是生产满足这些需要的资料，即生产物质生活本身（die Produktion des materiellen Lebens selbst）。同时这也是人们仅仅为了能够生活就必须每日每时都要进行的一种历史活动，即一切历史的基本条件。……第二个事实是，已经得到满足的第一个需要本身、满足需要的活动和已经获得的为满足需要而用的工具又引起新的需要，而这种新的需要的产生是第一个历史活动。……历史发展过程的第三种关系是：每日都在重新生产自己生命的人们开始生产另外一些人，即繁殖。这就是夫妻之间的关系，父母和子女之间的关系，也就是家庭。这种家庭起初是唯一的社会关系，后来，当需要的增长产生了新的社会关系而人口的增多又产生了新的需要的时候，这种家庭便成为从属的关系了。"② 因此，现实中的个人是具体的、历史的，每一个时代的物质生活条件、交往形式、传统等等构成了人生存的现实基础。

此外，在历时态上，前一代的一定的生产力、资金和环境的总和，同样构成了下一代人的现实基础，构成了文化发展的坚实根基。正如马克思所说：任何个人在"历史的每一阶段都遇到的物质结果，一定的生产力总和，人对自然以及个人之间历史地形成的感性，都遇到前一代传给后一代大量的生产力、资金和环境，尽管一方面这些生产力、资金和环境为新的一代所改变，但另一方面，它们也预先规定新的一代本身的生活条件，使它得到发展和具有特殊的性质"③。所以，"历史不外是各个

① 《马克思恩格斯选集》第1卷，人民出版社1995年版，第71—72页。
② 同上书，第78—80页。
③ 《马克思恩格斯选集》第1卷，人民出版社1995年版，第92页。

世代的依次交替。每一代都利用以前各代遗留下来的材料、资金和生产力；由于这个缘故，每一代一方面在完全改变了的环境下继续从事所继承的活动，另一方面又通过完全改变了的活动来变革旧的环境"①。

二　物质生产促进文化主体的生成和发展，最终生产了文化世界

恩格斯曾经赞扬马克思"在劳动的发展史中找到了理解社会发展史的锁钥"。从生存本体论角度看，物质生产作为人的本源性的生命存在和活动方式，是指人作为主体所特有的生存方式，它表明人是世间唯一主体性的、对象性的存在物，人之存在首先在于人的"生产实践"，人的存在是对象性地和实践性地确证和展现自身的存在过程的，这是人的生命存在区别于动物的最本源性的分界点，因而也构成了人之为主体的奥秘和深层根据。

（一）物质生产促进主体的生成和发展

马克思说："生产不仅为主体生产对象，而且也为对象生产主体。"②确证人的本质力量的感觉，"不仅五官感觉、而且所谓精神感觉、实践感觉（意志、爱等等）"，人的感觉、感觉的人性或主体性既是历史地在物质生产中产生出来和发展起来的，同时也将历史地在物质生产中获得彻底的完成和自由全面发展。正如霍耐特教授指出："劳动被看作是社会生产的基础，而且是一切社会进步的核心。在它之中现代社会哲学确保了资本主义社会的根基及其解放的机会；从马克思到涂尔干，从卢卡奇到马尔库塞，乌托邦的希望因此而指向了劳动从异化与剥削中获得的解放。"③

1. 物质生产促使人类脱离动物界，成为人

生产劳动是人区别于动物的标志。恩格斯曾在《自然辩证法》中将"一般生产"，视为人脱离动物界的最根本的标志。人类一般生产活动从

① 《马克思恩格斯全集》第46卷（上），人民出版社1979年版，第223页。
② 同上书，第29页。
③ Axel Honneth, *Schwerpunkt: Zur Sozialphilosophie der Arbert*, Deutsche Zeitschrift für Philosophie, 41 (1993) 2, s. 237.

来就不是一种纯粹的物质性、功利性活动。在马克思看来，"不仅五官感觉，而且所谓精神感觉、实践感觉（意志、爱等等），一句话，人的感觉，感觉的人性，都只是由于它的对象的存在，由于人化的自然界，才产生出来。五官感觉的形成是以往全部世界历史的产物"在《1844 年经济学哲学手稿》中，马克思评价黑格尔思想时明确指出："他抓住了劳动的本质，把对象性的人、现实的因而是真正的人理解为他自己的劳动的结果。""劳动是人在外化范围内或者作为外化的人的自我生成。""人对自然的感觉，自然的人的感觉，因而也是人的自然感觉"，都是"被人本身的劳动创造出来的。"①

生产劳动首先使人获得了自我意识。人与动物不同，其重大区别之一就在于是否能够进行"有意识的生命活动"："动物是和它的生命活动直接同一的。它没有自己和自己的生命活动之间的区别。它就是自己的生命活动。人则把自己的生命活动本身变成自己的意志和意识的对象。他的生命活动是有意识的。这不是人与之直接融为一体的那种规定性。有意识的生命活动把人同动物的生命活动直接区别开来。正是由于这一点，人才是类存在物。或者说，正因为人是类存在物，他才是有意识的存在物，也就是说，他自己的生活对他是对象，仅仅由于这一点，他的活动才是自由的活动。"② 马克思在这里明确指认人把自己的生命活动或自己的类生活作为自己意识的对象，所以意识在这里不再简单地是对对象物的意识，而成为一种自我意识。人与动物的这个区别，使人对自己的活动有一种远高于动物的自主性、能动性和创造性，使人成为能够自觉占有自己的劳动本质的"类的存在物"。马克思还说："通过这种生产，自然界才表现为他的作品和他的现实。因此，劳动的对象是人的类的生活的对象化：人不仅像在意识中那样理智地复现自己，而且能动地、现实地复现自己，从而在他所创造的世界中直观自身。"③ 只有在实践中，人为了满足自身需要而自觉地去进行改造世界的活动时，当人能自己意识到自己的目的、需要，并为满足这些需要进行社会性的改造活动时，

①　《马克思恩格斯全集》第 42 卷，人民出版社 1979 年版，第 126、163、139 页。
②　《马克思恩格斯选集》第 1 卷，人民出版社 1995 年版，第 96 页．
③　同上书，第 47 页。

自我意识才由动物的自我转化为人的自我。这时候，人对世界的关系也就成为"我的关系"，整个世界成为人的有意识有目的改造对象，才把人与动物区分开来。使人的自我意识得到发展的，只有社会实践、劳动。

所谓"自我意识"是指人对自身属性特征、内在需要、目的态度及其自身在宇宙世界中的地位的认识和把握，即人对自身"内在固有的尺度"的认识，对"主体"的自我认识。劳动在"自我意识"形成中的作用，具体说来是这样的：

> 通过实践创造对象世界，即改造无机界，证明了人是有意识的类存在物，也就是这样一种存在物，它把类看作自己的本质，或者说把自身看作类存在物。诚然，动物也生产。它也为自己营造巢穴或住所，如蜜蜂、海狸、蚂蚁等。但是动物只生产它自己或它的幼仔所直接需要的东西；动物的生产是片面的，而人的生产是全面的；动物只是在直接的肉体需要的支配下生产，而人甚至不受肉体需要的支配也进行生产，并且只有不受这种需要的支配时才进行真正的生产；动物只生产自身，而人再生产整个自然界；动物的产品直接同它的肉体相联系，而人则自由地对待自己的产品。动物只是按照它所属的那个种的尺度和需要来建造，而人却懂得按照任何一个种的尺度来进行生产，并且懂得怎样处处都把内在的尺度运用到对象上去；因此，人也按照美的规律来建造。①

所谓"内在固有的尺度"，是指作为主体的人所特有的价值需求和主体的人对自己本质力量的自我意识；"劳动是人在外化范围内或者作为外化的人的自为的生成"②。人的自我产生和自我对象化的行动是生命活动和生产生活本身。人作为有生命的自然存在物，"一方面具有自然力、生命力，是能动的自然存在物；这些力量作为天赋和才能、作为欲望存在于人身上；另一方面，人作为自然的、肉体的、感性的，对象性的存在物，和动植物一样，是受动的、受制约的和受限制的存在物，也就是说，

---

① 《马克思恩格斯选集》第 1 卷，人民出版社 1995 年版，第 96—97 页。
② 《马克思恩格斯全集》第 42 卷，人民出版社 1979 年版，第 176 页。

他的欲望的对象是作为不依赖于他的对象而存在于他之外的；但这些对象是他需要的对象，是表现和确证他的本质力量所不可缺少的、重要的对象"①。马克思还说："说一个东西是感性的，就是指它是受动的。因此，人作为对象性的、感性的存在物，是一个受动的存在物，因为它感到自己是受动的，所以是一个有激情的存在物。"② 激情、热情是人强烈追求自己的对象的本质力量。而本质的需求和需要通过人的存在同感性发生关系的，因此马克思指出："人的感觉、激情等等——是真正本体论的本质（自然）肯定。"③

所谓"人则懂得按照任何物种的尺度来进行生产"，是指作为主体的人在对客观规律认识的基础上对客观对象的对象意识。自我意识与对象意识在人的生产劳动中获得了统一，从而促成了人的主体意识的萌发，使主体性的生成成为可能。

思维之本质前提在于自我意识。黑格尔正确地指出了思维的本性乃在于我知道自己是"我"。"动物就不能说出一个'我'字"，因为动物"总是只感觉到它的个别性。动物看见个别的东西，例如它的食物"，而人类的物质生产及其"类生活从肉体方面说来就在于：人（和动物一样）靠无机界生活，而人比动物越有普遍性，人赖以生活的无机界的范围就越广阔。从理论领域说来，植物、动物、石头、空气、光等等……都是人的意识的一部分，是人的精神的无机界，是人必须事先进行加工以便享用和消化的精神食粮"④。正如恩格斯所说"劳动创造了人本身"。劳动，这种仅属于人类的创造性劳动作用于社会和自然界，产生出各个时代丰厚的物质和精神成果，也创造了文化的基本形态和内涵。

马克思在研读摩尔根《古代社会》的笔记中，进一步对其给予了实证性的关注和思考："我们具有和以往时代在野蛮人及蒙昧人头颅中从事活动的同样的大脑，由遗传而保存下来这副脑子到今天，已经充满了和渗透了它在各个中间时代为之忙碌不已的思想、渴望和激情。它还是那

---

① 《马克思恩格斯全集》第 42 卷，人民出版社 1979 年版，第 118 页。
② 同上书，第 169 页。
③ 同上书，第 150 页。
④ 同上书，第 95 页。

副大脑，不过由于世世代代的经验而变得老练和更大了。"① 为马克思所关注的这些意见和材料，十分具体地涉及了物质生产劳动锻造人体、人心的问题，而且，还更深刻地涉及了人的主体性精神世界的获得性遗传问题。

马克思还指出，自我意识随生产的发展而发展，随着劳动实践的发展而不断展示新的内容。第一阶段：古代朴素的人类自我意识。第二阶段：中世纪异化的人类自我意识。第三阶段：近代理性的人类自我意识。第四阶段：现代反思的人类自我意识。历史越往古代回溯，生产实践就越不发达，自我意识也就越不独立。马克思说：

> 意识一开始就是社会的产物，而且只要人们存在着，它就仍然是这种产物。当然，意识起初只是对直接的可感知的环境的一种意识，是对处于开始意识到自身的个人之外的其他人和其他物的狭隘联系的一种意识。同时，它也是对自然界的一种意识，自然界起初是作为一种完全异己的、有无限威力的和不可制服的力量与人们对立的，人们同自然界的关系完全像动物同自然界的关系一样，人们就像牲畜一样慑服于自然界，因而，这是对自然界的一种纯粹动物式的意识（自然宗教）；但是，另一方面，意识到必须和周围的个人来往，也就是开始意识到人总是生活在社会中的。这个开始，同这一阶段的社会生活本身一样，带有动物的性质；这是纯粹的畜群意识，这里，人和绵羊不同的地方只是在于：他的意识代替了他的本能，或者说他的本能是被意识到了的本能。由于生产效率的提高，需要的增长以及作为二者基础的人口的增多，这种绵羊意识或部落意识获得了进一步的发展和提高。②

马克思认为："我们越往前追溯历史，个体，从而也是进行生产的个体，就越表现为不独立，从属于一个较大的集体。"③ 而恩格斯从相反的

---

① 《马克思恩格斯全集》第 45 卷，人民出版社 1985 年版，第 405 页。
② 《马克思恩格斯选集》第 1 卷，人民出版社 1995 年版，第 81—82 页。
③ 《马克思恩格斯选集》第 2 卷，人民出版社 1985 年版，第 2 页。

方面指出："人离开狭义的动物愈远，就愈是有意识地自己创造自己的历史，不能预见的作用、不能控制的力量对这一历史的影响就愈小，历史的结果与预定的目的就愈加符合。"① 原始人的自我意识体现在氏族和图腾意识中，还只是一种群体自我意识，如美洲各地的土著就是如此。个体只是作为整体的一个元素、要素存在着，自我并没有真正独立，意识只是部落集体意识，人与图腾交融，这是图腾思维以前人类"自我"的特征。随着人类征服自然能力的不断提高，特别是以血缘关系为纽带的氏族解体和社会分工的扩大，社会劳动日趋个体化，原始集体与其个体成员的关系发生了明显的变化。最初那种个体对群体的依赖性的减弱，促使集体成员的个体自我意识逐渐增强，开始意识到个体在能力、品质等方面的个性差异，这样原始人的个体自我意识开始从集体自我意识中摆脱出来。当人类的原始集体由氏族公社过渡到农村公社，人们之间的关系纽带由血缘转为地缘，血族主体为个体主体所代替，以血族为基础的图腾崇拜就逐渐为祖先崇拜所取代。祖先崇拜是主客体在原始人观念中分化的产物，正是这种分化使人们把眼光从动物王国转移到人的身上，祖先崇拜是早期人类自我意识的一种形式，比较图腾崇拜形式的自我意识，它更突出了人类自身与自然界的区别，表明了人类自我意识的发展。与祖先崇拜同时出现的天体崇拜（日神、月神），则是自我意识的外化形式——关于外部世界的认识。②

马克思把人对世界的改造看做自我的本质力量的表现，他认为："工业的历史和工业的已经产生的对象性的存在，是一本打开了的关于人的本质力量的书，是感性地摆在我们面前的人的心理学。"因此，自我意识通过对象性活动表现出来，并随对象性活动的发展而不断高级化。而自我意识的更高级发展是形成"联合起来的个人"。因为"私有制只有在个人得到全面发展的条件下才能消灭，因为现存的交往形式和生产力是全面的，所以只有全面发展的个人才可能占有它们，即才可能使他们变成自己的自由的生活活动"。显然，形成这种"全面发展的个人"也必须

---

① 《马克思恩格斯全集》第 20 卷，人民出版社 1971 年版，第 374 页。

② 参阅吕爱兰《论人类自我意识的发生和发展》，《湖北三峡学院学报》1999 年 2 月，第 63 页。

具有高度发达的"自我意识"。①

2. 物质生产促使人类的认知理性得到发展，并建构了意义世界

物质生产首先促进人的认知理性的发展，确立人类主体性，发展自我的创造性功能，从而创造一个五彩缤纷的意义世界。认知理性有时又称为心智理性（intellectualrationality），基本上是通过愈益精确的抽象概念（而不是行动）去操控现实世界，所涉及的是人的认知思想活动，诸如逻辑论证、因果推断，乃至于意义体系的创设等。

我们首先从词源学角度来看看"理性""技术"在生产实践上的发生学联系。

"理性"，一般是指人所特有的思维、理解、认识、推论的能力、规律、法则，而且大多与逻辑（logic）相关。

"理性"一词在德文中写作"Vernunft"，而在希腊语中"理性"一词，有着多种的表述，至少有两个词，λóγοδ（即 Logos，来自动词 legein，意为"计算""思想"和"理性"英文的 Logos）和"νοǔδ"（英文的 nous），即理知（来自动词 noein，意为"思维""思想"）。理性的英文是 Reason，20 世纪以来与 Rationality 一词参杂而用。大抵言之，哲学方面的论述常用前者，而社会学文献则以后者居多。但这两个字有不同的拉丁字源，Reason 来自 ratio，指判别与联系事物以及控制情感的能力；Rationality 源于拉丁文 rationari，乃思想和计算（recking）之意，与希腊文的 Logos 粗略相当。"著名的希腊史专家基尔克解释道：逻各斯的词根 leg 原来有'选择'的意思，由此引申出'计算'的意思，而'尺度'、'比例'、'比率'不过是'计算'的条目，可见在古希腊思想中，logos 本来就有'计算'的含义，并不是后人的妄为，至于从'计算'到'规律'，进而至现代的'理性'（Rationality）原本只有一步之差，完全顺理成章。那么拉丁文 ratio 对海德格尔所赏识的古希腊 logos 的翻译，并不是空穴来风，而是相对忠实的翻译，至于后世对 ratio 作了进一步制度化的处理，那是另外一回事了。"② 此外，根据伽达默尔的说法，在西方

---

① 参阅陈志良《论对象意识与自我意识》，《江淮论坛》1990 年第 1 期，第 46 页。

② 程志敏：《为理性一辩》，四川大学哲学系等主办哲学网站文章，2003 - 08 - 01. http：// siwen. scu. edu. cn/xxlr1. asp？ MENULB = 029 哲学总论 &LB = 029 哲学总论 &ID = 302&LRPAGESN = 1p100.

词源学中，理性也叫做"逻各斯"。最初，"逻各斯"意义上的理性是接近"词"的含义，因为逻各斯最原始的意义就是"说话"。而众所周知，语言又源于生产劳动。马克思说："但是这种意识并非一开始就是'纯粹的'意识。'精神'从一开始就很倒霉，受到物质的'纠缠'，物质在这里表现为振动着的空气层、声音，简言之，即语言。语言和意识具有同样长久的历史；语言是一种实践的、既为别人存在因而也为我自身而存在的、现实的意识。语言也和意识一样，只是由于需要，由于和他人交往的迫切需要才产生的。"①

"文化""理性"二词在词源学上的生产实践意蕴在上文已作说明。此外，再来看看"技术"这一个词在词源学上的生产实践意蕴。

"技术"英文是 technology，technology 源于希腊文 Teche，Teche 的希腊文本义是让事物从隐蔽中涌出，词源学的"技术"表明人类通过制造—使用工具来把握世界，实现人的创造力量的实践起源。

几乎所有的科学都起源于生产实践。几何学源于古埃及人因为物质生产实践的需要对尼罗河土地的丈量活动。天文学源于农业生产实践，航海学源于古希腊人的航海实践。审美判断力与人自身的生产密切相关，从词源学的角度可以发现审美活动的起源。许慎云："美，甘也。从羊，从大。羊在六畜主给膳也。"② 对于原始的游牧民族来讲，羊是其生活的主要来源，羊肉好吃，羊奶能饮，故而"羊在六畜主给膳"，故而"羊大为美"。这里的美感显然也未脱离人的生理快感，只不过与西方不同，这里的快感不是"性"而是"食"。所以许慎又说："甘，美也，从口含一。"③ 可见在原始的中国人那里，"美"与"甘"是一回事，都是味道好吃的意思。然而，正像"威伦多夫的维纳斯"并不纯然是审美的对象一样，"羊大为美"的美，也并不是纯然的精神享受。从字源学的角度来看，不仅汉字之"美"与饮食有关，而且英文的"taste"和德文的"Geschmak"，都同时具有审美、鉴赏和口味、味道的含义。由此可见，由于人类的美感都是由动物性快感演化而来的，而原始人在动物机能上的共

---

① 《马克思恩格斯选集》第 1 卷，人民出版社 1995 年版，第 82 页。
② 《说文》卷四。
③ 《说文》卷五。

同欲求，便决定其审美发生的共同规律。其差别只在于，中国与西方民族在共同的审美发生中有着不同的侧重点和倾向性罢了。正像马克思所指出的那样，"只有通过人的本质力量在对象界所展开的丰富性才能培养或引导出主体的即人的敏感的丰富性，例如一种懂音乐的耳朵，一种能感受形式美的眼睛"①。

其次，生产劳动为主体不但准备了物质基础，而且还生产了主体自身，尤其是理性能力。在由实践奠基的主客体双重建构中，自然的现象、自然的属性、自然的规律性反复地作用于人的头脑，人亦以自身的属性、想象和认知图式去建构自然的形象，同时也生成了自己的理性思维能力。

代表理性最高成果的形式逻辑就是人类在具体的劳动实践中发明和发现的。李泽厚先生说："理性本来只是合理性，它并无先验的普遍必然性质；它首先是从人的感性实践（技艺）的合度运动的长期经验（即历史）中所积累沉淀的产物。它是被人类所造出来的。""'现实活动本身所要求的相对稳定性'也，即是人类为维系生存—生活—生命所要求实践操作活动所必须具有的最基本的秩序和规范。我以为，这就是形式逻辑的根源。形式逻辑中的认识规则，不仅离不开、而且来源于群体的活动和秩序。"② 列宁十分明确地指出，"逻辑的式"来源于人类的实践活动。列宁说过："人的实践活动必须亿万次地使人的意识去重复各种不同的逻辑的式，以便这些式能够获得公理的意义。"③ 还说："人的实践经过亿万次的重复，在人的意识中以逻辑的式固定下来。这些式正是（而且只是）由于亿万次的重复才有着先人为见的巩固性和公理的性质。"④

人们都知道，制造和使用工具是人类实践的根本特征。但人们常常把"工具"仅仅理解为外在的有形工具，其实，人类理性能力才是一种最根本最有用的工具，例如代表抽象思维理性能力的数学。数学毫无疑问与人类的感性实践有关。数学的根源首先不在对外在感性事物的归纳而在对主体感性活动的抽象。"数"的根源在于人类实践的原始动作，即在以使用和制造工具为根本特征的劳动活动的原始操作中。数学的纯粹

① 《马克思恩格斯全集》第 42 卷，人民出版社 1979 年版，第 126 页。
② 参阅李泽厚《历史本体论·己卯五说》，三联书店 2003 年版，第 5—6 页。
③ 《列宁全集》第 55 卷，人民出版社 1990 年版，第 160 页。
④ 同上书，第 186 页。

的"量"等基本形式不是从归纳外在事物而来，而是从抽象主体感性活动而来。它所反映的客观实在的方面，不是我们与外界世界的静观感觉关系，而是为哥德尔所模糊感到的所谓"另一种关系"。即通过人类社会的最原始最基本的一些实践活动（主要是劳动操作）的感性形式和关系，包括数量在内的某些结构。此外，对操作本身的可分离性、可结合性、可逆性、恒等性、对称性无穷进行……的运用和把握等等也如此。这种种活动最初是对某些实物的实际操作，其后才衍化为符号的操作。而所有这些操作，当时大体上是采取巫术礼仪的神秘形式出现的。数学之所以不只是认识现实事物或对象，它之所以主要是一种认识的手段，具有某种超具体时空和非经验因果的形式特征，而与所有以经验事物为对象的科学又不相同，其根本原因也就在这里。所以，数学是人所有的特种认识工具和符号语言，如同人的物质工具一样，但它以最纯粹的形式体现了人的认识的主观能动性。这种认识能动性，从哲学上看，又仍然是人类的实践能动性的高度的抽象化。数学的普遍必然，从根源上讲，是抽象化了的实践活动（劳动操作）形式本身的普遍必然。[①]

对操作形式、结构、量的同一性等等的把握，是人类认识的一个极大飞跃，从此，世界开始被人类从量的关系的高度抽象的形式、结构方面精确认识，在这基础上，联结人类对感性世界所产生的自由直观能力，不断创造出自由地理想化地构造关系、结构的能动观念和系统（大多远离现实原型，纯粹是从观念世界里推衍出来似的），成为一种认识世界无比锐利的工具。这恰如李泽厚先生所论证的，在生产实践中，自然的现象、自然的属性、规律，各个以其不同的物质材料、以其不同的性能、状态如坚柔、曲直、长短、厚薄、大小、锐钝、深浅……使天时（如春夏秋冬）、地利（如山、地、河浜）、人和（如群体关系）、物材（如上述各种材料及性能）进入人的生存情境中，构成了"度"的本体性的众多的、形形色色的、各种各样的具体结构，并具有随时、空、条件不同的历史变异性。从而，"度"的本体性，作为本源，不仅是人为（主体的）发明（invention），而且又是自然（客体的）发现（discovery），所以，它的结构和形式能被普遍地应用于客观对象。不仅形式逻辑、认识

---

①　参阅李泽厚《实用理性与乐感文化》，三联书店2005年版，第7—8页。

范畴，而且像中国辩证法的阴阳、五行（声、色、味等的杂多统一）也都是对"度""和""中"主观解析。①

总之，正如马克思所说："人们决不是首先'处在这种同外界物的理论关系中'。正如任何动物一样，他们首先是要吃喝等等，也就是说，并不'处在'某种关系中，而是积极地活动，通过活动来取得一定的外界物，从而满足自己的需要。（因而，他们是从生产开始的。）由于这一过程的重复，这些物能使人们'满足需要'这一属性，就铭记在他们的头脑中了。人和野兽也就学会了'从理论上'把能满足他们需要的外界物同一切其他的外界物区别开来。"②

（二）生产活动生产了自为的文化发展主体

生产活动生产了自为的文化发展主体，这些具有革命意义的发展主体反过来提升了生产力，从而推动文化发展。

从最开始学会使用火的猿人，栽培农作物、驯服动物、养殖动物并利用它们的力量来从自然获取更多的能量的那些人文始祖，到历史的那些不知名的做出伟大发明的工匠、手艺人，到近代的一些著名的发明家如爱迪生、富兰克林、贝尔等，再到今天的爱因斯坦、冯·诺依曼、钱学森、袁隆平等等伟大的自然科学家，和比尔·盖茨、鲍勃·麦卡夫（BobMetcalfe，以太网的发明者）、蒂姆-伯纳斯·李（TimBerners-Lee，万维网的发明者）文化英雄，他们构成了人类生产活动领域中的伟大的自为文化发展主体群。生产活动领域中的这一自为主体是推动文化发展的巨大力量，没有他们的创造发明，人类也许还停留在茹毛饮血或刀耕火种的野蛮阶段。

为了科学地评估文化进化的水准，怀特在其《文化的进化》中提出了一个文化发展的公式，即 $C = ET$ 或 $E \times T \to C$。其中，C 代表文化（Culture），E 代表人均年利用能量（Energy），T 代表开发能源的工具与技术（Technology）的效率。按照怀特的观点，我们可以在任何一个文化系统中区分出三种因素：（1）每人年平均利用的能量；（2）开发并付诸

---

① 参阅李泽厚《历史本体论·己卯五说》，三联书店 2003 年版，第 12 页。
② 《马克思恩格斯全集》第 19 卷，人民出版社 1963 年版，第 405 页。

使用的技术手段之效率；（3）满足人类需要的物品与服务的产量。这个公式也是文化进化的基本规律：其他因素不变，文化随每年人均利用能量的增长而进化，或随开发并将能量付诸使用的技术手段效率的增长而发展。

　　怀特坚持文化是一个自我产生、自我运行、自我发展的独立体系，它不但是人类天性的决定因素，也是发明与革新的决定因素。接下来，怀特提出两个重要的命题：（1）在文化积累为新的综合提供出各种物质与观念的必要因素之前，任何发明与发现都不可能产生。（2）当必需的素材由于文化成长或文化传播而成为必要，并出现特定文化互动的标准条件时，发明与发现必然会产生。如电报是由以下几个人同时并独立地发明的：亨利（1831年）、莫尔斯（1837年）、库克－惠特斯通（1837年）、斯坦海尔（1837）。美国社会学家奥格本在《社会变迁》中曾列举了17世纪至19世纪中叶不同领域的150件重大发明，均是两人以上独立完成的①，确证了怀特的"文化积累"观。

　　怀特的解释就是，当文化发展到一定基础，发明和发现就会出现，这似乎是不以人的意志为转移的趋势，具有文化发展的必然性，任何人都无法阻遏其出现。对此，怀特提出了"文化就是文化的原因"的论断。由于怀特视发明与发现为一种综合，所以他认为，文化的发展基本上是一种指数的发展。具体讲就是：在一种文化中，发明是把其中两个成分综合起来以组成第3个成分，这样就是：A＋B＝C。如果我们有4种成分，我们就能产生6种新发明。A＋B、A＋C、A＋D、B＋C、B＋B和C＋D。随着成分的数目增加，新发明的可能数目呈指数性的发展。用公式表达就是：可能产生的新发明的数目$=\dfrac{N(N-1)}{2}$，其中N代表该文化中已有成分的数目。② 怀特提出的"文化就是文化的原因"的论断中，自然包含了"生产活动"这一主要文化子系统，"文化就是文化的原因"实则是指"生产活动"生产了自为的文化发展主体，这些具有革命意义的主体群体反过来提升了生产力以及总体文化力。正因为如此，在当代社

---

　　① William Fielding Ogburn, *Social Change.* New York：Viking Press, 1922.
　　② 参阅夏建中《文化人类学理论学派——文化研究的历史》，中国人民大学出版社1997年版，第226页。

会，诺贝尔奖数、发明数、专利数日益成为衡量一个国家文化力的重要指标。

生产活动生产出来的"文化发展自为主体"，当然不只是那些技术发明者，还包括交往系统也就是新制度的发明者和创建者、解释体系即思想的发现者。

例如，世界文明"轴心期"的各类思想家即为其中一例。"在人类的第一个轴心时代之前，社会的原始分离状况表明，并没有一个统一的意义理念，那是一个多神的时代。在人类的第一个轴心时代，几个主要文明圈的意义理念体系随帝国的出现而建立起来了。意义理念体系的统一性建构，与古代帝国的政制建构相适应。这种统一性意义理念体系的建构，依赖于个'智者'阶层。最初的劳动分工、经济财富的积累和生产技术的发展，是意义理念体系（狄尔泰称为世界观、卢克曼称为'神圣世界'）之建构者阶层产生的条件。意义理念体系的建构带来知识的第一次分化，即所谓教化知识与非教化知识的分化。意义理念知识与宗教联系在一起，而宗教的建制化扩展与帝国的政治、经济制度的建构是一体的。教化知识与政治—经济制建的结合成功地排斥非教化知识，形成宗教的特定历史的社会化形式和特殊化的表征系统。教士，文人与俗人的身份区分亦随之在古代帝国的社会系统中建立起来。"① 由于轴心期发生的天崩地裂般的经济社会大变革，由于人类思维方式的演进与能够独立思考的知识阶层的形成，那些先知、大师们已从不同侧面认识到文明创造与深层人性结构的关系。从不同的社会历史事件出发，他们在重建社会文明时或者强调人的理性力量，或者强调人的德性力量，或者强调作为人的本质异化的神性力量。这样，就逐渐形成了古典文明的类型分叉，这就是早有学者论述过的人类文明演进"三径向"——以古希腊为代表的理性文明，以古中华为代表的德性文明，以古印度为代表的神性文明②。在古代中国，春秋战国时代礼崩乐坏的社会秩序大改组，将士阶层从沉重的经济、政治、社会地位的枷锁中解脱出来，私学的兴起又使他

① 参见［以色列］艾森斯塔德（S. N. Eisenstadt）《轴心时代的突破：轴心时代的特征与起源》，《国外社会学》1993 年第 5 期，第 46 页。

② 陶伯华：《大飞跃——人类文明演进的十大飞跃点》，黑龙江人民出版社 2002 年版，第 306 页。

们在社会身份上取得独立的地位。经济上、政治上、社会地位上的独立，必然导致思想的自由解放。儒家文化的代表孔子、孟子对"士"的这种新的群体品格与历史使命就有很清醒的认识。孔子说："士不可以不弘毅，任重而道远。"①"士志于道"②。"王子垫问曰：'士何事？'孟子曰：'尚志'。曰：'何谓尚志？'曰：'仁义而已矣。'"③

　　在 15、16 世纪的欧洲，在商业贸易中成长起来的商人，后来成长为推动资产阶级革命推翻了落后封建社会的资产阶级，同样是在生产实践中茁壮成长起来的。"从中世纪的农奴中产生了初期城市的城关市民；从这个市民等级中发展出最初的资产阶级分子。""但是，市场总是在扩大，需求总是在增加。甚至工场手工业也不再能满足需要了。于是，蒸汽和机器引起了工业生产的革命。现代大工业代替了工场手工业；工业中的百万富翁，一支一支产业大军的首领，现代资产者，代替了工业的中间等级。""大工业建立了由美洲的发现所准备好的世界市场。世界市场使商业、航海业和陆路交通得到了巨大的发展。这种发展又反过来促进了工业的扩展，同时，随着工业、商业、航海业和铁路的扩展，资产阶级也在同一程度上得到发展，增加自己的资本，把中世纪遗留下来的一切阶级排挤到后面去。"④ 在西欧，蓬勃发展的资本主义经济实践，推动了文艺复兴运动、宗教革命、启蒙运动、资产阶级民主政治革命运动。在启蒙运动时期，由普罗大众组成的市民社会逐渐形成了与政治社会相对抗的力量，从这支力量中分化出提出了人权、平等思想的各类思想家。

　　这种文化发展规律同样发生在 20 世纪。20 世纪 60 年代以来，在广泛的生活实践中，先后涌现出提出了"生态主义""后现代思潮""后马克思主义"的哲人、学者、思想家等。

三　生产实践与文化结构

　　马克思说："在再生产的行为本身中，不但客观条件改变着，如乡村

---

① 《论语·泰伯》。
② 《论语·里仁》。
③ 《孟子·尽心上》。
④ 《马克思恩格斯选集》第 1 卷，人民出版社 1995 年版，第 273 页。

变为城市，荒野变为清除了林木的耕地等等，而且生产者也改变着，炼出新的素质，通过生产而发展和改造着自身，造成新的力量和新的观念，造成新的交往方式，新的需要和新的语言。"① 如此一来，生产实践是如何改善"文化结构"，从而推动文化发展呢？

（一）文化结构的动态平衡来自生产实践

文化发展的结构动力来自于文化三维结构的动态平衡；要想永葆文化结构的动态平衡，首先必须解决"文化循环"的问题。而文化循环有两种类型：良性文化循环和恶性文化循环。

所谓良性文化循环就是文化结构能够从文化壹的变革进入到文化贰的变革，再进入到文化叁的变革，或者是文化叁的变革反过来推动文化贰、文化壹的变革。文化结构内部循环形成文化矛盾，文化矛盾推动文化发展。格尔茨曾以卡姆彭人来说明文化结构内部循环的冲突导致的文化冲突。

恶性文化循环的内涵是十分丰富的，但其核心内容则是：任何文化主体在发展文化客体之前已具有文化客体所赋予的先入之见，它是由文化的历史性所造成的，文化主、客体表现为同构结构。这种同构阻碍了主体对文化客体的期待和应答，从而导致文化主体不能对文化客体作出否定性的、能动性、批判性的发展。不同于波兰尼所说的焦点意识与支援背景上的隐性悖结，其表现为焦点意识与支援背景上的隐性同构。在这种隐性同构中，文化壹的变革最终被延误，进而导致文化贰、叁的变革被延误。

文化结构的动态平衡就是保持文化三大系统之间的良性循环互动。现实的、感性的生产实践可以正确的方式进入狭义精神文化（即本书的文化叁）解决不了的恶性文化循环，从而形成良性的文化循环。对此，马克思从哲学上提出过："实际上，而且对实践的唯物主义者，即共产主义者说来，全部问题都在于使现存世界革命化，实际地反对并改变事物的现状。"② 在《德意志意识形态》中批评施蒂纳时，马克思说施蒂纳

① 《马克思恩格斯全集》第46卷（上），人民出版社1979年版，第494页。
② 《马克思恩格斯选集》第1卷，人民出版社1995年版，第75页。

"把现实的那种脱离经验基础的、思想的、思辨的表现当作现实本身，因而才会设想此种神圣本质只与思想和观念有关。在他那里，人们变成'圣者'是多么容易啊！当人的思想脱离了自己本身和自己的经验关系以后，人就可以被理解为盛纳这些思想的简单容器……"①。与此相反，马克思强调的是"应当考虑世界'实际结构'：工作、生产、实在化、技术。唯有这种实在性可以弄清纯粹想象的或幽灵般的肉体的真相"。这就意味着，"当皇帝的幽灵般的形体消失时，这不是形体本身的消失，而只是它的现象性、它的怪影性的消失。这时皇帝比过去更为真实，而且人们还可以比过去更好地领教他们的实际权力（wirkliche Macht）"②。哈耶克（Hayek）认为，行动乃智慧之母，行动中的尝试，经验创造最为根本，它所达到的未可预计的革新，便正是某种改善、改进和改良。怀特、哈里斯等人都强调技术（特别是能源技术）从根本上决定人类文化的发展。塞维斯和萨林斯认为，一种文化是一种技术、社会结构和观念的综合构成了它经过调整而适应于其自然居住地和周围的相互竞争的其他文化。这种适应过程具有两个特征：创造与保持。前者是一种结构和模式的进化，这种特定的结构和模式能使一种文化根据环境进行必要的调适；后者则为一种稳定化趋势，即保持已实现的合适的结构与模式③。因此，生产实践创新是文化创新的真正源泉，在这个意义上，"科学技术是第一生产力"。生产实践中带来的新因素进入文化结构后，实际上迫使旧模式要么发生结构上的变化，要么发生功能上的变化。

（二）生产实践改变交往方式并生产新的制度文化

毫无疑问，生产实践改变交往实践，种种新的交往实践最终生成沉淀为新的交往方式，并生产新的制度文化，对此，马克思曾经形象地描述过这一规律："手推磨产生的是封建主的社会，蒸汽磨产生的是工业资

---

① 《马克思恩格斯全集》第3卷，人民出版社1960年版，第317—318页。

② ［法］德里达：《马克思的幽灵》，何一译，中国人民大学出版社1999年版，第184、185页。

③ 夏建中：《文化人类学理论学派——文化研究的历史》，中国人民大学出版社1997年版，第237页。

本家的社会。"①

新生产力的获得，必然使得人们改变自己的交往方式，进而改变自己的一切社会关系。迄今为止，人类交往史上最深刻的交往变革是以理性、契约和法制为核心的现代交往方式，它包括现代政治制度、现代社会管理等运行机制。现代交往方式就是建立在以现代化大生产和市场交换的基础上的，它首先发生在工业文明和市场经济条件下运作的西欧国家，仰仗于工业文明和市场经济，人们交往的自由与空间不断拓宽，在此基础上慢慢形成理性的、契约的、自由的、平等关系，和竞争的、创新的、开放的社会机制。

现代化大生产和市场交换是以深度社会分工和以市场机制为基础的高度社会交往与整合。分工这一生产实践活动带给人类文化发展巨大型塑（formating）力，在比我们想象地更为宽广程度上影响了我们的生活。首先，社会分工和市场机制创造新的社会制度。中世纪以来私有制发展经历了三个历史时期：（1）15 世纪末 16 世纪初至 17 世纪中叶，为工场手工业时期。（2）17 世纪中叶至 18 世纪末，为商业时期。（3）18 世纪末以后，为大工业时期。大工业创造了交通工具和世界市场，开创了世界历史。封建时代的所有制的主要形式，一方面是土地所有制和束缚于土地所有制的农奴劳动，另一方面是拥有少量资本并支配着帮工劳动的自身劳动。这两种所有制的结构都是由狭隘的生产关系——小规模的粗陋的土地耕作和手工业式的工业——决定的。在封建制度的繁荣时代，分工是很少的。每一个国家都存在着城乡之间的对立；等级结构固然表现得非常鲜明，但是除了在乡村里有王公、贵族、僧侣和农民的划分，在城市里有师傅、帮工、学徒以及后来的贫民短工的划分之外，就再没有什么大的分工了②。分工的进一步扩大是生产和交往的分离，即商业的产生。不同城市之间分工的结果就是工场手工业的产生。城乡的分离还可以看做资本与地产的分离。"资产阶级使农村屈服于城市的统治。它创立了巨大的城市，使城市人口比农村人口大大增加起来，因而使很大一部分居民脱离了农村生活的愚昧状态。正像它使农村从属于城市一样，

① 《马克思恩格斯选集》第 1 卷，人民出版社 1995 年版，第 142 页。
② 同上书，第 71 页。

它使未开化和半开化的国家从属于文明的国家，使农民的民族从属于资产阶级的民族，使东方从属于西方。"正是在这个意义上可以说，西方近代资本主义归根到底是商品经济发展的产物。"资产阶级日甚一日地消灭生产资料、财产和人口的分散状态。它使人口密集起来，使生产资料集中起来，使财产聚集在少数人的手里。由此必然产生的结果就是政治的集中。各自独立的、几乎只有同盟关系的、各有不同利益、不同法律、不同政府、不同关税的各个地区，现在已经结合为一个拥有统一的政府、统一的法律、统一的民族阶级利益和统一的关税的统一的民族。"① 在当代，这些"统一"表征为经济的全球化日益推动交往全球化。

其次，社会分工和市场机制创造新的推动历史发展的文化主体。例如，手工业和商业的扩大产生了彻底改变了人类社会结构的资产阶级。12 世纪末，第三次十字军兴起之际，需要额外的现款。这些款项的筹措方式不一，最重要的是向城市出卖特许状。这些城市仍赖耕种他们的公地来维持，它们所以与周围的乡村不同，主要是因为市内土地保有权的条件有较为自由的倾向。然而，城市常要负担种种既无理而又苛刻的地租和赋税。城市渐渐发达，与领主们订立合同，约定交纳一笔总款项，更常见的，交纳一笔年租以免除他们的种种义务。要做这事，便不免给予一纸特许状，设立一个集体负责交租的团体。……摆脱私人关系和私人服役制度的自治市"地方自治体"兴起了，结果形成了准备加入政界的新阶级……13 世纪英国大小不同的城市都已多少取得一点自治。城市基本摆脱了封建主的勒索，其主要目标是将它的商业掌握在它自己的市民手里。所根据的原则是，只有对本市的自由出过一份力的人才有份享它的特权；由于市民组成商业公会，这个目的达到了……②

再次，资本与资本主义货币的出现加速了无产阶级的诞生，马克思对此有过细致的描述："资本与资本主义货币加速这些工人同这些条件的分离，即促使他们丧失一切财产。例如，英国的大土地所有者遣散了那些曾经与他们共同消费剩余农产品的侍从；其次，他们的租佃者赶走了茅舍贫农等等，这样一来，首先有大量的活劳动力被抛到劳动市场上，

① 《马克思恩格斯选集》第 1 卷，人民出版社 1995 年版，第 276—277 页。
② ［英］莫尔顿：《人民的英国史》，谢琏造等译，三联书店 1962 年版，第 56—60 页。

他们在双重意义上是自由的：摆脱旧的保护关系或农奴依附关系以及徭役关系而自由了，其次是丧失一切财物和任何客观的物质存在形式而自由了，自由得一无所有；他们的唯一活路，或是出卖自己的劳动能力，或是行乞、流浪和抢劫。他们最初力图走后一条路，但是被绞架、耻辱柱和鞭子从这一条路上赶到通往劳动市场的狭路上去。"① 无产阶级革命最终创造了社会主义这一人类交往史上最伟大的交往形式。

（三）生产实践与精神文化发展

生产活动不仅促使社会分工的发生，而且推动了文化叁（精神文化）的生成。此后，生产活动既可能制约着文化叁的发展和创新，也可能推动文化叁的发展。"我们看到，理论的对立本身的解决，只有通过实践方式，只有借助于人的实践力量，才是可能的；因此，这种对立的解决决不只是认识的任务，而是一个现实生活的任务，而哲学未能解决这个任务，正因为哲学把这仅仅看作理论的任务。"②

1. 分工·精神生产·解释系统

从历史进程来看，人类社会历史发展的早期，社会活动的中心问题是生存，人类把劳动生产作为谋生的手段。在物质生产力达到一定水平之后，人类摆脱肉体生存的困扰，方能开始将劳动生产和社会活动作为生活目的，人们生活的中心由生物性物质需求为主，转变到以满足精神文化的需求为主，由消极地占有外部物质对象转变为非手段性的不是以物化为主的创造性活动。只有在这时，人类才能真正感性生存，在发展自己的能力的同时实现着与对象的一致性，生产和物质变换过程同时就是人的自我创造过程，生产的对象化也就直接成了主体自身的自我确证。因此，在这个阶段上，"不依旧有的尺度来衡量的人类全部力量的全面发展成为目的本身。在这里，人不是在某一种规定性上再生产自己，而是生产出他的全面性；不是力求停留在某种已经变成的东西，而是处在变易的绝对运动之中"③。

---

① 《马克思恩格斯全集》第46卷（上），人民出版社1979年版，第510页。
② 《马思恩格斯全集》42卷，人民出版社1979年版，第127页。
③ 《马克思格斯全集》第47卷，人民出版社1979年版，第215页。

按照马克思和恩格斯的理解，生产活动中的分工最初只是基于男女性别的自然分工。在野蛮状态下，脑力活动、体力活动还没有完全分工；在生产状态下，马克思恩格斯指出，分工只是从物质劳动和精神劳动分离的时候起才开始成为真实的分工，同时也是对人类历史发展产生了巨大推动作用的分工。独立的意识形态的产生与精神生产的独立化及精神生产者，即思想家的出现直接相关。随着时代的发展，特别是现代科学技术的发展，人们的社会分工越来越细，专业性越来越强，许多物质产品包含着丰富的精神内容，许多精神产品又总是以物质的形态出现，脑力活动、体力活动的最大一次分工是城乡的分离，它导致了阶级和国家的产生。城乡之间的对立只有在私有制的条件下才能存在。

"分工只是从物质劳动和精神劳动分离的时候起才开始成为真实的分工，从这时起意识才能真实地这样想像：它是某种和现存实践的意识不同的东西；它不用想像某种真实的东西而能够现实地想像某种东西。从这时候起，意识才能够摆脱世界而去构造纯粹的，理论、神学、哲学、道德等等。"[①] 显而易见，这种独立化的精神生产及其成果就是意识形态。恩格斯在《路德维希·费尔巴哈和德国古典哲学的终结》一书中指出："更高的即更远离物质经济基础的意识形态，采取了哲学和宗教的形式。在这里，观念同自己的物质存在条件的联系，越来越错综复杂，越来越被一些中间环节弄模糊了。"[②] 生产活动最终生产了解释系统（文化叁），诸如政治、法律、宗教、哲学、科学、文学、艺术、建筑和音乐等诸方面，甚至于日常生活、习惯行动符号意义、价值观念和思维方式。即使资产阶级社会生产方式是不合理的（"坏"），但也正是由特定的生产力发展水平必然造成的。这种历史的必然性同时也是历史的暂时性，只有生产力的进一步发展（造成社会主义的客观前提）才能真正消灭它。资产阶级社会绝不可能在观念中加以改变。所以，就是"适应自己的物质生产水平而生产出社会关系的人，也生产出各种观念、范畴，即这些社会关系的抽象的、观念的表现。所以，范畴也和它们所表现的关系一样不

---

① 《马克思恩格斯选集》第 1 卷，人民出版社 1995 年版，第 82—83 页。
② 《马克思恩格斯选集》第 4 卷，人民出版社 1995 年版，第 253 页。

是永恒的。这是历史的和暂时的产物"①。

2. 物质生产制约着精神生产的发展

物质生产制约着精神生产的发展大概表现在两个方面：

（1）在一定时期，一定的物质生产创造相应的精神产品，人们的精神产品很难超越一定的物质生产方式。也就是"人们按照自己的物质生产方式建立相应的社会关系，正是这些人又按照自己的社会关系创造了相应的原理、观念和范畴"②。也就是在这个意义上，马克思还说："每个原理都有其出现的世纪。例如，与权威原理相适应的是 11 世纪，与个人主义原理相适应的是 18 世纪，推究因果，我们应当说，不是原理属于世纪，而是世纪属于原理。换句话说，不是历史创造原理，而是原理创造历史。但是，如果为了顾全原理和历史我们再进一步自问一下，为什么该原理出现在 11 世纪或者 18 世纪，而不出现在其他某一世纪，我们就必然要仔细研究一下：11 世纪的人们是怎样的，18 世纪的人们是怎样的，在每个世纪中，人们的需求、生产力、生产方式以及生产中使用的原料是怎样的；最后，由这一切生存条件所产生的人与人之间的关系是怎样的。"③ 对此马克思感同身受地用当时德国没有发达的政治经济学研究一事作为例子来证明这一特征。他认为，德国人早已证明，在一切科学领域内，他们与其余的文明民族不相上下，在大部分领域内甚至胜过它们。只有一门科学，在它的大师们当中，没有一个德国人的名字，这就是政治经济学。原因很清楚：政治经济学是现代资产阶级社会的理论分析，因此它以发达的资产阶级关系为前提，而在德国，这种关系自从宗教改革战争和农民战争，特别是自从三十年战争以来的几百年间，都没有可能产生④。此外，在德国是写不出来的同工业和交换的历史联系起来研究的"人类的历史"，这也是很明显的，因为对于德国人来说，要做到这一点不仅缺乏理解能力和材料，而且还缺乏"感性确定性"；而在莱茵河彼岸之所以不可能有关于这类事情的任何经验，是因为那里再没有什么

---

① 《马克思恩格斯全集》第 27 卷，人民出版社 1972 年版，第 484 页。
② 《马克思恩格斯选集》第 1 卷，人民出版社 1995 年版，第 142 页。
③ 《马克思恩格斯全集》第 4 卷，人民出版社 1958 年版，第 148—149 页。
④ 《马克思恩格斯选集》第 1 卷，人民出版社 1995 年版，第 36 页。

历史。①

因此，马克思才说：

> 要研究精神生产和物质生产之间的联系，首先必须把这种物质生产本身不是当作一般范畴来考察，而是从一定的历史的形式来考察。例如，与资本主义生产方式相适应的精神生产，就和与中世纪生产方式相适应的精神生产不同。如果物质生产本身不从它的特殊的历史的形式来看，那就不可能理解与它相适应的精神生产的特征以及这两种生产的相互作用。从而也就不能超出庸俗的见解。这一切都是由于"文明"的空话而说的。其次，从物质生产的一定形式产生：第一，一定的社会结构；第二，人对自然的一定关系。人们的国家制度和人们的精神方式由这两者决定，因而人们的精神生产的性质也由这两者决定。

因为施托尔希不是历史地考察物质生产本身，他把物质生产当做一般的物质财富的生产来考察，而不是当做这种生产的一定的、历史地发展的和特殊的形式来考察，所以他就失去了理解的基础，而只有在这种基础上，才能够既理解统治阶级的意识形态组成部分，也理解一定社会形态下自由的精神生产。他没有能够超出泛泛的毫无内容的空谈。而且，这种关系本身也完全不像他原先设想的那样简单。例如资本主义生产就同某些精神生产部门如艺术和诗歌相敌对。不考虑这些，就会坠入莱辛巧妙地嘲笑过的18世纪法国人的幻想。既然我们在力学等方面已经远远超过了古代人，为什么我们不能也创作出自己的史诗来呢？于是出现了《亨利亚特》来代替《伊利亚特》。②

正是在这个意义上可以说，西方近代资本主义归根到底是商品经济发展的产物。同样，作为西方政治文化核心的民主思想、平等观念等也是在遵循等价交换、自由竞争原则的商品经济活动中逐渐发育起来的。

（2）生产实践本身有时又成为精神生产的桎梏。文化发展有时候表

---

① 《马克思恩格斯选集》第1卷，人民出版社1995年版，第81—82页。

② 《马克思恩格斯全集》第26卷，人民出版社1973年版，第296页。

现出极大的吊诡性：文化在生产自己的同时，也生产了自己的反面。马克思在其《巴黎手稿》中对"异化劳动"做的批判典范地论证了这一点。我们还可以技术为例来说明之。技术在人类文化系统中，决不仅仅局限于工艺意义上的突破和物质社会的满足，它之于文化发展的意义更大程度上是在于技术的发达会造成人们世界观和价值观的转变，例如技术决定论。科技对人类精神世界发生影响的一种方式是人类将科技成果这一自然定律应用于社会生活中，并形成人类生活的社会定律。哈贝马斯在《技术与科学作为意识形态》一书中对这一关系作出了深刻的论述，认为科学技术的物质形态成了第一生产力，而其观念形态则成了意识形态。马尔库塞在20世纪40年代就密切关注着技术与社会发展之间的关系，他认为："技术作为一种生产方式，作为工具、装置和器械的总体性，标示着机器时代，它同时也是组织和维持（或改变）社会关系的一种方式，也体现了主导性的思考和行为模式，是控制和支配的工具。"① 此后，法兰克福学派不遗余力地对技术意识形态进行了持续、深入的研究。可见，技术之于文化发展的决定意义是基于其在社会发展中日益重要的作用，技术不只是带来物质上的丰富和便利，技术的发达：一方面会造成人们世界观和价值观的转变；另一方面自然定律被应用于社会生活中，进而会形成人类生活的社会定律。这两方面都会给文化的转型和发展带来巨大影响。

　　按照马克思哲学思想，这种生产活动带来的"精神桎梏"：第一与"一定的社会结构；第二，人对自然的一定关系"有巨大关系。这些个人所产生的观念，或者是关于他们对自然界的关系的观念，或者是关于他们之间的关系的观念，或者是关于他们自身的状况的观念。显然，在这几种情况下，这些观念都是他们的现实关系和活动、他们的生产、他们的交往、他们的社会组织和政治组织有意识的表现，而不管这种表现是现实的还是虚幻的。相反的假设，只有在除了现实的、受物质制约个人的精神以外还假定有某种特殊的精神的情况下才能成立。如果这些个人的、现实关系的、有意识的表现是虚幻的，如果他们在自己的观念中把

---

① Herbert Marcuse, "Some social Implications of Modern Technology", *Technology*, *War and Fascism*, By Douglas Kellner, London and New York: Routledge, 1998, p.41.

自己的现实颠倒过来，那么，这又是由他们狭隘的物质活动方式以及由此而来的他们狭隘的社会关系造成的①。人与自然的狭隘关系制约着人与人之间的狭隘关系，只有从对物的依赖中解放出来，才能真正击溃这种生产意识形态。

3. 生产活动击穿解释系统的内在性，推动文化叁的发展

海德格尔说："只要人们从 Egocogito（我思）出发，便根本无法再来贯穿对象领域；因为根据我思的基本建制（正如根据莱布尼茨的单子基本建制），它根本没有某物得以进出的窗户。就此而言，我思是一个封闭的区域。'从'该封闭的区域'出来'这一想法是自相矛盾的。"②"这个正在进行认识的主体怎么从他的内在'范围'出来并进入'一个不同的外在的'范围，认识究竟怎么能有一个对象，必须怎样来设想这个对象才能使主体认识这个对象而且不必冒跌入另一个范围之险？"③ 在马克思看来，"人们按照自己的物质生产的发展建立相应的社会关系，正是这些人又按照自己的社会关系创造了相应的原理、观念和范畴。"但是，"这些观念、范畴也同它们所表现的关系一样，不是永恒的。它们是历史的暂时的产物"④。"生产力的增长、社会关系的破坏、思想的产生都是不断变动的，只有运动的抽象即'不死的死'才是停滞不动的。"⑤ 这些"原理、观念和范畴"组成的解释系统的虚假的永恒性之保持，从存在论方面而言，是由于从解释系统的对象性方面被撤回到意识自身的方面，而所谓意识自身，已先行设定了我思或意识的内在性。马克思认为，击穿并瓦解意识的内在性，只能是回到存在论的根基："感性的活动"或"对象性的（gegenstandliche）活动"，也即马克思在《关于费尔巴哈提纲》和《德意志意识形态》中作为哲学基石的"实践"，"当现实的、有形体的、站在稳固的地球上呼吸着一切自然力的人通过自己的外化把自己现实的、对象性的本质力量设定为异己的对象时，这种设定并不是主体；它是对象性的本质力量的主体性，因而这些本质力量的活动也必须是对

---

① 《马克思恩格斯选集》第 1 卷，人民出版社 1995 年版，第 72 页注释①。
② ［德］海德格尔：《存在与时间》，陈嘉映、王庆节译，三联书店 1987 年版，第 75 页。
③ 同上。
④ 《马克思恩格斯选集》第 1 卷，人民出版社 1995 年版，第 142 页。
⑤ 《马克思恩格斯全集》第 4 卷，人民出版社 1958 年版，第 144 页。

象性的活动。……它所以能创造或设定对象，只是因为它本身是被对象所设定的，因为它本来就是自然界。因此，并不是它在设定这一行动中从自己的'纯粹的活动'转而创造对象，而是它的对象性的产物仅仅证实了它的对象性活动，证实了它的活动是对象性的、自然存在物的活动。"①

　　解释系统升级，只能依靠生产活动击穿解释系统的内在性，从而推动文化叁的发展。一切社会存在都有其历史相对性和暂时性，这才是马克思辩证法的革命方面。甚至包括人的本质都是一种社会的、历史的本质，因为社会关系是"以活动为基础的关系即实践的关系"②。"在社会主义的人看来，整个所谓世界历史不外是人通过人的劳动而诞生的过程，是自然界对人说来的产生过程，所以关于他通过自身而诞生、关于他的形成过程，他有直观的、无可辩驳的证明。因为人和自然界的实在性，即人对人说来作为自然界的存在以及自然界对人说来作为人的存在，已经成为实际的、可以通过感觉直观的。所以，关于某种异己的存在物、关于凌驾于自然界和人之上的存在物的问题，即包含着对自然界和人的非实在性的承认问题，在实践已经成为不可能的了。"③

　　总之，历史进步（包括社会主义）和文化发展不是由人们观念（伦理学的价值论）中的好与坏决定和推动的，而是"人们在发展其生产力时，即在生活时，也发展着一定的相互关系；这些关系的性质必然随着这些生产力的改变和发展而改变"④。实践才是整个马克思主义的根本出发点，也同样是马克思文化辩证法的根本出发点。

第三节　生产方式·文化模式

　　本节中的"生产方式"当然是马克思哲学意义上的"生产方式"，只是这里相对偏于"生产力"这一层内涵。显然，这种"生产方式"对文

---

① 《马克思恩格斯全集》第42卷，人民出版社1979年版，第167页。
② 《马克思恩格斯全集》第19卷，人民出版社1963年版，第405页。
③ 《马克思恩格斯全集》第42卷，人民出版社1979年版，第131页。
④ 《马克思恩格斯全集》第27卷，人民出版社1972年版，第482页。

化模式有巨大影响。

一 生产方式与文化模式

马克思指出:"在人们的生产力发展的一定状况下,就会有一定的交换和消费形式。在生产、交换和消费发展的一定阶段下,就会有一定的社会制度、一定的家庭、等级或阶级组织,一句话,就会有一定的市民社会。有一定的市民社会,就会有不过是市民社会的正式表现的一定的政治国家。"马克思在这里强调"一定的",其含义是"人们借以进行生产消费和交换的经济形式是暂时的和历史性的形式"①。所以可以这么说:一定的生产方式生产了一定的生活方式,最终形成了一定的文化模式。阿尔都塞(Louis Althusser)和巴利巴尔(Balibar)在《读〈资本论〉》中提出,生产方式底层为三要素(生产者、非生产者和生产工具),三要素怎么样,生产方式的结构就怎么样,经济、政治和意识形态也就怎么样的观点。结构主义马克思主义人类学家不是从自然环境或者技术进步中去寻找社会决定因素,而是从生产关系中去寻找。他们:批判文化生态学,攻击它是粗俗的唯物主义;批评英国社会人类学,强调真实的关系不是世系、氏族和偶族等血缘关系或组织,而是生产关系。文化可归结为意识形态,生产方式、亲属制度、继嗣、婚姻、交换、家户等可还原为再生产关系②。这实际上指认了生产方式与文化模式的紧密联系。

文化模式是人的生存的深层维度。文化模式可以按历时态、共时态来划分:按历时态划分时可以用文化壹、文化贰、文化叁作为标准,如上文的自然中心型文化模式、人类中心型文化模式、人本生态型文化模式;按共时态划分时可以用文化主体属性例如国家、民族(心理)、主体的主体性等等为标准。本尼迪克特倾向于在民族文化心理的层面上比较分析不同文化模式。在分析美洲印第安人的文化模式时,她就借鉴了尼采酒神精神与日神精神的思想,提出在基本的民族心理或文化模式上存

---

① 《马克思恩格斯全集》,第 27 卷,人民出版社 1972 年版,第 477、478—479 页。

② [美]罗伯特·C. 尤林:《理解文化:从人类学和社会理论视角》,何国强译,北京大学出版社 2005 年版,参阅"重建的人类学轨迹",第 1 页。

在"酒神型人"和"日神型人"的区别的著名观点①。毫无疑问，无论从什么视角来划分文化模式，这样产生出来的文化模式都与一定的生产方式有密切联系。

首先，生产方式的要素直接构成文化模式的要素，生产方式直接就是文化模式的主要内容。生产方式不仅是人的再生产方式，而且更是人的主要生存活动方式、生活方式即主要存在方式。正如马克思在《评阿·瓦格纳的"政治经济学教科书"》中说道："'人'？如果这里指的是'一般的人'这个范畴，那末他根本没有'任何'需要；如果指的是孤立地站在自然面前的人，那末他应该被看做是一种非群居的动物；如果这是一个生活在不论哪种社会形式中的人，……那末出发点是，应该具有社会人的一定性质，即他所生活的那个社会的一定性质，因为在这里，生产，即他获取生活资料的过程，已经具有这样或那样的社会性质。"②

各种不同的生产活动直接就是主要的文化要素。例如技术活动、人类交往关系，对应着文化的活动系统、交往系统。技术成为意识形态后又构成了文化的解释系统，型塑着文化中的人们，改变了人们的生活方式。

此外，现在的生产方式乃是一个沉积了过去的生产方式同时也昭示着未来的生产方式的差异性整体。"不仅没有一种生产方式能存在于一种纯粹的状态中，而且我们需要一个相同程度的抽象概念来说明相互处于紧张状态的几种生产方式的这一矛盾交叉和结构共存。"③ 可见，在未来向度上，生产方式型塑文化模式。

其次，生产方式的变革直接造成文化模式的变革，生产方式直接就是文化模式的主要标志。马克思说："人们借以进行生产、消费和交换的经济形式是暂时的和历史性的形式。随着新的生产力的获得，人们便改变自己的生产方式，而随着生产方式的改变，他们便改变所有不过是这一特定生产方式的必然关系的经济关系。"④ 而随着经济基础的变更，全

---

① 参阅［美］本尼迪克特《文化模式》，王炜译，三联书店1988年版。

② 《马克思恩格斯全集》第19卷，人民出版社1963年版，第404—405页。

③ Fredric Jameson，*"Marxism and Hitoricism"*，*The Ideologies of Theory：Essays 1971—1986*，vol. 2，London：Routledge，1988，p. 174.

④ 《马克思恩格斯全集》第27卷，人民出版社1972年版，第478—479页。

部庞大的上层建筑也或慢或快地发生变革。在考察这些变革时，必须时刻把下面两者区别开来：一种是生产的经济条件方面所发生的物质的、可以用自然科学的精确性指明的变革；一种是人们借以意识到这个冲突并力求把它克服的那些法律的、政治的、宗教的、艺术的或哲学的，简言之，意识形态的形式。①

从某种意义上讲，生产力是文化发展的酵母，推动文化模式转换的基础动力。生产力的发展决定于分工的发展。分工的发展程度是生产力发展水平的客观标尺。分工决定工商业同农业的分离以及城乡的分离，并进而决定商业同工业的分离。分工发展的不同阶段就是所有制的不同形式。历史上的所有制形式是：部落所有制；古代的公社所有制和国家所有制；封建的或等级的所有制。所有制形式型塑文化模式。正如恩格斯所说："分工、水力、特别是蒸汽力的利用，机器的应用，这就是从 18 世纪中叶起工业用来摇撼旧世界的三个伟大杠杆。"② 其世界历史意义，实际上远远超过了一般意义上的政治革命或社会革命。

从反面来讲，生产力的低下决定了文化模式的自然必然性。例如：原始社会生产方式下的文化模式毫无疑问表现出巨大的自然必然性，人成为自然的奴役对象；资本主义生产方式下的资本主义文化模式，表现为人类对自然的无限度的扩张和破坏。物质的匮乏和生产危机常常是导致社会危机的巨大根源，社会危机又会激发文化整体的危机。资本主义生产方式下的资本主义文化模式同样表现出巨大的自然必然性，只有共产主义生产方式下的文化模式才真正表现为主体自由性。

再次，生产方式可以作为划分文化模式的重要标准。马克思在研究人类社会发展形态时，曾众所周知地运用生产方式作为尺度之一。一定时代的一定的生产方式的不同，常常成为划分文化阶段的重要标志，尤其是生产力要素如生产工具、技术。例如人们熟知的旧石器时代文化、新石器时代文化、信息文明时代文化。摩尔根依据生产力如生产工具、技术，用历史唯物主义的观点说明原始社会的发展与分期，指出生产工具的"发明和发现"是人类社会发展不同阶段的标志。恩格斯指出："摩

---

① 《马克思恩格斯选集》第 2 卷，人民出版社 1995 年版，第 33 页。
② 同上书，第 300 页。

尔根在美国，以他自己的方式，重新发现了 40 年前马克思所发现的唯物史观。"①

"生产方式"尺度同样适用于区分历时态文化模式。马克思说过："在一切社会形式中都有一种一定的生产决定着他一切生产的地位和影响，因而它的关系也决定着他一切关系的地位和影响。这是一种普照的光，它掩盖了一切其他色彩，改变着它们的特点。这是一种特殊的以太，它决定着它里面显露出来的一切存在的比重。"② 依据所谓"普照的光"的生产方式在不同文化时期中的不同地位，历时态人类文化模式大概可以划分为原始（采集、狩猎、游牧）社会的文化模式、传统农业文明的文化模式、工业文明的现代文化模式、后工业文明的后现代文化模式。

二　人本生态型后工业文化模式

从文化壹来看，现代工业文化模式是建立在工业生产的基础上的：自然界本是人类的家园，是人的"无机身体"（马克思语）。但是，奠基于人类中心主义的以征服自然为目的现代科学和技术，对自然构成了强大的破坏性，工业体系生产的难降解的工业品容易污染环境，工业文明对自然的破坏越演越烈，威胁着人们生存的自然家园，这种文明模式最终直接威胁着人类的生存本身。

从文化贰来看，现代工业文化模式奉行的是民主、自由和法制，要求尊重人权。在 20 世纪 70 年代早期，贝尔就意识到工业主义结构深刻地、富有弹性地嵌入了社会和经济生活。贝尔认为，传统自由主义政治在精神气质上太过于个人主义，在趣味爱好上太过于资产阶级化，政治单位是个人，法律奖惩也以个人为目的，一切的一切都以个人利益为归属。市场经济制度激励人们追求自我利益最大化，贝尔认为，生产目标不是大众化而是个人化，获得商品的动机不是需求而是欲求③。这些都加剧了工业文明的危机。

---

① 《马克思恩格斯选集》第 4 卷，人民出版社 1995 年版，第 3 页。
② 《马克思恩格斯选集》第 2 卷，人民出版社 1995 年版，第 24 页。
③ 参阅［美］丹尼尔·贝尔《后工业社会的来临》，高铦等译，商务印书馆 1984 年版，第 8—11 页。

　　从解释系统之对待自然和生产实践的姿态看，"工业扩张是工业资本主义和工业社会主义的基础"①，现代工业文化模式奉行的是人类中心主义和劳动意识形态。随着工业文明的政治经济矛盾加剧，人们的生存状态更加恶化，人成了这个庞大机器的一个部件，西方人在尼采喊出"上帝死了"之后，又疼惜于"人也死了"！人们的生活方式完全商业化、政治化，生活空间几乎为商业广告、大众传媒、各色意识形态所左右，人失去了主体性、成为"单面人"（马尔库塞语），工业文明的解释系统最终落入生产力拜物教的渊薮。贝尔认为，作为建立在工业社会价值体系基础上的经济学方式有严重的局限性，主要表现为三个方面：其一，只衡量经济商品，而不衡量"自由财货"，不考虑清新的空气、明亮的阳光、纯净的清水以及工作的满意度、家庭的幸福感等。其二，不考虑外部成本。这些外部成本会转嫁到社会的其他部分或整个社会，如工业化造成的空气污染、水污染等。其三，首先考虑满足个人的消费，结果是公共商品与个人商品之间就出现了不平衡。科技和理性的负面效应把科技推向了极端，也使得科技理性走到了尽头。②

　　随着生产力的不断发展，信息技术、网络技术、生物工程技术和生命科学不断成熟，服务业不断扩大，人类迈入了后工业时代。以美国为首的西方发达国家相继完成了从工业文明向后工业文明的转变，以服务业为经济基石、知识经济、全球化为标志，形成了后工业社会。后工业时代的生产方式与此前的生产方式大为不同，在这个生产方式上出现了人本生态型后工业文化模式的雏形。贝尔、托夫勒、奈斯比特、利奥塔德以及杰姆逊等人所描绘的正是这样一幅生生不息的文化图景。

　　从文化壹向度来看，人本生态主义与后工业主义互为表里，相互激荡。"后工业主义的主要意向和基本标志在于，生产应该考虑自然界这个人类生活的基石，否定那种会动摇生态平衡的发展道路。"③ 后工业文化

　　① ［俄］叶莲娜·萨马尔斯卡娅《从工业社会主义到后工业社会主义》，顾家庆译，《当代世界与社会主义》1997年第1期，第15页。
　　② 参阅［美］丹尼尔·贝尔《后工业社会的来临》，高铦等译，商务印书馆1984年版，第8—11页。
　　③ ［俄］叶莲娜·萨马尔斯卡娅：《从工业社会主义到后工业社会主义》，顾家庆译，《当代世界与社会主义》1997年第1期，第16页。

是以资源和劳力的低消耗和知识资源的开发利用为特征的。知识一跃成为主要的劳动要素。诚如马克思在19世纪所预计的："固定资本的发展表明，一般社会知识，已经在多么大的程度上变成了直接的生产力，从而社会生活过程的条件本身在多么大程度上已受到了一般智力的控制并按照这种智力得到创造。它表明，社会生产力已经在多么大的程度上不仅以知识的形式，而且作为社会实践的直接器官，作为实际生活过程的直接器官被生产出来。"① 它以高科技来大大降低已濒临绝境的自然资源，促进人与自然、人与人的协调、和谐和共生。人本生态型后工业文化模式是以服务行业为基础的社会，其经济部门主要属于第三、第四和第五产业。经济的要素不是纯粹的体力或者能源，而是信息。知识已成为最主要的工业，这个工业为经济提供生产所需要的重要中心资源。"后工业社会新的核心特征是理论知识的编汇和科学对技术的新关系。每个社会都以知识为基础并以传播知识的语言的作用而存在。但只是在20世纪我们目睹了理论知识的编汇和在新知识的发展中有目的的研究项目开发。人们在科学与技术的关系中看到了这种变化。"② 具有知识创新和高科技的人才则是新生产力的主体。"20世纪的主要发展——电信、计算机、半导体和晶体管、材料科学、光学、生物技术——源自20世纪的物理学和生物学革命，源自爱因斯坦在量子论和光学领域的研究，这些研究说明了光电效应并导致了激光的发展，导致了脱氧核糖核酸双螺旋结构的发现，导致了体细胞染色体结构解码的基因组工程。研究与开发服务于发明与创新，而对科学的发展来说它们是一个整体。"③ 主导技术是信息技术，所使用的方法主要不是经验方法，而是运用抽象理论的方法，如模型、模拟、决策论、系统分析等。知识经济对普通劳力、资本、自然资源的需求大大降低，这将造成全球性的劳力大量过剩和自然资源的闲置。马克思说："劳动资料经历了各种不同的形态变化，它的最后形态是机器，或者更确切地说，是自动的机器体系。"④ "劳动时间——单纯的劳动

① 《马克思恩格斯全集》第46卷（下），人民出版社1980年版，第220页。
② ［美］丹尼尔·贝尔：《技术轴心时代（上）——〈后工业社会的来临〉1999年版前言》，王建民译，《当代世界社会主义问题》2003年第2期，第53—54页。
③ 同上。
④ 《马克思恩格斯全集》第46卷（下），人民出版社1980年版，第207页。

量——在怎样的程度上被资本主义确立为唯一的决定要素，直接劳动及其数量作为生产即创造使用价值的决定原则在怎样的程度上失去作用。而且，如果说直接劳动在量的方面降到微不足道的比例，那么它在质的方面，虽然也是不可缺少的，但另一方而同一般科学劳动相比，同自然科学在工艺上的应用相比，另一方面同产生于总生产中的社会组织的，并表现为社会劳动的自然赋予（虽然是历史的产物）的一般生产力相比，却变成一种从属的要素，于是，资本也就促使自身这一统治生产的形式发生了解体。"①

从文化贰向度来看，在政治领域，后工业社会的政治性质发生了巨大变化，社会生活的基础由个人转向群体，社会权力归属集中于集体，生产的目的首先是致力于公益，利润不再意味着一切，法律奖励在对个人尊重的同时，更照顾到社会公正与正义。因此，在此基础上形成的"公众家庭"这种新的政治建构将取代工业社会的自由主义的政治模式。但同时，后工业社会主义革命的主要目标就是扩展个人自主的领域而限制经济的和政治的必然领域。"后工业社会主义主张，一个真正的后工业社会不能建立在个人为谋生的劳动花费大量时间这一原则的基础之上。而且，我将认为，一个成熟的后工业社会将是这样一个社会，在那里可利用的劳动是围绕着更平等的情形，而不是围绕着当前的情形而被分配。这就允许个人可以花费时间去参与其他自我决定的活动，并在共同体中从事不付报酬的或志愿性的劳动。"②"反对国家集中化和规章化、反对官僚主义的运动。在这方面出现了各式各样的自由主义方案，但是，社会主义对于国家管理方面现代情况的思考和现代仍然具有理性潜力。"③"最主要的是，后工业主义与工业主义不同，无论是在经济上还是在政治上，都不鼓励垄断和集中倾向。因此，专横型的社会主义将不可避免地消失，取代它的将是更具自由主义特点的社会主义，它的方向是与市场社会和

---

① 《马克思恩格斯全集》第 46 卷（下），人民出版社 1980 年版，第 212 页。
② ［英］阿德里安·里特尔：《论后工业社会主义》，郑一明编译，《马克思主义与现实》2002 年第 2 期，第 36 页。
③ ［俄］叶莲娜·萨马尔斯卡娅：《从工业社会主义到后工业社会主义》，顾家庆译，《当代世界与社会主义》1997 年第 1 期，第 16 页。

自由民主国家长期共处。"①

　　关于后工业社会的历史主体，法国马克思主义哲学家安德烈·高兹认为，在发达资本主义社会生产力的发展和阶级对立的发展之间联系被打破的时候，在一个老的、生产性总体工人的位置上，又正在形成一个"非工人—非阶级"，或"后工业的新无产阶级"，它预示着"现存社会中的一个非社会，在其中，阶级将和劳动本身、一切统治形式一起被废除掉。"②

　　从文化叁向度来看，工业文化危机的症结就是主体之工具理性的霸权。因为工具理性只强调目的性，强调精确的计算性，强调工具、效益。所以导致价值理性、感性、生命体验被人们遗忘，因此，要想超越工业文化就需要在文化中注入价值理性、感性、生命体验等因素，重建合理人性结构。

　　其实，工业文明的精神基石曾经是构筑在合理的人性结构基础上的，只是后来的文化发展偏离了这一基础。John U. Nef 在 1958 年出版的《工业文明的精神基石》一书中指出：十五六世纪以来艺术的偏向发展及其与道德的分离，至宗教革命而发生改观。17 世纪的欧洲文化各个领域发展有着内在的协调与均衡。也就是说，17 世纪之艺术、科学与道德诸方面能够互相配合、相携并进。"美"与"德"的结合，辅之以科学知识的日新月异，造成了十八九世纪以来辉煌的工业文明。目前，我们所遭遇的西方文化中科学与技术之过度发展以致与宗教、道德、艺术等脱节乃是 19 世纪以后发生的事情。在未来若干世代里，工业文明的前途似乎并不操纵在科学家、工程师与经济学家之手，它或许更依赖于现代人如何在此机械化与庸俗化的世界中重新探求人格的完美。此种探求首先需要建立一种以人生情趣为中心的新经济，而不去计算大量生产、自动化与原子能的等价值。John U. Nef 还认为，工业文明如要有更大前途，则必须转求质的提高，未来的文化不操纵于自然科学家与经济学家之手，而有待于宗教家、道德家以及艺术家之努力。他向往着西方文化能重回十七

---

　　① ［俄］叶莲娜·萨马尔斯卡娅：《从工业社会主义到后工业社会主义》，顾家庆译，《当代世界与社会主义》1997 年第 1 期，第 17 页。

　　② 徐崇温：《"后工业社会主义"的社会主义观》，《理论视野》2001 年第 4 期，第 42 页。

八世纪的协调与均衡之正轨①。因此，后工业文明文化模式的一个重要的维度毫无疑问是重建合理人性结构，后工业文化模式中的解释系统或解释方式的确也有一种伟大的回归：回归传统、回归宗教。因为在贝尔看来，社会的发展在经济—技术、政治制度方面表现变革，而在文化、意义精神领域表现为回溯传统。回归传统即回归到资产阶级古典文化，因为这种文化强调理性、秩序、信仰。回归宗教又是回归传统的核心，宗教是对生存"总秩序及其模式的认识与追求"。②

---

① John U. Nef, *Cultural Foundations of Industrial Civilization*, New York：Cambridge University Press, 1958. 参阅余英时《文史传统与文化重建》，三联书店 2004 年版，第 59 页、第 61—62 页。

② 贝尔的"后工业社会"常常是在经济领域里的社会主义，在政治上的自由主义，在文化方面的保守主义。参阅［美］丹尼尔·贝尔《资本主义文化矛盾》，赵一凡等译，三联书店1989 年版，第 21 页。

第 三 章

交往活动与文化发展

在马克思实践哲学的视界中，生存实践并没有局限于物质生产，而是包容了交往、革命或社会改造等一切感性活动。正如马克思所说的："为了进行生产，人们相互之间便发生一定的联系和关系：只有在这些社会联系和社会关系的范围内，才会有他们对自然界的影响，才会有生产。"① 也正因为如此，雅斯贝尔斯才说："交往是我面临的基本任务，按照它在大全的样式中的多种源泉阐明交往，是哲学研究的核心课题。"② 交往实践在这个意义上构成了文化发展的社会前提，本章将围绕交往方式与主体类型、交往活动与文化发展、交往方式与文化模式三个主题展开论述。

第一节 存在与交往

在《德意志意识形态》（以下简称《形态》）中阐述自己新创立的唯物史观时，马克思的所谓实践就不仅指物质生产，而且涵盖了交往。而在《形态》的另一处，实践不仅包括人改造自然的活动，而且包括人改造人或改造社会的活动，即"实际运动"或革命。实际上，任何主体都是交往和生产中的双重主体，交往主体才是一种真正的具体主体。"现实的个人"不是独立的个体，而是人的"总体规定性"，是社会生活中结合

---

① 《马克思恩格斯选集》第 1 卷，人民出版社 1995 年版，第 344 页。
② ［德］雅斯贝尔斯：《新人道主义的条件和可能》，转引自徐崇温主编《存在主义哲学》，中国社会科学出版社 1986 年版，第 229 页。

起来的历史的现实的人，是社会性存在，是"相互共在"。

一　交往概念

在日常语言中，交往（Communication）一词同时具有自然科学和社会科学意义，除"交往"含义外，还意指交流、交换、通信、信息、传播等多种含义。

哲学意义上的交往［Verkehr］理论，有代表性地体现在狄尔泰的"生活关联体"、胡塞尔的"生活世界"、维特根斯坦的"生活形式"、海德格尔的"世界中的存在"和伽达默尔的"视界融合"等哲学概念的理解中。这种理论涵盖了人类生活的全部领域，它的范围和界限亦即人类实践生活的范围和界限。它承认交往是人与人相互作用的中介，但更强调交往与人类社会生活的内在统一性，认为交往本身即人的生存方式，它注重研究交往的本质、基础及可能性，研究交往过程中人与人之间交互主体关系，及语言符号、思想观念等在交往过程中的意义。

按照社会学家帕森斯和米德的理解，广义的社会学意义上的交往理论，指那种"寻求阐释的意义（尤其是构成人类文化的符号意义）、描绘这些意义得以传播的渠道、追溯社会群体对这些意义的依赖性，以及他们创造这些意义的能力的理论"。

马克思哲学视界中的"交往"可以理解为处在一定历史中现实的个人或诸如阶级、民族、社会集团、国家等共同体之间在物质、精神上相互作用的动态活动和静态形式的和合体。"动态活动"是指人们的生活交往，包括生产交往（经济）和生活交往（政治生活、日常生活、精神生活如文艺活动、宗教生活等）。"而生产本身又是以个人彼此之间的交往［Verkehr］为前提的。这种交往的形式又是由生产决定的。""生产力与交往形式的关系就是交往形式与个人的行动或活动的关系。（这种活动的基本形式当然是物质活动，一切其他的活动，如精神活动、政治活动、宗教活动等取决于它。）"①

"静态形式"是指人们在交往中形成的关系系统，亦即马克思意义上

---

① 《马克思恩格斯选集》第 1 卷，人民出版社 1995 年版，第 68、123 页。

的"交往形式"。马克思在 1846 年 12 月 28 日致巴·瓦·安年柯夫的信中（与《形态》的写作基本同一时期），在说明"交往"对人类文明的作用后写道："我在这里使用（Commerce）（即交往——引者注）一词是就它的最广泛的意义而言，就像在德文中使用（Verkehr）一词那样。例如：各种特权、行会和公会的制度、中世纪的全部规则，曾是唯一适合于既得的生产力和产生这些制度的先前存在的社会状况的社会关系。"① 很明显，马克思的"交往"概念是还包含社会关系，它不仅指各种社会制度、规则等，社会关系的道德规范、礼仪、风俗、宗教制度、法律制度等都属这一类，甚至（军事）"战争本身还是一种通常的交往形式"②。

　　而且，"交往形式"绝不等于"生产关系"。首先，使用两者的学科视角不同："生产关系"概念是立足于政治经济学的视角，"交往形式"是立足于生存本体论和文化哲学的视角。其次，两者属于包含与被包含的关系。马克思在《形态》中所用的一些术语："交往形式""交往方式""交往关系"（Verkehrsform，Verkehrswise，Verkehrsverhältnisse）、"生产和交往的关系"表明了两者之间的区别。因为马克思说："只有在这些条件下（即交往形式——引者注），生存于一定关系中的一定的个人才能生产自己的物质生活以及与这种物质生活有关的东西，因而它们是个人自主活动的条件，而且是由这种自主活动创造出来的。"接着马克思在页边写着："交往形式本身的生产。"③ 可见，交往形式既是个人自主活动的条件，又是个人自主活动的结果。而包括政治活动、宗教活动等在内的个人自主活动，作为其条件的交往形式只能是社会关系，而不可能是单一的生产关系，一言以蔽之，"交往形式"包含了"生产关系"，"生产关系"是"交往关系"的核心。交往形式成为历史过程的联系环节，即"已成为桎梏的旧的交往形式被适应于比较发达的生产力，因而也适应于更进步的个人自主活动类型的新的交往形式所代替；新的交往形式又会变成桎梏并为别的交往形式所代替"④。于是，在交往形式的基础上，文化及其发展的客观性和规律性得以确定。

① 《马克思恩格斯选集》第 4 卷，人民出版社 1995 年版，第 533 页。
② 《马克思恩格斯选集》第 1 卷，人民出版社 1995 年版，第 125 页。
③ 同上书，第 123 页。
④ 同上。

此外，马恩还指出了交往形态的不同：物质交往/精神交往、内部交往/外部交往，一个民族要发展，"取决于它的生产以及内部和外部的交往的发展程度"①。正因为如此，交往形态包含了人类的物质交往和精神交往、内部交往和外部交往等多方面。

本书中的"交往"概念有时使用的是其动名词形式：指在一定历史中现实的个人或诸如阶级、民族、社会集团、国家等共同体之间在物质、精神上相互作用的动态活动，有时也指主体或文化巨系统三个向度之间的交互作用（interaction）。

二　交往方式与主体类型

正如上文所述，马克思恩格斯指出了存在着不同的交往形态，实际上，人类交往在方式上也具有重大差异。从交往哲学和文化发展哲学来看，不同的交往方式对文化发展、型塑主体类型等方面具有巨大的影响力。

（一）交往方式与主体类型

马克思在其成熟期的《形态》《共产党宣言》《1857—1858 年经济学手稿》《资本论》《1861—1863 年经济学手稿》研究中先后对交往方式和主体性、主体类型的关系做了详细论述，交往的发展程度常常与主体的解放息息相关。首先，因为交往中的分工和交换的出现和发达化，使人的主体性得到了发挥，创造了巨大生产力，使人在自然面前显示出辉煌的主体性；人作为社会主体，其活动的自由度也大大扩展了，不仅冲破了原有的氏族、部落界限，而且冲破了狭隘的民族、国家界限，使主体日益成为世界性主体。在今天的全球化时代，这一点更为明显。同时，作为主体性重要标志的"个性"也充分显示了出来。再则，由于"等价物"（如货币）的出现，人的主体性"价值"大小才被"客观"地标示出来，等级时代的血缘等级关系被否定②。于是主体间的现代意义上的平

---

① 《马克思恩格斯选集》第 1 卷，人民出版社 1995 年版，第 68 页。

② 李为善等编：《主体性和哲学基本问题》，中央文献出版社 2002 年版，第 33 页。

等、自由关系（尽管只是形式上的）出现了。正如马克思所言："如果说经济形式，交换，确立了主体之间的全面平等，那么内容，即促使人们去进行交换的个人材料和物质材料，则确立了自由。可见，平等和自由不仅在以交换价值为基础的交换中受到尊重，而且交换价值的交换是一切平等和自由的生产的、现实的基础。作为纯粹观念，平等和自由仅仅是交换价值的交换的一种理想化的表现；作为在法律的、政治的、社会的关系上发展了的东西，平等和自由等等不过是另一次方的这种基础而已。"①

　　马克思在晚年的《摩尔根〈古代社会〉一书摘要》《马·柯瓦列夫斯基〈公社土地占有制，其解体的原因、进程和结果〉一书摘要》等笔记中，回过头研究人类早期交往史时发现：在人类社会发展的早期，交往方式主要是氏族与氏族外部之间的集体交往，以及氏族内部成员间个人与个人的交往。交往主体相对简单，交往范围相应地狭小。人类进入阶级社会后，交往主体和范围有所扩大，开始出现各种和平的与暴力的交往形态。但总体来说，在整个古代社会，由于各区域的相互联系仍处于初期阶段，各地区的发展是相对独立的，因此交往主要限于地区内部进行。随着历史进程在时间与空间上的铺展，近代民族国家形成后，出现了一系列重大的历史事件，反映到《历史学笔记》中，交往主体与对象更多地体现为阶级与阶级、民族与民族、国家与国家，甚至是文明圈与文明圈之间的交往。

　　从这些研究成果我们可以对交往方式与主体类型的关系做出基本的判断。所谓交往方式（Mode of Verkehr）是指处在一定历史中现实的个人或诸如阶级、民族、社会集团、国家等共同体交往活动和交往形式及制度的总体特征。交往方式按其不同标准可以划分为不同的类型。依照交往活动发生的空间（不仅仅指地理空间）范围、对象领域、时间跨度的大小大概可以分为两种：局部交往和普遍交往；依照交往活动中交往主体的主体性强弱可以分为自主交往和依附交往。依照交往活动中各交往主体的主体地位可以分为平等交往和不平等交往；依照交往活动的自由度和民主度可以分为自由民主交往和非自由民主交往。不平等交往、非

---

① 《马克思恩格斯全集》第46卷（上），人民出版社1979年版，第197页。

自由民主交往实际上是局部交往、依附交往的某种形式，平等交往、自由民主交往是普遍交往、自主交往的初级形式。

按照其交往活动采取的群体形态，交往主体可以划分为：从穴居人到前民族（氏族、部落、部族等）、民族、后民族（民族国家、民族联合体、全人类）不同历史阶段的交往主体。此外，按照其交往活动方式采取的局部或普遍形态，交往主体的发展常常表现为：从"此在"到"相互共在"，从"个人性抽象生存"到"社会性历史存在"，从"地域性的存在"发展为"世界历史性的存在"，从片面存在发展为相对全面存在。而后者正是马克思交往哲学视界中理想的主体类型，它是文化发展的主要目的。马克思说："而各个人的世界历史性的存在，也就是与世界历史直接相联系的各个人的存在。各个相互影响的活动范围在这个发展进程中越是扩大，各民族的原始封闭状态由于日益完善的生产方式、交往以及因交往而自然形成的不同民族之间的分工消灭得越是彻底，历史也就越是成为世界历史。"①

（二）"普遍交往"与"世界历史性的存在"

"普遍交往"与"世界历史性的存在"是马克思关于终极状态的交往方式与交往主体的论述，这一论断对我们深入研究文化发展哲学具有重大意义。

其一，因为有了交换关系，人才有了成为世界历史性主体的可能。假若没有商品、货币以及商人，就不可能有东西方的物质和文化交流，就不可能形成世界性的经济、文化市场，"人类"文化就只能是抽象的而非现实的，因为相互隔离的人们不能成为世界性的人类性的历史主体。②

其二，只有在"普遍交往"中"世界历史性的存在"才会成为现实。随着资产阶级的发展，随着贸易自由的实现和世界市场的建立，随着工业生产以及与之相适应的生活条件的趋于一致，各国人民之间的民族分隔和对立日益消失。"只有随着生产力的这种普遍发展，人们的普遍交往才能建立起来；普遍交往，一方面，可以产生一切民族中同时都存在着

---

① 《马克思恩格斯选集》第 1 卷，人民出版社 1995 年版，第 87—88 页。
② 李为善等编：《主体性和哲学基本问题》，中央文献出版社 2002 年版，第 33 页。

'没有财产的'群众这一现象（普遍竞争），使每一民族都依赖于其他民族的变革；最后，地域性的个人为世界历史性的、经验上普遍的个人所代替。"① 这样一来，现在情况就变成了这样：各个人必须占有现有的生产力总和，这不仅是为了实现他们的自主活动，而且就是为了保证自己的生存。第一，这种占有首先受所要占有的对象的制约，即受发展成为一定总和并且只有在普遍交往的范围里才存在的生产力的制约。第二，这种占有受进行占有的个人的制约。其次，占有还受实现占有所必须采取的方式的制约②。只有在这个阶段上，自主活动才同物质生活一致起来，而这又是同各个人向完全的个人的发展以及一切自发性的消除相适应的。同样，劳动向自主活动的转化，同过去受制约的交往向个人本身的交往的转化，也是相互适应的。随着联合起来的个人对全部生产力的占有，私有制也就终结了。在迄今为止的历史上，一种特殊的条件总是表现为偶然的，而现在，各个人本身的独自活动，即每一个人本身特殊的个人职业，才是偶然的③。历史主体"无产阶级"，"只有在世界历史意义上才可能存在，就像它的事业——共产主义一般只有作为'世界历史性的'存在才有可能实现一样"。④

三　主体性·交往理性·交往力

从上文可以知道，主体性（意识）随着人类实践的开拓而生成。近代主体性还是单个性、内在性的主体性，意味着使主体成为主体的根基性东西是一种单个人的内在性，牵涉到更多人并由更多人承担着的社会性还没有进入主体根基的规定性之中。在这种认识论中，每个有理性的个体就是主体，而其他人就都成为客体。这样，人与人之间就形成了一种紧张的关系，形成了像霍布斯说的"人对人是狼"或者像萨特说的"他人就是地狱"的局面。"几乎所有现代性的解释者都强调个人主义的

---

① 《马克思恩格斯选集》第 1 卷，人民出版社 1995 年版，第 86 页。
② 同上书，第 129 页。
③ 同上书，第 130 页。
④ 同上书，第 87—88 页。

中心地位。"① 现代主义对主体的自我执迷，往往是以歪曲、藐视、贬低他人为条件的，结果是导致我他的对立，人与人之间为了利益而争斗。这种状况，影响了人与人之间的合作交流。人人都把自己当做主体、他人当做客体。那么作为客体的人和物应该怎么区别？如果同样是主体的人与人之间具有平等的地位，那么，处于"主体—主体"关系（即"主体间性"）中的人的主体性具有什么样的特性？直到费尔巴哈才初步打破了这种内在性的近代主体性。对于个体自我意识（个体主体）的生成，费尔巴哈认为："只有社会的人才是人。因为有你存在和与你共处，我才是我。只是由于你作为一个明显的可触知的我、作为一个他人而与我的意识相对立，我才意识到我自己。"②

实际上，人们在交往活动中生成了一种新的主体性：主体间性。在马克思看来，主体（性）在本质上就是主体间性，因为人在本质上就是周围世界的产物。在《黑格尔法哲学批判导言》中，马克思写道："人并不是抽象地栖息在世界以外的东西。人就是人的世界，就是国家，社会。"③ 在《1844 年经济学哲学手稿》中，马克思指出："……人的本质是人的真正的社会联系，所以人在积极实现自己本质的过程中创造、生产人的社会联系、社会本质，而社会本质不是一种同单个人相对立的抽象的一般的力量，而是每一个单个人的本质，是他自己的活动，他自己的生活，他自己的享受，他自己的财富。"④ 后来，马克思还说："人起初是以别人来反映自己的。名叫彼得的人把自己当作人，只是由于他把名叫保罗的人看做和自己相同的。"⑤ "这个人所以是国王，只因为其他人作为臣民同他发生关系。反过来，他们所以认为自己是臣民，是因为他是国王。"⑥ 他指还出："人同自身的关系只有通过他同他人的关系，才成为对他说来是对象性的、现实的关系。"⑦ "黑人就是黑人。只有在一定的关

---

① ［美］乔·霍里德：《后现代精神和社会》，载大卫·格里芬编《后现代精神》，王成兵译，中央编译出版社 1998 年版，第 5 页。

② 《费尔巴哈哲学著作选集》上册，荣震华等译，三联书店 1959 年版，第 571 页。

③ 《马克思恩格斯全集》第 1 卷，人民出版社 1956 年版，第 452 页。

④ 《马克思恩格斯全集》第 42 卷，人民出版社 1979 年版，第 24 页。

⑤ 《马克思恩格斯全集》第 23 卷，人民出版社 1972 年版，第 67 页。

⑥ 同上书，第 72 页。

⑦ 同上书，第 99 页。

系下，他才成为奴隶。"① 显然，马克思认为，人的本质体现在人与人之间的社会联系中，即每一个主体的本质都体现在主体间性中。这实乃当代哲学"主体间性"理论的最初曙光。在马克思实践哲学已经具有这一远为深刻的视界，初步建立了主体间性理论，这一理论质点后来被哈贝马斯发扬生成为"交往理性"理论。

马克思还强调，这种人与人之间的"社会联系"并不像以往的哲学家们所认为的，是理论反思的结果，而是生存活动和需要的产物。物质生产实践催生了新的文化要素、文化特质、文化精神，也生成了新的主体间性。正如罗伯特·C. 尤林所说："交互主体性是经济制度与社会制度的无意识财产。"②

随着生产力的发展、分工的发展和私有制的出现，主体间关系就冲破了原有的狭小范围，扩展为社会关系；人类于是大大进步了，但原有的那种自然、和谐关系也就被社会强制关系例如货币、国家、法律等关系所取代。

随着财产的私有化，个人对财产的主体性也开始显现、确立。为了保护和享有私有财产，交往主体愈益要求自我作为独立个人的主动性和独立性。财产占有者为了保护和享有私有财产，逐步建立起各种管理机关和法律，也使社会关系步入空前发展的时期。"产生这种孤立个人的观点的时代，正是具有迄今为止最发达的社会关系（从这种观点看来是一般关系）的时代。人是最名副其实的政治动物，不仅是一种合群的动物，而且是只有在社会中才能独立的动物。"③ 国家的产生过程同时也是交往的制度化和规范化过程。社会交往的稳定秩序和结构，是通过社会交往的制度化促成的，国家的形成为这一秩序的稳定起到了至关重要的作用。随之而来，以血缘和氏族为基础的社会转变为以地域和财产为基础的社会。地缘性交往随着生产方式和交往手段的进步，突破了原始狭隘的地域交往，扩展为文明圈之间的交往。由于科学技术的进步促进生产力的迅猛发展，商品交往愈益普遍化，社会制度和法律的建立健全为社会交

———————

① 《马克思恩格斯选集》第 1 卷，人民出版社 1995 年版，第 344 页。

② ［美］罗伯特·C. 尤林：《理解文化：从人类学和社会理论视角》，何国强译，北京大学出版社 2005 年版，第 184 页。

③ 《马克思恩格斯选集》第 2 卷，人民出版社 1995 年版，第 2 页。

往的规范化提供了保障，交往主体也因为社会化程度的日益提高而复杂化，表现为多个层次。交往主体除了处于不同阶级阶层的个人和集团之外，还表现为种族、民族、国家乃至宗教共同体，交往形态也因之日趋复杂多样。

而在现代社会中，"这种社会联系就以异化的形式出现。因为这种社会联系的主体，即人，是自我异化的存在物"①。这就表明，马克思不但意识到主体性的真理就是主体间性，而且意识到，作为这一真理的社会联系在现代社会中是以异化的方式出现的。广松涉说过："……马克思的所谓物象化，是对人与人之间的主体际关系被错误地理解为'物的性质'（例如货币所具有购买力这样的'性质'），以及人与人之间的主体际社会关系被错误地理解为'物与物之间的关系'这类现象（例如，商品的价值关系，以及主旨稍微不同的'需要'和'供给'的关系由物价来决定的现象）等等的称呼。"② 也就是说，"主体在内部世界的自相主、客，形成反观自照的自我意识活动，完全是对人、我交互作用的镜像反映；它的基底只能是社会生活中的主、客关系和主体间的交往实践"。③

后现代哲学发扬了这一主体间性理论，反对以单一主体为中心的"霸权哲学""主人话语"，目的是摧毁居于中心地位的各色主体，倡导不同主体之间的平等交往关系，以消除我他之间的对立。后现代哲学的"主体间性"思想，推崇"对话"，肯定交往中的主体。处于交往关系中的人，均是主体，而没有客体，这就理论上消解了二元论在人与人之间设置的对立。在后现代的世界秩序中，人与人、人与物、物与物之间的关系，不再是相互对立的关系，而是一种相互成全的关系，这些实际上是以交往主体形式取代了中心主体形式，弱化了主体的自我中心地位，从而也淡化了主体本位和主体性原则，确立了交往辩证法。

交往实践的最终本质标志是交往力或组织力，交往力是指交往主体在社会存在中的交往能力，表现为主体与主体之间的关系，交往力的最终本质标志是民主与自由。具体可表现为交往主体设计和谋划（project-

---

① 《马克思恩格斯全集》第42卷，人民出版社1979年版，第25页。

② ［日］广松涉：《物象化论的构图》，彭曦、庄倩译，南京大学出版社2002年版，第70页。

③ 胡潇：《关于主体性的实践唯物论解释》，《哲学研究》2008年第12期，第20页。

ing)，制定交往共同体制度、规则、关系等，对权利、义务、责任的区分，对交往理性的认知和建构能力，以及主体间性和合理交往主体的建构能力，尤其是最大程度发挥各个个体主体潜力的组织力等内容。随着交往间性的建立，不同共同体的交往形式也得到不断改善，尤其是在二战后，人们建立了为数众多的民主自由的交往共同体。在这些共同体中，人们交往力获得发展，交往主体的本质力量也得到更好的释放和发挥。

第二节　交往活动:文化发展的主要路径

交往活动毫无疑问是文化发展的主要路径，无论是从同一文化共同体内部文化壹、文化贰、文化叁之间的交互作用，还是从不同共同体之间外部交往活动，甚至于跨时空的文化交往实践来说，都是如此。历史多次证明：那些没有交往的封闭文化共同体最终只有同样的停滞或消亡的结局。总之，生产实践是文化发展的客观前提和物质基础，交往活动则是文化发展的主要路径和社会前提。

一　交往主体与文化类型

"在真正的现实中，'一般文化'是不存在的。始终只存在这种或那种个别的文化，它也许属于文化的某种形式或派生形式，即属于为了描绘它们而在类型学上采用的那种标记。"① 所谓的具体文化又必然与交往主体息息相关。我们已经知道：任何主体都是具体交往中的主体，因此，从交往哲学的角度可以说：主体的交往类型决定了文化类型，主体类型的多样性决定了文化类型的多元性。

我们已经知道第一章中的"文化"概念是文化的一般概念，它只具有"一种初始的抽象结构"，这种结构必须上升到现实交往中的具体主体才能生成为一种文化辩证法。依据交往主体不同的地域、性别、种族、

———————

① ［苏］E. A. 瓦维林、B. П. 弗法诺夫：《历史唯物主义与文化范畴》，雷永生、邱守娟译，河北人民出版社 1987 年版，第 75 页。

情势①、范式、空间、话语体系，我们可以把握当代主要文化类型（见图
3-1）。

　　但是，这是不够的——"随着物理学中获得的新知识，其他学科分支也
正提出新思想。以前认为一个特定的社会结构是静止的，处于平衡状态的，
而现在的看法已经改变。结构永远在形成、消失、竞争、协作或组成更大的
结构。"② 这种观念启发我们把结构和场的概念引入文化辩证法，依据"结构
和场"的文化辩证法，可以绘出如下动态"文化场"（见图 3-1）。

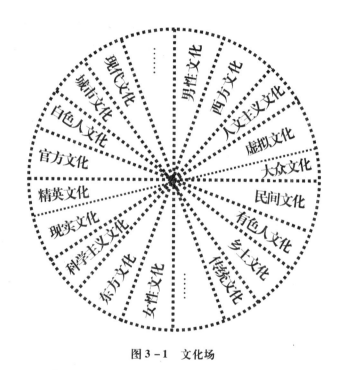

图 3-1　文化场

---

　　① "中心—边缘"的确可以说是无所不在的。齐美尔（Simmel）指出，在任何社会互动的
情势之中，人与人之间都可能有优位之势（superordination）与劣位之势（subordination）这类不
同境地的区别。他把这种具有位势之优劣的社会关系形式称之为"支配"（domination），亦即占
优位之势的人具有影响、决定和控制占劣位之势的人的能力和机会。希尔斯（Shills）也指出，
在所有社会的结构中都存在着一个中心的区域，而这个中心区域则以各种方式对生活在周边区域
的人们施以影响。
　　② ［德］赫尔曼·哈肯：《协同学——大自然构成的奥秘》，凌复华译，上海译文出版社 2001 年
版，第 12 页。

　　世界文化场描述了文化场一种动态的壮丽景观：不同文化主体、实体、本体，个体与个体、个体与集体、个体与社会、本土与全球、民族国家与世界体系等之间形成一系列的张力关系。这些文化主体之间的矛盾与互动构成了文化发展的结构动力。在现实社会中，任何"主体不是与一个主体，而是与几个主体交互作用。在现实的历史过程中，主体无论与几个主体交互作用其本身的现实存在还包括它与某种反主体的交互作用，因此，它们中的每一个都不是独立存在着"①。某主体可以和其他主体发生各种不同的交互作用，但是，它始终必须和自己的反主体发生交互作用。"马克思的总体概念的全部意义是辩证的，因为发展的动力来自总体的两面矛盾，当这些矛盾经过历史主体真实的交互行动时，社会变革就会到来。"② 主体的活动处在新增加的主体与反主体的活动两者之间的关系中。在这个意义上，文化场的存在并不是活的活动主体体现者本身，而是统一的、同时又是内在不同的活的活动过程。诸多文化主体只是这一过程的要素和角色，真正存在的是文化场，是矛盾，是文化辩证法。文化主体只是文化辩证法的体现者，是矛盾招聘的演员。

　　这幅"文化场"拼图可以从宏观上鸟瞰当代世界文化，这是一种极具"后现代性"（拼贴）的文化景观：不同的文化资源，不同的文化性质，不同的文化客体，不同的文化种系，拼贴成当代文化奇观。当代文化这种复杂多元的"文化狂欢"状况实质上表征了当代社会价值多元的现状，在文化世俗化大潮的挟裹下，现代文化摆脱了传统话语的专制，从而具有了更为丰富的表现力，更贴近百姓生活，更方便百姓表达当下的卑微而真切的体验。"文化的世俗化"替代了"文化的政治化、宗教化"，消解了政治意识形态的一元化、文化专制主义，人们可以通过对话性、多声部性的话语实践来表达自己对"独白体"文化的"微观抵抗"。文化的多样性同时也表征了世界的多样性，消解了"文化帝国主义"。"差异"逻辑和主体尊严得到体现，文化活动真正具有自我表达的意义与功能。

---

　　① ［苏］E. A. 瓦维林、B. Π. 弗法诺夫：《历史唯物主义与文化范畴》，雷永生、邱守娟译，河北人民出版社1987年版，第82页。

　　② ［美］罗伯特·C. 尤林：《理解文化：从人类学和社会理论视角》，何国强译，北京大学出版社2005年版，第202页。

文化永远是一个经常性的公开竞技场，永远处于生成之中。实践生成的文化主体和历史现成的文化主体，使文化场中出现了两个交互作用的主体，这就是文化系统的根本性动力之所在。上述各种文化主体相互之间的激烈的话语权争夺，在"文化场域"中形成了某种巨大的结构性张力，这种张力也反过来带动"文化巨轮"急速旋转，从而推动文化向前发展。

二　交往活动与文化发展

研究交往模式有两种范式：从主体的视角出发的主体交往研究范式，从文化结构的视角出发的文化结构交往研究范式。这两种范式都有各自的价值，本书认为，文化主体交往模式的研究最终还是要落实细化到文化结构交往模式上，否则这种研究将会落空。而且，在论及交往时，一般研究者主要关注不同文化主体的外部交往，实际上同一文化共同体内部的结构交往也是非常重要的文化发展途径。因为马克思说过："不仅一个民族与其他民族的关系，而且一个民族本身整个内部结构都取决于它的生产以及内部和外部的交往发展程度。"① 本节从文化结构这一视角出发，从文化结构各系统内部交往模式与不同文化共同体的外部交往模式来研究文化发展的关系。

文化共同体的文化结构交往按其交往模式可分为内部、外部交往。同一文化共同体文化结构三大系统的子系统之间交往互动构成交往实践的最内部交往；同一文化共同体文化结构三大系统之间交往互动构成交往实践的次内部交往。最内部交往与次内部交往一起构成内部交往机制。不同文化共同体之间的动态复杂交往构成外部交往机制，任何不同文化共同体之间的动态复杂交往内在包含内部交往机制。这样一来，对于一个有活性的文化体来说，活跃的内部交往与开放的外部交往和合在一起构成了文化母体的创新机制，目前相对发达的西方现代文明的成功发育是同其文化的"三元革命"（宗教/文艺、政治、经济）［阿伦特语］之三大系统内外部成功互动交往息息相关的。

① 《马克思恩格斯选集》第1卷，人民出版社1995年版，第68、107—108、109、110页。

（一）内部交往与文化发展

由于各文化主体的现实活动和历史生成的作用，文化共同体的生产实践、交往活动和解释系统三大系统各自保持了活性，不断生产子系统，母系统生成的各子系统之间又保持着内部的交往，这种交往性和交往力反过来成为各系统内部发展机制。同样，文化共同体的三大系统之间的交往使得文化母体保持了活性，不断升级换代，提升文化力。

1. 同一共同体子系统的内部交往

（1）文化壹的内部交往

文化壹即生产活动系统大概有农业生产、工业系统、第三产业、信息产业四大系统（见图3－2）。随着时代的推移和科技的发展，农业生产逐渐萎缩、内陷，工业系统、第三产业、信息产业依次发育、成长、成熟起来，从而也为人类文化注入了崭新的活力和要素，甚至改变了总体的文化结构和文化模式。在古代有著名的古希腊工商文明的例子，诚如顾准所研究的："海上贸易和海上交通的发达，反过来对希腊各殖民地城邦和本土诸国的经济又产生巨大影响。它使本土诸国古老的自然经济，迅速转为商品货币经济；使海外和本土原先的工商业城镇，由于粮食和原料供给方便，而得以不受限制地扩大它们的工商业。"① 在当代有正在生成的所谓信息文明或知识经济的说法。农业生产虽然在逐渐萎缩，但

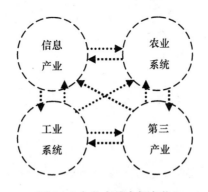

图3－2 文化壹的内部交往

---

① 《顾准文集》，中国市场出版社2007年版，第78页。

是它不可能退出历史舞台，只不过是内陷为这一系统的次要因子而已。同时，它还借助于其他生产系统的交往与互动来改变自己传统的活动方式，提高活性和效能，例如现代农业。其他子系统也是一样，必然要保持与其他系统的交往互动。

（2）文化贰的内部交往

经济制度、政治体系、科技制度、法律制度等都属文化贰内部的核心内容（见图3-3），还有军事布局、环境保护、生态维护，更不消说城镇、区域和国家和一切行为制度了。自然法、习惯法、道德是较早出现的，在一个文化共同体中，交往理性首先是自然法、习惯法、道德、习俗。每当工业和商业的发展创造出新的交往形式，文化就会获得新的发展。随着文化共同体的规模的扩大，交往规则只能用契约和法律来产生效应。"由欧洲人带到中国、带到全世界的一套国际关系的惯例——条约、使节、宣战、媾和、战争赔款等等鸦片战争前中国人不知道的东西，已经盛行于当时的希腊世界。这一套国家之间的法权关系，只能产生于航海、商业、殖民的民族之中。"①

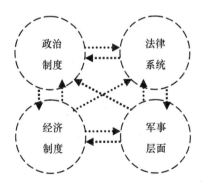

图3-3 文化贰的内部交往

政治解决不了的往往诉诸军事战争。这就已经走向非理性交往。历史事实证明，战争（军事、征服）这一反面文化现象却也常常成为文化贰中很活跃的因子，它的出现往往带动了系统内部剧烈的改变，提高了

---

① 《顾准文集》，中国市场出版社2007年版，第208页。

文化体的交往力。马克思说过："战争比和平发达得早；某些经济关系，如雇佣劳动、机器等等，怎样在战争和军队等等中比在资产阶级社会内部发展得早。生产力和交往关系的关系在军队中也特别显著。"① 从历史哲学和交往哲学来看，军事、征服这种非理性交往形式却常常成为推动建立更合理的交往形式和制度的重要路径。马克思说："征服这一事实看起来好像是同整个这种历史观矛盾的。到目前为止，暴力、战争、掠夺、抢劫等等被看作是历史的动力。这里我们只能谈论主要之点，因此，我们举一个最显著的例子：古老文明被蛮族破坏，以及与此相联系重新开始形成一种新的社会结构（罗马和蛮人，封建制度和高卢人，东罗马帝国和土耳其人）。"② 他还举证历史殖民交往活动来深入论述这一历史吊诡："相反地，有些国家，例如北美的发展是在已经发达的历史时代起步的，在那里这种发展异常迅速。在这些国家中，除了移居到那里去的个人而外没有任何其他的自发形成的前提，而这些个人之所以移居那里，是因为他们的需要与老的国家的交往形式不相适应。可见，这些国家在开始发展的时候就拥有老的国家的最进步的个人，因而也就拥有与这些个人相适应的、在老的国家里还没有能够实行的最发达的交往形式。这符合于一切殖民地的情况，只要它们不仅仅是一些军用场所或交易场所。迦太基、希腊的殖民地以及 11 世纪和 12 世纪的冰岛可以作为例子。类似的关系在征服的情况下也可以看到，如果在另一块土地上发展起来的交往形式被现成地搬到被征服国家的话。这种交往形式在自己的祖国还受到以前时代遗留下来的利益和关系的牵累，而它在这些地方就能够而且应当充分地和不受阻碍地确立起来，尽管这是为了保证征服者有持久的政权（英格兰和那不勒斯在被诺曼人征服 75 年之后，获得了最完善的封建组织形式）。"③

（3）文化叁的内部交往

文化叁的内部构成一般包括自然科学、社会科学、道德习俗（作为解释系统的）、宗教信仰、心理系统、文艺哲学等范围（见图 3－4）。自

①　《马克思恩格斯选集》第 2 卷，人民出版社 1995 年版，第 27 页。
②　《马克思恩格斯选集》第 1 卷，人民出版社 1995 年版，第 126 页。
③　同上书，第 125 页。

然科学的研究成果常常促使哲学、社会科学发生变革，例如马克思哲学就是当时最伟大的自然科学成果的哲学结晶。哲学、社会科学又常常内在构成自然科学的学科视界和研究范式，科学的革命表现为这一范式的革命。人类学家罗宾·霍顿（Robin Horton）借用了波普尔的理论，他把社会分为两类：开放型和封闭型。开放的社会有自我反省和自我批判的能力；封闭的社会则恪守传统生活准则。对霍顿而言，现代社会不仅拥护科学精神，而且有能力质疑自己的信仰和社会习俗，所以现代社会是开放的。封闭的社会则不同，由于缺乏科学以及传统的压倒性优势，这种社会从来不去质疑异常的信仰和经验，赞德神谕就是一个例子，所以传统社会是封闭型的①。也就是说，科学往往成为某些具体道德习俗、宗教信仰的批评者或拥趸者。

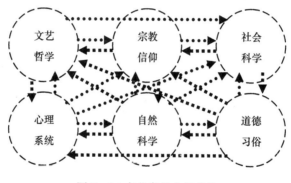

图 3 - 4　文化叁的内部交往

2. 同一文化共同体三大系统的内部交往

文化壹、文化贰与文化叁之间的交往协调成为共同体永葆青春活力的秘密（见图 3 - 5）。不仅在古代社会是这样的，而且在当代社会亦如是。正如论证所言："当代社会不仅是通过经济与政治过程、甚或经济与政治新的或重新的融合而再生的，而且它也是通过法律结构、社会交往、沟通制度和种种文化形式（所有这些因素都具有相当高度的自主性）之

---

① ［美］罗伯特·C. 尤林：《理解文化：从人类学和社会理论视角》，何国强译，北京大学出版社 2005 年版，第 11 页。

间的互动而再生的。"①

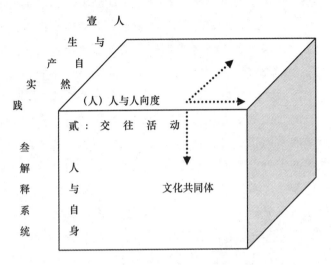

图 3 - 5 文化壹、贰、叁的内部交往

（1）文化壹与文化贰、文化叁的交往

在一个文化共同体中，如果文化壹即生产系统掌控共同体霸权，在文化力体系中独大一方，这必然导致与其他系统的交往不协调，会出现技术（生产）帝国主义、资本帝国主义和人类中心主义，最终引发生态危机和文化危机。

其具体表征大概是有两种情况：首先，生产力霸权在交往系统中对外或表征为殖民主义，为了本民族或共同体的物质利益，资本在全球殖民，把全球变成自己的工厂和原料市场、消费市场，"不断扩大产品销路的需要，驱使资产阶级奔走于全球各地。它必须到处落户，到处开发，到处建立联系"②。或表征为人类中心主义，自然只是人的原料场。对内则是人与人的关系异化为物（资本）的关系，出现商品拜物教、货币拜物教、资本拜物教，也就是马克思终生都在批判的资本主义生产方式。在资本主义社会中，生产力霸权使得人与人的关系完全外化为物的关系，

① ［美］简·科恩、安德鲁·阿雷托：《社会理论与市民社会》，时和兴译，载邓正来、［英］J. C. 亚历山大编《国家与市民社会》，中央编译出版社1998年版，第179页。
② 《马克思恩格斯选集》第1卷，人民出版社1995年版，第275页。

人的关系表现为生产关系和交换关系的纯粹产物。在《1857—1858 年经济学手稿》中，马克思就着力批判资本主义社会单纯追求货币的交换价值的现象，"一切产品和活动转化为交换价值；既要以生产中人的（历史的）一切固定的依赖关系的解体为前提，又要以生产者互相间的全面的依赖为前提"。商品交换从根本上说，"是作为交换价值的物化劳动同作为使用价值的活劳动之间的交换；或者可以换一种说法，是劳动把劳动客观条件——因而也是把劳动本身所创造的客体性——看作是他人财产的关系：劳动的异化"①。即人的社会关系成为赤裸的金钱关系，人类也会成为自然界的灾难。因为"毫不相干的个人之间的互相的和全面的依赖，构成他们的社会联系。这种社会联系表现在交换价值上，因为只有在交换价值上，每个个人的活动或产品对他来说才成为活动和产品；他必须生产一般产品——交换价值或孤立化和个体化的交换价值，即货币。另一方面，每个个人行使支配别人的活动或支配社会财富的权力，就在于他是交换价值或货币的所有者。活动的社会性，正如产品的社会形式以及个人对生产的参与，在这里表现为对于个人是异己的东西，表现为物的东西；不是表现为个人互相间的关系，而是表现为他们从属于这样一些关系，这些关系是不以个人为转移而存在的，并且是从毫不相干的个人互相冲突中产生出来的。活动和产品的普遍交换已成为每一单个人的生存条件，这种普遍交换，他们的互相联系表现为对他们本身来说是异己的、无关的东西，表现为一种物。在交换价值上，人的社会关系转化为物的社会关系；人的能力转化为物的能力"②。正是在这里，马克思发现，资本不仅是一种物，而是资产阶级社会占统治地位的关系。在生产形式上，资本表现为物的关系转化为人的关系，在交换形式上，表现为人的关系转化为物的关系。这样，资本主义社会就是以物的依赖关系为中心的，以交换价值为枢纽的全面的物化、异化的交往社会。

其次，生产力霸权在解释系统中形成生产力拜物教，其或表征为享乐主义、犬儒主义、犹太人式的下流鄙俗的唯物主义的流行，最终导致文明国家的解体或民族的灭亡，或导致哈贝马斯意义上的"生活世界殖

---

① 《马克思恩格斯全集》第 46 卷（上），人民出版社 1979 年版，第 519 页。
② 同上书，第 103—104 页。

民化"。例如在古代有古罗马帝国,在现代则是在各个文化共同体中肆意蔓延的物化意识、科技意识形态、消费意识形态,被这些虚假意识所捕获的人日益丧失其主体性追求,沦为支离破碎的在者。

西方马克思主义者卢卡奇认为,资本主义商品经济的发展导致了物化现象的产生,人与人的关系变成了物的关系,人受制于自己的产品。这种物化现象无所不在,从而使物的结构内化到人的意识之中,形成了与现状认同的物化意识。这种物化现实和物化意识使社会现实和社会进程支离破碎,丧失了历史的总体性,这是影响无产阶级革命的主要因素。要扬弃物化,就要依赖于及历史的总体性的生成,而总体性的生成又取决于无产阶级的阶级意识的自觉。当资本主义最终的经济危机爆发时,革命的命运和人类的命运将依赖于无产阶级的阶级意识的成熟。与此同时,科技也日益成为意识形态,正如大卫·格里芬所言:"科学必然和一种'祛魅'(disenchanted)的世界观联盟,其中没有宗教意义和道德价值。这种世界观或可称为'顽固自然主义'。它崇尚物质自然主义、决定论、还原论以及虚无主义,因而排斥自由、价值以及我们生活中对终极意义的信念。""顽固自然主义不但拒绝介入生活意义的讨论,同时,它对科学本身也是不合适的。"① 此外,资本主义生产方式的本质是"经济统治社会生活",随着资本生产方式的"进步",现代生活的消费方式也随之改观:当代消费完全在自我分离的资本矩阵中运作,消费者的需要"不再来自于商品使用价值的满足",而是通过对商品的那个被看得见的景观价值的认识来寻求的。"景观中的消费,实际上就是幻想的消费,异化的消费作为大众的一种不可避免的义务。"② "这只能意味着人类原初需要的满足(现在已很难遇到)就会被接连不断的伪需要(pseuao-need)所取代。这些伪需要最终都被归结为维持自治经济统治的单一的伪需求。但是在它从不知不觉所依赖的社会无意识中显现出来的限度内,自治经济失去了与真实需要的全部联系。"③ "这一自主人造物的不断堆积的力量

---

① 〔美〕大卫·格里芬:《后现代科学——科学魅力的再现》,马季方译,中央编译出版社1998年版,第16—17页。

② 〔美〕贝斯特、凯尔纳:《后现代转向》,陈刚等译,南京大学出版社2002年版,第114页。

③ 〔法〕德波:《景观社会》,王昭凤译,南京大学出版社2007年版,第17页。

又以伪造全部社会生活为终结。"①

与此相反，如果在一个文化共同体中，文化壹萎缩或不发达，那么该文化共同体要么面临生存危机甚至是灭顶之灾，被自然灾害吞噬，例如消失的玛雅文明、印加文明、楼兰古国。要么面临发展的危机：因为低下的生产力导致整个文化共同体生存能力下降，交往水平过低，解释能力停滞，最终衰落。例如在近现代，大多数古代东方国家，总的来说，分工尚不发达，社会生产的主体仍然是亦耕亦织的家庭和个人。在这种情况下，不可能产生资本主义那样的以经济制约为主的社会关系。在这一阶段中，"虽然个人之间的关系表现为较明显的人的关系，但他们只是作为具有某种［社会］规定性的个人而互相交往，如封建主和臣仆、地主和农奴等等，或作为种姓成员等等，或属于某个等级等等"。这种交往"表现为人的限制即个人受他人限制的那种规定性"②，进行物质生产的个人表现为不独立于人和自然的关系上，还未能摆脱对自然界的崇拜和自然力的盲目支配。交往是封闭的，"真正的交换只是附带进行的，或者大体说来，并未触及整个共同体的生活，不如说只发生在不同共同体之间，决没有支配全部生产关系和交往关系"③。这种全面依赖的关系决定了人的能力只是在狭窄的范围和孤立的地点上发展着。最终因为其"亚细亚生产方式"而由强大的帝国走向衰落。因此，"生产力的这种发展（随着这种发展，人们的世界历史性的而不是狭隘存在已经是经验的存在了）之所以是绝对必需的实际前提，还因为如果没有这种发展，那就只会有贫穷的普遍化；而在极端贫困的情况下，就必须重新开始争取必需品的斗争，也就是说，全部陈腐污浊的东西又要死灰复燃。其次，这种发展之所以是必需的前提，还因为：只有随着生产力的这种普遍发展，人们之间的普遍交往才能建立起来；由于普遍的交往，一方面，可以发现在一切民族中同时都存在着'没有财产的'群众这一事实（普遍竞争），而其中每一民族同其他民族的变革都有依存关系；最后，狭隘地域性的个人为世界历史性的、真正普遍的个人所代替。"④ 总之，文化壹生产实践

---

① ［法］德波：《景观社会》，王昭凤译，南京大学出版社2007年版，第26页。
② 《马克思恩格斯全集》第46卷（上），人民出版社1979年版，第110页。
③ 同上书，第105页。
④ 《马克思恩格斯选集》第1卷，人民出版社1995年版，第86页。

的最终本质标志是生产力，生产力的最终本质标志是技术与资本。

（2）文化贰与文化壹、文化叁的交往

在一个文化共同体中，如果文化贰交往活动没有与其他两者形成良性互动，那么这个文化共同体很难成为发达的文化体。

合理的文化贰成为文化壹发展的交往力保障，不合理的文化贰成为文化壹发展的交往力桎梏。关于这些，马克思有着经典的表述："社会的物质生产力发展到一定阶段，便同它们一直在其中运动的现存生产关系或财产关系（这只生产关系的法律用语）发生矛盾。于是这些关系便由生产力的发展形式变成生产力的桎梏。那时社会革命的时代就到来了。"① "在以交换价值为基础的资产阶级社会内部，产生出一些交往关系和生产关系，它们同时又是炸毁这个社会的地雷。"② 资产阶级社会内部包含一切旧的交往关系解体的因素，也孕育了创造和建立新的交往关系的前提。马克思致巴·瓦·安年柯夫的信中也提到，"为了不致丧失已经取得的成果，为了不致失掉文明的果实，人们在他们的交往［Commerce］方式不再适合于既得的生产力时，就不得不改变他们继承下来的一切社会形式。"③

马克思还说："由此可见，一定的生产方式或一定的工业阶段始终是与一定的共同活动的方式或一定的社会阶段联系着的，而这种共同活动方式本身就是'生产力'；由此可见，人们所达到的生产力的总和决定着社会状况，因而，始终必须把'人类的历史'同工业和交换的历史联系起来研究和探讨。"④ 把"共同活动方式"表述为"生产力"，既指明了人的感性存在的生产在本原上包含共同活动方式，又指明了一切社会关系最终在生产力上的目的论归宿（或者说：目的论起源）。在所谓的"生产力"本身中，原初性地就包含着双重性：劳动的生产性与劳动的交往性。因此，生产力之决定社会状况，并非属于两个实体间的因果决定范畴，而是同一个活动过程对社会存在的客体化建构。

僵化的文化贰是指交往实践不活跃或交往形式不合理，这样的文化

---

① 《马克思恩格斯选集》第1卷，人民出版社1995年版，第31—32页。
② 《马克思恩格斯全集》第46卷（上），人民出版社1979年版，第106页。
③ 《马克思恩格斯选集》第4卷，人民出版社1995年版，第533页。
④ 《马克思恩格斯选集》第1卷，人民出版社1995年版，第80页。

贰不仅不能有效组织共同体成员提高其物质生产力，还会导致极大程度限制共同体的精神创造力，不能有效提升其文化体的解释力，甚至还有可能导致这些力量的浪费。最终将会出现"虚假的共同体"、宗法制、专制独裁，导致马克思所谓"狭隘的人与人关系"例如人身依附、虚假个体等，使得其成员发生主体性矮化、弱化、空心化。

　　大工业生产打破了自然经济条件下人与自然的狭隘关系所造成的物质交往范围上的狭隘性。在资本主义私有制和雇佣劳动的基础上建立起来的资本主义商品经济，打破了自然经济条件下人与自然的狭隘关系所造成的物质交往对象上的有限性和表面性，把一切民族甚至最不发达的民族卷入了交往的大潮，最终形成了世界交往，在这些文化体中纷纷建立了自由民主的交往形式，使得这些文化体成员的主体性获得很大的提高。"在各种国家事业中，一切事务成败的首要原因是国家制度的形式。国家制度是所有设想和行动计划的源泉，也是其得以实现的保证。"① 但是，在大多数的亚非拉国家，由僵化落后的交往形式构成的政治体制，造成了现代意义上的公民的难产，市民社会的缺失，法律意识淡漠，道德虚假化，政治文明的低级形态等恶性文化发展现象。

　　《论自由》的卷首短语便是洪堡的一段话："下面的文字所展开的全部论述均凝聚为一个宏大的指导性原则，即最丰富而多样性的人的发展具有绝对而基本的重要性。"洪堡这段文字揭示了密尔《论自由》全书的主旨，这段文字引自洪堡的《论政府的权限与责任》。"在精神奴役的一般气氛之中……从来没有而且永远不会有一种智力活跃的人民。"② 而且，在追求一致性，压制思想异端的社会，人永远不会得到"思想动物的尊严"，而成为庸庸碌碌的行尸走肉。正如论证所言："在一种政府采取家长统治位置而把人民看作要加以庇护因而要加以控制的对象而不是看作政府有义务向其说明一切的全体选民这样的关系中，我们怎样能够指望从中会出现某种建设性的'发展'呢？自由的观念——开始于选择的自由——必须被认为是任何发展努力的一个基本部分。民主的习俗必须加

---

　　① ［古希腊］波利比阿：《历史》（英文版）第6卷，第2章，第9、10节。转引自徐大同主编《西方政治思想史》，天津教育出版社2005年版，第70页。
　　② ［英］密尔：《论自由》，许宝骙译，商务印书馆1982年版，第36页。

以培养，而这一点只有通过有意义的公民参与才能做到。事实上，发展本身必须不仅仅被看作是一个目标，而是要看作一个人民在其中可以建设性地相互结盟的过程。"①

从历史唯物主义来看，血的代价可以减轻历史的阵痛，革命催生新的文化类型。然而，文化贰与文化叁之间交往有时还会出现错位："国家不幸诗家幸"，也就是表现为社会之乱世与文化（叁）之盛世的吊诡现象。例如：古代中国的春秋战国时期、南北朝时期、中国近现代时期就是很典型的例子。大多是因为在这样的时期，政治意识形态控制的弱化使得人的自由度增加、生命意识得到强化，社会的根本的永恒性问题的召唤使得俗事的淡化，个体主体的苏醒使得个体精神得到张扬。对照这些时期的文化发展史，大概可以看到两条规律：（1）交往之乱与解释之新成正比，礼崩乐坏，则道改心变；文化一新，不破不立也。——所谓国破思旺国乱文治。（2）交往体制的开放指数和包容度与文化的创新指数、主体性的丰富性成正比。当然，文化发展到今天，人类已经建立了更大规模的、更高水平的主体间性和交往理性，我们可以不再"依赖"战争、动乱这种恶的理性，更加合理地运用主体间性和交往理性，摆脱文化发展的"恶"的狡计。

交往活动的最终本质标志是交往力或组织力，交往力的最终本质标志是民主与自由。

（3）文化叁与文化壹、文化贰的交往

在一个文化共同体中，如果解释系统不发达，文化共同体在对自然的解释上，将会停留在迷信自然、膜拜自然的水平上，产生宗教狂热甚至邪教等，人成为神灵的膜拜者，其主体性矮化，例如在文化初期，人们对自然界的"意识"。在早期，"自然界起初是作为一种完全异己的、有无限威力的和不可制服的力量与人们对立的，人们同它的关系完全象动物同它的关系一样，人们就像牲畜一样服从它的权力；因而这是对自然界的一种纯粹动物式的意识（自然宗教）"②。"古代世界之所以没有促

① ［泰］桑巴特·钱堂冯：《托克维尔的〈美国民主制〉与第三世界》，载［美］V. 奥斯特罗姆等编《制度分析与发展的反思》，王诚等译，商务印书馆1992年版，第80页。

② 《马克思恩格斯选集》第1卷，人民出版社1995年版，第81—82页。

进科学的发展，其原因不仅仅在于客观事实越来越不受重视，越来越失去它的真实意义，而且还有一个更加严重的不可忽视的原因，这就是古代世界是一个恐惧的场所，它受不可思议的巫术的统治。"① 对自然的解释还会出现不正常的蔑视物质，虐待人体，如中世纪时期的宗教禁欲主义；如果解释系统不能智慧地认识物质生产实践活动，文化叁只会受到唯智主义、唯心主义、意志论的奴役，从而违背文化辩证法。五四新文化运动时期，在论及中国传统文化的现代转型问题的诸多著述中，就出现了大量的"唯智主义"，导致林毓生所言的"中国意识的危机"，最终在现实中延误了中国传统文化的现代转型。

在交往系统中，如果宗教解释系统取得霸权，常常表征为宗教生活压倒一切其他交往活动，例如在印度，宗教活动就成为总体文化活动的中心和重心，过度的宗教活动限制了印度文化的发展方式。

当代文化的发展，更加凸显解释权的重要性。正如马克思所说："统治阶级的思想在每一时代都是占统治地位的思想。这就是说，一个阶级是社会上占统治地位的物质力量，同时也是社会上占统治地位的精神力量。支配着物质生产资料的阶级，同时也支配着精神生产的资料，因此，那些没有精神生产资料的人的思想，一般的是隶属于这个阶级的。"② 解释的霸权对内表征为意识形态国家机器对解释的垄断，从而形成一大批个体丧失解释的主权，在知识上，或在意识、价值、观念等解释向度上处于被动、弱势情态，成为当代世界中的内在无产者（解释力为零），成为阿尔都塞所说的"零主体"。马克思在如下论述中的观点给了我们理解这种"内在无产者"这一范畴很大的启示："因此，道德、宗教、形而上学和其他意识形态，以及与它们相适应的意识形式便失去独立性的外观"。③ 随着"资本"含义的分化、具体化、软性化（政治资本、社会资本、文化资本、身体资本、经济资本、科技资本、生态资本），文化主权、知识权力、意识治权、价值霸权、观念控制、符号生产、解释强权等心理贫困和绿色生存越来越成为定义"无产者"的重要指标。例如：

---

① ［美］迪丝·汉密尔顿：《希腊方式——通向西方文明的源流》，徐齐平译，浙江人民出版社 1988 年版，第 25 页。

② 《马克思恩格斯选集》第 1 卷，人民出版社 1995 年版，第 98 页。

③ 《马克思恩格斯全集》第 3 卷，人民出版社 1960 年版，第 30 页。

女性（父权）、有色人种（族权）、发展中国家公民、同性恋者、少数族裔、无产阶级、追星族、购物狂、赶时髦者、绿色环保主义者（生存权）等等。所以，詹姆逊认为，在后现代社会，只有那种没有完全被市场和商品体系所渗透的文化产品才算得上是真实的文化产品。以此标准，可以在一定的条件下承认黑人文学、妇女文学、同性恋文学等相对于所生存的世界体系中的边缘性及其集体经验而言的真实性。在商品、市场化逻辑可怕地统治一切的条件下，阶级的集体实践必须依靠黑人运动、女权运动等反总体性的边缘性力量，虽然只有阶级实践（非阶级革命）是最真实最有效地击破商品逻辑总体性的武器。

解释霸权对外表征为文化帝国主义/文化民族主义（不过是"一体两面"而已），文化帝国主义/文化民族主义实质就是一种动物意识，它把人类还原为动物，把主体性还原为动物性，因为动物是无关系意识的。

解释霸权实质上是一种逻各斯中心主义、一种形而上学，它潜伏着人类思维的黑洞。实践唯物主义可以克服这一思维黑洞，实践唯物主义的最大解释力就是因为科学地揭示了生产实践与交往活动、解释系统之间的辩证关系。它指出："思想、观念、意识的生产最初是直接与人们的物质活动，与人们的物质交往，与现实生活的语言交织在一起。观念、思维、人们的精神交往在这里还是人们物质行动的直接产物。"即"不是意识决定生活，而是生活决定意识。"①人们的意识与精神交往的产生与发展是人们在物质生产、物质交往中，在改变自己生存环境的物质实践中获得并实现的，因此我们不能从观念、思维出发，来说明物质交往、物质实践；而应从物质交往、物质实践出发，来解释观念、思维。实践是理解人的本质的重要方面。实践的扩大是克服解释霸权的重要途径。费尔巴哈"把人只看作是'感性的对象'而不是'感性的活动'，因为他在这里也仍然停留在理论的领域内，而没有从人们现有的社会联系，从那些使人们成为现在这种样子的周围生活条件来观察人们"②。"已成为桎梏的旧的交往形式被适应于比较发达的生产力，因而也适应于更进步

---

① 《马克思恩格斯选集》第 1 卷，人民出版社 1995 年版，第 72、73 页。

② 同上书，第 77—78 页。

的个人自主活动类型的新的交往形式所代替。"① 在这个意义上，实践唯物主义创造了人类解释系统的新境界。

解释系统的最终本质标志是解释力，解释力的最终本质标志是合理理性与独立精神。

（二）外部交往与文化发展

不同文化共同体之间的交往构成了外部交往，这种交往以生产实践为重心，以交往活动、解释行为为主要途径形成了交往间性：某个文化共同体三大系统分别与另一文化共同体三大系统之间协调交往，例如某个文化共同体的生产系统常常与另一文化共同体的生产系统、交往实践、解释系统之间形成交往互动；此外，外部交往往往伴随着内部交往，即同一文化共同体文化结构三大系统之间的交往。外部交往是保持文化共同体活力和生成性的主要路径，外部交往的阙如使得其文明停滞，例如外部交往的欠缺是使得古埃及文明解体的重要原因之一。外部交往和内部交往一起构成文化交往的整体图景，图示如下（见图 3 - 6）：

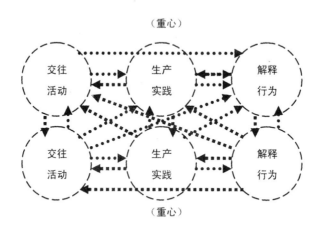

图 3 - 6　文化总体交往模型

我们基本上可以按照三大文化系统的划分来考察外部交往与文化发展之间的联系。

---

① 《马克思恩格斯选集》第 1 卷，人民出版社 1995 年版，第 124 页。

1. 生产活动与文化发展

莱奥·弗罗贝纽斯认为，文化是一种"活生生的有机体"，"它经历着诞生、童年、成年和老年等各个时期，最后，归于死亡"。他认为，文化是从自然条件中诞生的，在地理环境相同的条件下会产生相同的文化。同任何有机体一样，文化也需要营养，它的食物就是人类的经济活动。显而易见，不同文化共同体生产实践之间以及生产实践与其他两大系统的交往是外部交往实践的重心，生产实践是促使不同文化共同体的文化壹、贰、叁之间形成交往互动的主要力量，它常常带来文化系统三个向度的互动和总体文化转型。梁漱溟说："我们所谓事实一面的就是指着经济现象说，因为在现今这是事实所在。由此事实的变而后文化乃不得不变。"① 邓小平在回顾十多年社会主义改革开放的实践时，认为正是"改革促进了生产力的发展，引起了经济生活、社会生产、工作方式和精神状态的一系列深刻变化。改革是社会主义制度的自我完善，在一定的范围内也发生了某种程度的革命性变革"。②

对文化初民而言，具有重要文化意义的是人工栽培植物的发明与传播，因为正是这些植物为人类的生存提供了食物。而器物、工具的交往与传播常常使得总体文化发生转型，例如赫梯人对铁器制造技术的垄断使得他们长期控制两河流域，而随着铁器制造技术的传播和流散，赫梯人便失去了优势，从此走向衰落。

不同文化共同体之间的生产交往往会催生新的富有创造性的历史主体。马克思论述过生产活动的变化对新文化主体的巨大催生作用："分工的进一步扩大是生产和交往的分离，是商人这一特殊阶级的形成。这种分离在随历史保存下来的城市（其中有住有犹太人的城市）里被继承下来，并很快就在新兴的城市中出现了。这样就产生了同邻近地区以外的地区建立贸易联系的可能性，这种可能性之变为现实，取决于现有的交通工具的情况，取决于政治关系所决定的沿途社会治安状况（大家知道，整个中世纪，商人都是结成武装商队行动的）以及取决于交往所及地区

---

① 梁漱溟：《东西文化及其哲学》，上海人民出版社 2006 年版，第 153 页。
② 《邓小平文选》第 3 卷，人民出版社 1993 年版，第 142 页。

内相应的文化水平所决定的比较粗陋或比较发达的需求。"① 马克思还预言了创造新历史的另一主体——无产阶级，并且正是在交往（哲学）的角度上，马克思才向全世界人民发出来响彻几个世纪的召唤："全世界无产者，联合起来！"

不同文化共同体生产实践之间及其与另两大系统的交往常常推动落后文化共同体的总体文化转型。资本主义生产实践在世界范围内使得许多原本封闭的前资本主义文化共同体与外部世界形成广泛的联系，直接推动了它们的政治、经济、宗教、文艺、主体性的发展。马克思是这样论证生产实践对文化发展的巨大作用的："最初，对生产的影响较多地来自物质方面。需求的范围不断扩大；满足新的需求已经成为目的，因而生产就更有规则性并且扩大了。本地生产的组织本身已经被流通和交换价值改变了；但是流通和交换还没有影响到生产的全部广度和深度。这就是所谓对外贸易的传播文明的作用。"② 在提到英国殖民者对印度的侵略时，马克思指出由于破坏了东方社会"野蛮的、闭关自守的、与文明世界隔绝的状态"，由于"破坏了这种小小的半野蛮半文明的公社"，因而客观上"就在亚洲造成了一场最大的，老实说也是亚洲历来仅有的一次社会革命"。英国殖民者对印度的侵略与掠夺虽然残酷，但在实际上却承担着"双重的历史使命"：其一是"破坏性使命"即消灭旧的印度式的宗法社会；其二是"建设性使命"，英国殖民者带来了资本主义文明成果，播下了新的社会因素的种子，从而"负有为未来共产主义创造物质基础的使命"③。"英国在印度斯坦造成社会革命完全是受极卑鄙的利益所驱使，而且谋取这些利益的方式也很愚蠢。但是问题不在这里。问题在于，如果亚洲的社会状态没有一个根本的革命，人类能不能实现自己的命运？如果不能，那么，英国不管干了多少罪行，它造成这个革命毕竟是充当了历史的不自觉的工具。"④ 具体来说，在经济上，生产交往使原来封闭的文化共同体与外部世界形成广泛的联系。我们还是以印度为例，马克思说过："蒸汽使印度能够同欧洲经常地、迅速地来往，把印度的主

---

① 《马克思恩格斯选集》第 1 卷，人民出版社 1995 年版，第 107 页。
② 《马克思恩格斯全集》第 46 卷（上），人民出版社 1979 年版，第 210 页。
③ 《马克思恩格斯全集》第 9 卷，人民出版社 1961 年版，第 149—150 页。
④ 同上书，第 247 页。

要海港同东南海洋上的港口联系了起来，使印度摆脱了孤立状态，而孤立状态是它过去处于停滞状态的主要原因。在不远的将来，铁路加上轮船，将使英国和印度之间的距离以时间计算缩短成八天，而这个一度是神话中的国度就将同西方世界实际地联结在一起了。"① 此外，彻底改变了封闭的文化共同体的原有交往体系和交往形式。资本主义生产方式使得"亚细亚生产方式"发生根本性转变。

2. 军事交往与文化发展

军事交往对文化发展也同样具有巨大的推动作用。其实，战争、征服就是一种特殊的政治交往形式，人类社会中的一种"恶"的交往形式，恩格斯曾经这样论述黑格尔的性恶说："在黑格尔那里，恶是历史发展的动力借以表现出来的形式。这里有双重的意思，一方面，每一种新的进步都必然表现为对某一神圣事物的亵渎，表现为对陈旧的、日渐衰亡的、但为习惯所崇奉的秩序的叛逆；另一方面，自从阶级对立产生以来，正是人的恶劣的情欲——贪欲和权势欲成了历史发展的杠杆。"② 在黑格尔看来，历史发展的动力在恶而不在善，性善说远不如性恶说深刻，"但如果我们认恶为固定的肯定的东西，那就错了。因为，恶只是一种否定物，它本身没有持久的存在，但只是想要坚持其独立自为存在。其实，恶只是否定性自身的绝对假象"③。张世英认为，"否定性自身的绝对假象（der absolute Schein der Negativitat in sich）"，意为此否定性有存在的"假象"，但并不是一独立自存之物，它只作为对善的否定才有意义。④

关于战争的交往作用，马克思说得更透彻："所有的征服有三种可能。征服民族把自己的生产方式强加于被征服的民族（例如，英国人本世纪在爱尔兰所做的，部分地在印度所做的）；或者是征服民族让旧生产方式维持下去，自己满足于征收贡赋（如土耳其人和罗马人）；或者是发生一种相互作用，产生一种新的、综合的东西（日耳曼人的征服中一部分就是这样）。在所有的情况下，生产方式，不论是征服民族的，被征服民族的，还是两者混合形成的，总是决定新出现的分配。因此，虽然这

---

① 《马克思恩格斯选集》第1卷，人民出版社1995年版，第247—248页。

② 《马克思恩格斯选集》第4卷，人民出版社1995年版，第233页。

③ ［德］黑格尔：《小逻辑》，贺麟译，商务印书馆1980年版，第106页。

④ 张世英编著：《黑格尔〈小逻辑〉绎注》，吉林人民出版社1982年版，第113页注释2。

种分配对于新的生产时期表现为前提，但它本身又是生产的产物，不仅是一般历史生产的产物，而且是一定历史生产的产物。"① 所以，战争交往在几大古代文明的发展中扮演了重要的角色。

古希伯来文化发展史中的"巴比伦之囚"这一文化掌故最有说服力。公元前586年，巴比伦王尼布甲尼撒攻陷耶路撒冷，把犹太人掳往巴比伦。犹太国家从此不再存在。公元前538年，波斯帝国居鲁士大帝征服巴比伦。波斯统治者就把犹太人送回故乡，并帮助他们重建耶路撒冷城和圣殿。在去国时，古希伯来人尚没有一部普遍熟悉的文献。在巴比伦为奴的70年中，古希伯来人一直受到巴比伦文明的熏陶和启迪，使他们学会了应用文字——以利亚、以赛亚等先知对以色列失国的教训做了深刻的反思，发展出一系列新的宗教观念。还乡时，他们带回了《旧约圣经》的大部分材料，为制定一个完善的教义系统和礼仪体制奠定了基础，也为西欧文明奠定了基础。

再来看看古罗马来文化。通过征服，亚历山大建立起一个地跨欧亚非三洲的庞大帝国，领土大体包括巴尔干半岛、埃及、印度西北部、中亚和西亚。他采用波斯中央集权的专制体制，启用波斯贵族，推行种族融合，鼓励将士与东方女子结婚，袭用波斯宫廷礼仪。在战略要地建立起一批以马其顿人和希腊人为主的要塞和城市（包括今埃及的亚历山大城）。亚历山大的东侵，给当地人民造成了灾难，但也促进了希腊与亚非诸国的经济和文化交流。

古华夏文明在神农时进入母系氏族社会。从混沌时的有巢氏到母系氏族社会的神农氏，是氏族之间激烈冲突和生存环境变迁的产物，这种变化迫使人们改变固有的生存方式，投入更多的劳力和智力，并最终促使了古中国人的自然性与超然性、肉体的与灵魂的冲突和转换。从神农氏到黄帝，即从母系氏族到父系氏族社会的转变，其间亦经历激烈的战争冲突。黄帝族的迁徙，一方面意味着对他族的暴力侵犯、掠夺杀戮；另一方面也意味着与他族在文化上发生冲突，在冲突中融合其他氏族的文化成果，而产生新的文化。这次迁徙，改变了神农族原来生活方式。

---

① 《马克思恩格斯选集》第2卷，人民出版社1995年版，第15页。

"故黄帝……内行刀锯，外用甲兵。"① 天下有不归顺黄帝者，就去征服，东至于海，及于山东临朐和泰山；西至于崆峒山一带；南至于江，到了湖南长沙益阳；北逐山戎猃狁。这种暴力征伐的过程，既是氏族大融合过程，亦是东、南、西、北、中文化大和合过程。这种文化的和合，为迁徙者提供了文化选择的新的环境、新的内涵和新的课题。原有的传统文化结构经暴力征伐已经爆炸，必须在吸收各氏族文化之长的基础上，重新创造新的生活样式和文化思想。②

3. 跨时空文化交往——精神交往与文化发展

实际上，文化的本质是交互性，没有孤立的"文化"。精神交往理所当然推动了文化的发展，无论是古代社会语言的传播③，还是宗教的传播以及其他各种精神文化产品的传播；无论是古代华夏文明的"东渐于海，西被于流沙，朔南暨，声教讫于四海"④，还是当代的文化全球化。世界各地的各种社会，本质上已经卷入罗杰·凯茜（Roger Kessing）称之为的地方系统，并且更频繁地被拖入民族国家层面，乃至更大范围的各种文化交换。毫无疑问，精神交往在多个方面、维度、层面推动了文化的发展，对于这一宏大论题，本书只能侧重于一点来展开论述：精神交往的特殊形式——跨时空文化交往问题。

自从韦伯在他的历史社会学中提出"传统"与"现代"两大范畴以后，西方社会科学家一般都倾向于把"传统"看做"现代化"的反面，大多数的人从此就被"古""今"对立的形而上学所遮蔽。"但最近几十年来，无论是中古史或文艺复兴时代的研究都远比百年前为深透。所以现在史学界已不得不承认：文艺复兴的'现代性'因子大部分都可以在中古的传统的中找到其源头。不仅如此，60 年代末期社会学家研究印度的政治发展也发现：不但'传统'中涵有'现代'的成分，而且所谓'现代化'也并非全属现代，其中还有从'传统'移形换步而来的。所

---

① 《商君书·画策》。

② 参阅张立文《和合学——21 世纪文化战略的构想》（上卷），中国人民大学出版社 2006 年版，第 328—330 页。

③ 如字母一开始仅存在于闪米特人或"肥沃新月"（Fertile Crescent）地区，后来传播到旧大陆的大部分地区，除了中国以外，连朝鲜语都部分地吸收了字母。

④ 《尚书·禹贡》。

以，'传统—现代化'之间存在着一种'辩证的'关系。""在中国'现代化'的过程中，'传统'也曾发挥了主动的力量，并不仅仅是被动地'回应'西方的'挑战'而已。"① 余英时先生这里实际上也提出了精神交往的特殊形式：跨时空文化交往问题，它蕴涵着古今辩证法和源流辩证法。这也正是卡尔（E. H. Carr）所谓"过去与现在对话（dialogue between past and present）"。

所谓古今辩证法就是要解构古今对立、传统和现代对立的形而上学，就是要把传统的历史融合到我们的现实里面。这种辩证法相当于一种解释学的文化辩证法，它召唤一种文化解释学意义上的"视界融合"，即用我们的视界融合了古人的视界，这样来看历史，使得历史更具有整体性，像黑格尔所讲那样，使历史上的环节变成我的历史的一个环节②。历史就是人做成的，历史就是人的本体。历史总是在不断地融合，每一个人在观察过去的历史时，实则是在对自己的视界进行融合，不断地用今天的视界去包容、去扩展、去丰富传统的，不断地用今天的视界去包容前人，使它们成为一个统一体。只要你研究传统，那就是传统本身在自我扩展。哲学解释学所谓"效果历史"（Wirkuungsgeschichte），表明"历史"是活着的，是个有机体，永远有待于再发展，有待于重新审定有待于价值重估。所以与历史形成对话是可能的。我们看看历史上的人们是怎么样的，我们就可以更深入地理解我们的传统。但是历史真正的本体是什么？真正的本体不是这些东西，而是它们在历史上所形成的意义。这意义不是一个一成不变的客体，而是永远有待于人去重构的。在不断解释过去的历史，我们自己也在写自己的历史，我们自己在创造历史。人具有在历史中创造历史的这样一种能力。③

文化壹、贰向度上的跨时空精神交往辩证法。历史唯物主义认为，所有跨时空精神交往必然要以前一代人的生产和交往实践这些感性活动为基础。马克思认为，"人本身是他自己物质生产的基础"，人本身是什么呢？"是从事感性活动的感性主体"。"感性必须是一切科学的基础"，

---

① 余英时：《文史传统与文化重建》，北京三联书店 2004 年版，"前言"第 8—9 页。
② 邓晓芒：《哲学史方法论十四讲》，重庆大学出版社 2008 年版，第 44 页。
③ 同上书，第 47—72 页。

他说："科学只有从感性的意识和感性的需要两种形式的感性出发，因而只有从自然界出发，它才是真正的科学。"马克思还说过："每个个人和每一代当作现成的东西承受下来的生产力、资金和社会交往形式的总和，是哲学家们想象为'实体'和'人的本质'的东西的现实基础，是他们神化了的并与之作斗争的东西的现实基础，这种基础尽管遭到以'自我意识'和'唯一者'的身份出现的哲学家们的反抗，但它对人们的发展所起的作用和影响却丝毫也不因此而有所削弱。"① 马克思认为，辩证法的核心就是历史感，尤其是在《哥达纲领批判》一文中马克思指出，共产主义是从资本主义母体中脱胎出来，因而在共产主义第一阶段，不可避免地带有资本主义社会的某些痕迹。这一点往往被我们忽视，以至于发生诸如"跑步进入共产主义"的历史闹剧。

　　文化叁向度上的跨时空精神交往辩证法。正如黑格尔所言："前进就是回溯到根据，回溯到原始的和真正的东西；被用作开端的东西就是依靠这种根据，并且实际上将是由根据产生的。"② 回溯但绝不是退回，真正的源流辩证是回而不退。石里克颇有见地地指出："哲学事业的特征是，它总是被迫在起点上重新开始。它从不认为任何事情是理所当然的。它觉得对任何哲学问题的每个解答都不是确定或足够确定的。它觉得要解决这个问题必须从头做起。"③ 当代英国哲学家艾耶尔也提出："哲学的进步不在于任何古老问题的消失，也不在于那些有冲突的派别中一方或另一方的优势增长，而是在于提出各种问题的方式的变化，以及对解决问题的特点不断增长的一致性程度。"④ 黑格尔在改造形式逻辑时，并没有另创一套概念符号体系来取代形式逻辑，而是反过来利用了那些"完全现成的、牢固的，甚至可以说是僵化的材料"，并把自己的任务规定为使这些现成的材料"流动"和"燃烧"起来。如何"燃烧"？并不是从外面拿来火种，而是直接"摩擦"这些材料，使之释放出内部固有的

　　① 《马克思恩格斯选集》第 1 卷，人民出版社 1995 年版，第 92 页。
　　② ［德］黑格尔：《逻辑学》（上卷），商务印书馆 1977 年版，第 54—55 页。
　　③ ［美］石里克：《哲学的未来》，转引自《哲学译丛》1990 年第 6 期，第 1 页。
　　④ ［英］艾耶尔：《二十世纪哲学》，李紫楼等译，上海译文出版社 1987 年版，第 19 页。

热能。①

历史就是后来海德格尔说的"先在""先有""先见"（Vorurteilen）。"传统哲学对古今的理解，往往是二元对立的时相分析。主因是只见人文精神差分化的物质时相，而不见人文精神和合化的生命流形；只知其迹、其然，不知其所以迹、所以然。有以为心灵能逆时间方向而流行，其实，心灵的运演也服从生命的时间规律；思维反演也是时间流行中的反演。……人类的生生之道，既有差分化的物质时相，能分析出历史时代的形态更替和社会文明的进步变革；又有和合化的精神流形，能体悟到生命智能的搏动脉络和人文精神价值的循环绵延。前者古今不杂，后者古今不离。如此才是通达'古今之变'。"②

就如同古代神话中的耶努斯（Janus）一样，在同一个头颅上镶着两幅不同的面孔，人类文化原本就具有两幅面孔：立足现在，回顾过去和前瞻未来③。所以对于现代性和后现代性之争，古今辩证法透视的很清楚。哈贝马斯提出过"现代性是一项未完成的工程"。所谓后现代性，实质上是要"重写现代性"，正如后现代性旗手利奥塔在其后期作品中所言："后现代性已不是一个新时代，它们对现代性所要求的某些特点的重写，首先是对建立以科学技术解放全人类计划的企图的合法性的宣写。但是，我已经说过，这种重写已经开始很久了；并且是在现代性本身中进行的。"④ 按照张志扬教授的考证，"后"有四种意义：（1）在……之上，有超验性；（2）在……之中，有基础性；（3）在……之后，有时间性；（4）就……而论，有反省性。后现代性之"后"应从这四种意义的综合中理解⑤。其实，"无论现代性还是后现代性都不能被认定和定义为界线明确的历史实体，后现代性总是在现代性之'后'到来。我应当说，正相反，在现代中已有了后现代性，因为现代性就是现代的时间性，它

---

① 邓晓芒：《思辨的张力——黑格尔辩证法新探》，湖南教育出版社出版 1992 年版，第387 页。

② 张立文：《和合学——21 世纪文化战略的构想》下卷，中国人民大学出版社 2006 年版，第 937 页。

③ 邱观建、操奇：《新三统论与"德法美"社会》，《江汉论坛》2011 年第 9 期，第 72 页。

④ ［法］利奥塔：《非人》，罗国祥译，商务印书馆 2000 年版，第 37 页。

⑤ 张志扬：《缺席的权力——阅读、讲演与交谈》，上海人民出版社 1996 年版，第 110 页。

自身就包含着自我超越，改变自己的冲力。……现代性是从构成上不间断地受孕于后现代性的。"① 按照帕慈（Octavio Paz）和韦伯（Max Weberr）的逻辑，现代性是"自我反对自我的传统"这样一个"理性化及其限制"的悖论。而所谓的后现代，只要熟悉西方传统的人都可以看出它里面与传统的关系。所以，西方的现代、后现代一切反传统的努力都是自觉和不自觉在更高的层次上面返本归原，回到他们的传统，或者是反叛其中的一个传统以回到更早的、更古老的传统，比如说反对近现代的传统而回到古希腊回到中世纪。也就是说提出来的一些新东西都有这样一个传统的背景。古今辩证法看到了两者所共同拥有的精神和冲动，即把人从种种形而上学的遮蔽中解放出来，又看到了两者间的不连续性和差别性，即：后现代是对现代性之蒙的再启蒙，是对现代性设想中的形而上学残余以及由于这种残余对于人的真实生命的遮蔽所作的进一步清算。

　　但是，既然承认文化辩证法就是承认了文化的进步和提高，为什么处于相对高位的现代人还需要古代人的智慧呢？在古今辩证法看来，进步与发展从来都是相对的，尤其是对于文化叁即精神文化而言。现代世界的精神分裂和精神危机需要古人的智慧。现代世界本身，在特洛尔奇看来，就是一种历史的类型，与之相区别的是古代类型（Antike）和国家—教会—统文化的的中古类型。他对现代类型的生活世界的定义是："现代世界意味着从自我归罪的未成年（selbstverschuldeten Unmundigkeit）进入自由的成年和自我规定。"② 所谓现代原则，在这一意义上说，意味着道德个体的个人主义和理性化自律的确立。19 世纪知识状况加剧了现代性原则的含混性。这种含混性源于现代现象本身的含混，旧的社会和思想秩序瓦解，新的社会秩序和思想秩序的建构处于形形色色的两难困境。20 世纪的知识状况延续而非解决现代性的含混。现代性原则的含混表明，一种统一的世界观已不可能产生出来，只有各种不同的个体化和群体化世界观的多元竞争和相排斥的局面。显然，这种局面延续到当今的知识

---

① ［法］利奥塔：《非人》，罗国祥译，商务印书馆 2000 年版，第 26 页。
② E. Troeltsch：《自律与现代世界中的理性主义》，见 IWW（1907），第 202 页。刘小枫：《现代性社会理论绪论——现代性与现代中国》，上海三联书店 1998 年版，第 181 页。

状况，用孔狄利斯的概括，群众民主的"后"现代逐渐取代自由民主的现代，综合—和谐的思想追求则被分析—拼合的思想追求取代了。19世纪的含混表明，中古时代的一统性思想、社会和文化秩序终结了，裂散、冲突、多元紧张支配着思想、社会和文化的基本形态，现代型的生活共同体如何建构，将成为20世纪争吵不休的主题①。面对现代世界的精神分裂和精神危机，"我们目前必须再次正视的问题是：时间性与历时性等具体经验将以何种形式在后现代世界中以空间及空间逻辑为主导的文化领域里展现。倘若主体已经确实失去积极驾驭时间的能力，确实无法在时间的演进、伸延或停留的过程中把过去和未来结合成为统一的有机经验——假使现况确实如此，则我们在观察整个文化生产的过程时，便难免发现所形成的主体不过是一堆支离破碎的混成体。而这样的主体，在毫无选择原则及标准的情况下，也只能进行一些多式多样、支离破碎。甚至随机随意的文化实践。"② 很显然，解决这样的现代性文化困境寄希望于古代人的某种智慧。

既然文化是发展的，跨时空文化交往何以可能？

跨时空文化交往的可能性源于文化中存在一些普遍的、共同的、不变的要素：例如马克思的唯物史观、基本人性如儒家的"己所不欲勿施于人""己欲立而立人，己欲达而达人"，以及现代文明中的人权、民主、自由、科学、理性、平等……理念。这些东西本来也并非西方所天生具有的，而是西方人经过近代几百年的努力而争取到的，所以不能简单地称之为"西方价值观念"，而是现代价值观念。"文化本身并不是究竟至极的东西，它不过是人性的某种具体形态而已，所以尽管看起来文化千姿百态、甚至各不相容，但实际上它后面的人性是共同的，而文化中那些带有普遍人性层次的因素也必定是可以相通的。一个民族如果过于强调文化的特异性而忽略或抹杀了人性的普遍性，它和异族文化之间的关系就会成为'天敌'式的你死我活的关系，这个民族的前途就像埃及文

---

① 参阅刘小枫《现代性社会理论绪论——现代性与现代中国》，上海三联书店1998年版，第173—191页。

② ［美］詹姆逊：《晚期资本主义的文化逻辑》，张旭东编，陈清侨等译，三联书店1997年版，第469—470页。

明一样没有希望。"①

最后，必须重申复兴与突破、超越的辩证法。有的民族总是试图复兴古人的传统，而不知创造自己的传统，最终在复兴的道路上停滞不前。诚如汤因比所言：

> 现有文明复兴某个逝去的文化或现存文化的某个以往阶段，实际上是一组历史事件，它们的正确名称应该是复数的"Reissuances"，而不是单数的专有名词"the Renaissance"。复兴，"是一种文明相互碰撞的方式。在这里，双方的方位差异不是用地理学家的空间尺度来衡量的距离。而是，用年代学家的时间尺度来衡量的距离。这种碰撞发生在现有的文明与一个逝去的文明的幽灵之间，或者发生在现有文明与其以往某个阶段的幽灵之间。……当然，召唤出这样一个幽灵是有风险的。最好的结果，也不过是把一种刺激因素引进不同的社会环境。但是这也可能有另外的后果，即扼杀这个社会所造就的天才。②

文艺复兴绝不是简单的复古，更不是请出亡灵，让现代人成为亡灵的奴隶。真正的复兴虽以复兴古典文化为发端，但它是建立在新的文化创造活动的基础上的，是突破后的创造、是超越后的新生。例如欧洲14世纪的"文艺复兴"就借用新发现的古希腊、罗马文化遗产，动摇了中世纪长期居于统治地位的教会特权地位和权威，打破了禁锢人心、束缚思想的封建愚昧和宗教迷信，为新兴的市民阶级登上政治舞台做了思想启蒙和舆论准备；它是按照自己时代的要求创造资产阶级的新文化，吸取古典文化中自由、平等、民主等"人文"观念及科学求知精神，来批判中世纪的封建等级特权制度与教会的蒙昧、禁欲说教；阐扬罗马法中的财产、契约观念来否定教、俗封建生的掠夺与敲剥。

总之，跨时空文化交往把过去与现在的交往关系从历时的方面转化

---

① 邓晓芒：《从大历史看文化的演进——〈赵林谈文明冲突与文化演进〉读后》，《中国图书评论》2007年第2期，第36页。

② ［英］阿诺德‐汤因比：《历史研究》（修订插图本），刘北成、郭小凌译，上海人民出版社2005年版，第399页。

为共时的方面，把相互矛盾又相互依存的同一性与差异性从一种相互对立的两难变成了一个非共时性的存在的矛盾。这一矛盾又成为推动主体奋然前行的动力。

（三）交往对文化发展的重大作用

由上文可知，现实个人总是存在于一定的交往境遇中，这些交往对文化发展有着重大作用，是文化发展的主要路径。

首先，生产实践的扩展依赖人类交往的扩大。其一，生产本身是以个人彼此之间的交往为前提的。马克思说："生产力表现为一种完全不依赖于各个个人并与他们分离的东西，它是与各个个人同时存在的特殊世界，其原因是，个人（他们的力量就是生产）是分散的和彼此对立的，而这些力量从自己方面来说只是在这些个人的交往和相互联系中才能成为真正的力量。"① 其二，生产力的保存是以个人彼此之间的交往为前提的。"某一个地域创造出来的生产力，特别是发明，在往后的发展中是否会失传，完全取决于交往扩展的情况。当交往只限于毗邻地区的时候，每一种发明在每一个地域都必须单另进行；一些纯粹偶然的事件，例如蛮族的入侵，甚至是通常的战争，都足以使一个具有发达生产力和有高度需求的国家处于一切都必须从头开始的境地。在历史发展的最初阶段，每天都在重新发明，而且每个地域都是独立进行的。发达的生产力，即使在通商相当广泛的情况下，也难免遭到彻底的毁灭。关于这一点，腓尼基人的例子就可以说明。由于这个民族被排挤于商业之外，由于它被亚历山大征服以及继之而来的衰落，腓尼基人的大部分发明都长期失传了。再如中世纪的玻璃画术也有同样的遭遇。只有当交往成为世界交往并且以大工业为基础的时候，只有当一切民族都卷入竞争斗争的时候，保持已创造出来的生产力才有了保障。"其三，生产力的发展是以个人彼此之间的交往为前提的。马克思指出："工场手工业的初期繁荣——先是在意大利，后是在佛兰德——的历史前提，是同外国各民族的交往"。最好的例证就是："随着美洲和通往东印的航线的发现，交往扩大了，工场手工业和整个生产运动有了巨大的发展。"欧洲中世纪后期城市中的经济

---

① 《马克思恩格斯选集》第1卷，人民出版社1995年版，第128页。

发展进程，实际上是西方资本主义最早的发展。起点是行会制约下的手工业劳动者与"自然形成的等级资本"，接下去是分工进一步扩大为"生产与交往的分离"，这表现为商人阶层的形成。正因为"交往"由一个特殊的阶层专门操持，商业的交往得到充分发展，这直接促进了城市的生产与分工的发展。也促进了城市间的相互交往，在这种交往中，最初的地域局限性开始逐渐消失。工场手工业的产生是资本主义的最初发生。它使原来在行会中存在于帮工和师傅之间的"宗法关系"开始为工场手工业中的工人与资本家之间的"金钱关系"所取代。在这里，首先重要的是脱离了旧有的生产形式（行会束缚）的劳动，以及现代意义上资本的产生。正如马克思后来所讲："共同体本身作为第一个伟大的生产力而出现；特殊的生产条件（如畜牧业、农业）发展起特殊的生产方式和特殊的生产力，既有表现为个人特性的主观的生产力，也有客观的生产力。"①"资产阶级在它的不到一百年的阶级统治中所创造的生产力，比过去一切世代创造的全部生产力还要多，还要大。"②

其次，多样性交往是人类社会制度变革的重要途径。第一，交往发展程度决定了文化共同体的制度发达水平。马克思说过："各民族之间的相互关系取决于每一个民族的生产力、分工和内部交往的发展程度。这个原理是公认的。然而不仅一个民族与其他民族的关系，而且一个民族本身整个内部结构都取决于它的生产以及内部和外部的交往发展程度。"③"这种存在状况只不过是个人之间迄今为止的交往的产物。"④ 马克思还说："从事活动的人们，他们受着自己的生产力的一定发展以及与这种发展相适应的交往（直到它的最遥远的形式）的制约。"⑤ 大家都知道，马克思在《不列颠在印度统治的未来结果》一文中指出过印度人民受到的这种"制约"："农村公社的自治制的组织和它们的经济基础已经被破坏了，但是，农村公社的最坏的一个特点，即社会分解为许多模样相同而互不联系的原子的现象，却一直残留着。农村公社的孤立状态在印度造

① 《马克思恩格斯全集》第46卷（上），人民出版社1979年版，第495页。
② 《马克思恩格斯选集》第1卷，人民出版社1995年版，第277页。
③ 同上书，第68、107—108、109、110页。
④ 同上书，第122页。
⑤ 同上书，第72页。

成了道路的缺少，而道路的缺少又使公社的孤立状态长久存在下去。在这种情况下，公社就一直处在那种很低的生活水平上，同其他公社几乎没有来往，没有希望社会进步的意向，没有推动社会进步的行动。"第二，多样性交往可以推动社会制度变革。在资本主义时期，资本的普遍的抽象的逻辑本性与科学技术、大工业本质同构地"开创了世界历史，因为它使每个文明国家以及这些国家中的每一个人的需要的满足都依赖于整个世界，因为它消灭了各国以往自然形成的闭关自守的状态。它使自然科学从属于资本，并使分工丧失了自己自然形成性质的最后一点假象。它把自然形成的性质一概消灭掉，只要在劳动的范围内有可能做到这一点，它并把所有自然形成的关系变成货币的关系"①。正是不列颠人的野蛮、多样性的资本交往打破了农村公社的这种自给自足的惰性：铁路就会使互相交际和交换的新要求得到满足。"由铁路产生的现代工业，必然会瓦解印度种姓制度所凭借的传统的分工方式，而种姓制度则是印度进步和强盛道路上的基本障碍。"②"美洲的发现、通过非洲的航行，给新兴的资产阶级开辟了新天地。东印度和中国的市场、美洲的殖民化、对殖民地的贸易、交换手段和一般商品的增加，使商业、航海业和工业空前高涨，因而使正在崩溃的封建社会内部的革命因素迅速发展。"③ 第三，资本交往方式为人类的普遍交往奠定了基础。"只有随着生产力的这种普遍发展，人们的普遍交往才能建立起来；普遍交往，一方面，可以产生一切民族中同时都存在着'没有财产的'群众这一现象（普遍竞争），使每一民族都依赖于其他民族的变革；最后，地域性的个人为世界历史性的、经验上普遍的个人所代替。"④"只有资本才创造出资产阶级社会，并创造出社会成员对自然界和社会联系本身的普遍占有。由此产生了资本的伟大文明作用；它创造了这样一个社会阶段，与这个社会阶段相比，一切以前的社会阶段都只表现为人类的地方性发展和对自然的崇拜。只有在资本主义制度下自然界才真正是人的对象，真正是有用物；它不再被认为是自为的力量；而对自然界的独立规律的理论认识本身不

---

① 《马克思恩格斯选集》第 1 卷，人民出版社 1995 年版，第 114 页。
② 同上书，第 250 页。
③ 同上书，第 273 页。
④ 同上书，第 86 页。

过表现为狡猾，其目的是使自然界（不管是作为消费品，还是作为生产资料）服从于人的需要。"① "资产阶级，由于一切生产工具的迅速改进，由于交通的极其便利，把一切民族甚至最野蛮的民族都卷到文明中来了。它的商品的低廉价格，是它用来摧毁一切万里长城、征服野蛮人最顽强的仇外心理的重炮。它迫使一切民族——如果它们不想灭亡的话——采用资产阶级的生产方式；它迫使它们在自己那里实行所谓的文明，即变成资产者。一句话，它按照自己的面貌为自己创造出一个世界。"② "各个相互影响的活动范围在这个发展进程中越是扩大，各民族的原始封闭状态由于日益完善的生产方式、交往以及因交往而自然形成的不同民族之间的分工消灭得越是彻底，历史也就越是成为世界历史。"③

再次，文化的解释系统的发展依赖于主体之间的广泛交往。其一，解释系统起源于人类生活的各种交往活动。马克思说："思想、观念、意识的生产最初是直接与人们的物质活动、与人们的物质交往、与现实生活的语言交织在一起的。观念、思维、人们的精神交往在这里还是人们物质行动的直接产物。"④ 其二，解释系统的生成和发展奠基于人类生活的各种交往活动。"过去那种地方的和民族的自给自足和闭关自守的状态，被各民族的各方面的互相往来和各方面的互相依赖所代替了。物质的生产是如此，精神的生产也是如此。各民族的精神产品成了公共的财产。民族的片面性和局限性日益成为不可能。于是由许多民族的和地方的文学形成了一种世界的文学。"⑤ 其三，解释方式的转型有赖于人类生活的各种交往活动。解释方式的最近的最大一次转型发生在传统社会向现代社会的转换中。在这场转换中，"资本按照自己的这种趋势，既要克服把自然神化的现象，克服流传下来的、在一定界限内闭关自守地满足于现有需要和重复旧生活方式的状况，又要克服民族界限和民族偏见。资本破坏这一切并使之不断革命化，摧毁一切阻碍发展生产力、扩大需

① 《马克思恩格斯全集》第 46 卷（上），人民出版社 1979 年版，第 393 页。
② 《马克思恩格斯选集》第 1 卷，人民出版社 1995 年版，第 276 页。
③ 同上书，第 88 页。
④ 同上书，第 72 页。
⑤ 同上书，第 276 页。

要、使生产多样化、利用和交换自然力量和精神力量的限制。"① 从本质上来说，资本的历史使命就是推广以资本为基础的生产或与资本相适应的生产方式。资本破坏一切旧有体制，并使之不断革命化，打破一切阻碍生产力发展的限制，生产和再生产出资本和劳动的关系以及资本家和雇佣工人的交往关系，这种社会关系的生产和再生产是比其他物质结果更为重要的结果。

最后，创造新的历史主体以及主体的全面自由发展取决于主体的交往形式和方式。这可以从两个方面来分析。个体主体是这样的："每一个人的自由发展是一切人的自由发展的条件"②，"不是作为纯粹的我，而是作为处在生产力和需要的一定发展阶段上的个人而发生交往的，同时由于这种交往又决定着生产和需要，所以正是个人相互间的这种私人的个人的关系、他们作为个人的相互关系，创立了——而且每天都在重新创立着——现存的关系。显然，由此可以得出结论：一个人的发展取决于和他直接或间接进行交往的其他一切人的发展。"③ 群体主体也是如此："不仅一个民族与其他民族的关系，而且这个民族本身的整个内部结构也取决于自己的生产以及自己内部和外部的交往的发展程度。"④

第一，主体活动和能力的充分发展依赖于交往的普遍发展。只有形成了普遍而广泛的社会交往，才能形成普遍的物质交换、全面的关系、多方面的需求以及全面的能力体系。只有这样，人的全面发展才有依托，"才能摆脱种种民族局限和地域局限而同整个世界的生产（也同精神的生产）发生联系，才能获得利用全球的这种全面的生产（人们的创造）的能力。"⑤ 在"地域性的存在"中，由于人们之间的交往极其有限，人的生产能力只是在狭窄的范围内和孤立的地点上发展着，"在这里，无论个人还是社会都不可能想象会有自由而充分的发展"。⑥

第二，主体形成全面丰富的社会关系依赖于交往的普遍发展。这种

---

① 《马克思恩格斯全集》第46卷（上），人民出版社1979年版，第393页。
② 《马克思恩格斯选集》第1卷，人民出版社1995年版，第294页。
③ 《马克思恩格斯全集》第3卷，人民出版社1960年版，第515页。
④ 《马克思恩格斯全集》第3卷，人民出版社1960年版，第24页。
⑤ 《马克思恩格斯全集》第23卷，人民出版社1972年版，第89页。
⑥ 《马克思恩格斯全集》第46卷（上），人民出版社1979年版，第109页。

丰富性是指社会整体的丰富性。这种丰富的社会联系和能力体系就为人类最终摆脱分工的束缚，实现个人的全面发展提供了现实条件。在马克思眼中，"社会关系实际上决定着一个人能够发展到什么程度"①。而人的社会关系总是在交往中得以展开和实现的，交往在深度和广度上的每一次拓展，都是人自身发展和进步的确证。"每一个单个人的解放的程度是与历史完全转变为世界历史的程度一致的。至于个人的真正的精神财富完全取决于他的现实关系的财富……只有这样，单个人才能摆脱种种民族局限和地域局限而同整个世界的生产（也同精神的生产）发生实际联系，才能获得利用全球的这种全面的生产（人们的创造）的能力。"② 资本主义社会创造了人类多方面的联系和全面的能力的体系，它"摧毁一切阻碍发展生产力、扩大需要、使生产多样化、利用和交换自然力量和精神力量的限制"。

第三，新的历史主体的成长依赖于交往的普遍发展。现代资产阶级本身是一个长期发展过程的产物，是生产方式和交换方式的一系列变革的产物。资产阶级发展的每一个阶段，都伴随着相应的政治上的进展。"它在封建主统治下是被压迫的等级，在公社里是武装的和自治的团体，在一些地方组成独立的城市共和国，在另一些地方组成君主国中的纳税的第三等级；后来，在工场手工业时期，它是等级君主国或专制君主国中同贵族抗衡的势力，而且是大君主国的主要基础；最后，从大工业和世界市场建立的时候期，它在现代的代议制国家里夺得了独占的政治统治。现代的国家政权不过是管理整个资产阶级的共同事务的委员会罢了。"③ 伟大的历史主体——无产阶级的成长和壮大同样如此。在西欧发达社会，随着大工业的发展，资产阶级赖以生产和占有产品的基础本身也就从它的脚下被挖掉了。"它首先生产的是它自身的掘墓人。资产阶级的灭亡和无产阶级的胜利是同样不可避免的。"④ "资产阶级不仅锻造了置自身于死地的武器；它还产生了将要运用这种武器的人——现代的工人，即无产者。""资产阶级用来推翻封建制度的武器，现在却对准资产阶级

---

① 《马克思恩格斯全集》第 3 卷，人民出版社 1960 年版，第 295 页。
② 《马克思恩格斯选集》第 1 卷，人民出版社 1995 年版，第 89—90 页。
③ 同上书，第 274 页。
④ 同上书，第 278—284 页。

自己了。"在亚洲社会里，解放亚洲的主体就是在广泛而深入的资本交往、精神交往中成长壮大。"不列颠的教练班长组织训练出来的印度人军队，是印度自己解放自己和不再一遇到侵略者就被征服的 sine qua no〔必需条件〕。第一次出现并且主要由印度人和欧洲人的共同子孙所领导的自由报刊，是改建这个社会的新的和强有力的因素。""柴明达尔制度和莱特瓦尔制度虽然十分可恶，但却是亚洲社会迫切需要的那种土地占有制即私人土地占有制的两种不同形式。从那些在英国人监督下在加尔各答勉强受到一些很不充分的教育的土著居民中间，正在成长为一个具有管理国家的必要知识并且接触了欧洲科学的新的阶层。"①

第四，主体的全面发展是以交往和生产力的普遍发展为现实基础的。马克思认为："生产力或一般财富从趋势和可能性来看的普遍发展成了基础。同样，交往的普遍性，从而世界市场成了基础。这种基础是个人全面发展的可能性。"② 如果没有交往和生产力的普遍发展，人的一切活动只能围绕生存而进行，人们根本不可能获得全面发展，甚至不可能提出全面发展的目标和任务，人只"会依然处于地方的、笼罩着迷信气氛的'境地'"③。"全面发展的个人——他们的社会关系作为他们自己共同的关系，也是服从于他们自己共同的控制的——不是自然的产物，而是历史的产物。要使这种个性成为可能，能力的发展就要达到一定的程度和全面性，这正是以建立在交换价值基础上的生产为前提的，这种生产在产生出个人同自己和同别人的普遍异化的同时，也产生出个人关系和个人能力的普遍性和全面性。在发展的早期阶段，单个人显得比较全面，那正是因为他还没有造成自己的丰富关系，并且还没有使这种关系作为独立于他自身之外的社会权力和社会关系同自己相对立。留恋那种原始的丰富，是可笑的，相信必须停留在那种完全空虚中，也是可笑的。"④马克思坚信，分工和交换的发展程度在一定意义上是社会进步发展的标志，资本主义异化是历史地产生的，也必将被历史地消灭，而消灭的基础依然有赖于个人关系和能力的充分发展。

---

① 《马克思恩格斯选集》第 1 卷，人民出版社 1995 年版，第 247—248 页。
② 《马克思恩格斯全集》第 46 卷（下），人民出版社 1980 年版，第 36 页。
③ 《马克思恩格斯全集》第 3 卷，人民出版社 1960 年版，第 39 页。
④ 《马克思恩格斯全集》第 46 卷（上），人民出版社 1979 年版，第 108—109 页。

第五，主体的自由发展是以交往和生产力的普遍发展为现实基础的。没有共同体，这是不可能实现的。"在真正的共同体的条件下，各个人在自己的联合中并通过这种联合获得自己的自由。"① 只有在共同体中、个人才能获得全面发展其才能的手段，也就是说，只有在共同体中才可能有个人自由。在过去的种种冒充的共同体中，如在国家等中，个人自由只是对那些在统治阶级范围内发展的个人来说是存在的，他们之所以有个人自由，只是因为他们是这一阶级的个人。从前各个人联合而成的虚假的共同体，总是相对于各个人而独立的；由于这种共同体是一个阶级反对另一个阶级的联合，因此对于被统治的阶级来说，它不仅是完全虚幻的共同体，而且是新的桎梏。

三　交往矛盾是文化发展的重要契机

任何人类交往都是具体的、特定的交往，人类只要发生这种交往关系，必然会出现交往矛盾。而交往矛盾又往往蕴含着文化发展的重要契机。在文化发展史中，自古以来就是"有不同的神在无休止的相互争斗，那些古老的神，魔力已逝，于是以非人格力量的形式，又从坟墓中站了起来，既对我们的生活施威，同时他们之间也再度陷入了无休止的争斗之中。……这就是我们的文化命运。"②

相对而言，传统社会的人们如"法国的小农们，如同一袋马铃薯是由袋中的一个个马铃薯所集成的一样，缺乏任何真正的社会分工和社会交往。"③ 由于交往的单一性、宏大性，传统社会的文化冲突在程度上弱得多。对于传统社会结构，同质性或未分化性是其最根本的特征。所谓同质性，主要指社会生活的各个领域在功能和需要上缺乏自主性和互补性，没有形成以充分分工、自主发展为基础的、开放的自愿联合社会的整合主要依赖于自上而下的强制性政治权威来实现，社会生活的各领域处于无差别、无个性的机械"机械团结"（迪尔凯姆语）状态之中。传统

---

① 《马克思恩格斯选集》第 1 卷，人民出版社 1995 年版，第 119 页。
② ［德］马克斯·韦伯：《学术与政治》，冯克利译，三联书店 1998 年版，第 40—41 页。
③ 《马克思恩格斯选集》第 1 卷，人民出版社 1995 年版，第 678 页。

社会的解释方式具有如下特点：（1）同一性。①（2）唯一性。（3）强制性。在个人的私人生活领域与社会的公共生活领域关系上，公共的政治权力对于个人私人生活拥有着绝对的统治权力，私人生活完全没有自己独立存在的空间而只能被动接受公共生活的主宰。

现代社会结构的典型特征恰恰是异质性和分化性，就像亚历山大所指的："对于确定现代社会生活的实际特征、它所面临的紧迫威胁，以及它的现实前景而言，分化概念比当代的任何其他概念都更为贴切。"② 在现当代文化中，随着交往的复杂化、多元化、微观化，文化多样性在程度上强烈得多：男人推行父权文化，女人力倡女性文化；白人推销欧洲文化，黑人要发展黑色文化；人文学科倡导人文文化，科学家又力举科学文化……不一而足。当代文化的矛盾境遇基本可以描述为：差分化、冲突化甚至马铃薯化，马克思在《共产党宣言》中曾有过十分精彩的论述："当基督教思想在 18 世纪被启蒙思想击败的时候，封建社会正在同当时革命的资产阶级进行殊死的斗争。信仰自由和宗教自由的思想，不过表明自由竞争在信仰领域里占统治地位罢了。"③ "信仰领域的自由竞争"，马克思的这一论述生动地说明了由于价值的分化以及由此所导致的文化冲突和矛盾状况，今天我们完全可以把这种说明用来描述当代文化。一种统一的文化价值的约束已不复存在，价值信念的存在样式已不可能是大全式、整全式的，而只能是局部性、游离性和原子性的，价值的分裂和价值意义的歧义已成为无可避免的客观事实。而"其他批评方法的权威性只是来自它们同某个零碎生活的局部原则，或者同迅速增生的复杂上层建筑的某个亚系统的一致性"。④

文化冲突始终与人的生产方式和交往方式、解释方式的性质及其变动是内在联系在一起的。文化冲突实际上首先是文化总体结构的关系调

---

① 现代社会理论的奠基人之一迪尔凯姆曾把承担这一使命的价值观称为"集体意识"，在他看来，以机械团结为特征的传统社会，需要一套稳固的、且被共同体所有成员一致抱持的价值情感和信仰，只有依靠这种一致性、集体性的价值信念，才能够维系着同质社会的机械有序性。

② ［美］亚历山大：《分化理论：问题及其前景》，《国外社会学》1992 年第 1 期。

③ 《马克思恩格斯选集》第 1 卷，人民出版社 1995 年版，第 292 页。

④ Fredric Jameson, *The Political unconscious*, New York：Connell University press, 1981, p. 10.

整，其次是个人主体与社会的关系的调整，即个人的私人生活领域与社
会的公共生活领域之间的结构关系的调整。文化冲突按照引起冲突的交
往矛盾类型大概可以区分为两种类型：共同体内部文化冲突和不同共同
体之间的外部文化冲突。这两种冲突在其现实表现上会又有个体和共同
体两种形式。

1. 共同体内部文化冲突：即共同体内部文化壹、文化贰、文化叁交
往之间的矛盾引起的文化冲突

关于共同体内部交往矛盾，在上一节中已经做过论述。这里从交往
（互动）的视角再补充一些内容。文化壹是文化立方体中最活跃的向度，
文化贰、文化叁的根本变革动力常常是从文化壹那里获得的，而它们的
停滞大概也与文化壹有关；文化贰相当于另外两者的中介系统，文化壹、
文化叁的有效运行、和发展需要它的组织和联合；文化叁是对前二者的
反思批判和自我意识，是它们的发展的内在前提。

试列举爪哇文化共同体在其现代转型中的文化贰、文化叁之间的矛
盾说明之。

格尔茨认为文化（相当于本书的文化叁即精神文化，引者注）是意
义结构，人类依据它解释自己的经验并指导其的行为；社会结构（相当
于本书的文化贰即交往活动和交往形式，引者注）是行为的形式，是实
际上存在的社会关系网络。文化与社会结构因而不过是同一现象的不同
的抽象。在分析社会行为时，一个是从社会行为对于行为者的意义角度
来考虑，而另一个是从它对某种社会体制功能的促进角度来考虑的。在
《仪式与社会变迁：一个爪哇的实例》一文中，格尔茨指出传统的功能主
义理论观点无力处理社会变迁问题。当社会处于急剧变迁的过程中，现
实生活中会出现仪式正在分裂社会而不是使它整合、正在困扰个体而不
是抚慰他们的情况。功能主义者基于以上的理论观点有两个传统答案。
即迪尔凯姆式的社会瓦解或马凌诺夫斯基式的文化衰落论。格尔茨认为，
上述答案有两点谬误：首先它未将社会或文化的冲突与社会或文化的崩
溃加以区分；其次它否认了文化结构与社会结构是各自独立的系统。"把
文化理解为"习得行为"的宽泛的概念，把社会结构理解为互动的平衡
模式的静态观点，以及以为两者在某种程度上必定是（保留在"无组织"
状态的）互相的简单镜像或显或隐的假设，作为概念手段，用来解决诸

如由派贾恩的不幸的但却是富于启发性的葬礼所引起的那类问题，是太粗糙过时了。"① 葬礼的失败，其主要原因是社会结构的整合形式与文化系统的整合形式的断裂。断裂并未造成社会与文化的崩溃，只是造成社会与文化的冲突。"我们与其将仪式的失败归咎于世俗化，归咎于怀疑主义的增长，倒不如把它归咎于社会反常。我认为，我们必须要将失败的原因归之于社会结构（因果—功能）方面的整合形式与存在于文化（逻辑—意义）方面的整合形式之间的断裂——不导致社会与文化分裂，而是导致社会与文化的冲突。或者更具体地说（听起来有点像格言），问题在于卡姆彭人在社会上已经是城市的，但是在文化上仍然是乡村的。卡姆彭人在社会意义上说，他们生活在一个法理社会。但是在文化层次士——即意义层次上——卡姆彭居民与村民相比很少有差别；而他们与城市精英相比差别要大得多。"② 卡姆彭人社会代表了一种变迁的社会类型、它的成员居于或多或少城市化市民和按传统组织起来的农民之间。置身于一个城市化的社会体系中，他却仍然依靠曾经引导他或他父辈在乡村社会中生存的象征。

2. 不同文化共同体的外部文化冲突：即不同文化共同体的交往之间的矛盾引起的文化冲突

亨廷顿在《文明的冲突》中详细论述了不同文化体之间的文化冲突。从历史唯物主义和文化辩证法来看，这一种冲突是理所当然、不可避免的。因为不同文化体的主体的各个方面以及文化体在文化结构的三个向度上均是异质的。

首先，不同文化实体之主体的各个方面之间肯定是异质的。有的主体性程度比较高，有的则相反。具有主体性的主体的数量也是不同的，有的规模比较大，有的则相反。这些因素在文化交往中必然会引发文化冲突。

其次，不同文化共同体在生产模式上是异质的。就算进入了全球化时代，地球上的文化体还存在高度发达的信息文明生产模式与次发达的工业文明生产模式、不发达的前工业文明生产模式的不同。这些因素必

---

① ［美］格尔茨：《文化的解释》，韩莉译，译林出版社 1999 年版，第 204 页。
② 同上书，第 198—199 页。

然会在文化交往中引发生产模式向度的文化冲突。

再次，不同文化共同体在交往方式上是异质的。不同文化共同体在交往的范围、自由度、组织力、总体交往力、交往主体性、交往间性、交往媒介、尤其是交往形式上具有相当大的异质性，这种异质性的冲突构成了文化冲突，从而在某种程度上推动了文化的发展。

末次，不同文化共同体在解释方式上是异质的。全球化时代，地球上的文化体还同样存在解释方式上的异质性：如解释的自否性、解释的先验价值观、解释主体的人格独立程度及其对解释异化的解蔽能力、解释模式对其成员的去主体性的程度。要而言之，邪教与科学意识形态共存，辩证法与形而上学齐飞，中国特色的价值体系和华盛顿共识一色，仍是文化间性在解释方式向度的长久形态。

不同文化实体之间的复杂、多样性、经常性的交往冲突构成了文化间性，它同时也是文化发展的契机。所谓文化间性反对所有把不同文化绝对化、同一化、等级化的观点。文化哲学意义上的文化间性（intercultural），是指在文化交往和文化发展中，不同文化实体互为主体，具有平等的主体地位，并且彼此相互作用、互相影响、交互推动的特性。文化间性在本质上是与交往理性、主体间性直接同一的。也就是说，文化间性的哲学方法论来源于主体间性理论和辩证法。既然交往理性已然证明了主体间性的现实存在，那么作为主体创造物的文化之间毫无疑问也是具有交互性的平等的主体地位。文化间性有三个向度的分野：主体向度、时间向度和空间向度。文化辩证法表明文化本质上就是交互的、间性的。文化是一种流体，文化交往是一种文明勾兑的艺术：我有一杯东方文化，再加入一杯欧美文化，这并没有摧毁东方文化，而是再造了一大杯新东方文化。文化辩证法还表明文化交往是文化本质具有的一种类似于生物交合的本能：我们反对的只是文化交往的这样一种原罪——避免了文化间性中的类似于生物学中的"米亚德现象"：两个亲本杂交后，在后代身上却只有一个亲本的性状，没有杂交优势，这一悲剧在许多农耕文明的发展史上多次上演，——自然包括我们耳熟能详的古代华夏、古埃及、古巴比伦等等古文明。

第三节 交往方式·文化模式

所谓交往方式，就是直接或间接地解决单个人和社会、私人活动和社会活动、个体性和社会性、地域性和普遍性、民族性和世界性之间矛盾的方式。交往方式常常制约一个文化共同体的生产力、交往力、解释力的合理发挥，所以它在很大程度上决定了某个共同体的文化模式。

一 交往方式与文化模式

交往活动不是像生产实践那样直接改变物质客体的形态，而是创造并不断变革个体与个体之间的关系，创造并不断更新个人和社会的关系，创造并不断更新各种共同体之间的关系。不同交往主体通过这些交往实践，创造了不同的积累、交换、传递、继承和发展自己本质力量的交往方式，不同的交往方式形成不同的文化模式。

（一）理性交往与非理性交往

按照不同的标准，交往方式的划分也不同。按照交往活动的合理性程度，人类的交往方式还可以分为理性交往与非理性交往。

理性交往方式是指合乎人类的理性准则，毫无疑问，理性交往是自由、民主、独立、开放和互惠性交往方式。理性交往方式反对排斥性交往（exclusive communication），提倡接纳性交往理性（inclusive reason of communication），它对内施行自由民主的交往方式，对外施行独立、开放和建立在"去殖民地化""去帝国化"的互惠性全球化交往方式。理性交往方式是一种雅斯贝尔斯式"总体交往"，具有两方面的优势：（1）全球广度；（2）理性的无限开放性。"凭借全球广度，总体交往能够诉诸全人类；凭借理性的无限开放性，总体交往深入到当下的世界之中。总体交往理论试图把理性带入世界，同时用理性贯注每个生存，从而使生存变为交往性的生存，最终为形成人类的精神——政治共同体铺平道路。总体交往将向包含世界的理性共同体扩展，人类从理性的基本交往意愿出发达到世界的统一，人类的统一。"①

非理性交往方式对内施行依附、限制的交往方式，对外施行束缚、局部的交往方式。非理性交往方式是指不合乎人类的理性准则，是依附、限制、束缚、局部的交往方式，是冲突性交往方式（局部冲突、普遍冲突）、甚至是毁灭性交往方式，其经常表征为文化霸权主义或文化帝国主义。"温奇希望说明文化接触过程中生活方式的互惠性碰撞，文化之间的许多碰撞都是触目惊心的，但由于缺乏理性，文化碰撞在交际层面上揭露了对话者之间的不平等关系。"② 非理性交往方式的典型代表是古埃及文化实体③。因为其神圣性的禀赋，古埃及文化具有强烈的排他性，极度排外的、自负的。古埃及人感觉到自己是选民，上帝造了这个地方是给他们住的；而且认为神圣王权和神的世界是不分开的，这种群体缺少可以扩展的潜能及愿望。对古埃及人来说，扩张等于文化自杀。因为扩张，古埃及文化丧失了它的选民性及自信心，以至变得无所适从。而这样一种不能扩展的文明扩张太多或太快，或是外面的人进来太多，遂难免灭亡。④

（二）马克思的交往方式理论

马克思创立的交往理论，内容十分丰富，其核心可概括为四个方面。一是生产实践与交往活动的关系；二是物质交往与精神交往（相当于本书的文化叁）的关系；三是地域性和普遍性、民族性和世界性即局部交往与普遍交往的关系；四是个人和社会、个体性和社会性的关系。这四个方面实际上基本说明了交往方式与文化模式之间的辩证关系。

其中，马克思的普遍交往理论，具有极强的建构新型交往实践向度的解释力，是建立理性交往方式的重要理论资源，同时还可以帮助我们

---

① 梦海：《交往是人类大同之路——论雅斯贝尔斯的交往理论》，《求是学刊》1998 年第 5 期，第 43 页。

② ［美］罗伯特·C. 尤林：《理解文化：从人类学和社会理论视角》，何国强译，北京大学出版社 2005 年版，第 84 页。

③ 今天的埃及人并不是古代埃及的后代，而是两河文明的后代，人种上虽是古埃及的后代，但古埃及文化实体已经消失了。

④ 许倬云：《中国文化与世界文化》，广西师范大学出版社 2006 年版，第 28 页。

正确认识新型文化模式。马克思在《1844 年经济学哲学手稿》《关于费尔巴哈的提纲》先后论述过"世界历史"理论，随后马（恩）在《德意志意识形态》一书中，第一次赋予交往范畴以实践论的深刻内涵，后来在《共产党宣言》《1857—1858 年经济学手稿》《资本论》，以及《给查苏利奇的信》《历史学笔记》等文献中对普遍交往理论做了较丰富的阐述。

马克思还认为，人类社会先后将经历三种交往方式：（1）以人的依赖关系为基础的交往；（2）建立在"以物的依赖性为基础的人的独立性"的交往；（3）自由联合起来的个人之间的自由交往①。显而易见，马克思依照交往活动的自由度和民主度来划分交往方式。这三种交往方式是与马克思说的社会发展三形态相对应的。

第一种交往方式即前资本主义社会交往方式。在原始社会，人类的历史都处于封闭状态的历史。在古代亚非的奴隶制国家，都是处于封闭状态的历史环境中，尽管在奴隶制国家之间已经开始发生联系，"封闭状态"的历史是由古代世界的社会经济制度决定的。奴隶制国家的生产力发展水平，决定了这些国家的生存环境及彼此之间的关系。封建土地所有制是封建社会的基础，其本质是封建主对大部分土地的占有和对劳动者的不完全占有。封建社会的农业生产是小生产，基本上是个体农户独立进行，他们在人身上依附于封建主。虽然商品生产和货币交换是封建经济的组成内容，但封建经济仍然是一种自然经济。所有这一切决定了在封建社会经济形态中，人类的历史行程，仍然没有从民族性的、地方性的历史转向普遍性的、世界性的历史。在交往方式上，"虽然个人之间的关系表现为较明显的人的关系，但他们只是作为具有某种（社会）规定性的个人而互相交往，如封建主和臣仆、地主和农奴等等，或作为种姓成员等等，或属于某个等级等等。"②

第二种交往方式即资本主义社会交往方式。第一种交往方式所在的结构是"自然群体"，第二种交往方式所在的结构是"社群/共同体"。所谓"自然群体"，大体上取自德国社会学家滕尼斯（Toennies）的（Ge-

---

① 《马克思恩格斯全集》第 46 卷（上），人民出版社 1979 年版，第 105 页。
② 同上书，第 110 页。

meinschaft）一词之义。按他的说法，Gemeinschafi（社群/共同体）与 Ge-sellschaft（社会/结合体）是两种社会类型。前者立基于人的"自然意志"，表现为亲切但狭隘的生活方式；后者则代表人类"理性意志"的发展，它促成了西方工业化之后出现的大都市生活，人与人疏离但却无法分开①。在这种交往方式中，"剩余产品的交换是设定交换和交换价值的交往"②。"在现代世界，生产表现为人的目的，而财富则表现为生产的目的。"③ 马克思对此有过深刻的分析："重要的是应当指出，财富本身，即资产阶级财富，当它表现为媒介，表现为交换价值和使用价值这两极间的媒介时，总是在最高次方上表现为交换价值。这个中项总是表现为完成的经济关系，因为它把两个对立面综合在一起，并且，归根到底，这个中项对于两极本身来说总是表现为片面的较高次方的东西，因为最初在两极间起媒介作用的运动或关系，按照辩证法必然会导致这样的结果，即这种关系表现为它自己的媒介，表现为主体，两极只是这个主体的要素，它扬弃这两极的独立的存在，以便通过这两极的扬弃本身来把自己确立为唯一独立的东西。"④ 个人只是作为交换价值的所有者互相对立。他们是作为社会的个人，在社会里生产并为社会而生产，但同时这仅仅表现为使他们的个性物化的手段。因为他们既不从属于某一自然发生的共同体，另一方面又不是作为自觉的共同体成员使共同体从属于自己，"所以这种共同体必然作为……独立的、外在的、偶然的、物的东西同他们这些独立的主体相对立而存在。"⑤

　　这个时期，"主体间的交往开始从封闭走向开放、从自在走向自为、从自发走向自觉。工业文明的确立的确为主体间自由、平等、自觉、自为的交往关系的形成提供了条件，而这种自由自觉的交往关系又是健全的、合理的社会的存在前提。然而，在工业文明发展的相当长的历史时

---

　　① 参见顾忠华《民主社会中的个人与社群》，载刘军宁、王焱编《自由与社群》，北京三联书店 1998 年版，第 41 页。

　　② 《马克思恩格斯全集》第 46 卷（上），人民出版社 1979 年版，第 210 页。

　　③ 同上书，第 486 页。

　　④ 同上书，第 295 页。

　　⑤ 同上书，第 470 页。

期，这种自由自为的交往还只是以一种可能性存在。"① 这是因为，活劳动只有对资本来说才是使用价值。"资本只有一种生活本能，这就是增殖自身，创造剩余价值，用自己的不变部分即生产资料吮吸尽可能多的剩余劳动。资本是死劳动，它像吸血鬼一样，只有吮吸活劳动才有生命，吮吸的活劳动越多，它的生命就越旺盛。"② "平等地剥削劳动力，是资本的首要的人权。"③ 资产阶级把人与人之间的一切关系都变成了"赤裸裸的利害关系"，"把人的尊严变成了交换价值"。要而言之，这个时期的交往是一种异化交往："交往实践的异化则代表着主体—主体关系的异化，即主体—主体关系降格为主体—客体关系，或是交往的一方主体视另一方主体为手段与客体（物），或是一方主体受制于另一方主体，其结果都是一样的：主体—主体关系，即人与人的关系变成物的关系或金钱关系。"④

　　第三种交往方式即共产主义社会交往方式。"只有在这个阶段上，自主活动才同物质生活一致起来，而这又是同各个人向完全的个人的发展以及一切自发性的消除相适应的。同样，劳动向自主活动的转化，同过去受制约的交往向个人本身的交往转化，也是相互适应的。"⑤ 个人"作为自觉的共同体成员使共同体从属于自己"，成为自主活动的主体。当然，这时的交往活动不再具有强制性，而是真正成为自主活动，自由自觉的活动。主体—客体关系还原为主体—主体关系，人与人的关系还原为人与人的关系。但是，马克思强调"共产主义只有作为占统治地位的各民族'立即'同时发生的行动才可能是经验的，而这以生产力的普遍发展和与此有关的世界交往的普遍发展为前提的。""交换价值这个前提决不是从个人的意志产生，也不是从个人的直接自然产生，它是一个历史的前提，它已经把个人当作是由社会决定的人了。"⑥ 也就是说，人类

_____

① 衣俊卿、孙占奎：《交往与异化——关于现代交往的负面研究》，《哲学研究》1994 年第 5 期，第 16 页。

② 《马克思恩格斯全集》第 23 卷，人民出版社 1972 年版，第 260 页。

③ 同上书，第 324 页。

④ 衣俊卿、孙占奎：《交往与异化——关于现代交往的负面研究》，《哲学研究》1994 年第 5 期，第 18 页。

⑤ 《马克思恩格斯选集》第 1 卷，人民出版社 1995 年版，第 130 页。

⑥ 《马克思恩格斯全集》第 46 卷（上），人民出版社 1979 年版，第 200—201 页。

还会长期处于"以物的依赖性为基础的人的独立性"的交往形态阶段。

（三）交往方式与文化模式

发达、进步的交往方式应该是自由、民主、独立、开放的交往类型，它能够协调天际（人与自然）、人际（人与人）、我际（人与自身）三重关系，把共同体成员的创造力发挥出来，把共同体的生产力完全合理地释放出来，把共同体的交往力发展到相对极高点，把共同体的解释力推进到相对极高点，从而形成的是自由、民主、独立、开放的文化模式。相反，欠发达、落后的交往方式是依附、限制、束缚、局部的交往类型，它不能协调人际、天际、我际、世际四重间性，常常约束限制共同体成员创造力的发挥，捆绑了共同体的生产力，把共同体的交往力限制在相对极底点，绑架了共同体的解释力，从而形成的是依附、限制、束缚、局部的文化模式。

二　自由民主全球互惠交往文化模式

我们可以马克思普遍交往理论为依据，建构自由民主全球互惠交往型文化模式，作为向共产主义大同文明的过渡形态。自由民主全球互惠交往型文化模式，作为人的"自主活动"的条件的交往方式，是一种民主、自由、尊重个体、全球互惠交往方式，大概具有如下特征。

第一，自由民主全球互惠交往型文化模式表现为生产方式的革命性变革。"交往方式"本源上是"生产活动"的组织方式，也是现实个人生命的生产方式，是作为社会存在物的现实个人的活动方式和生活方式。自由民主全球互惠交往型文化模式创造的是全球互惠双赢型生产方式，深刻变革传统社会生产方式的同时，超越工业文明的经济形态，改变了社会经济关系、经济结构，调整了主体际结构，深刻地变革着传统生产方式理论的内涵。毫无疑问，它是一种崭新的生产方式。

首先，极大地改变了生产力的要素和结构。在人类发展史上，继劳动力和自然资源之后，知识成为最重要的资源，以解释系统中的智力资源的占有、配置，知识的生产、分配、使用（消费）为最重要因素的，高新科技成为第一生产力，例如信息科学技术、环境保护科学技术、新能源新材料科学技术、生命科学技术、空间科学技术、海洋科学技术等——成为最主要的生产要素，成为主要的技术交往结构，形成第一生产力。以大学和科研院所为支撑，以跨国公司和高新技术开发区为触角，知识生产、配置和使用成为一个遍布全球的知识共同体网络，成为新的社会组织形式。

其次，经济全球化与区域一体化相结合。以市场经济为基础的各经济主体之间的全球性联系及其机制，表征出交往主体多样性、交往范围世界性、各国网状开放性、经贸组织跨国性、交往方式现代性、资源配置灵活性等许多新特点。世界经济贸易交往的格局随着北美自由贸易区、欧盟、APEC、东盟和非盟等区域经济合作组织的形成和完善而彻底改变了。区域一体化的目的在于实现区域内的规模经济，提高经济效率和增强产品竞争力，区域经济内部成员国实行生产要素的自由活动，必将加速资本的相互渗透，深化成员国之间的相互依存和国际分工，从而推动经济区域化的历史进程，形成共同市场，促使资金、技术、产品等生产要素，主要是劳动力和资本在伙伴国家之间可以自由流动。经济联盟、伙伴国家的经济政策、市场规则、宏观经济和货币政策以及收入分配等等统一化。主要特征是智力资源日益受到重视、国际贸易迅速增长、世界金融市场迅速膨胀、跨国公司正向全球公司过渡。区域一体化又同时与经济全球化相结合，一体化与多元化并存不悖。因为"市场可以代表圆周或弧线的大小，如果把产地算作中心，其半径就不断延长，例如市场从最近点开始，直至世界市场的最远点结束"①。正如马克思所说的："再生产过程并不取决于统一国家内相互适应的等价物的生产，而是取决于这些等价物在别国市场上的生产，取决于世界市场吸收这些等价物的力量和取决于世界市场的扩大。"②

最后，互惠双赢型生产方式。在自由民主全球互惠交往型文化模式中，合作竞争正成为国际经济关系的模式。在全球范围内的生产交往层面上，既存在着日益紧密交往、对话与合作，又存在着差异与冲突。两极相关，同进退，同变化。秉承交互主体的交往理念，互惠双赢型生产

---

① 《马克思恩格斯全集》第49卷，人民出版社1982年版，第328页。
② 《马克思恩格斯全集》第48卷，人民出版社1981年版，第147页。

方式超越工业作坊水平的"鱼死网破"经济哲学理念和原始积累时期片面的组织结构，欧盟、东盟、北美等各种经济共同体间在差异与碰撞中求得互惠双赢是显而易见的。

第二，自由民主全球互惠交往型文化模式表现为交往方式的革命性变革。这种革命首先表现为交往形式的变革。正如马克思说的："单个人如果改变自己对公社的关系，他也就在改变公社，破坏公社，同样也破坏公社的经济前提；另一方面，这种经济前提也由于本身的辩证法而发生变化，如贫困化等等。尤其是由于战争和征服的影响（例如在罗马，这一点本质上属于本身的经济条件），作为公社基础的实际联系遭到破坏。"[1] 农业文明中的等级制、工业文明中的科层制（哈贝马斯称为生活世界的殖民化 Colonialisierun-g），都是一种金字塔式的狭隘性、封闭性交往结构，这种交往结构是垂直的、居高临下的，底层个体处于不平等的被压制状态，很难获得个性的自由发展。与此相反，在自由民主全球互惠交往型文化模式中，交往方式必然是自由民主的。个体与个体处于平等的、开放的、互动的状态。每一个体都是无限展开的多维网络上的一个结点，每一个体可以通过与无数的连线与多维网络上的其他结点自由交往。因此，"人们研究的问题总是，哪一种所有制方式会造就最好的国家公民"[2]。当前交往是以"通过某种第三者，即通过货币"所发生的异化交往方式，在本质上乃是抽象的交往关系——"联系仅限于交换"的异化的交往关系。在这种交往方式中，以资本为媒介的每个人都成了抽象劳动的存在，人与人之间的以自然关系为基础的全面性交往以及"以人的劳动换取自然的产品"的"人和自然之间的交换"，都为以货币为媒介的人与人之间的商品交换关系所取代。与此相反，在自由民主全球互惠交往型文化模式中，交往方式必然是自由、自觉、自主的。"个人"是感性的或富有个性的存在，每一个个人在"他人"与"他物"中所直观到的也是自己的富有个性的感性本质，不再是"依靠货币而对我存在的东西"或"货币能够购买的东西"，而是感性对象性存在。"毫无疑问，决定权的分散化，改善管理，重视专门技能，扩大灵活性等等，这些都

---

[1] 《马克思恩格斯全集》第46卷（上），人民出版社1979年版，第482页。
[2] 同上书，第485页。

是重要的。但是，改革必须首先进行政治体制的改革。这就是说，改革必须首先抓住根本性的弊端，即必须抓住专门术语所说的官僚主义的统治弊端。这就是：使舆论富有活力，使意见的形成多元化，广泛地参与决策过程。简言之，就是解除对生产力交往的束缚。下层自发力量的解放，不能首先采取全面刺激个人利益的形式，它应该把松懈的政治潜力解放出来。行政的权力不会自我约束，它必须由彼此具有相互利益的人们通过交往而产生的力量来约束。"① 其次，是交往范围的革命性变革。狭隘的自然经济把个体交往紧紧束缚在血缘或地缘的局域范围内；开辟了世界市场的商品经济，也把人际关系抽象并焊接在物缘的利害计较的欲望海洋中。信息社会无疑为自由民主全球互惠交往型文化模式奠定了物质和交往基础，纵横交错的信息网络改变了时空结构，民族历史向世界历史转变，宗族血缘性的个人开始成长为"世界历史性的存在"。这种新型的个体能摆脱血缘与地缘的局限而同整个世界的物质和精神的生产发生实际联系，从而获得利用国际生产力与国际交往力的全新能力，个体发展获得全面展开的空间。正是在这个意义上，马克思深刻地指出："每一个单个人的解放程度是与历史完全转变为世界历史的程度完全一致的。""而各个人世界历史性的存在，也就是与世界历史直接相联系的各个人的存在。"② 再次，是交往中介或媒介的革命性变革。随着人们从血缘、地缘的局域交往向全球交往的发展，交往中介或媒介也不断发生着革命性变化。进入信息社会后，人们就开始从原子时代跃入比特时代。尼葛洛庞帝极富远见地指出，后信息时代是一个个人化的时代。信息社会将极大提高交往主体的个性质量和个性水平。自由民主全球互惠交往型文化模式将会是以自由个性为交往中介或媒介的时代，现有的货币或"交换价值"的交往媒介将被彻底摒弃。所以哈贝马斯强调"重新对社会进行整合，必须在宏观方面重建'公共领域'，即通过交往理性，而不是靠诉诸权利和金钱来制订政策；在微观方面把生活世界领域也建立在理性交流基础上，真正实行交往行为的合理化，不断增强人际协调和团结

①　[德] J. 哈贝马斯：《生产力与交往》，李黎摘译，《哲学译丛》1992 年第 6 期，第 53 页。

②　《马克思恩格斯选集》第 1 卷，人民出版社 1995 年版，第 87、88 页。

满足形成个性人格的需求。"①

第三，自由民主全球互惠交往型文化模式还表现为解释方式的革命性变革。随着自由民主全球互惠交往型的建立，文化模式的解释方式将会出现革命。这种文化模式将基本抛弃以人的依赖关系为基础的交往方式相适应的解释方式，逐步抛弃与物的依赖关系为基础的人的独立性交往方式相适应的解释方式，建构起自由民主的解释方式。具体表现在以下几个方面。

首先，自由民主全球互惠交往型文化模式将打破解释主体的狭隘性。解释方式的革命性变革首先是打破解释主体的狭隘性。生产方式和交往方式的狭隘性决定了解释方式的狭隘性。自由民主全球互惠交往型文化模式推动了解释方式的变革。当代西方社会流行的"差异"论、"多样性"（diversity）和"多元文化论"（multi-culturalism）毫无疑问表征了解释主体的狭隘性的覆灭。哈贝马斯在 1992 年出版的《事实与规范之间》提出了商谈伦理学（discourse ethics）或交往伦理学，成为具有里程碑意义的解释方式革命。他认为，达成共识是问题的关键，即让所有处于某一情境中而又对情境不满的人，自由地进入讨论这个问题的言谈之中，从而可以得出一致结论。理想语境的主要特征是"以争论的重要性"代替"传统的重要性"，"以理性的独立思考的态度"代替"对权威的盲目忠诚的态度"，从而缓解"宽解机制"（relief mechanism）中"凝固"（condense）与"代替"（replace）对人类语言自由沟通的阻碍。"凝固"主要指的是"对权威的盲从"，"代替"主要是指"权力与金钱作为广泛沟通媒介的负作用"。他认为，在建立商谈理性中，第三部门包括基金会、慈善组织、学会、协会、研究会、促进会等，涉及社会福利、教育培训、医疗保健、社区服务、生态环境、科学技术、文化艺术、国际合作、宗教等各领域，将发挥巨大作用。

解释主体的狭隘性主要表现为解释主体的类狭隘性、地域狭隘性、阶级（层）狭隘性、性别狭隘性。其一，首先要打破解释主体的类狭隘

---

① ［德］J. 哈贝马斯：《生产力与交往》，李黎摘译，《哲学译丛》1992 年第 6 期，第 53 页。

性。"因为处于危险中的是人类的利益，而不仅仅是阶级的利益。"① 随着人类交往理性的成熟，人类越来越认识到人与自然的交往的和谐性的重要，作为"人的无机身体"的天际（所谓天际是指人与自然万物之间）交往观，人本生态中心天际交往观逐步取代人类中心主义的反自然交往观。其二，打破解释主体的地域狭隘性。任何地域狭隘性都是一种动物意识，中世纪意识。随着人类交往理性的成熟，形形色色的文化帝国主义逐步弱化，这之中包括华夏中心主义和西方中心主义、东方学、各种宗教原教旨主义。其三，打破解释主体的阶级（层）狭隘性：当今社会有色人种、发展中国家公民、同性恋者、少数族裔、无产阶级的各种社会运动风起云涌，文化专制主义、党派意识形态、意识形态国家机器的逐渐淡出，某个阶级的解释或意识解释不再作为整个社会的意识，这些都为打破解释主体的阶级（层）狭隘性奠定了基础。"剥夺个人的权利和尊严，剥夺少数民族和政治反对派的权利和尊严，也同样是令人不安的。理性的作用就在于谈论这些消极现象，对默默受苦者倾注我们的同情，使非理性的东西'变为理性的东西'。"② 哈贝马斯反对任何用军事的、政治的、经济的、暴力的手段干涉别人，强行贯彻自己意图的作法，否定充满功利色彩与利益冲突的争辩，并认为，这种交往行为是扭曲的、不合理的。其四，打破解释主体的性别狭隘性。在自由民主全球互惠交往型文化模式中，随着解释主体的交往理性的建立，文化多样性增强、无识者逐步减少，女性解释主体试图瓦解"法乐士逻各斯中心主义"（Phallogo-centrism）、父权制建立的强加给女性的一整套前交往理性解释秩序，提出了另一种整合的解释模式，反对二元提倡多元的模式、差异政治的模式等等。

解释方式的革命性变革将重塑交往制度（国家、政党、政治社团、政治制度）乃至文化工业、文化生产机制、机构以及文化生产方式，建立公平、自由、互惠的包含多样性统一的解释系统。

其次，自由民主全球互惠交往型文化模式还将打破思维方式的狭隘

---

① ［德］J. 哈贝马斯：《生产力与交往》，李黎摘译，《哲学译丛》1992 年第 6 期，第 49 页。

② 同上。

性。全球互惠交往型文化模式提倡一种全球性思维。"全球化是一个相对自主的过程。其主要动态包含着普遍性的特殊化和特殊性的普遍化这一双重性过程。普遍性的特殊化，被定义为普遍性这个问题在全球的具体化，已成为寻求全球性的原教旨的原因。换言之，目前非常快速全球化的阶段促使关注世界的'真正意义'的运动和寻求整体世界之意义的运动（和个人）的兴起。特殊性的普遍化，指的是对特殊的东西、对表面上越来越精致的认同展示方式的寻求具有全球普遍性。"① 这里的全球性当然奠基于"新全球主义"，全球性思维方式是后现代性的，它"主张多元文化而反对单一文明，强调差异政治而否认单一正义观，指认断裂而蔑视同一整体，消解思维等级和中心性，解构先验的理性或本体意义的决定论、惟一论而推崇全球话语的众声喧哗。差异、断裂、冲突、矛盾，这些在福柯、德里达、亨廷顿、贝尔及利奥塔德等后现代主义思想家笔下的词语，越来越经常地成为知识经济时代的主要范式，进而成为新全球主义的主要范式"②。思维全球性意味着解构二元对立，解构"逻各斯中心主义"，把人类社会生活作为一个整体加以考虑的整体思维方式，想问题、看事物，从全球、全人类的整体出发，意味着世界要在一种互联性、依存性和整体性中得以存续。思维全球性还意味着思维批判性、否定性维度不断增多。

最后，自由民主全球互惠交往型文化模式还将打破价值取向的狭隘性。技术主导的工业文明价值观（工具理性）引导的人类文化实践，在取得累累硕果的同时也造成了严重威胁人类生存的全球性价值风险问题。哈贝马斯认为："金钱循环过程和权力循环过程，必然受到个人生活的行为领域和自发的公众社会交往结构化的行为领域的限制，生活世界的边界和生活世界的绝对命令，即实际的价值定向要求得到保卫。"③ "生活世界并不只是听凭经济和行政上所采取的措施摆布。在极端的情况下，则会出现被压制的生活世界的反抗，出现社会运动、革命，或者像现在在

---

① ［美］罗兰·罗伯森：《全球化：社会理论与全球文化》，梁光严译，上海人民出版社2000年版，第255页。

② 任平：《知识经济生产方式、交往实践观与新全球化时代》，《教学与研究》2001年第4期，第38页。

③ 艾四林：《哈贝马斯》，湖南教育出版社1999年版，第131页。

波兰，以团结工会为标志的动乱。"① 自由民主全球互惠交往型文化模式真正使得价值多样性取代了工具理性压倒了价值理性的价值取向。价值多样性取代了人与人之间、个人与社会之间异化了的价值关系之后，个性化同社会化的异化形式的这种矛盾，以及个体间的个性差异，表现为不同价值体系间的矛盾、冲突，而这又为个体的能动选择提出了要求并提供了余地，成为文化变革的推动因素。"使交往者生活在一个美好的，没有任何强制的世界上……把阻碍言语的后工业文化逻辑键条打断，使人们关闭的心灵敞开，在不同文化类型之间实现符合交往理性的话语权利的平等。通过语言使人们的'争辩'转化为'对话'"。②

第四，自由民主全球互惠交往型文化模式还表现为主体的革命性变革。在自由民主全球互惠交往型文化模式中，交往主体真正成为交互主体，交往理性真正确立，新型主体的变革主要体现在以下几点。

首先，交往主体的目的化。迄今为止的许多交往形式中，人们并不是都以主体的身份出现，许多人只是作为交往手段（客体）出现，正如马克思所说："一切先前的所有制形式都使人类较大部分，奴隶，注定成为纯粹的劳动工具。"③ 经济上的剥削、征服和劫掠、不平等贸易、宗教精神统治等形式的交往，都属于这种情况。雅斯贝尔斯认为："在我们这个社会上，传统的人道主义已然消逝。"④ 行动者在社会官僚化、法律化、中介化影响下失去了其独立存在的地位，变成了可以用其他人代替的、失去个性的人。人类如果要免于"意义的丧失"就必须建立新的人道主义。在自由民主全球互惠交往型文化模式中，人本身"始终表现为交往的目的"，新型主体的生成成为目的本身。

其次，交往主体的全面化。交往主体的全面化首先意味着世界性民族和世界性个人形成。"随着联合起来的个人对全部生产力的占有，私有制也就终结了。在迄今为止的历史上，一种特殊的条件总是表现为偶然

---

① ［德］J. 哈贝马斯：《生产力与交往》，李黎摘译，《哲学译丛》1992 年第 6 期，第 52 页。

② 朱元立：《当代西方文艺理论》，华东师范大学出版社 1997 年版，第 369—370 页。

③ 《马克思恩格斯全集》第 46 卷（下），人民出版社 1980 年版，第 88 页。

④ ［德］雅斯贝尔斯：《新人道主义的条件和可能》，转引自徐崇温主编《存在主义哲学》，中国社会科学出版社 1986 年版，第 229 页。

的，而现在，各个人本身的独自活动，即每一个人本身特殊的个人职业，才是偶然的。"① 由"狭隘地域性的个人"转变为"世界历史性的"存在，也推动着由"异化的""偶然的"个人转变为"自由的"、有"个性的个人""真正普遍的个人"，由"片面的个人"转变为"完整的个人"，"地域性的共产主义"向"世界性的共产主义"演进，日益趋近、抵达"个人的自由全面发展"。同时，主体的知情意三维结构合理化，用知情意相统一的"生命主体"取代传统理性主义单一的认知主体。生命活动不仅仅是认识活动，还是理解活动和创造活动，从而反对用自然科学的方法去研究人，而应代之以"体验"和"直觉"的方法去建立研究人类活动的精神科学。在自由民主全球互惠交往型文化模式中，总体理性接管有限理性，诗意文明携手工业文明，全球交往伦理协商政治伦理和宗教伦理。

① 《马克思恩格斯选集》第 1 卷，人民出版社 1995 年版，第 130 页。

第 四 章

解释行为与文化发展

一般来说，"人，一方面是有机的生物体，另一方面又是抽象概念的创造者，他的主体性混合了其内在的生物性以及思维所赋予的创造能力和抽象能力。"① 伽达默尔认为，人作为历史性的存在，不是个人占有历史文化，而是历史文化占有个人；不是个人选择某种理解方式，而是理解构成人的存在方式；理解首先不是个人的主体意识活动，而是历史文化进入个体意识的方式。理解作为历史文化对个人的占有和个人正在展开的可能性，它实现为"历史视野"与"个人视野"的融合②。因此，生存实践主体同时也是解释和批判的主体。从经济生产主体、交往活动主体到解释批判主体，从活动的自在、现实维度向自为、超越维度的跃迁，表征了人的本质力量的对象性活动的二重性。解释、批判、反思是把经济生产主体、交往实践主体作为自己的活动对象的对象性活动，因此，对经济生产、交往实践、解释活动的反思批判（也就是说反思批判包括了解释活动本身）是文化发展和主体进步的内在前提。

一方面，"实践的社会运作中时常出现的自悖谬困境被类似黑格尔'理性的狡计'的神秘力量粉碎消解，成为这种实践逻辑'看不见的观察'。……要把现代实践愈来愈强的风险性（如自反性现代化理论所述）和受难性（如许茨所述）揭示出来，改变过去实践单纯的正面形象——这种形象使它过分地沉沦于简单的启蒙逻辑之中，并使它处于被崇拜的

---

① ［法］阿兰·巴迪乌：《当代法国哲学思潮》，陈杰、李谯译，《国外理论动态》2008 年第 12 期，第 78 页。

② 参阅［德］伽达默尔《真理与方法》，洪汉鼎译，上海译文出版社 2004 年版，第 2 版"序言"及"导言"。

位置上——使之以喻示着更多智慧的面貌得到哲学的批判性考察。在这个意义上，实践理论更应该关注制度分析、制度批判，关注社会世界。"①另一方面，任何生存活动最终会内化为人类理解人、世界及其两者关系的解释系统，它必然附丽于文化主体身上，文化主体也就"自然"地成为这一解释系统的承担者。一般说来，解释系统是指人类对世界和人自身的认识、理解、探索、创新等精神性活动，是人与其自身关系向度的文化形态。这一向度的文化探索人的存在及价值，以全面阐发人与自身的关系（这一关系实际上包括人与自然，人与社会，人与自身关系）为核心内容，是个体或群体的历史的思想样式、道德理念、宗教体系和形而上学体系之间的动态系统。它表征人们如何运用自己所有的一切哲学的、科学的、神学的、神话的、伦理的以及意识形态的信仰和信念来观照和阐释世界。

人一生下来，就被这种汪洋大海般的解释系统包围，因此，毫无疑问，文化的发展还取决于决定性地清算这些先验的内在的意识系统，只有这样才能开启新的存在视界或文化境界。反思与批判这一解释系统于是就构成了主体发展文化的内在前提。

对于参与解释（理解认识）过程的主体因素，国内学者多用"主体认识结构"一词：有的将其划分为理论层次（基本概念框架）、经验层次（实践内化的概念）和心态层次（情感等心理倾向）三个层次；有的将其归结为生理因素、知识因素、智力因素和情感意志因素等四个因素；在有的学者那里，"认识结构"被规定为由反映系统、操作系统和驱动系统构成，各系统分别又有感性、知性、理性三个基本机能层的多级机能系统；在另一些人那里，主体认识结构又成了下述三大结构的统一，逻辑心理结构（语言、形式思维、辩证思维）、社会心理结构（一般人类的心理素质、民族的心理素质、社会的心理素质）和认识实践结构（自我意识、目的、工具、操作）。研究思维的学者则把思维方式的构成划成三大层次：知识层（包括思维的背景知识、知识、概念和方法、以及判断和推理及其规则等）、结构层（包括概念结构、能力结构和模式结构）、实

---

① 刘森林：《实践：从主体性到社会性》，《全国"唯物史观的理论创新"与"马克思主义实践理论的当代意义"学术研讨会论文集》，2004 年 12 月，第 96 页。

践意识层（包括语言、情感、思维传统、感情的范式，以及意义和评价等）①。但无论如何区划，反思与批判是文化发展的灵魂。所以，尽管解释（理解认识）过程的主体因素是异常庞杂的巨型问题域，本书只是从文化辩证法出发，选择与反思和批判息息相关的主体要素——独立人格、批判理性作为研究对象来探讨其与文化发展的关系。因为独立人格（Persönliche Unabhängigkeit）主体构成了文化批判的保障，先验批判构成了文化反思的灵魂。相对于其外在前提的生存实践而言的，主体的反思与批判活动属于主体的内在结构，它是主体内部诸要素联系的内在形式和方式，所以独立人格、先验批判构成了文化发展的内在前提。

第一节　独立人格(主体)是文化发展的保障

今天，马克思在 19 世纪 40 年代至 70 年代所着力剖析的异化和物化现象非但没有被扬弃，反而呈现出深化和加剧的趋势。在发达工业社会条件中，异化不仅仅表现在统治人的异化力量从有形的政治经济力量向无形的观念力量的转化，更严重的是，异化的机制逐步深入和内化到人的精神结构中，导致了人的性格结构和心理机制的异化。这实际上是人的最深层的异化，因为，在传统的政治统治和经济压迫下，改善生存状况的需求会驱使人反抗与超越现存秩序，而在以技术发展和消费娱乐为背景的文化力量的操控下，人很容易主动地与现存秩序认同，在性格结构和心理机制的层面上消解掉超越和否定现存的维度，成为非创造性的人格②。异化的性格结构和心理机制的出现使现存社会缺少内在驱动力和超越的维度，成为消费主义物化世界的暗中的帮凶。所以在这个意义上，我们说独立人格（Persönliche Unabhängigkeit）是文化发展的保障。

---

① 齐振海，袁贵仁主编：《哲学中的主体和客体》，中国人民大学出版社 1992 年版，第 45 页。

② 参阅衣俊卿《文化哲学十五讲》，北京大学出版社 2004 年版，第 191 页。

一 人格概念理解

在中西话语中，人格含义具有巨大的差别，中国传统话语意义上的"人格"常常混同于"人品""品德""品格"，这种道德意义上的人格不是本书所认可的概念。邓晓芒说："现代意义上的'人格'一词，来自于西文 Person，其含义首先是指个人或私人，其次，它还意味着个人身上的身体特征、外在的容貌和风度，是体现在外的个性特点。"[①] 本书所认可的人格概念首先是一个社会的、法权意义上的概念，其次是一个文化哲学或文化人类学的概念。

1. 心理学意义上的"人格"

西方心理学注重从人与社会的交互角度切入心理特征层面研究人格问题。美国学者 B.R. 赫根法指出："人格这个术语来自拉丁词 persnoa，是面具的意思。把人格定义为面具等于把人格视为人的社会自我，正是人的这一方面被人用来向社会显露他自己。"[②] "性格是对人格的评价，而人格是对性格的再评价。"[③]

2. 法哲学意义上的"人格"

"人格"首先即法权人格，就是个性（personality），"人格是一切尊严、声望、崇高性和道德价值的最终主体和承担者"[④]。人格的概念本身是个体性、私人性的概念，是权利和义务的主体，是对个人的肯定。个人独立人格决不只体现在有多大权力、承担多大责任（义务）之上，还体现于他是否具有"自律"之上。孟德斯鸠早就说过，自认为自己是别人的主人的人，实际上具有奴才的本性，他一旦遇到一个比他更强的强者，立刻就会显出比奴才更是奴才。

一般意义上人的"品格""素质"，还不是人格，以个人为本位的人

---

① 邓晓芒：《人格辨义》，《江海学刊》1989 年 3 期，第 10 页。

② ［美］B.R. 赫根法：《现代人格心理学历史导引》，文一等编译，河北人民出版社 1988 年版，第 1 页。

③ 同上书，第 86 页。

④ 邓晓芒：《再辨"人格"之义——答徐少锦先生》，《江海学刊》1995 年第 6 期，第 117 页。

格是现代性的剩余产物。这种现代人格，到了资本主义阶段才得以生成。因为资本主义极大地促进了生产力的发展，使人类历史"转变为人的世界历史"，"在这种形态下，才形成普遍的社会物质变换，全面的关系，多方面的需求以及全面的能力的体系"①，只有经济的独立才为现代人格的生成提供了现实条件。因此，随着人类生产、交往实践的深入以及反思理性和解释能力的提高，现代市场经济，以及规范和保障个人在经济上的独立性的现代法治的确立，个体自我意识的苏醒，个体主体得以生成，法哲学意义上的"人格"和现代公民作为历史主体得以确立。

3. 文化人类学意义上的"人格"

西方文化人类学则比较注重从人与生态、文化的互动的角度来研究人格问题。《简明文化人类学词典》对人格的界定：人格亦可以称为个性，是个人所有比较稳定的心理特性的总和。它通过个人与环境、个人与社会群体的关系表现出来。一般认为，人格具有以下特性：一是整体性，即是统一的整体，有机的组合。二是独特性，即是总体上区别于他人的系统。三是多样性，即有众多的个性心理要素。四是适应性，即为适应环境可做出自我调整。五是稳定性，即经常地表现在行动中。六是可变性，即可以改造和转变②。所谓精神人格即文化人格，"是特定个人在特定群体或民族文化中通过社会化过程形成的独享的、相对稳定的心理特质和行为特质的动态复合结构"，"是个人对特定文化内化的结果"③。不同于上文的社会法权人格。

此外，与文化人类学人格密切相关的还有民族性（National Character），即国民性的研究，又称之为"集团人格""众趋人格"或"基本人格结构"等。这里就涉及群体人格特征与个体人格关系问题，个体主体性的发挥必须与共同体主体性相一致，必须与共同体的利益和特点相符合；共同体要发展，个体就不能没有创新。如果每一个"我"都只是循规蹈矩，不敢越雷池一步，那这样的共同体也就不具有主体性。因为主体性的本质特征乃在于创造性，即"一窝蜜蜂实质上只是一只蜜蜂，它

① 《马克思恩格斯全集》第46卷（上），人民出版社1979年版，第104页。
② 陈国强：《简明文化人类学词典》，浙江人民出版社1990年版，第15页。
③ 欧阳仑：《中国人的性格》，陕西人民教育出版社1988年版，第183页。

们都生产同一种东西"①。一个民族，如果其个体的活动都只是同一种特征的活动，而不是各有特色的统一的活动，这个民族的人数再多实质上也只是一个人，因而它是很难迅速发展的。

4. 马克思哲学的"人格"

马克思晚年以"现实的个人"的个性生成和全面发展形态来划分社会形态，把个性解放作为人类解放之前提的这些思想，可以看出马克思哲学的人格概念是以法哲学意义上的"有人格的个体"（das persönliche Individuum）为其内涵，以文化人类学、心理学的人格为其内核，以"现实的个人"（wirkliches Individuum）"完整的个体"（totale Individuen）为丰富的客观化的质料。马克思哲学的这一"人格"承认独立人格的内核"个人本位观念"是现代人区别于前现代人的特点，当然首先必须准确理解"个人本位"（individualism）这一现代性概念，绝不将其等同于"自我中心"或"个人至上""个人利益至上""个人自由至上"，更不将其混同于利己主义（egoism）。作为现代独立人格之基本意蕴的"个人本位"是指个人思想和行为的自主性。此外，马克思哲学的"人格"概念更不会将具有人格意义的"个体"与"社会"对立起来。唯物史观并不否弃个人的存在与个性，它强调"有生命的个人的存在"是"人类历史的第一个前提"，"人们的社会历史始终只是他们的个体发展历史，而不管他们是否意识到这一点"②。"人格是个人的，但只有对他人、对社会而言才谈得上是个人的，这就是人格的'社会特质'的意思。"③ 李大钊说："真正合理的个人主义，没有不顾社会秩序的；真正合理的社会主义，没有不顾个人自由的。"④ 马克思哲学的人格观坚持社会性寓于现实个人及其个性之中，绝不抽象地讲社会性。马克思说："首先应当避免重新把'社会'作为抽象的东西同个人对立起来。个人是社会的存在物。因此，他的生命表现，即使不采取共同的、同其他人一起完成的生命表

---

① 《马克思恩格斯全集》第 46 卷（上），人民出版社 1979 年版，第 195 页。

② 《马克思恩格斯选集》第 4 卷，人民出版社 1995 年版，第 532 页。

③ 邓晓芒：《再辨"人格"之义——答徐少锦先生》，《江海学刊》1995 年第 6 期，第 119 页。

④ 《李大钊文集》（下），人民出版社 1984 年版，第 437 页。

现这种直接形式，也就是社会生活的表现和确证。"① 正是在这个意义上，马克思批评了黑格尔"忘记了特殊的个体性是人的个体性，国家的职能和活动是人的职能"②。

二　人格类型

人格类型毫无疑问是一个历史范畴，马克思曾经对其历时态做过科学划分。这里从共时态视角出发，依据当代人格类型与文化发展主体的关系，对人格类型做出区分，以便针对不同人格做出不同的应对策略。按其做出行为选择的自主取向、对外在事物的态度来划分。人格的类型有独立型人格与依附型人格两种。

独立型人格（Persönliche Unabhängigkeit）是指具有独立自主性、自律性、自否性、自担性特征的人格。具体地说，以个人为本位，个人能够自主选择思想、行为，并能自我约束、自我批判和自担责任，这是判断其是否具有独立人格的主要标尺。独立型人格能够从外物回到自身，既能够从先验文化中汲取价值观、世界观，又能够在生存的实践中凸显自己的需要、个性、革命意识与创造力、自由自觉的批判精神。独立型人格表征了人类身上源远流长的逻各斯精神、努斯精神。它们的典型代表人物有普罗米修斯、浮士德、精卫、夸父、马克思等。

依附型人格是指不具有自主性、自律性、自否性、自担性特征的人格。它可以划分为对它物的依赖型人格、对他人的依赖型人格和双重依赖型人格三种。对它物的依赖型人格表现为人格被它化或物化，降格为物格人即工具、手段。从人的精神活动领域观之，由于物化和理性化的全面和总体性的统治，致使人的主观世界完全为物化意识所支配。这种物化意识表现为人对事物和自身的认识停留于局部，失去了对整体的联系的把握，只见树木，不见森林。在这种情况下，人们丧失了革命的主体性和反抗精神。对他人的依赖型人格表现为人格被他化，降格为他格人即奴才。权威人格是最大的一种依附型人格，一个具有权威人格的人

① 《马克思恩格斯全集》第 42 卷，人民出版社 1979 年版，第 122—123 页。
② 《马克思恩格斯全集》第 1 卷，人民出版社 1956 年版，第 27 页。

是一种"内在文盲"。而双重依赖型人格是上述两种类型人格的综合体。

（一）独立型人格的特征

以个人为本位，独立人格表现出强烈个性、革命意识与创造力、自由自觉的批判精神，独立自主性、自律性、自否性、自担性是独立型人格的主要特征。

独立人格即个性（personality）即个体性（individualism）。独立个体是其首要特征。密尔认为，个性乃是"个人进步和社会进步中一个颇为重要的因素"①。首先，是个人的发展。如果某些人缺乏个性，"他们的人类性可能枯萎了；他们已经无能力再有任何强烈的愿望和生来的快乐，一般也没有使各人自生自长、本属各人自己的意见和感情"②。其次，缺乏个性就是缺乏人类性，密尔坚持道，具有个性不仅是个人自身发展的必要条件，而且也是社会乃至整个人类发展不可或缺的动力。《论自由》之第三章的标题是"论个性为人类福祉的因素之一"，将个性与社会乃至人类的发展联系在一起，清晰地显示密尔学说的个性主义特征。密尔的基本逻辑是，如果一个群体是由有个性、有生命、有活力的个人组成，这个群体就会充满活力与生命。"相应于每人个性的发展，每人也变得对于自己更有价值，因而对于他人也能够更有价值。他自己的存在上有了更大程度的生命的充实；而当单位中有了更多的生命时，由单位组成的群体自然也有了更多的生命。"③此外，独立人格与创造性互为表里。

自否性是其另一主要特征。"自否性"意味着自由自觉的批判精神和辩证法的精神，自否性人格的人常常会自主反抗自身"观念的链锁"和外在"现实的链锁"④。这种特性在一个联系密度愈来愈大的现代社会中，显得弥足珍贵。因为现代社会使"私人生存""个性""只是僵化为一种对公众事物的肯定。'私人生存'仍然是依赖于公众事物的分支，并且寄生于那种从公众事物那里的单纯抽身。于是，'私人生存'就违背本己的

---

① ［英］密尔：《论自由》，许宝骙译，商务印书馆1982年版，第60页。
② 同上。
③ 同上书，第67页。
④ 《马克思恩格斯全集》第1卷，人民出版社2002年版，第105页。译文有改动。

意愿而证实了它为公众状态所奴役时情况"①。现代社会很大程度上是海德格尔所说的"公众状态的独特专政",它造成这样的现状:"对排斥的恐惧便意味着对失去同一性的恐惧,两者的结合才构成了一种十分强大的动力。……普通的个人并不允许自己意识到自己的思想和感觉与该社会的文化模式是相冲突的,因此,他被迫压抑他自己的这些思想和感觉。"② 自否性人格个体却敢于反抗同一性、差异恐惧、个性逃避。自否性常常与否他性互为表里,自否性人格同时必然具有反抗外在权威和他律的特性,弗洛姆说:"精神健康的人是创造的和没有异化的人;他使自身与世界建立起友爱的联系,运用他的理性去客观地把握现实;他感到自己是一个独一无二的个体;同时又觉得跟他人是一体的;他不屈从于非理性的权威,而是自愿地接受良心和理性的合理性权威;只要他生存着,他就会不断地发展自身,他把生命的赠予看作是他最宝贵的机会。"③

(二) 权威型人格的特征

权威人格是最大的一种依附型人格,它是主体最大的敌人,也是文化发展的最大绊脚石。它的主要特征是:权威性顺从和权威性的侵略,反自否性。

弗洛伊德主义的马克思主义者把"逃避自由"的心理机制指认为权威型人格主要特征。代表人物弗洛姆的《逃避自由》一书把马克思的"人的依赖性"理论和异化理论、精神分析理论融和起来,对现代人格结构和心理机制做了深刻的研究。他认为,人的个体化导致了双重结果:一方面是人的自由的增长,另一方面则是人的孤独感的增强。正是这种生存的内在冲突形成了"逃避自由"心理机制的生成基础,人由于对孤独的恐惧而倾向于逃避构成自己本质的自由,而与某种整体和权威认同,以获得安全感。自由与孤独并存是个体化的双重不可回避的后果。正是面对着这样的生存困境,"人有可能产生逃避自由的心理冲动。与自由相伴随的孤独、焦虑、不安,以及沉重的责任,会使人产生对原始安全感

---

① [德] 海德格尔:《路标》,孙周兴译,商务印书馆 2000 年版,第 371 页。
② [美] 弗洛姆:《在幻想锁链的彼岸:我所理解的马克思和弗洛伊德》,张燕译,湖南人民出版社 1986 年版,第 132—134 页。
③ [美] 弗洛姆:《健全的社会》,欧阳谦译,中国文联出版公司 1988 年版,第 278 页。

的怀念和对自由的恐惧，于是，便产生了想要放弃个人独立的冲动，想要把自己完全隐没在外界中，藉以克服孤独及其权力的感觉"①。弗洛姆还分析了现代人三种典型的逃避自由的心理机制：受虐狂和虐待狂共生的极权主义；攻击性和破坏性；顺世和随俗。

第一，极权主义乃受虐狂和虐待狂的共生。弗洛姆认为，从表面上看受虐狂和虐待狂是相互矛盾的和相互冲突的，但实质上它们是相互依存的。它们本质上都是内在孤独感和恐惧感的表现，都倾向于与某种外在的权威或力量认同，以获得安全感，"是指其个人有放弃自己独立自由的倾向，而希望去与自己不相干的某人或某事结合起来，以便获得他所缺少的力量。换句话说，也就是寻求新的第二个束缚，来代替其已失去的原始约束"②。葛兰西和詹姆逊也把"臣属"或者是"臣属性"（subalternity）指认为权威型人格的主要特征。在葛兰西那里首先是指某一社会结构中受压迫阶级或处于边缘位置的社会集团，在社会空间中的"从属"与"边缘"地位，其更根本的特征在于这边缘的阶级或集团因"阶级意识"的缺乏，而在心理和意识上形成的某种卑下性和顺从性。1950年阿德诺等人合作发表一本题为《权威型人格》的巨著中，作者在概括权威性人格者的特征时指认了"权威性顺从"和"权威性的侵略"这一对特质，可谓英雄所见略同。

第二，攻击性和破坏性。破坏性或攻击性的逃避机制所采取的方式是摧毁一切威胁到自身存在的外力，由此来缓解内在的孤独和无权力感。显而易见，这同样是一种极具破坏性的逃避自由的心理机制。人们常常用爱、责任、良知、爱国主义等字眼来掩饰自己的破坏行为，用各种方式使这些迫害活动合理化。这一点相当于阿德诺等人的《权威型人格》的巨著中所说的"破坏性"。

第三，舍己的自动适应：顺世与随俗。对大多数人来说，往往可能采取比较温和的逃避自由的方式。一般说来，普通人为了消除自由和责任带来的重负和孤独，往往倾向于通过采取与世无争式或沉溺于封闭的内心世界的方式来摆脱世界，摆脱威胁与孤独，最为常见的是在文化模

---

① ［美］弗洛姆：《逃避自由》，北方文艺出版社1987年版，第6—7页。
② 同上书，第88页。

式上的顺世与随俗，主动地放弃自己的个性和主体性，变成海德格尔所说的无主体的"常人"。这一点相当于阿德诺等人的《权威型人格》书中所说的"反对内省、重视权势、犬儒主义"①。弗洛姆强调舍己的自动适应这种逃避自由的心理机制的普遍性和常见性。"这个逃避现实的心理机制，是大多数正常人在现代社会中所发现的解决办法。简而言之，就是个人不再是他自己，他完全承袭了文化模式赋予他的那种人格。因此他就和所有其他的人一样，并且变得就和他所期望的一样。这样，'我'与世界之间的矛盾就消失了，然后，对孤立与无权的恐惧感也消失了。这种心理机构宛如某些动物的保护色。他们看起来，与他们的周围环境那么相似，以至于他们几乎和周围的环境，没有什么区别，一个人放弃了他独有的个性，变得和周围的人一模一样，便不再感到孤独和焦虑。"②它即使不对社会造成破坏性的后果，也会导致人的主体性的消解和萎缩性人格。正因为如此，弗洛姆极力寻找超越逃避自由的心理机制的途径。

三 文化与人格

马克思早在 1843 年对人格的本质就形成了一个著名的论断："'特殊的人格'的本质不是人的胡子、血液、抽象的肉体本性，而是人的社会特质。"拒绝谈论人格毫无疑问是"抽象的唯物主义"，而"抽象的唯物主义是物质的抽象的唯灵论"③。"文化与人格"学派的人类学家们对此深有体会，因为该派代表人物许烺光（Frances L. K. Hsu）认为，人格这个概念应当是指个人的一生中与社会文化产生相互作用的动态过程，但是，在他之前的"文化与人格"论者，多将其理解为某个没有变化的静态性实体。他主张用"心理人类学"这个术语来指称"文化与人格"领域，这就是他的研究被称为"心理人类学"研究的主要原因。人格的本质、形成、属性、变化、结构、模式等毫无疑问与其所在的文化共同体密切相关，也就是说，总体文化会对其成员的人格产生巨大影响。

---

① 参阅 T. W. Adorno, E. Frenkel Brunswick, D. J. Levison, E. N. Stanford, *The Authoritarian Personality*. New York：Harper and Brothers, 1950.

② ［美］弗洛姆：《逃避自由》，北方文艺出版社 1987 年版，第 111 页。

③ 《马克思恩格斯全集》第 1 卷，人民出版社 1956 年版，第 270、355 页。

(一) 文化型塑人格

著名的人格人类学家拉尔夫·林顿 (Ralph Linton, 1893—1953) 认为:"人格的形成过程似乎主要是个体的生活经验和他的 (先天) 素质特征相互结合,并相互调适而形成功能整体的过程。"这个过程在人的幼年期最活跃。按照林顿的观点,"文化的性质完全取决于个体的人格以及这些人格之间的相互作用,社会中每一个个体的人格都在与其文化持续不断的联系中发展并产生作用。人格影响着文化,文化也影响着人格"。他列举了大量的例子来说明文化对人格的影响作用,文化能够影响人格的表层结构,但是对深层结构的影响,还要视个体的素质特征、个体与社会互动中的社会经验确定。因此,心理类型的形成基础是以上三者:文化、个体素质、社会经验相互作用的结果[1]。这种相互作用主要表现为人格具有"社会特质",即文化、社会经验型塑 (即形成和塑造,formating) 个体、群体人格类型和结构,辩证地看,具有独立人格的主体反过来推动总体文化的发展。

首先,总体文化的生产方式型塑了人格的形成和类型。

生产方式决定了人格的形成。越是向远古追溯历史,我们发现个体就越表现为不独立。蒙昧时期、野蛮时期的"人"保持着与自然原始的、天然的、未分化的联系,表现为某种抽象同一性,当然无人格可言。马克思说:"人们对自然界的狭隘的关系决定着他们之间的狭隘的关系,而他们之间的狭隘的关系又决定着他们对自然界的狭隘的关系。"[2] 这一特定时期的生产方式表现为对自然和共同体的双重化依赖,人们直接地面对自然,人际关系的自然形式 (血缘) 直接就是人际关系的社会性质即统治关系、人身依附关系。所以,这一时期人格类型大概是自然化依附型前人格[3]。在前资本主义社会,或"亚细亚生产方式"里,由于等级制度和狭窄地域的双重束缚,都没有独立人格或个性生成的现实条件,不

---

① 参阅夏建中《文化人类学理论学派——文化研究的历史》,中国人民大学出版社 1997 年版,第 196 页。

② 《马克思恩格斯全集》第 3 卷,人民出版社 1960 年版,第 35 页。

③ 朱喆、操奇:《马克思的人格思想与公民文化建设》,《中南民族大学学报》(人文社会科学版) 2010 年第 5 期,第 73—76 页。

可能有以个人为本位的独立人格。陈独秀说："集人成国，个人之人格高，斯国家之人格亦高；个人之权巩固，斯国家之权亦巩固。"[1] 高清海在《解放自我》中说："长期的封建压抑扼杀了国人的个性，如果说我国只有达官贵人和布衣小民，没有属于个人的人格自我，这话绝不夸大，因为这就是我们的历史。市场经济主要就在于解放个人，解放个性，解放自我。"[2] 王锐生教授曾指出，在一个东方文化传统的古老国度里发展商品经济，人的个性发展既是它的前提，又是它的必然结果。西方开始发展商品经济时，曾经有过个性解放的呼唤，中国在社会主义的基地上发展商品生产，同样也要有的人的个性发展[3]。古代社会由于"人的依赖关系"，在生产低级性、制度等级性和交往狭隘性的多重束缚下，都没有人格或个性生成的现实条件，只是出现过个体独立意识的萌芽或理想。到了资本主义阶段，随着资本的出现，财富的增加与积聚，物的关系取代原来的人身依附关系，人格才突破了原来的狭隘性、自然化，以个人为本位的人格才得以生成。陈独秀说："现代生活，以经济为之命脉，而个人独立主义，乃为经济学生产之大则，其影响遂及于伦理学。故现代伦理学上之个人人格独立，与经济学上之个人财产独立，互相证明，其说遂至不可动摇；而社会风纪，物质文明，因此大进。"[4]

生产方式还决定了人格的类型。例如在发达的资本主义社会，交换价值作为媒介，潜在地包含着从手段向目的僭越的倾向，个人只有作为交换价值的生产者才能存在，因而，就意味着对以使用价值为目的的生产的否定。媒介作用的实质是手段和目的颠倒，手段变为目的，变成主体，其他要素都变成从属于这个主体的手段。活劳动只有作为主体才能存在，而在这里却被贬为作为资本的死劳动增殖的手段。这样一来，最终形成人格类型只能是物化独立型人格[5]。"物化"德文原词为 Verdinglichung，是由商品的普遍化引起的，是万物商品化的结果；而同时发生的

① 陈独秀：《孔子之道与现代生活》，《新青年》1916 年 12 月 1 日第 2 卷第 4 号。
② 高清海主编：《今日中国哲学》，广西人民出版社 1996 年版，第 17 页。
③ 王锐生：《个性的哲学探讨》，《光明日报》1988 年 6 月 13 日。
④ 陈独秀：《孔子之道与现代生活》，《新青年》1916 年 12 月 1 日第 2 卷第 4 号。
⑤ 朱喆、操奇：《马克思的人格思想与公民文化建设》，《中南民族大学学报》（人文社会科学版）2010 年第 5 期，第 73—76 页。

Versachlichung（事化）是典章制度的合理化引起的，是典章制度合理化、疏密化。物化和事化的合谋，对谋求自由、独立人格的个人呈现为韦伯所谓的"铁笼"。所谓的独立人格很多时候只是寄存于物的依赖性基础上的独立人格，独立人格与异化人格、物化人格常常形成一种悖论，物化独立型人格是这个时期人格真实的"社会特质"。在詹姆逊看来，"臣属性"权威人格绝不只是心理上的问题，因为心理结构往往是由经济和政治关系客观地决定的；但它也决不能由此仅仅通过经济和政治的转化来解决，因为已形成的卑下意识和顺从习惯仍会残留着有害的和破坏性的效力。任何非经济主义和非物质主义的人格范畴只是一种无意义的抽象游戏。

其次，总体文化的交往方式型塑了人格的形成和类型。

在西方，人格一词源自拉丁文 Persona，原意指面具。词源学的考察说明了人们之间的交往在人格形成和发展中的意义。正如论者所言："分工造成了个人之间的差异，交往则使这种差异成为有益的东西，使得人们必然摆脱纯粹的个体差异，以一种可感知的社会化的个人存在方式参与交往。因此，个人不可能天生就具备某种人格，人格是标示个人的社会化程度的一个概念。自然，个人的社会化过程不是抹杀个人之间的差异，恰恰是以个人的社会差异（这种差异又是由一定的实践活动、一定的社会关系所规定的）为前提的，个人通过交往，掌握文化，使作为客体存在方式的文化结果（包括一整套社会的价值体系、规范、习俗等）转化为个人的主体存在方式，彼此之间形成、创造着人格。个人的社会化过程，人格的建构过程，也是个人的个性化过程。"①

还是先来考察一下历时态交往方式中的不同人格类型。就交往形式而言，传统独裁专制政治制度条件下形成的是圣贤崇拜、思想僵化、身不由己、清官草民型的臣民人格；而现代民主政治制度培养起来的则是捍卫人权、崇尚自由、思想解放、追求平等型的公民人格。在马克思所谓的"人的依赖关系形态"社会中，人际交往媒介只能是血缘关系，当然决定了人格的类型是自然化依附型前人格。"一方面，稚气的古代世界显得较为崇高。另一方面，古代世界在人们力图寻求闭锁的形态、形式

---

① 方军：《论人格的社会历史规定性》，《哲学研究》1992 年第 8 期，第 29 页。

以及寻求既定的限制的一切方面，确实较为崇高。"① 在所谓建立在"物的依赖性基础上人的独立性"形态文明中，人格显现出来，但尚且不是完全独立的人格，"物的关系对个人的统治、偶然性对个性的压抑，已具有最尖锐最普遍的形式"②。不仅劳动产品反对工人，劳动形式——协作、分工等——都表现为资本的帮凶。因而，劳动生产力，以及科学在生产中的应用等，也表现为资本的生产力。资本本身却又为这种发展和可能性的实现设置了障碍，在这里，一部分人的能力的发展是以另一部分人的发展受到限制为基础的，资本家所以是人格化的资本，人格再一次遇到自身发展的界限。所以这个时期的人格还只能是上文的物化独立型人格。

只有"整个生产过程不是从属于工人的直接技巧，而是表现为科学在工艺上的应用的时候，……资本才造成了与自己相适应的生产方式。"③马克思指出："要使这种个性成为可能，能力的发展就要达到一定的程度和全面性，这正是以建立在交换价值基础上的生产为前提的，这种生产力在产生出个人同自己和同别人的普遍异化的同时，也产生出个人关系和个人能力的普遍性和全面性。"④ "财富的一切条件，或者说，财富的再生产即社会个人的富裕发展的最重大的条件，……在达到一定点之后，就会不是造成而是消除资本的自行增殖"。"于是，人类活动所采取的最后一种奴隶形式……就要被撕破。"⑤ 人与自然之间的对立才能真正获得解决，个人与社会共同体之间也开始摆脱对立的形式，社会进步与人自身的发展真正达成一致，个人不再屈从于种种"虚幻的共同体"，而开始占有全面的社会关系。"各个人都是作为个人参加的。它是各个人的这样一种联合（自然是以当时发达的生产力为前提），这种联合把个人的自由发展和运动的条件置于他们的控制之下。"⑥ 个人才不再是偶然的、片面的、孤立地存在并发展着的个人，人格的发展才能突破了资本主义时代

---

① 《马克思恩格斯全集》第46卷（上），人民出版社1979年版，第486—487页。
② 《马克思恩格斯全集》第3卷，人民出版社1960年版，第515页。
③ 《马克思恩格斯全集》第46卷〔下〕，人民出版社1979年版，第211页。
④ 《马克思恩格斯全集》第46卷（上），人民出版社1979年版，第109页。
⑤ 《马克思恩格斯全集》第46卷（下），人民出版社1979年版，第267—268页。
⑥ 《马克思恩格斯选集》第1卷，人民出版社1995年版，第121页。

的物化形式，而达到共产主义时代人格的历史型式——全面发展自由型人格①，才真正"成为自己的社会结合的主人，从而也就成为自然界的主人，成为自己本身的主人——由自的人"②。

再次，考察一下共时态交往方式中形成的不同人格类型。在上文我们论述了当代社会中的独立人格和权威人格两大类型。其实，在共时态视角中，不同交往方式的文化共同体会型塑不同的人格特征。这里以许烺光先生对中、美、印等国的比较文化研究成果来说明之。许烺光认为，中国亲属体系的主轴是父子，而美国亲属体系则是以夫妻为主轴。中国父子轴的特点是：第一，延续性，其意义指父子关系是世代绵延不绝。第二，包容性，即儿子多多益善，多子多福；无儿，可以过继，可以归宗，总之，香火旺盛、妻妾儿女统统可以包容。第三，权威性，父对子的权威是毋庸置疑的。第四，非性性，许烺光指出，在父子轴家庭文化中，因为父子是同性，因此有意无意地忽略两性的差异，也就是说没有必要突出性征。美国夫妻轴的特点则是：第一，非连续性。第二，排他性。第三，平等性，美国夫妻关系基本上是建立在平等基础上的。第四，突出性征（Sexuality）。后来在《宗族、种姓、俱乐部》中，许烺光进一步扩大了他的研究，他对中国、美国、印度三种文化进行了比较。他进行比较研究的基本假说是："个人基本的和首要的关系是与其伙伴的关系，因而他与自己所处的世界中其他成分的各种关系，或者被这种关系明显地模式化或者与之整合为一。因此，家庭……是所有三种文化中的一种基本的传承与教育机制。家庭，就其体现着集中的、有时也是广泛的人间关系而言，是一切文化的基础学校。"③ 社会性需要总是应首先在社会的初始群体——家庭中得到满足，如果在这里得不到满足的话，就要到二级群体中去寻找。而不同的文化决定各种社会中有不同的二级群体，中国为宗族，印度为种姓，美国为俱乐部（即各种协会、团体等民间自发组织的群体）。中国的家庭、宗族培育出了中国人以情境为中心和相互依赖的行为模式，印度的家庭、种姓制度培育出了印度教徒的以超

---

①　朱喆、操奇：《马克思的人格思想与公民文化建设》，《中南民族大学学报》（人文社会科学版）2010 年第 5 期，第 73—76 页。

②　《马克思恩格斯全集》第 19 卷，人民出版社 1963 年版，第 247 页。

③　许烺光：《宗族、种姓、俱乐部》，华夏出版社 1990 年版，第 1 页。

自然为中心和片面依赖的行为模式，美国人则是个人为中心和自我依赖的行为模式。根据许烺光的观点，三种文化中家庭与二级群体的不同，造成了三种重要的生活方式和人际交往的行为规范。血缘是支配宗族的基本原则，等级是支配种姓的基本原则，而契约则是自由社团或俱乐部的主要基础。①

最后，总体文化的解释方式型塑了人格的形成和类型。

总体文化的解释方式型塑人格的这一话题，广泛涉及人类自知与自识、自反自省等能力。人格自我意识的形成是个体的人在较高发展阶段才获得的。人类学研究表明，在远古时期，根本就没有"我"这个语词。只是由于私有制度建立，以对物的依赖为基础的个人生活产生了个人独立性和自我意识，才产生了"自我"与个人的观念，与之相应的社会人格自我文化才普遍地建立起来。"我和个体性"的观念要比"我们和集体性"的观念在人类思维中出现得更晚。在人类学家对现存的一些原始部族生活的实际考察中，都发现他们往往有着"我们"的语言概念而没有"我"的语言概念。幼年时代的儿童和人类都不能达到自觉的个体意识。此外，自觉的人格意识的发展还受到总体文化的解释方式的制约。理论上讲，有多少总体文化就有多少解释方式。但是，总体文化和解释方式的形态无穷，并不意味着解释方式的无政府主义和方法论个人主义，并不意味着具有家族相似性的"解释方式"都同等地享有真理和智慧的权利。在解释方式上采取唯物史观的立场就可以看到，如同在人类文明的所有其他领域中一样，总体文化共同体的变迁也有一个从简单、混沌、偏颇，到复杂、清晰和完善的发展过程，其解释方式也存在着发展的规律和轨迹：一个从自然主义向理性人本主义的转变，有一个从传统人本主义向当代人本主义的转变。在共时态视角中，还存在西方理性主义和中国自然主义两种解释方式，这两种解释方式型塑了中西不同的人格论和人格类型。

在西方，以理性主义为主要特征，以人道主义和个性解放为其理论内核的解释系统中，人格一词先是用来表达演员演戏时所用的面具，然

---

① 参阅夏建中《文化人类学理论学派——文化研究的历史》，中国人民大学出版社1997年版，第204—207页。

后被引伸为表达个人的社会角色、心理和行为特征等①。以后，人格、自我个体（性）、个性紧密联系这一起，常与同一性概念连用，表达人的个体属性和本质特征。

在西方理性主义解释方式中介下，西方人格理论大概是经历了传统形而上学实体人格理论和马克思的具体的、社会的实践人格理论两个阶段②。西方人格论的起源可以回溯到柏拉图《理想国》中关于"心灵三部分"的理论。它认为，人的存在和行为都由三种力量在支配：一种是本能的欲望；第二种是工于计算的理性，它最终还是被本能欲望所操纵；第三种则是从本质上超越了前两者的"精神"，它是以自尊，即自我价值、品位的确认为基础的。在古希腊文化末期，公元4世纪的奥古斯丁已经接触到了自我同一性的问题。他由最与神相接近的人的心灵出发，来阐发《圣经》中关于"人是神的形象"的说法，他认为，人有一种恒久的自我，因为人每时每刻都有在意识到、记忆着这个自我，奥古斯丁认为，没有什么比自我的知识更为确定的了。人格自我问题在柏拉图，在奥古斯丁那里已经萌芽，但是神学迷信的酸雨侵蚀了哲学智慧的春苗，中世纪教父们不关心真实的人格，只是滔滔不绝地讨论基督和上帝是否具有人格和有什么样人格的问题。如果说古代和中世纪的自我论都还是朦胧和神秘化了的，那么17世纪的笛卡尔则是第一个清醒而理性地重新发现了这个问题的哲学家。倪梁康认为，笛卡尔最初问到"我"时，这个"我"还是笼统模糊的，在这里人类大我与个体小我的问题，经验肉体之我与理性本质之我的界限还没有分清。这种区分是在以后的洛克与康德哲学中才得以完成的。因为在笛卡尔那里，"我"的性质是普遍同一的，是没有具体条件性和历史性、个体特殊性的，所以只是抽象的人类之大我。洛克不但使人格与自我问题清晰而明确地呈现出来，并且使"我"成为个体人存在的表述。洛克的成就在于：第一，他把自我观念与人格观念完全沟通了。洛克对人格的说明与对自我的说明几乎是重复的，他说："所谓人格就是有思想、有智慧的一种东西，它有理性，能反省，

---

① 郑希付编：《现代西方人格心理学史》，河南大学出版社1991年版，第2页。
② 朱喆、操奇：《马克思的人格思想与公民文化建设》，《中南民族大学学报》（人文社会科学版）2010年第5期，第73—76页。

并且能在异时异地认自己是自己，是同一的能思维的东西。"① 他试图说明自我或人格是什么，他指出，自我就是有意识、能思想的东西。第二，洛克发现同一性问题是人格自我问题的关键，他把同一性问题作为人格或自我研究的核心问题。这就克服了笛卡尔那种抽象而无个体区分的"我"所面临的困惑，从而使自我问题的个体性质突现出来。第三，他强调了意识、自我意识和自我的同一性意识决定了人格与自我的存在。休谟是近代欧洲哲学家中最重要的全面研究人的哲学家之一，休谟宣称哲学的目标就是要培养完善的人格，使人们充满高贵的情趣和聪明的信条。他的人学、认识论、道德学都被许多人认为是反人道和反理性的。但是他的特点不是用宗教、艺术等非理性的方法来反人道和理性，而是以人性、理性的内在矛盾来使其自我否定。他不是问人格、自我是什么，而是问这个"是什么"的前提——人格、自我是否真实存在。休谟的观点是否认人格与自我概念具有真理性。

康德在《实践理性批判》和《判断力批判》中从社会伦理关系的角度，从意志自由和价值目的论角度丰富了对自我的理解。"三大批判"分别研究自我统觉的认知功能、实践功能和审美功能。康德把主体、自我作为一个认识论的存在，作为一个活动性、建构性存在的思路给后人打开了从新的方向理解人格自我的道路。费希特把感性的自身意识与理论反思性的自我意识加以区分，把自我看做是理性自我意识的产物。他看到自我并非像康德所说是无条件先验地具有的。

黑格尔在《精神现象学》与《逻辑学》《法哲学原理》等著述中分别从本体论的角度、从伦理及社会历史观的角度来讨论自我与人格，展现了人格自我从产生到完善实现的历史辩证过程，从而解答了自我向何而去的问题。认为具有理性自我意识的、自由意志的个体才具有人格，才构成一切社会道德伦理行为的主体。具有人格的人才配享有各种权利和承担道德义务。理性与自由是黑格尔在《法哲学原理》中论及人格概念的要义。康德努力于说明人格自我是什么，怎样存在。费希特致力于说明人格自我如何产生和如何归宿。他克服康德的超验论而使自我与实践相联结。黑格尔把人格自我的产生和发展看做是一个辩证的过程，看

---

① ［英］洛克:《人类理解论》，关文运译，商务印书馆1981年版，第309页。

做是为人类的整体性完善而存在着的一个环节。胡塞尔、舍勒、海德格尔的工作使人格自我返回到现实的人、现实生活的领域。但是他们都没有悟出物质生产和改造社会关系的阶级斗争才是现实的人和现实生活的实质性内容。而这是马克思的具体的、社会的实践人格理论的基本内容。

　　法国哲学家阿伦·雷诺在《个体化时代》[①] 中宣称，必须从传统哲学中拯救出个体主义的理论成就，个体主义与自由民主相关，否定了其中之一就必须否定其中之二。主体的核心意义是自由和理性，个体的核心意义是独立。虽然独立必然联系着自由，但是两者又有冲突。因为古典意义上的自由要求个体对集体和整体的从属地位。而现代生活则要求集体和整体的消除，要求个体自足地创造全部生活。主体需要自由，而个体也需要自由，但这是两种不同性质的自由，前者要有主人和服从者的自由，而后者只是要有相互和谐平等关系的自由。传统的人道主义正是以主体性为基础的，这需要加以否定。一种新的人道主义以个体性为基础，这是需要为之伸张的。雷诺还指出，个体论不应与伦理学与政治学中的利己主义、个人主义相混，特别不能与纳粹所歪曲了的那种个人主义相混。个体论应被理解为一种与整体论、普遍论相对应的一种价值观意识形态，这种价值观包含着与社会规范的协调认同。雷诺另一个重要思想是把人的个体性与个别性区分开来，把真理的个体性看做通过社会教养而扬弃了个别性的结果。[②]

　　以实践哲学和历史辩证法为主体，在西欧理性主义解释方式的框架中，马克思创立了具体的、辩证的、实践人格思想，最终颠覆了西方传统抽象的、形而上学的实体人格理论。首先，马克思的人格思想突出的要点就是强调人格的实践性。他认为，每一个人的人格都不是某种先验存在，与生俱来，而是在其现实的生活实践中不断生成和建构的东西。其次，马克思的人格思想还强调人格个体性和社会性的辩证统一。再次，马克思的人格思想还强调人格发展的历史性、具体性。

　　西方文化的理性主义解释方式建构了现代意义上的法权人格、个体

---

　　① Alain Renaul, *The Era of the Individual: a Contribution to History of Subjectivity*, Princeton: University Press Princeton. New Jersey, 1997.

　　② 参阅沈亚生《马克思主义哲学视野中的人格、自我与个体性》，博士学位论文，吉林大学，2004年，第49—69页。

本位主义的价值观和马克思主义的人格观，也现实地推动了西方人确立现代法权人格，型塑了个性鲜明的现代公民，最终建立了具有强大批判作用的市民社会这一公共领域。

而在中国传统解释体系中，有体格、性格、品格、人性、品性等词汇，却无"人格"一词，它是从欧洲语言传入日语，再从日语传入汉语的。相应地，在中国思想史的各种著述中，我们有着丰富的人性、品格、性格问题的思想，却没有科学的人格理论，甚至到现在我们的许多学者谈人格时也主要从伦理品格方面去诠释。没有经历现代社会发展过程中的现代市场经济、现代政治革命的洗礼，缺少了人道主义和个性解放的理论积累的中国人格理论，必须运用马克思主义的人格思想来予以重建。①

中国古代文化的解释方式主要是"天人合一"自然主义解释模式，在这种解释模式中，现代意义上的人格观念、理论必然难产。天人合一解释方式在认识论、方法论方面，不仅无法帮助人们从远古时期的无我观念中"生"出"我"来，而且还使得个人独立存在、个人价值的真实性深深陷入自然的渊薮，不能超拔出来。黑格尔曾指责中国人固守天人合一观念是依赖自然和未从原始自然中开化出来的象征，因为天人合一只能使渺小之"我"泯灭于茫茫宇宙中。天人合一解释方式配以东方专制主义的交往方式和亚细亚式自然经济模式，形成一种巨大的强力文化场，活生生地把古代中国的"自我""个体"闷死在"自然"大他者和"统治者"大他者和其他各种异化的"大我"诸如祖先、神灵、圣人、政治伦理规范甚至于族规、村规、家规等。所以，在古代中国，"自我""个体""个性""个体本位主义"乃至"人格"基本缺席。因此，当代中国在建设现代文化时，应该运用马克思主义的人格观建立科学的人格理论。在此基础上，运用科学的人格理论增强公民的人格意识，促使公民意识到自己是社会本质和个性的和合体，是权利、义务的和合体，并以此为契机，大幅度、大规模提高公民的人格觉悟。②

---

① 朱喆、操奇：《马克思的人格思想与公民文化建设》，《中南民族大学学报》（人文社会科学版）2010年第5期，第73页。

② 同上书，第75页。

总的来说，在唯物史观看来，人格问题，归根到底是实践和历史的具体表现。人格的发展史只能归因于文化社会发展史，它相对应地经历了自然化依附型前人格、物化独立型人格、全面自由发展型人格的发展历程。

（二）独立人格主体推动文化发展

文化结构与文化人格之间存在着相互依存和创造的辩证关系。从人的受动性和客体性的角度看，是文化结构型塑了人的人格模式。但若从内因论和主体性的角度看，却完全可以说是人按照自己的意志创造文化结构，文化结构实质上是人的内在人格模式的一种表征和展现。当然，往往只是具有独立人格的个体主体才会推动文化的发展，正所谓："唯有当我们有能力可以有自己的思想时，表达我们思想的权力才有意义；唯有当内在的心理状况能使我们确定自己的个体性时，摆脱外在权威性控制的自由才能成为一项永恒的收获。"[①]

1. 独立人格主体推动文化壹发展，尤其是科技创新的发展

婴儿、植物人、精神不健全的人都只是 Man 而不是 person。只有 person 所指才能被理解为具有社会历史意义的一个人。文化发展哲学中所说的"人格"是依靠理性反思的自我意识才能把自己与客观对象区分开来从事各种实践活动，推动社会发展的在特定条件下有某种特殊性质的人之群体或人之个体，是具体、个别、特殊、现实存在着的主体。

独立人格推动生产力的革命和生产活动的革新。具有人格的主体可以独立、积极、主动从事生产劳动。计划经济与自然经济虽然有根本性差别，却分享了一种共同的本质，即它们均为一种"无主体"的客体经济，缺少个体主体性的参与。具有人格的主体可以从事生产劳动，只有独立人格的主体才是技术革新、发展物质文化的重要力量。后者的重要性，随着人类摆脱自然束缚的程度的增加而增加，尤其是在知识经济超越工业文明的经济形态，成为一个全新的生产方式时代。知识经济的特征主要是：具有知识创新和高科技的人才则是新生产力的主体。"传统的

---

① ［美］埃里希·弗罗姆：《对自由的恐惧》，许合平、朱士群译，国际文化出版公司 1988 年版，第 170 页。

从事物质生产的交往实践主体，转变为创造知识、传播知识、配置知识
和使用知识并形成经济创新的主体，即知识社群，所谓知本家不过是这
一社群的代表。这里的实践主体，不再主要是指体能意义上的人，也不
主要指已经现成地掌握了某些高科技知识的人，而主要是指具有知识创
新能力的人，勇于和善于将创新知识用于经济创新的人。说到底，知识
经济是人才经济，是具有知识创新和经济创新能力的主体经济。无主体
知识论是错误的。"① 以知识为基础，是以资源和劳力的低消耗和知识资
源的开发利用为特征的。知识真正成为决定性文化力，知识真正成为决
定性权力。发达国家与发展中国家的经济差距将主要发生在知识密集型
领域，对知识资源的控制与反控制，将成为全球性关注的主要问题，知
识的公共性与知识资源控制形成基本的经济矛盾。因此，各种创新、尤
其是创新人才真正成为生产活动的灵魂，市场观念创新、科技创新、管
理创新和制度创新、产品创新成为社会可持续发展的根本动力，高科技
投入的最大化，资产投入无形化，成为经济发展的主要推动力。知识经
济弘扬具有创新能力的知识主体，这种新型历史发展的动力——创新知
识集团毫无疑问首先必然是一种独立人格，独立人格推动生产方式的革
命，推动工业革命、信息革命、知识经济革命，无论是泰勒管理革命，
还是福特的流水线、信息高速公路和万维网，它们的发明者都是具有杰
出才干、个性、创造性的独立人格。同样，科学活动是科学家的创造性
活动。只有解放思想、大胆质疑、勇于创新的人，才能有所创造，有所
发现，有所发明。科学的本性要求科学家本身具有独立人格。它要求人
们不甘人后，不满足于现状，力求打破陈规陋习；它要求人们独立思考，
标新立异，另辟蹊径。这是科学家人格主体应有的品格。

2. 独立人格主体推动文化贰，尤其是交往形式（即制度文化层）的
创新

马克思说："人们的社会历史始终只是他们的个体发展的历史，而不
管他们是否意识到这一点。"② 在文化发展历史中，独立人格主体还能够

---

① 任平：《知识经济生产方式、交往实践观与新全球化时代》，《教学与研究》2001 年第 4
期，第 36 页。

② 《马克思恩格斯全集》第 27 卷，人民出版社 1972 年版，第 478 页。

推动文化贰发展尤其是交往形式（即制度文化层）的创新。那些支配型人格和那些独立型人格的之间斗争毫无疑问推动了制度文化的发展，其突出代表是推翻封建社会的资产阶级革命中涌现出来的独立人格集团，和反抗资本主义社会的无产阶级革命中涌现出来的独立人格集团。

　　首先，独立人格主体推动交往空间的革命。交往空间的扩大有赖于：小到一个古老村庄里第一个敢走出村庄去看海、探访外面世界的无名村民，第一批从事市场经济活动的无名商人，第一群致力于民族文化交流的无名使者；大到名垂青史的航海探险家哥伦布，探访月球的阿姆斯特朗，发现"无意识"理论的弗洛伊德，远赴西域取经的玄奘大师；等等。

　　英国历史法学派的奠基人亨利·梅因在研究以古希腊罗马为代表的古代法律的演变过程后，揭示了人类文明演进"从身份到契约"的交往活动伟大革命。梅因指出，即使是作为西方法治文明文化源头的罗马法，它本身也经历了一个由集团本位（氏族、国家）向个人本位演进的过程。在罗马帝国后期，社会性质发生明显变化，法律也开始由父权制家本位向个人本位转化。家本位的解体意味着家长权的衰落，家子地位的提高。这个转化的实现是商品经济发展的必然结果，它使家子具有婚姻权、财产权、缔约权和其他民事权，从而创造了契约文明赖以产生和发展的前提条件。对此，梅因评价说，发达的罗马法对"个人"的重视，"把个人从古代社会的权威中解放出来"，是它"对人类所做的伟大的贡献"①。梅因发现了社会进步的一般趋势：所有进步社会的运动在这一点是一致的。在运动发展的过程中，其特点是家族依附的逐步消灭以及代之而起的个人义务的增长。"个人"不断地代替了"家族"，成为民事法律所考虑的单位。我们不难看到：用以逐步代替源自"家族"各种权利义务上那种相互关系形式的……关系就是"契约"。在以前，"人"的一切关系都是被概括在"家族"关系中的，把这种社会状态作为历史上的一个起点。从这一个起点开始，我们似乎是在不断地向着一种新的社会秩序状态移动。在这种新的社会秩序中，所有这些关系都是因"个人"的自由意志而产生的②。……所有进步社会的运动，到此处为止，是一个"从身

----

① ［英］梅因：《古代法》，沈景一译，商务印书馆 1959 年版，第 79 页。
② 同上书，第 96 页。

份到契约"的运动①。在这之中，有无数的无名的独立人格为此做出了杰出的贡献。

其次，独立人格主体推动交往形式的革命，主要是政治制度的创新。独立人格集团在社会中争取自己的合法权利，对交往制度和社会结构进行革命的过程中，必然要遭遇维护旧秩序的支配型人格集团的习惯性反对，竞争与对抗使共识、规范性难以产生，导致旧秩序、旧制度的合法性危机，最终以变革旧秩序、旧制度，建立新秩序、新制度而告终。合理性与合法性之间的矛盾贯穿整个文化发展史时代。

从独立的人格个体来看，A. H. 马斯洛认为，"心理健康的人"是人的内在本性（包括理性、意志、情感）得到顺利表现的人，因而也可称之为"自我实现者"，"在政治和公共事务方面，他们作为一类人，似乎能比其他人更敏捷更正确地看出被隐藏和混淆的现实"。清末的独立人格张之洞②处于"几千年未有之大变局"中认为，"今日世变，岂特春秋所未有，抑秦汉以至元明所未有也"③。他进而分析世变发生的因由："欧洲各国开辟也晚，郁积勃发，斗力竞巧，各自摩厉，求免灭亡，积惧成奋，积奋成强。独我中国士夫庶民，惝然周觉，五十年来，屡鉴不俊，守其傲惰，安其偷苟，情见势拙，而外侮呕矣。"④ 这种比较历史学的眼光，显然超拔于晚清一般士人的认识水平。"自我实现者的创造力似乎与未失童贞的孩子们的天真的、普通的创造力一脉相承"，"在这方面或那方面显示出具有某些独到之处的创造力或独创性"。"沧海横流，外侮洊至，不讲新学则势不行。"⑤ 张之洞是洋务事业的殿军式人物，在理论与实践方面均有不少创造。如轻、重工业之间的资金"自相绝注"的提出，旨在提高士兵文化、军事素质的"学兵制"的推行，尤其是他对"中体西用"说的诠释与具体落实，都显示出"自我实现者"的特殊品质优长。

---

① ［英］梅因：《古代法》，沈景一译，商务印书馆 1959 年版，第 97 页。
② 为了研究历史人物的文化人格提供全新的角度与手段，海外学者已尝试"从心理学看近代中国领导人物受挫折的各种反应型态"，姜义华等将张之洞归入"理性型"。参见姜义华等《港台及海外学者论近代中国文化》，重庆出版社 1987 年版，第 340 页。
③ 张之洞：《劝学篇·序》。
④ 张之洞：《劝学篇·内篇·知类第四》。
⑤ 张之洞：《劝学篇·内篇·守约第八》。

张之洞有别于一般"陋儒"的卓绝之处，正在于他主张"守道之儒"须"兼为识时之俊"①，并以"识时"为基准，充实、完善自己的"外王"之术。从出任晋督开始，他逐渐向洋务派转化，建设近代大机器工业以增强经济实力，购置先进武器、组建新式军队以巩固统治秩序，开办新学堂以培育社会急需人才，在自己所辖境内，以超乎同济的政绩，取得令世人瞩目的"外王"（革新旧的交往形式）成功②。

3. 独立人格主体推动文化叁，尤其是思维方式、价值观念的创新

弗罗姆有一个很精彩的观点："个性反过来也决定每个个体的思想、感受和行为。……除了思想所必不可少的纯逻辑因素之外，思想在很大程度上取决于思想者的个性结构。同理，一个学说或一个理论体系以至单个的概念——诸如爱、正义、平等、牺牲等——也都受到思想行者的个性结构的左右。这些概念和学说莫不具有情感母体，而情感母体的根源又在于个人的个性结构。观念具有一个情感母体，这是一个极其重要的事实，因为这是理解一种文化精神的关键所在。"③尽管如此，但只有独立人格主体才能对创新和发展文化实体中的概念和学说。

首先，独立人格对文化叁的推动表现为：或者创新思维方式，或者推动范式革命，或者创建崭新思想观念（世界观、价值观等），或者提出新问题式，或者面对已经存在着的问题式提出新观点和新方案，或做出新形式新内容的论证（或者是理论逻辑方面的，或者是经典文献方面的，或者是实践证明方面的），将人类的观念提升到更高的境界，从而提升人类的生存境界。"知识创新间的批判与否定将采取两种形式：一是多元主体在共有同一规范基础上展开的结果批判与创新，二是多元主体间针对规范基础的批判与创新。前者被称之为规范对话或结果创新；后者则被称为非规范对话，是在'规范革命'即对立的知识原理基础上的创新。"④

西方文化之所以在近代后来居上，超越中国，除了其经济、政治方

---

① 张之洞：《全集·奏议四十七》。

② 何晓明：《张之洞文化人格论》，《哲学研究》1993年第10期，第52—59页。

③ ［美］埃里希·弗罗姆：《对自由的恐惧》，许合平、朱士群译，国际文化出版公司1988年版，第197—198页。

④ 任平：《知识经济生产方式、交往实践观与新全球化时代》，《教学与研究》2001年第4期，第36页。

面的原因外，还有一个重要原因：一大群独立人格提出了一系列重要的
观念。在这些观念之中，有如下五种观念是最为重要的，可以说是核心
中的核心，这就是理性、自然、自然法、实证和教育。在哲学领域，我
们看到有经验、科学方法、普遍性、客观性、合理性、普遍规律（法则）
等观念；在政治领域，有进步、世界主义、自由、民主、权利、平等、
普遍人性等观念；在宗教领域，有宗教宽容、无神论、怀疑论、政教分
离等观念；在社会领域，有文明、教化等观念。①

　　马克思就是创新人类思维方式，推动范式革命，创建思想观念（世
界观、价值观等），推动了哲学和理论范式革命，提升人类的生存境界的
独立人格典型代表。早在 1835 年 8 月在特利尔中学毕业考试时写的论文
《青年在选择职业时的考虑》中，马克思就表示要"遵循的主要指针是人
类的幸福和自身的完美"，还说："历史把那些为共同目标而工作因而自
己变得高尚的人物称为最伟大的人物；经验赞美那些为大多数人带来幸
福的人是最幸福的人；宗教本身也教诲我们，人人敬仰的典范，就曾为
人类而牺牲自己——有谁敢否定这类教诲呢？"② 在《博士论文》中，马
克思大力赞扬了为人类光明而从神祇那里盗来火种的普罗米修斯是"哲
学日历中最高尚的圣者和殉道者"，"然而像普罗米修斯从天上盗来天火
之后开始在地上盖屋安家那样，哲学把握了整个世界以后就来反对现象
世界"③。在 1865 年 4 月 1 日，马克思于扎尔特博描绘了自己的"人格肖
像"：

　　　　您喜爱的优点：一般人——纯朴。男人——刚强。女人——
柔弱。

　　　　您的特点：——目标始终如一。您喜欢做的事：——看小尼达。

　　　　您厌恶的缺点：——逢迎。您所能原谅的缺点：——轻信。

　　　　您对幸福的理解：——斗争。您对不幸的理解：——屈服。

　　　　您厌恶的是：——马丁塔波尔。您喜爱的英雄：——斯巴达克、

---

①　韩水法：《如何理解西方文明的核心因素？》，《华东师范大学学报》（哲学社会科学版）
2008 年第 1 期，第 73 页。

②　《马克思恩格斯全集》第 40 卷，人民出版社 1982 年版，第 7 页。

③　同上书，第 136、190 页。

刻卜勒。

您喜爱的女英雄：——甘泪卿。您喜爱的诗人：——埃斯库罗斯、莎士比亚、歌德。

您喜爱的散文家：——狄德罗。您喜爱的花：——瑞香。您喜爱的菜：——鱼。

您喜爱的格言：——人所具有的我都有。您喜欢的箴言：——怀疑一切。①

除了在马克思的著作和生平事迹可以窥见其伟大人格外，我们还从这些"人格肖像"得到了直观的答案：纯朴、刚强的优点观，目标始终如一的自我人格评价，厌恶逢迎，"斗争"的幸福观，把斯巴达克、刻卜勒作为英雄的英雄观，钟爱"人所具有的我都有"的格言，喜欢"怀疑一切"的箴言，都表明了马克思的身体力行的普罗米修斯式人格。马克思以其独立、伟大的人格和极为深刻的解释方式，不仅推动了文化叁的革命，而且推动了人类交往领域的伟大变革，解放了人类的部分生产力。在这个意义上，马克思是公民日历中最高尚的代表和最睿智的人格。②

其次，独立人格通过推翻各种精神权威和精神异化幽灵，来推动人类的精神成长和完善。文化辩证法揭示出的另一个反讽是权威幽灵随着文化的发展而变形，它将永远寄居在人性之中——因为它是完善人性的内在动力。弗罗姆说："人们在企图弄清这个疑问所遇到的特殊困难同权威与自由的问题密切相关。在现代史的历程中，最初教会的权威由国家的权威取而代之。然后国家的权威由良知的权威取而代之，如今良知的权威又由作为一统工具的普通常识和公众舆论的匿名权威取而代之。我们已从较老的、明显的权威形式下解放出来，因而不易看出我们已成为一种新的权威的牺牲品。"③ 因此，对权威的反抗是独立人格们常常遇到的挑战。早在古希腊时期，亚里士多德就曾明确表示："吾爱吾师，但吾

---

① 《马克思恩格斯全集》第 1 卷，人民出版社 1995 年版，第 459 页。

② 朱喆、操奇：《马克思的人格思想与公民文化建设》，《中南民族大学学报》（人文社会科学版）2010 年第 5 期，第 76 页。

③ ［美］埃里希·弗罗姆：《对自由的恐惧》，许合平、朱士群译，国际文化出版公司 1988 年版，第 179 页。

更爱真理。"在他的努力下，凭借理性的观念，以及逻辑的观念，古希腊文化中建立了形而上学的精神，亦即追求事物的本源、根本原理和最终原因的精神。17 世纪结束时，西方世界已经开始驱逐希腊幽灵。但是，在这个幽灵最终被驱逐之前，它牢牢控制着西方社会，在这场文化内战中，向希腊文化首先发动反攻的是 16 世纪的博丹，后来居上的是培根和笛卡尔，最后取得决定性胜利的是法国的丰特奈尔和英国的威廉·沃顿。17 世纪末，丰特奈尔的《散论古人和今人》与沃顿的《关于古代学术和现代学术的思考》是迫使"古人"投降的最后两炮。西方文明进入其现代篇章的标志之一是 1695—1697 年彼埃尔·培尔在鹿特丹出版的《历史和批评词典》。培尔不仅是理性主义的先知之一，而且是"学术共和国"的奠基人之一。理性主义是对宗教战争的一种反动，而"学术共和国"则是在中世纪西方基督教理想国失落以后的世俗理想。培尔的词典直接导致了狄德罗和达朗贝尔的《百科全书》，因而间接影响了后来所有集体合作的知识典籍，因为这些后来者承认《百科全书》是西方百科全书之母，并把这一名称变成了一种文化活动方式的一般名称。在 17 世纪反对"古人"的"文化战争"中，西方"现代人"从戴克里以后的希腊文化武库中盗取了这一武器，但不是用于保存或复兴昔日的文化，而是用来证明现有的一种文化优于古老的幽灵。自 1695 年起，各种百科全书相继问世，规模越来越大，时间间隔越来越短。它们是宣言书，宣告了西方人的智慧远胜于希腊人；而且，它们也是记录公告，报道了西方思想先驱在知识处女地所取得的进展。①

　　17 世纪中心人物笛卡尔可以算得上是反抗精神权威的典型代表之一。在《哲学史讲演录》中，黑格尔称赞笛卡尔是重建欧洲哲学的真正英雄：一是因为笛卡尔使"人"占据了哲学的中心位置，二是因为他突出了人的"理性"。在文艺复兴时期，希腊和罗马的权威在思想领域曾是至高无上的，而为了实现进一步的自由发展就有必要削弱这种权威。培根和其他一些人发起了瓦解这一专制权威的运动，但是笛卡尔的影响更具力量，也更具决定性，其态度也更加坚定。"他不具有培根的那种对古典文献的

---

① ［英］阿诺德－汤因比：《历史研究》（修订插图本），刘北成、郭小凌译，上海人民出版社 2005 年版，第 410—411 页。

崇敬；他为能够忘却当时曾经学到的希腊知识而感到自豪。他在自己研究中得到的启示，就是与过去迅速而彻底地决裂，并建构一种与往昔体系。他期待着知识在未来的进步，而这种进步的基础就是自己的方法和自己的发现，他认为这种知识上的进步会对人类的生活状况产生深远的影响。他给自己的著作《方法论》（Discourse on Method）一书取的第一个书名是'能够将我们的自然提升到完美高度的普遍科学计划'（The Project of a Universal Science which can elevate our Nature to its highest degree of Perfection）。"[1] 对那些斥责笛卡尔对古代思想家表现不敬的人们，他回答说，他在批判思想家的权威之时事实上是效仿他们，也是对他们表示尊敬，他以他们自己的精神实施行为，且远甚于那些盲从他们的人。帕斯卡清楚地看到了这一点。他写道："对我们的古人表现出太大的敬重，甚至超过古人向他们自己的先驱所表示出的敬重对他们表示出这种令人难以置信的尊重，而我们之所以对他们如此地尊重，仅仅是因为他们对那些（在古老方面）同样超过了他们的人们绝没有怀有这样的尊重，还有比这更没有理由的事情吗？"[2]

历史地看，这样的独立人格是非常多的，就算从人文主义思潮的滥觞到现在算起，反抗精神权威弘扬"人"的尊严的人文主义运动起码经历了四次：

其一是与神圣（上帝）的疏远。即疏远或淡化前现代化文化中那种横在凡人面前、并被规范为最应追求的超凡神圣，为凡人的世俗追求打开道路，发放通行证。这一般称之为"世俗化"转向。其二是对大自然的疏远。人作为万物的灵长、宇宙的精华，与其他自然存在物是不同的。再次是沿着这条路子继续向前走，把人身上与自然相一致的部分和超出其他自然存在的部分区分开，把人身上的自然性进一步与能确证人之高贵的东西剥离开。这就是"肉体"与"灵魂"的区分。因为在这儿人发现了最终确证自身（我思故我在）

① 转引自［美］林恩·桑戴克《世界文化史》，陈廷璠译，陈恒整理，上海三联书店 2005 年版，第 48 页。

② ［美］林恩·桑戴克：《世界文化史》，陈廷璠译，陈恒整理，上海三联书店 2005 年版，第 48—49 页。

并高于自然的力量（工具理性）。其四是人与自然群体（Gemein-schaft）的疏远。即与靠血缘、地缘等自然联系联结成的群体的疏远，从温情脉脉、乡情浓郁，稳定乐足、极少变化的自然群体中走出来，以自己的理性能力参与以契约和利益联成的现代社会，并成就事业。在这四重疏远的基础上，人文主义弘扬人控制、占有、改造自然能力的增长，弘扬在此基础上才能建立的"尊严"、"自由"和"个性"。①

在这段艰难历程中，有多少不屈的独立人格爬过了多少"权威"的险峰和峻岭？从布鲁诺、路德、达尔文，到康德、费尔巴哈、卢梭、孟德斯鸠、洛克；从谭嗣同、康有为、梁启超，到孙中山、邓小平，正是这些"人格"像"普照的光"，引导我们先后走出了自然界、"虚假的共同体""意识形态"、伪我等形形色色的"洞穴"，建立了"尊严""自由"和"个性"主体人格。

第二节　先验批判：文化发展的灵魂

人的精神发展史是一个从神话到启蒙到再神话、再启蒙的过程。人类会把理性变成新的本能，把文明变成新的自然，重回万物齐一的新的"自然王国"②。任何文化共同体，在新的生存层面上创造出更加优越的存在条件，但同时却又在一个更深的层面失去了主体性，失去自由，受制于他们自己造出的文化"必然性"。到目前为止，任何文化共同体，创造出来的永远只是共同体成员对自然界、交往间性和主体自我的部分占有。也就是说，文化共同体既生产了自由（人与自然、社会、自我关系三个向度），同时，也生产了自由的对立物——同样是三个向度的片面性。在这个意义上，人类中心主义不过是人类受困于主体的自然性、狭隘性的

---

①　刘森林：《发展哲学引论》，广东人民出版社 2000 年版，第 9—10 页。

②　衣俊卿：《文化哲学——理论理性和实践理性交汇处的文化批判》，云南人民出版社 2001 年版，第 129 页。

表征；文化帝国主义不过是人类在文化意识上的动物表现和精神返祖；文化保守主义不过是人类受困于主体的社会性、时代性的表征。

然而，文化辩证法告诉我们：规定即限定，限定即否定；优点即缺点，缺点即生长点。就是这些存在矛盾永远"引导"主体对其文化实行先验批判和反思解释，从而走出形形色色的"地方性的、局部的、暂时的、片面的、狭隘的""洞穴"，从而推动着文化发展和主体生成，因此，先验批判正是文化发展的灵魂。

一　何谓先验批判

我们已经知道所谓的文化乃是人类解决矛盾（人与自然、社会、自我关系三个向度）的方式及其结晶体。这些矛盾的任何解决都必然印上了自然性的、社会性的、意向性的，一句话，打上了历史性的痕迹，都是暂时的、局部的、片面的。在把人类的全部文化力生产出来之前，任何文化共同体都是地方性的、局部的、暂时的、片面的、狭隘的。所以任何文化客体都先验地在这三个向度上留下了缺憾和局限。这些"缺憾和局限"就是德国哲学人类学家兰德曼所谓的"文化阈限"①，所谓"文化阈限"其实相当于一把"看不见的尺子"，对这些"看不见的尺子"加以反思分析和先验批判，当然是文化发展必备的功课。那么，何谓先验批判？

（一）先验批判概念理解

在本书的学术视野中，先验批判的主要含义有两种：在哲学认识论语境中，根据康德的看法，认识是主体运用其先验认知图式于感性对象，把各种杂乱无章的感觉经验组织、整合、建构为新概念的过程。而所谓的先验批判，则是对这个先验认知图式是否合法有效的一种纯粹理性批判，它要回答的是，需要一种什么样的先验条件，人类才能获得"真正

---

① 兰德曼认为：正如在心理学上存在着一个"意识阈限"（threshold of consciousness）只能被某些刺激所通过一样，也存在着一"文化阈限"（cultural threshold），只有那些在我的"生活方式"中"富有意义"的东西，才能被允许进入。参阅［德］M. 兰德曼《哲学人类学》，阎嘉译，贵州人民出版社 2006 年版，第 184 页。

的知识"。从文化哲学视界来讲，先验批判是指主体对其在发展文化之前就已存在于主体身上的包括生产方式、交往方式和解释方式等在内的这些内化观念的批判考察。

先验批判的必然性和必要性，主要表现为"批判武器的批判"的必然性和必要性，即主体的先验结构是人类原创性的文化活动的逻辑前提。由于这种"批判武器的批判"或者逻辑前提批判先于一切具体的文化发展活动，对其批判是人类一切发展文化活动的逻辑起点，因而就可以在与其他经验（实践）批判（即前文的生产实践和交往活动）相区别的基础上称之为先验批判。因此，文化发展的先验批判，其主要功能在于清理大脑，清理人类用来整理外部文化的主体前见（主要是解释方式），调整人类表征自身的文化结构，反思文化发展机制所依据的文化模式。由于解释方式或者文化结构本质上都是人类固有的文化发展机制，据此也可以把先验批判的内涵进一步阐释为：先验批判是对这个文化发展机制本身是否合法的一种批判审查，它以主体的解释方式或者文化结构本身为批判对象，论证的是作为主体各种文化活动的基础观念本身的自明性或合法性。

（二）先验批判的构成

作为文化发展灵魂的先验批判之构成，大概包括文化主体、解释方式、文化模式批判三个方面。

具体说来，从主体建构的角度讲，先验批判则是一种对主体发展文化之前就已存在其自身的各式"主体性表象"或"伪主体性"的理性审查，只有把这些问题先行予以解决，才能避免运用那些错误和危险的"理性"，去进行文化发展活动。这种主体性先验批判主要是使得主体能够建构起批判理性或自反性理性。实际上，世界文明从不缺少把文化颗粒绞合在一起的力量，而文化主体却相对缺少甄别这种文化颗粒优劣肥瘦高下的眼光。人类从不缺少形形色色的文化招魂术、文化救生术、意义加工厂，文化生产过程中产生的许多废料，都是由于运用各种混乱的工具理性、经验理性、主观能动性，对各种感性材料进行非法操作的结果。从逻辑生产角度讲，只有经过先验批判审查并获得合法性、正当性的批判理性或自反性理性，才可以有效地遏制各种现实欲望对人类健全理性的纠缠与异化，所以也可以说，只有先验批判，才能为当代文化发展建构出一种稳态性的理性保障机制。

在解释方式的意义上讲，先验批判主要是一种观念意识（尤其是价值观）批判、思维方式批判，它的目的在于清理各种陈旧的思想观念和非法的思维方式，烛照主体解释方式中存在的各种观念的、方法论的、逻辑形式方面的"洞穴"或解蔽培根意义上的"假相"，从而为文化发展提供一种清晰而敏锐的解释武器。

从文化模式的角度讲，由于文化发展主要是借助文化结构的调整与优化而促使文化模式的总体转型进行的，所以它也存在着一个"文化模式"本身是否合理的问题。只有首先完成了对这个文化模式的"审查"，才能避免产生各种前提错误或者其他逻辑障碍。本尼迪克特在《文化模式》中研究了一个重要问题，这就是具有独特遗传天赋和特定生活史的每个具体的人与他所处的文化之间的关系。本尼迪克特认为，人格是由文化赋予的，不同的社会有不同的文化，不同的文化塑造了不同的人格。某个个体本身的性格与他所生长的社会的文化性格正巧吻合的人是十分幸运的；而生长在酒神型文化中的具有日神型性格的人，或生长在日神型文化中具有酒神型性格的人，则往往被视为该文化的"越轨者"或"异常者"。她断言：对正常或异常的认为是由文化性质所决定的。在某些社会中被看做不正常行为的人，到了另外某个社会，可能就会被看做正常。所以她主张，社会对那些具有特殊行为的人应采取宽容态度，允许个人享有较多的偏离，并鼓励个人之间的差异。所以，对文化模式的先验批判也是理所当然的。

相对先验批判而言，前文的生产实践和交往活动则是一种经验（实践）批判。很显然，文化发展依赖于经验批判与先验批判的双螺旋互动。关于经验（实践）批判与文化发展之关联，前文已经做了详论，毋用赘述。

二　批判理性与自否主体

从主体建构的角度看，先验批判则是一种主体性批判，主要是对各种感性材料进行非法操作，对文化发展之前就已存在于主体自身的"伪主体性"的理性审查，避免由于运用各种混乱的工具理性、经验理性、主观能动性。这种"伪主体性"的理性审查得益于批判理性的合理运行，批判理性的合理运行最终生成自否性主体。

（一）主体性·批判理性

主体性最大的标志之一就是批判理性的生成。在人的理性发展过程中，始终有一种不断审视理性自身的自我反思、自我矫正的能力，这就是表现为理性自我批判行为的那种"批判理性"。批判理性也可称为反思理性，是理性对自身的反思能力。批判理性实际上也是一种认知理性，即理性反过来以自身为认知对象的能力，属于自我反省、自我批判的理性。理性自身产生的问题，只能够依靠理性自身的力量去解决。"反思理性"作为理性的自我批判，是理性自身的二重化、理性的自我"否定"。这里的否定就意味着，批判或反思理性摆脱了狭隘自我中心理性的局限，以否定的形式来肯定自身，回归到了生成理性的那个人性根基。

人类在实践中把自己化分为二，这种"化分为二"又是双重化的"化分为二"，即马克思说过的："人不仅像在意识中那样在精神上使自己二重化，而且能动地、现实中使自己二重化，从而在他所创造的世界中直观自身。"①

首先是人的"物我相分"意识。所谓"物我相分"意识就是能够把自身与外物区别开来的意识，其标志就是能够说出"我"字。"在'我'里面，我们才有完全纯粹的思想出现。动物就不能说出一个'我'字。只有人才能说'我'，因为只有人才有思维。"② 其次是自我的"主宾相分"意识。对自我的"主宾相分"意识即所谓"在精神上使自己二重化"，是指在对自我的"主宾相分"意识里，人则对自我有了一定的"自知之明"，其标志就是能够把"我"区分为"主词的我（I）"和"宾词的我（me）"，亦即区分为："主体的我"和"客体的我""一般的我"和"具体的我""本质的我"和"现象的我"。用黑格尔话说："自我意识是从感性的和知觉的世界的存在反思而来的，并且，本质上是从他物

---

① 《马克思恩格斯选集》第 1 卷，人民出版社 1995 年版，第 47 页。
② ［德］黑格尔：《小逻辑》，商务印书馆 1980 年版，第 82 页。

的回归。……是把自己本身同自己区分开"。① 这就是通常所说的"认知理性"。但是,"认知理性"常常表现为人的主观随意性,人一当感受到客体的力量是如此巨大而神秘,并可以决定人的命运时,他就会彻底改变自己的意识模式,即由"自我中心"模式转变为"客体中心"模式;也就会以客体为主人,以主体为奴隶。这样,人也就会将自己的命运寄托于外物,比如寄托于神灵或圣人;同时,人的任性主人意识也就转化为奴隶意识、信仰意识。以依赖、服从和崇拜外物为特征的信仰意识虽然否定了抽象的任性的自主意识,但并非绝对的抛弃,而只是扬弃了它,因为人在此种虔诚的信仰意识里潜藏着更高级的批判理性。这就是对自己所认定的"真理"的探求精神,并抱有坚定的信念。此种信念起初只是一种迷信和固执。它以主体对客体的无知和对自身内在本质力量的无知为前提。但当此种固执的意识发展到极点,使人在现实中一再受挫,使人执著地去探求对象,并最终突然醒陪过来,明白了对象的客观本质和自我的本质,明白了自己所崇拜的对象原本只是自我的理想或自我本质的对象化,明白了自我完全可以认识主宰客体并主宰自我的命运时,信仰意识就会转化为真正的自主意识,即"客体中心"意识就会在高级意义上重新转化为"主体中心"意识,这就是本书所说的"批判理性"。

真正的理性——批判理性一经觉醒,人的主体性就会跃升到一个新的阶段。首先生发的新的主体意识形式就是"怀疑意识"和"批判意识"。西方文艺复兴时期的情形就是如此。所以这一时期可称为人类历史上真正的批判理性觉醒时期。笛卡尔是近代主体性学说的始祖。康德集批判意识之大成,确认批判理性为自己的使命,旨在彻底消除千年迷信妄说,确立主体意识。自信意识、怀疑和批判意识已经属真正的成人的批判理性范畴,但仍只是一种初级形式。因为在这里,人只知道自己"应当"做主人,不应轻易地相信和服从外在力量,但究竟如何才能做"现实"的主人。

19 世纪和 20 世纪是批判理性的黄金时期,理性的集大成者黑格尔的"无人身的理性",主要是受到来自现代哲学的三个方向的前提批判:马克思主义哲学认为,黑格尔的"无人身的理性",是一种唯心主义的"抽

---

① [德]黑格尔:《精神现象学》上卷,商务印书馆 1983 年版,第 116 页。

象的理性"，因而从"现实的理性"，或"理性的现实"出发，对理论思
维前提进行唯物辩证法的实践论批判；现代西方的科学主义思潮认为，
黑格尔的"无人身的理性，是一种泛逻辑主义的"狂妄的理性"，因而从
"谦虚的理性"或"理性的谦虚"出发，试图用科学的理论和方法去改造
哲学，或者通过语言的分析去治疗"哲学"；现代西方的人本主义思潮认
为，黑格尔的"无人身的理性"是彻底理性化的"冷酷的理性"，因而从
"丰富的人性"或"人的丰富性"出发，把它的批判诉诸关于人的生存状
态的"人学"。①

科技/工具理性的工具化，当然与人们对理性的狭隘化理解有关。韦
伯认为，资本主义社会的内趋力是对客观理性的崇尚，要求事物按照一
定的不以个人的意志为转移的法则和规律运转，建立一个在人之外像机
器般运转的法理型社会。这种所谓合理的活动就是实现控制，既控制自
然，又控制人。而这种合理性的全面泛化，必然导致"工具性的活动渗
入人生的其他领域"（哈贝马斯语）。所以，这就出现了理性自身发展的
一个自悖的逻辑："技术的解放力量——事物的工具化——成为解放的桎
梏，这就是人的工具化。"② 舍勒认为："现代人对这种类型及其生活感来
说，世界不再是真实的、有机的'家园'，而是冷静计算的对象和工作进
取的对象，世界不再是爱和冥思的对象，而是计算和工作的对象。"③ 在
《启蒙的辩证法》中，法兰克福学派的霍克海默与阿道尔诺谈到了康德理
性概念的双重意义："康德的概念是双重的，作为先验的、超个体的自
我，理性包含有一种人类自由的社会生活的观念。在这种自由的社会生
活中，人类将其自己组织成普遍的主体，并进而在自觉的整体团结中克
服纯粹理性与经验理性之间的矛盾。这表现出了真正普遍的观念，即乌
托邦。但与此同时，理性也构成计算的审判法庭，这种计算为自我保存
而调整世界，所实现的只不过是从纯粹的感性材料中去剖析客体，以使

---

① 孙正聿：《辩证法研究》（上），吉林人民出版社 2007 年版，第 204 页。

② ［德］马尔库塞：《单面人》，左晓斯等译，湖南人民出版社 1988 年版，第 138 页。

③ M. Scheler，《死与永生》，见 M. Scheler《伦理学与认识论》（全集卷十），Bonn1986，ss. 28—29。

奴役客体成为可能的功能。"① 对于后者——计算类型的理性，康德称之为"知性"（Verstand）。根据霍克海默和阿道尔诺，一部启蒙的历史就是一部"知性"野蛮发展的历史。这种知性野蛮发展的结果绝不是什么"乌托邦"这个"理性"的目标，而是一种新的野蛮主义。纯粹理性（理性）变成了非理性（计算理性、工具理性）。这种"计算理性"、"工具理性"在"本质上关心的是手段和目的，关心为实现那些多少被认为是理所当然的，或显然自明的手段的适用性，但它却很少关心目的本身是否合理的问题"。②

后现代思潮对同一性理性做了举世震惊的批判：他们颂扬差异性、强调多元性，反对同一性、批判规诫性。正如论者指出的那样："在思维方式上坚持一种流浪者的思维，一种专事摧毁否定思维，是所有后现代哲学思潮所共同具有的特征。至于否定、摧毁的对象，每个思潮则各有专攻。'非哲学'瞄准的是传统的'哲学观'；'非理性主义'的对手是'理性'；'后人道主义'发难的对象是'人'；'非中心化思潮'攻击的是'中心'；'反基础主义'摧毁的是'基础'；'解构主义'志在消解一切二元对立结构；'后现代解释学'对确定的、终极的'意义'发出了挑战；费耶阿本德的'多元主义方法论'则打破了人们关于唯一正确的'方法'的神话；'视角主义'否定了认识事物的单一'视角'的存在；'后现代哲学史编纂学'，则将批判的矛头对准了传统的哲学史观；'反美学'虽然反的是传统美学，但其思想方法却是原汤原汁的后现代的。"③

马克思主义哲学是批判理性的集大成者。詹姆逊认为，在马克思的否定性叙事方式中，最有价值的学说就是他对意识形态的整体性批判。这一批判深刻地揭示了一切文本或观念与意识形态之间的内在联系。也正是在这个意义上，他把马克思的学说称之为"否定的诠释学"。他这样写道："这就是一般的理论构架，我总是愿意在这一理论架构中，阐明我自己的、可以概括如下的方法论的命题：一个马克思主义的否定的诠释

---

① Theodor Adorno and Max Horkheimer, *Dialectic of Enlightenment*, New York: The Seabury Press 1972, pp. 83—84.

② Max Horkheimer, *Eclipse of Reason*, New York: The Seabury Press. 1974, p. 3.

③ 王治河：《扑朔迷离的游戏——后现代哲学思潮研究》，中国社会科学出版社 1993 年版，"前言"第Ⅳ页。

学（a Marxist negative hermeneutics），一种准确的马克思主义式的意识形态分析的实践，在阅读和解释的实际工作中，必须与一种马克思主义的肯定的诠释学（a Marxist positive hermeneutic）或对相同的意识形态的文化的文本中的乌托邦的冲动的破译同时进行。"① 利奥塔在批评马克思的宏大叙事的同时，也指出："马克思主义也能够发展成一种批判性的知识形式，认为社会主义就是由自治主体所组成的，而科学存在的惟一理由是要让经验主体（无产阶级）从异化与压迫中获得解放。"② 德勒兹说过："我们不相信那种不以分析资本主义及其发展为中心的政治哲学。马克思著作中最令我们感兴趣的是将资本主义作为内在的体系加以分析。"③

当然，人是社会历史的主体，在马克思看来，"历史不过是追求着自己的目的的人的活动而已"④。真正建构现实性的主体，真正实现对先验的批判的还是"实践批判"。在实践批判的支配下，主体不再停留于批判和破坏旧世界，而要将理想和目的诉诸实践，去主动建设一个新世界，在实践中做主人，在现实里获得自由。

（二）批判理性与自否主体

批判理性究竟有什么用？批判理性是主体性的第一构成。正是批判理性才使人成为主体——自否主体，而自否主体的生成是文化发展的前提。

首先，批判理性使得主体生成反俄狄浦斯情结，能够反抗任何一种柏拉图意义上的"洞穴"，培养主体主动规避矩阵（matrix）意识，跳出文化母体"洞"见，进行思想游牧，开辟新的文化时空和境界。

这主要得谈谈文化发展史上的那些文化大师、文化英雄或无名的文化草根们。当某些主体在生活和生产中接触到新的对象和产生了新的经

---

① Fredric Jameson, *The Political Unconscious*, New York: Connell University Press, 1985, p. 296.

② ［法］利奥塔：《后现代状况：关于知识的报告》，岛子译，湖南美术出版社 1996 年版，第 117 页。

③ ［法］德勒兹：《哲学与权力的谈判：德勒兹访谈录》，刘汉全译，商务印书馆 2000 年版，第 195 页。

④ 《马克思恩格斯全集》第 2 卷，人民出版社 1957 年版，第 118—119 页。

验而无法用现有集体表象来加以解释和说明的时候，当个体的母体"洞"见（洞穴之见）在现实生活中受到嘲弄而显得无能为力的时候，当个体思想与群体思想产生分化甚至发生冲突的时候，当个体强大到足以以一定方式在一定群体中独立甚至与之相抗衡的时候，等等。理性力量和批判意识便必然相伴着发展起来并发挥出自己的作用，从而创造出新的理念和文化。

仅以轴心期文化的著名创造为例。对轴心期文明飞跃、意识革命的先决条件与发生顺序，美国匹茨堡大学历史系许倬云教授做出了比雅斯贝尔斯更切实的分析。他在《中国文化与世界文化》一书中指出，由中国古代史的个案，我们可以归纳几个要点，当作枢轴时代突破的先决条件。首先，要有相当程度的国家组织，庶几蓄积与集中资源，足以维持社会分工后的若干专业群。其次必须要有文字，庶几有累积的经验及知识，超越人际沟通的时空限制，也因此可以累积文化的传统。前述国家组织与文字的两大要件配合，则有了一批专业的知识分子，他们主要的任务是持守传统，也为此而发展了传统的神圣性。单有这样的专业知识分子，若不具有迫使他们做反省士大夫的机缘，突破与超越仍不能发生。因此，当时需有族与族之间或文化与文化之间的竞争与对比，甚至有兴亡起伏的剧变，导致这些知识分子失去了当权贵的地位。他们转化为游离的知识分子，突破原来的专业，可是也造成了他们对神圣传统的疑问。由疑问而反省，而矍然提出新的见解。这才能突破与超越了习俗与神秘，把古代文化提升到所谓枢轴时代的新境界①。对于中国古代的轴心期文化创造而言，第三项先决条件，即要有一批专业知识分子，不仅有持守传统的知识分子（例如祝宗儒史），更要有独立专业、独立品格、能进行独立思考的新型知识分子，就是这里所谓的"自否主体"。对第五项主体思想条件，即有特立独行思想品格的新型，知识分子对神圣传统的质疑、反省、突破、创新，就是这里所谓的"批判理性"。

其次，批判理性使得自否主体保持经常性批判的维度，反思性的自觉，革命的意识，历史的立场，崇高的人生境界，高远的人生志向，自强不息的进取精神。自否主体的一种重要代表——知识分子，作为严厉

① ［美］许倬云：《中国文化与世界文化》，贵州人民出版社1991年版，第106页。

的批评家和否定的媒介形象，基本上源于法国传统。詹姆逊认为，在重新唤醒阶级意识，一个总体性扩张让人窒息的年代里，批判理性和阶级意识的张力就是知识分子的力量，也就是历史的发展的重要动力，否则知识分子的存在是值得怀疑的："在一个商业社会里，在一个像美国这样的反知识分子的环境里，我认为维护知识分子的地位非常重要。"① 而被马克思寄予厚望的自否主体的另一种重要代表——无产阶级"是历史过程的统一的主—客体，即历史中的客观地具有充分的社会意识的第一主体"②。这种新的历史主体必须具有如下的特质："1. 像分有了 Ur-ich 的内在本质之力的经验主体那样具有能够对现实采取反讽态度，即能站在更高的层面上对不合理的世俗现实进行批判的品格与能力；2. 具有阿波罗式的独立性和能力，不受其他人的欺骗和愚弄，能够独立承担伟大的重任。……5. 当资产阶级对内含辩证法的德国古典哲学失去兴趣时，无产阶级仍然保持着这种兴趣等等。"③ 马克思没有把救赎的有效工具仅仅规定为哲人，而是"转向了一种新式的主体组合：哲人与无产阶级的结合——靠这种组合，也就是哲人的帮助，无产阶级能成为承担历史任务的群体性主体"④。无产阶级之所以仍然保持着对德国古典哲学的兴趣，成为"哲人无产阶级"，最根本的原因就是这样才能保有批判理性和成为自为的自否主体。

三　先验批判与文化发展

主体通过先验批判可以从文化壹、文化贰、文化叁三个向度发动变革，但主要是从文化叁（解释方式）向度带动文化共同体文化壹、文化贰两个向度的变革。因此，本节主要从先验批判与解释方式革命的辩证

---

① 王逢振主编：《詹姆逊文集》第 3 卷，中国人民大学出版社 2004 年版，第 427 页。

② ［匈］卢卡奇：《历史与阶级意识》，王伟光等译，华夏出版社 1989 年版，第 214—215 页。

③ 刘森林、龚庆：《马克思的经验主体观：从批判施蒂纳的角度看》，《学术研究》2008 年第 4 期，第 30 页。

④ 刘森林：《反讽、主体与内在性——兼论马克思哲学中的反讽维度》，《现代哲学》2006 年第 5 期，第 22 页。

关系来切入进行研究。

（一）解释前提与先验批判

马克思说："人的存在是有机生命所经历的前一个过程的结果。只是在这个过程的一定阶段上，人才成为人。但是一旦人已经存在，人，作为人类历史的经常前提，也是人类历史的经常的产物和结果，而人只有作为自己本身的产物和结果才成为前提"。[①]因此，文化即是人的最大的前提，既有的所有文化建构了后来者的先验性。正如米夏埃尔·兰德曼所说："无论什么时候都没有一个人'正好从开端'出发。并非每一个状况都对我们的创造力提出挑战。我们一般只需采纳较早的创造的结果。……我们不仅生而就具有我们自己的作为个体的天赋，而且同时也被投入已由我们的祖先积累起来并传给我们的某种文化的'外部装置'中。除了我们自己所具有的主观精神之外，我们从祖先那里接受了客观精神的礼物。"[②]现实的人既是文化的前提又是文化的结果。人，作为文化的结果构成新的文化前提，作为文化的前提又构成新的文化结果。人作为文化的前提与结果的辩证运动，就是人及其文化的辩证法。

仔细分析起来，这些前提大概有三种构成：物质前提、社会前提、理解/解释前提（在解释系统向度中，这些前提往往表征为解释学意义上的"前见"）。而其中的理解/解释前提大概又有两种构成。刘小枫说："就理念或思想意识而言，有两个不同的界域。一是每一历史时期中的思想意识，即具体的历史中的世界观，它们属于相对性的理念之域；另一界域是理念的自在之域。它有其不依赖于历史社会之嬗变的独立结构。"[③]因此，主体的这些解释前提或理解前见要么是无批判前反思的思维表象或认知图式；要么是这些无批判前反思的思维表象或认知图式的结果：集体无意识，其中包含着某种前提化的价值判断，某些混沌、神秘而强烈的情感联想；要而言之，存在于解释主体自身的先验结构有两种不同

①　《马克思恩格斯全集》第 26 卷，人民出版社 1974 年版，第 545 页。
②　[德] 米夏埃尔·兰德曼：《哲学人类学》，张乐天译，上海译文出版社 1988 年版，第218 页。
③　刘小枫：《现代性社会理论绪论——现代性与现代中国》，上海三联书店 1998 年版，第269 页。

的界域或层面：形式的假相和内容的假相①。前者是公理式的、工具性
的、法则性的、构成解释秩序的理解本体结构，后者是随历史、民族、
个体的因素而不同的文化实在，因而是相对性的先验结构；前者属于哲
学现象学先验批判的分析对象，后者属于文化社会学先验批判的分析对
象。形式假相是指工具假相如语言（市场）模式、思维方式、逻辑形式、
文化模式。内容假相包括种族假相（阶级、地域、性别、社群、观念、
哲学、意识形态）、情感假相如个人偏爱（洞穴）、时间假相如传统观念。
因此，在解释方式的意义上讲，先验批判主要是先验内容批判和先验形
式批判。

先验内容批判在具体操作中是无法穷举的，马克思说过："真理的彼
岸世界消逝以后，历史的任务就是确立此岸世界的真理。人的自我异化
的神圣形象被揭穿以后，揭露具有非神圣形象的自我异化，就成了为历
史服务的哲学的迫切任务"。② 内容假相中的种族假相是内容假相里最重
要、最复杂的一类，是指因囿于某些社群如阶级、地域、性别、社群或
某种观念、哲学体系、意识形态形成的解释假相。马克思恩格斯在《形
态》中曾经对意识形态的虚假性做过先验批判：

> 统治阶级的思想在每一时代都是占统治地位的思想。这就是说，
> 一个阶级是社会上占统治地位的物质力量，同时也是社会上占统治
> 地位的精神力量。支配着物质生产资料的阶级，同时也支配着精神
> 生产资料，因此，那些没有精神生产资料的人的思想，一般地是隶
> 属于这个阶级的。占统治地位的思想不过是占统治地位的物质关系
> 在观念上的表现，不过是以思想的形式表现出来的占统治地位的物
> 质关系；因而，这就是那些使某一个阶级成为统治阶级的关系在观

---

① 作为近代唯物论和近代实验科学的真正始祖的弗兰西斯·培根，则从剖析"成见"入
手来弘扬理性的批判精神。他提出，由于人的心灵被"成见"或"偏见"缠住，因而是一面给
出虚假反映的魔镜。他把人的成见或偏见概括为四种"假相"：倾向于只看到和相信所赞同的东
西的"种族假相"；由于个人的偏爱所造成的"洞穴假相"；围绕语词和名称的争论而造成的
"市场假相"；由于采纳特殊的思想体系、特别忠于特定的哲学或神学体系而造成"剧场假相"。

② 《马克思恩格斯选集》第1卷，人民出版社1995年版，第2页。

念上的表现,因而这也就是这个阶级的统治的思想。①

对意识形态假相的先验批判主要的后继者还有法国结构主义马克思主义者阿尔都赛和法兰克福学派的一些著名哲学家。

时间假相是指囿于传统观念而未做先验批判形成的虚假意识。最能说明这个问题的莫过于马克思主义在世界的传播史:时间假相造就了诸多"第二国际马克思主义""马褂马克思主义""小农马克思主义"等。例如美国学者 A. 马塞勒认为,印度人接纳马克思的异化劳动思想就是这样。印度人之所以能接纳马克思著作中的异化劳动的思想,是因为他们发现这一思想的辩证法符合印度佛教哲学的形而上学的思辨,即人的全部行为与真实的自我相离异。②

实际上,在初期接受马克思主义的近代中国知识分子身上也是这样的——马克思主义在近代中国的传播经过了三度(着眼于大的方面,细究的话可能更多)诠释——苏俄意识形态、传统中国文化、社会现实。苏俄意识形态对马克思主义的再编码化事实自不必说,单是传统中国文化对马克思主义的再编码化已经相当深重。从今天看来,内化为民族心理素质的传统中国文化,深深地影响了马克思主义的集体观、法制观、民主观、权利义务观等科学理论在中国的早期接受效果。那些最早接受、宣传和阐释马克思主义的知识分子,本身大都是从小饱读传统诗书典籍、在不同程度上受过传统文化濡染的知识分子,在介绍、传播和理解马克思主义的时候,其深层的传统文化前提和解释系统当然集体无意识地编码了他们对马克思主义的科学把握,集体无意识地把马克思主义的某些主张与中国传统文化观念相对接,甚至使双方达到某种形式上的认同,以便马克思主义易于为民众所理解。如他们在宣传马克思主义的集体主义和共产主义思想时,就自觉借助了传统文化中的群体意识和天下为公的大同思想在民众之中的广泛影响。因此,去苏俄化和去传统化是马克思主义中国化的一个非常重要课题。

---

① 《马克思恩格斯选集》第 1 卷,人民出版社 1995 年版,第 98—99 页。

② [美] A. 马塞勒等:《文化与自我》,任鹰等译,浙江人民出版社 1988 年版,第 212—213 页。

先验形式批判是对形式假相诸如工具假相如语言（市场）模式、思维方式、逻辑形式、文化模式等所做的批判。孙正聿先生把其称为"哲学的前提批判"。他说："要变革思想，就必须变革构成思想的逻辑支点。这就要求人们必须从思想自我反思的第一个层次——思想内容的反思，跃迁到思想自我反思的第二个层次——对思想构成自己的根据和原则的反思，也就是对思想前提的反思。这就是哲学的前提批判。在哲学的意义上，思想的前提是构成思想的根据，推演思想的支点，评价思想的尺度和检验思想的标准。"① 先验形式批判最有力的方法论——唯物史观认为："经济的、政治的和其他的反映同人的眼睛中的反映完全一样，它们都通过聚光透镜，因而表现为倒立的影像——头足倒置。只是缺少一个使它们在观念中又正过来的神经器官。"② 毫无疑问，唯物史观就是这种"使它们在观念中又正过来的神经器官"，马恩在《德意志意识形态》文本中，运用这一方法，对人类历史进行了一番历史现象学的还原，着力清算过自己和同胞身上的"德意志意识形态"，是一部经典的先验批判文本。

因此，当我们转动文化魔方时，必然先要祭起先验批判的照妖镜对这些假相来一番自我反思和自我清算，以便剔除假相、洞察异化、走出洞穴。

（二）先验价值批判与文化发展的价值革命

先验内容批判在具体操作中是无法穷举的，相对而言，价值观在一个人的先验视界中具有尤为突出的地位，它常常决定一个人思想观念的取向，价值判断成为思想观念的取向的先导。因此，先验价值批判常常因为激发了价值革命，从而促使文化发展。

1. 哲学意义上的价值概念

从词源学上说，"价值"（value）一词的本意是"可宝贵、可珍惜、令人喜爱、值得重视"。它源于古代梵文 wer、wal（围墙、护栏、掩盖、

---

① 孙正聿著：《辩证法研究》（下），吉林人民出版社 2007 年版，第 107 页。
② 《马克思恩格斯选集》第 4 卷，人民出版社 1995 年版，第 699 页。

保护、加固）和拉丁文 vallum（堤）、vallo（用堤护住、加固、保护）①。后来的"价值"（value）一词，即取其"对人有维护、保护作用"的含义演化而来。价值的具体内涵十分丰富，兼有"好""有用""有利""有效""善""美""真""宝贵""重要""有意义""合乎需要"等多种含义。

我们可以通过分析马克思关于使用价值的许多具体论述，找到其哲学含义。马克思说："使用价值表示物和人之间的自然关系，实际上是表示物为人而存。"②　"物的 Wert（价值）事实上是它自己的 Virtus（力量、优点、优秀）的品质）。"③　"一定的外界物是为了满足已经生活在一定的社会联系中的人的需要服务的。"④　作为一个哲学范畴，使用价值的本质，就在于它表明"物"或"外界物""为人而存在"。"为人的需要服务"，显示出它们按人的尺度衡量所具有的"力量、优点、优秀的品质"等。更具体地说，价值就是客体、对象对于作为主体的人的"好""有用""有利""有效""善""美""真""宝贵""重要""有意义""合乎需要"等。也就是说，价值可以依客体与主体之间的关系简单地加以把握，加以界定。所谓价值，就是在人的实践活动中建立起来的，以主体目的、需要为尺度的一种客观的主客体关系，是客体的存在、性质及其运动是否与主体本性、目的和需要等相一致、相适合、相接近的关系⑤。通俗地说，凡是与主体本性、目的和需要等相一致、相适合、相接近的，就是有价值的，或有正价值的。

2. 先验价值评价批判与文化发展

先验价值批判第一个涉及的就是先验价值评价批判。先验价值评价常常受到生产实践（技术）的水平与程度，价值主体对主客体的认知程度，以及评价情境、参照客体等"客观"因素的影响，这些因素都是先验价值评价批判所应该力批的。

---

①　夏韦：《试论哲学词源学》，转引自《马克思恩格斯全集》第 26 卷第 3 册，人民出版社 1973 年版，第 327 页。

②　《马克思恩格斯全集》第 26 卷（第 3 册），人民出版社 1973 年版，第 326 页。

③　同上书，第 327 页。

④　《马克思恩格斯全集》第 19 卷，人民出版社 1963 年版，第 405 页。

⑤　参见李德顺《价值论》，中国人民大学出版社 1987 年版，第 101—108 页。

　　首先，开展先验价值评价批判最重要的就是提高价值主体对客体和主体自身的认知水平与程度。这种认知水平与程度愈深愈广，那么就愈有可能建立更丰富复杂的价值关系，从而评价的对象域也就越深越广；价值主体对客体与主体自身的把握愈全面、准确、深刻、合理，那么人们的评价也就愈科学、愈合理。一个价值客体尚处于萌芽状态或发展尚不充分时，这时常常很难对之加以准确的评价。如各种尚处于研发阶段的科学技术研究成果，如克隆技术、因特网、空间技术、生命技术等。一个民族最大的悲哀就是过早地对发展中的事物说不。另外，价值客体常常处于运动、变化、发展之中，若对象实质变了，而主体却不愿调整评价，则其评价将是过时、守旧、僵化的。中国古代科技本来领先于世界，到了近代远远落后于天下，其根本原因除了政治上的专制主义之外，实用理性的价值取向也是阻碍中国古代科技发生飞跃的重要原因。这是发展当代中国文化需要大力批判和清理的重要领域。

　　其次，开展先验价值评价批判，提倡回归价值评价的主体性。价值的主体性是指价值直接表现和反映着具体主体的具体需要、现实能力和存在目的，它是依主体不同而不同的，是以主体为尺度的。价值评价的主体性回归这一命题表现为如下一些方：个体性、多维性、时效性、辩证性。

　　个体性，即价值因具体主体不同而不同。价值标准或评价标准的个体性表现为力避以群体、社团、组织如政府的主体性取消具体的、多层次的、多元的价值主体的主体性。在《价值取向中的变量》一书中克拉克洪将价值观界定为"复杂而有限的模塑原则，这个原则由认知、感情和导向三要素的相互作用而形成，能够使人确定其解决问题的想法和行动"。接着他提出以下主要调查问题来考察价值取向的主体个体性，5个问题是：1. 人类的本性是什么？（1）本恶，（2）中性或善恶各半，（3）本善。2. 人与自然的关系是什么？（1）顺服自然，（2）调和自然，（3）征服自然。3. 时间取向的本质是什么？（1）过去，（2）现在，（3）未来。4. 人的行为动力或目标是什么？（1）及时行乐，（2）理想，（3）实干。5. 人际关系的形式是什么？（1）直系亲属取向，（2）旁系亲属取向，（3）个人取向。根据这5个问题，他们设计出22个题目的问卷，现代美国人的主要价值取向是个人主义、注重未来的时间取向、征服自然与实干型，纳瓦霍人的主要价值取向则是旁系为主、注重现在、调和自然与实干型，西班牙后裔是直系取向、注重现在、顺服自然与及时行乐等①。这一认知人类学调查深刻说明了价值标准因具体主体不同而不同。

多维性，是指对于每一主体来说，具有的价值关系和价值是多样的、多重的。价值的现实形态是十分丰富、极其多样的，美国哲学家培里曾将之概括为八个不同领域：道德、宗教、艺术、科学、经济、政治、法律和习俗；舍勒则按照其价值层级学说，将价值划分为感觉价值、生命价值、精神价值、宗教价值等；马斯洛提出了人的需要层次说，据此对基本的价值进行了分层或分级……每一次价值评价必须区分每一次评价的价值形态，不能混淆了不同形态的价值评价。例如在古代中国的价值评价系统中，往往是认知价值和道德价值、政治价值畛域不清，甚至是以道德价值或政治价值霸权独占价值评价领域，结果必然使得许多有价值的文化创造被扼杀在摇篮中。"政治对文化经济及其他社会生活领域的控制，使文化、经济等强烈地隶属于政治权威，并因而丧失了独立自由的品格。在这种社会存在的现实面前，政治至上的'官本位'自然就成了中国人意识结构中的主导价值观。"② 因此，开展价值评价多维性批判，预防价值评价在维度上的僭政，还必须提高对价值本身的认识。

时效性，是指客体的价值随主体的变化而变化。任何客体对于同一主体或不同主体来说，有无价值或有什么样的价值，不会因客体本身未变而保持不变，而是随着主体的发展、变化而变化的③。价值评价的取向与文化"大环境"、政治"小气候"有关。中国传统文化的价值在五四时期、"文化大革命"和21世纪的不同命运即为例证之一，具体来说诸如"端午节""清明节"等重大节日，传统风格的村落古建筑，如各种祠堂、牌坊、文武庙宇等在这三个时期见证了价值评价的时效性。

辩证性，是指价值评价的个体性与社会性、多维性与一体性、时效性与永恒性、主体性与客体性的辩证统一。马克思主义的价值理论认为，由于主体的本质的丰富性、交往关系的复杂性、生产实践和条件具体性

---

① 夏建中：《文化人类学理论学派——文化研究的历史》，中国人民大学出版社1997年版，第202页。

② 陶东明：《当代中国政治参与》，浙江人民出版社2000年版，第6页。

③ 李为善等：《主体性和哲学基本问题》，中央文献出版社2002年版，第325页。

等原因，价值必然是一个在结构、层次和方向上都极其多样化的、充满了矛盾甚至对抗的多元体系；随着人类社会的不断发展，这种现实的多元化同时又表现了历史一元化的必然性。价值的多样性决定了文化的多样性。辩证性不仅表现为力避因价值评价的目的、标准本身的不同而存在着不同程度的主观性。辩证性还表现为克服和批判自我认识时主客体同构或互相缠绕时的局限性。辩证性另外表现为克服和批判形而上学思维方式的种种表现，如把综合的动态的评价标准肢解、割裂开来，孤立、片面、静止地看待价值，求全责备的"完人"标准，或放弃原则的功利标准。①

再次，价值评价的先验批判和变革，最终目的是价值创造，价值创造往往是文化创造的先导，——价值评价的先验批判和变革常常与人们的现实批判紧密联系在一起。实践中促发人们行动起来的思想动因，是源于人们对现状的"不满"和"怨恨"而建立在一定觉悟之"理想意图"。对现状的"不满"和"怨恨"、改变现状的理想，蕴涵着价值变革的过程，是创造价值的过程。尼采说："奴隶在道德上进行反抗伊始，怨恨本身变得富有创造性并且分娩出价值：这种怨恨发自一些人，他们不能通过采取行动作出直接的反应，而只能以一种想象中的报复得到补偿。所有高贵的道德都产生于一种凯旋式的自我肯定，而奴隶道德则起始于对'外界'、对'他人'、对'非我'的否定：这种否定就是奴隶道德的创造性行动。"②

价值评价的先验批判和实践批判的联手一般产生两种价值创造：或者提出一种不同于被比较者的价值的价值观，以取代自身无力获得的价值实质；或者提出另一种价值理念以取代现存的价值实质，就是制造新的价值理念，把它们说成是真实的价值实质，而把现存的价值实质说成虚假的价值实质。从马克思、尼采到弗洛伊德（及至当今之后现代论者）的意识形态批判或知识权力批判技术都为此例③。发端于启蒙思想的现代性现象是一场"总体转变"，它的本质正如舍勒提出的现代性是深层的

---

① 李为善等：《主体性和哲学基本问题》，中央文献出版社 2002 年版，第 325—363 页。

② ［德］尼采：《道德的谱系》，周红译，北京三联书店 1992 年版，第 21 页。

③ 刘小枫：《现代性社会理论绪论——现代性与现代中国》，上海三联书店 1998 年版，第 364—365 页。

"价值秩序（Wertangeordtung）的位移和重构，现代的精神气质体现了一种现代型的价值秩序的成形，改变了生活中的具体的价值评价①。现代性价值创造的方式显然是后一种：价值的颠覆或价值偏爱法则的反常。这种价值，"从哲学上讲，是感性价值压倒理念（精神价值），工具价值压倒实质的生命价值；从社会伦理学上讲，则是商人和企业家的职业价值、实业家成功的实用价值被推为普遍有效的德性价值；从文化秩序上看，是群众的评价压倒贵族精英的评价"。②

（三）思维方式批判：文化发展的内在机制

先验内容假相批判应该和先验形式假相批判结合在一起。文化发展的先验内容假相批判相对来说是表象的、无法穷尽的，先验形式假相批判则是更深层次的、意义更为深刻的先验批判。

关于文化中的"先验形式假相"，奥地利学者伍凯蒂茨（F. M. Wuketits）在其《进化认识论的概念和方法》中为我们提供了这样一张清单③：

柏拉图　　　　抽象的理念

亚里士多德　　逻辑的公理

弗·培根　　　"四假相"

休谟　　　　　本能

笛卡尔　　　　第一原理（如人的自身存在）

莱布尼兹　　　数学和逻辑学的基本真理，理智观念（如实体）

康德　　　　　"直观形式"和范畴的原因

赫尔姆霍茨　　"空间的观念作用"（空间的三维性）

洛伦兹　　　　行为的基本范型，"直观形式"和范畴

皮亚杰　　　　"反应的规范"，知觉的基本结构

---

① 刘小枫：《现代性社会理论绪论——现代性与现代中国》，上海三联书店1998年版，第16页。

② 同上书，第377页。

③ F. M. Wuketits, *Concepts and approaches in evolutionary epistemology: towards an evolutionary theory of knowledge*, Holland: D. Reidel Publishing Company, 1984, p. 3.

　　荣格　　　　　原型（如生命）

　　列维－斯特劳斯（人种学的）"结构"（如婚姻形式、亲族关系的结构）

　　乔姆斯基　　　生成语法

　　在这张清单中，思维方式则是"形式中的形式"，对它的"前提批判"、修改这一"看不见的尺子"显得更为重要。思维的形而上学本性构成了思维方式的原罪，因此，"摆脱掉那旧的亚当"①，思维方式的先验批判是为消除思维方式的形而上学原罪。

　　1. 形而上学的原罪

　　形而上学思维的第一条原罪就是其"二元性"。所谓的"形而上学"思维方式可以概括为"在绝对不相容的对立中思维"。恩格斯正确地指出，"是就是，不是就不是；除此之外，都是鬼话"，这就是"形而上学"的"思维公式"。②

　　古希腊哲学家柏拉图首先在变动不居的现象界之上建构一个不变的本体世界来安置真、善、美的理式（ideas），成为割裂现象与本体、主体与客体，是将世界二元化的始作俑者。从柏拉图以来的西方哲学沿袭了将本体实体化，将世界两重化的形而上学思维方式。后来，无论是自然本体论，还是神学本体论、理念本体论，共同的错误都是设定现象界背后有一个超验的独立的本体界，结果造成了根本不存在的现象与本体分裂的"两重世界"。

　　人类只要一思想，就会把现实在观念上打碎，当然马上又会把现实在观念上加以重新组合。"我们的意识在自动产生了或由现实产生了分节表达和联结的作用后，就会进一步把现实分解成意识和潜意识，灵魂和肉体，精神和物质，生命和环境，自由和必然，造物主和创造物，上帝和魔鬼，好和坏，特对和错，爱和权力，旧和新，原因和结果。这种二元结构是思想必不可少的分类。它们是我们在力所能及的范围内理解现

———————————

① ——原文是 den alten Adam ausziehen，即悔过迁善。一新旧面目之意。"旧的亚当"指原罪、本性之恶。参见［德］黑格尔《小逻辑》，贺麟译，商务印书馆 1980 年版，第 377 页。

② 《马克思恩格斯选集》第 3 卷，人民出版社 1995 年版，第 360 页。

实的工具。与此同时，它们也是令表明人类理解力限度的众多界标，因为它们打破了现实整体性，从而歪曲地呈现现实。它们既有揭示作用，也有阻碍作用。"① 只要对世界发生思维的对象性活动，人们就必须把现实分解成无数孤立的片断，才能理解现实。这种分解和分类的过程无疑会错误地呈现现实，但这又是有意识思考的不可避免的前提与后果，否则就只能像神秘主义者那样完全消极地凭直觉感受神圣的统一。所以，形而上学思维的原罪第一条就是其"二元性"。

"二元性"必然导致文化发展史上的"等级性"。事物存在的根据在柏拉图看来是永恒不变的理念，在亚里士多德看来是实体，在中世纪神学者们看来是创造主——神，在近代人看来是只会计算的工具理性。这些"实体"长期君临于现实事物之上。"这种区分拥有上位特权资质（精神、理性、人类、男性）的人和拥有下位特权资质（肉体、感情、自然、女性）的人的二元论西方形而上学，可以被看做是从存在论的角度上使存在者之间上下等级不平等正当化的一种'从属关系思维'的典型。"② 实际上，"在人类二元对立的形而上学认知图式中，先天具有等级观念：总有次项处于主项的奴役之下。逻各斯在历史发展中有许多变体，他不断的变换自己的形式，企图延长自己的生命，他想方设法寻找寄主，把寄主当作自己的喻体。"③ 或许可以戏仿科耶夫："整部思想史从来不过是主奴辩证关系的历史，确切地说，主人意识与仆人意识之间的关系的历史"。所有这些逻各斯的变体又同与之矛盾的对立面的诸多变体组成了两个矛盾同一的"意识群"。无独有偶，马克思在其名作《哲学的贫困》中也描述了这种现象："但是理性一旦把自己设定为正题，这个正题、这个与自己相对立的思想就会分为两个互相矛盾的思想，即肯定和否定，'是'和'否'。这两个包含在反题中的对抗因素的斗争，形成辩证运动。'是'转化为'否'，'否'转化为'是'。'是'同时成为'是'和

---

① ［英］阿诺德－汤因比：《历史研究》（修订插图本），刘北成、郭小凌译，世纪出版集团、上海人民出版社 2005 年版，第 423 页。

② ［韩］宋荣培：《东西哲学的交汇与思维方式的差异》，朴光海、吕钼译，河南人民出版社 2006 年版，第 218 页。

③ 参阅操奇、邱观建《主奴辩证法与后现代主义》，《理论月刊》2009 年第 11 期，第 41 页。

'否'，'否'同时成为'否'和'是'，对立面互相均衡，互相中和，互相抵销。这两个彼此矛盾的思想的融合，就形成一个新的思想，即它们的合题。这个新的思想又分为两个彼此矛盾的思想，而这两个思想又融合成新的合题。从这种生育过程中产生出思想群。同简单的范畴一样，思想群也遵循这个辩证运动，它也有一个矛盾的群作为反题。从这两个思想群中产生出新的思想群，即它们的合题。"① "正如从简单范畴的辩证运动中产生出群一样，从群的辩证运动中产生出系列，从系列的辩证运动中又产生出整个体系。"② 在现代性和后现代性的观念博弈中，现代性思想群表征为主人谱系的规范集团；后现代性思想群则成为奴隶意识群的欲望。后现代主义思潮的巨炬烛照出在哲学、文化、精神（意识）、社会、政治、经济、科技、日常生活控制系统中，在公与私之间、存在与意识之间各种隐蔽的主奴关系思想群。这个正在被后现代性颠覆和攻击的主奴谱系可以列表如下③：

主人谱系的现代异型	奴隶集团的后现代异型：
现代性	后现代性
逻各斯中心主义（基础、本质、中心、原则）	反逻各斯中心主义
确定性、整体性、同一性	不确定性碎片化、差异性
主体性	主体间性
主体	客体
抽象	具体
宏观	微观
自我	他者
模仿	表现
崇高	世俗
集体	个体
精英	大众

---

① 《马克思恩格斯选集》第 2 卷，人民出版社 1995 年版，第 140—141 页。
② 同上。
③ 参阅操奇、邱观建《主奴辩证法与后现代主义》，《理论月刊》2009 年第 11 期，第 41 页。

作者	读者
能指	所指
主词	宾词
束缚	解放
原本	副本
现实	类象（simulation）
精神现象学	身体现象学
文明	癫狂
建构	解构
守成	创造
象征（symbolic）的规范	符号的（semiotic）欲望（克里斯蒂娜）
男权、法乐士中心主义（phallocentrism）（厄内斯特·琼斯）	女性文化景观
异性恋	同性恋
城市	乡村
观众	景观
劳动异化	消费异化
人类	自然
西方主义	东方主义
白色人种	有色人种
全球	本土化
宗主国	臣属国
统治集团	"底层"（Subaltern）
资产阶级	无产阶级
市场、自由主义	计划、凯恩斯主义
生产	消费
分析	综合
经典物理学	量子物理学
树状思维	块茎、网状思维
Web1.0	Web2.0①
……	……

---

　①　参阅．操奇、邱观建《主奴辩证法与后现代主义》，《理论月刊》2009 年第 11 期，第 41 页。

由此也可以看出人类解放征途之凶险和艰难。以上考察的还只是认知人类学的研究领域，实际上文化人类学在对文化领域"等级性"的研究成果更为壮观，限于篇幅不能一一列举。列维－施特劳斯认为，人的思维本质是二元对立的结构，这种本质结构就如同乔姆斯基的语言习俗机制一祥，是由遗传决定的或与生俱来的。客观世界的基础既不是生产方式，也不是绝对精神，而是内在于人的大脑神经系统这个物质实体中的二元心智结构。他认为，宇宙是一个连续体，人的思维由于能力所限，只能将其割裂为非连续性的东西，并且划分为类别或秩序化；又由于思维的本质是二元对立的结构，所以，非连续性的事物常常具有对立的特点。他虽然肯定分类对于理性思维的重要意义，但也不无忧虑地指出，正是人的分类意识，将民族分成"优等"与"劣等"，将人群分成"我类"与"异类"，这常常是社会产生灾祸、迫害、战争的根源。①

形而上学思维的原罪第二条就是其自在性、先验性。一般说来，在形式逻辑的论域内，有两类不予讨论的"前提"：一类是作为思维内容即"已知判断"的前提，另一类是作为思维形式即形式逻辑本身的前提。表象思维是一种概念依附于表象、从属于表象的思维。"表象思维的习惯可以称为一种物质的思维，一种偶然的意识，它完全沉浸在材料里，因而很难从物质里将它自身摆脱出来而同时还能独立存在。"② 常识思维则满足日常生活需要的经验思维。常识总是牢固地依附于经验，而经验总是同个别的事物、现象和体验相联系。在经验常识的范围，人们只能以一种二值逻辑的方式进行思维：是就是，不是就不是，不能说"既是又不是"。③

形而上学思维的原罪第三条就是其常识性、经验性。人类思维的最广泛和最基本的前提是常识。常识作为人类思想和行为的"前提"，是人类世世代代长期经验的产物，并且是在最实际的水平上和最广泛的基础上进化而来的对人类生存环境——自然环境、社会环境以及一般文化环

① 参阅［法］列维－施特劳斯：《结构人类学》第1卷，张祖建译，中国人民大学出版社2002年版。

② ［德］黑格尔：《精神现象学》上卷，贺麟、王玖兴译，商务印书馆1953年版，第40页。

③ 孙正聿：《辩证法研究》（上），吉林人民出版社2007年版，第19—20页。

境——的适应。赫勒曾深刻指出，以重复性思维和实践为特征的日常生活结构具有保守性、惰性、束缚个体发展等消极特征。她说："重复性实践和重复性思维形式是人的活动和思维的必要的和积累性的基础。然而，由于这是一个略去了一般化过程（由于它是自发的和直接的）的一般化，因此它能够而且的确常常导致人的行为和思维中的某种僵硬。重复性实践（或思维）不断地发动进攻，而在取得最佳结果的情况下，它甚至能蚕食本是创造性实践和思维的领地。它可能而且的确常常延缓我们去承认新事物，去辨别其中所内含的问题。在存在问题的情形中——即在需要创造性思维时情形中——我们常常试图以重复性思维侥幸过关或勉强应付。我们将会看到，这会导致日常生活的灾难：不仅如此，还会阻碍个体的发展。"①

2. 辩证法的救赎

形而上学思维方式的局限性，是因为它在广阔的研究领域会遭到"惊人的变故"（恩格斯语），无法去说明世界的运动、变化和发展。"二元性"的错误作为一种从不怀疑的文化前提统治了西方哲学界 2000 多年，直到 20 世纪才在胡塞尔的现象学，海德格尔、萨特等人的存在主义哲学以及福柯、德里达、利奥塔才得到部分清算。因为 20 世纪的这场"本体论革命"，由于建筑在抽象个体、精神本体之上，它所进行的清算、批判是非常不彻底的。只有马克思主义哲学的历史和实践辩证法才让人们还原、回归真正的本体，回归人存在和实践的世界即文化的世界这个现象界，完成了实践辩证法对形而上学原罪的救赎。恩格斯说，"马克思和我，可以说是从德国唯心主义哲学中拯救了自觉的辩证法并且把它转为唯物主义的自然观和历史观的唯一的人"。②列宁说，"马克思和恩格斯的学说是从费尔巴哈那里产生出来的，是在与庸才们的斗争中发展起来的，自然他们特别注意的是使唯物主义哲学向上发展，也就是说，他们所特别注意的不是唯物主义认识论，而是唯物主义历史观。因此，马克思和恩格斯在他们的著作中特别强调的是辩证唯物主义，而不是辩证唯

① ［匈］赫勒：《日常生活理论》，转引自衣俊卿《文化哲学十五讲》，北京大学出版社 2004 年版，第 222 页。
② 《马克思恩格斯全集》第 20 卷，人民出版社 1971 年版，第 13 页。

物主义，特别坚持的是历史唯物主义，而不是历史唯物主义。"①

按照马克思恩格斯的论述，有两种视界的辩证法：存在论（实践论）视界和认识论（逻辑学）视界。无论哪一种辩证法，批判性都是辩证法的根本特征。辩证法对先验结构的批判可分为实践（辩证法）批判和逻辑学（辩证逻辑）批判。辩证法批判首先表现为实践批判，马克思认为："对实践的唯物主义者，即共产主义者来说，全部问题都在于使现存世界革命化，实际地反对和改变事物的现状。"② 对于马克思来说，人的本质力量可以说就在于凭借外部对象并在外部对象中充分利用一切"对象性"的东西，所以，人的"自我实现"同时也就意味着"设定一个现实的、但以外在性的形式表现出来因而不从属于他的本质并且凌驾其上的对象世界"③。这种实践批判与文化发展之关联，在第二、三章已做详论，此处毋庸赘述。

辩证法批判其次表现为逻辑学批判，也就是辩证思维方式批判。辩证法是一种具有"巨大的历史感"的理论思维方式，它在本质上是批判的，即是说"辩证法本身就是关于世界观矛盾的批判性理论，没有这种世界观批判就没有辩证法，而并不仅仅是说辩证法理论具有批判的功能。"④

辩证法的逻辑学批判首先表现为对非同一性即多元性的追寻，对等级性不懈的瓦解。现代社会愈来愈向多样性、多元性方向发展，二分法因而就与此愈来愈不相适应。尤其是，用来说明现代社会的二分法往往还带有等级色彩。现代社会的高度分化使得愈来愈多的现代存在成为一种结构性、关系性存在，辩证法的逻辑学批判可以在一种动态的结构性认知图式中对其进行合法地考察。辩证法的先验形式批判就是要不断地去发现并解放被主项奴役的次项，发现逻各斯在历史发展中的诸多变体，通过形式批判活动去打破人类的"认知暴力"，去改造形而上学认知图式的压抑性结构，打破话语帝国主义，打破对立中的不平衡性，去完成德里达所谓的"移心"工程，建立新的平衡。德里达和阿多尔诺

---

① 《列宁选集》第 2 卷，人民出版社 1972 年版，第 336 页。

② 《马克思恩格斯选集》第 1 卷，人民出版社 1995 年版，第 48 页。

③ 《马克思恩格斯全集》第 42 卷，人民出版社 1979 年版，第 166 页。

④ 孙正聿：《辩证法研究》（上），吉林人民出版社 2007 年版，第 15 页。

曾经运用辩证法对富有等级色彩的形而上学二元图式进行过猛烈的批判。阿多尔诺用多元并置法取代二分法、福柯用一种"多元的、片断性的、差异性的、不确定性的、属于特定的历史和空间的分析模式"来取代包括二分法在内的总体化分析法。正如凯尔纳和贝斯特所指出的："福柯呼唤一种在社会的所有的微观层面上,在监狱、精神病院、医院和学校中发展起来的多元的自主斗争。他用后现代微观政治概念取代了现代的宏观政治概念,因为在现代宏观政治概念中,冲突力量之间争夺的是对扎根于经济和国家中的中心化权力之源的控制权,而在后现代微观政治概念中,无数的局部群体争夺的是散布于整个社会中的分散的、非中心化的权力形式。"① 辩证法的先验形式批判还能够消解常常与二分法联为一体的还原主义思维对合理理解文化发展的蚕食作用,拉克劳与墨菲曾运用辩证法攻击从马克思到葛兰西再到阿尔都塞的马克思主义"无论在理论上还是在政治上,一直为一种还原主义逻辑所害,这种还原主义逻辑妨碍了人们对分化且多元的社会性质的理解,对各种被压迫群体的自主性的理解以及对一切政治认同和斗争之开放性和偶然性的理解"。②

辩证法的逻辑学批判还表现为对所有思维前见先验性的否定。辩证法的思维范式打破形式逻辑的先验认知图式,通过对概念的研究来探索思维把握精神活动及其对象的逻辑,揭露各种概念系统的狭隘性、片面性和历史的暂时性,促成概念系统之间的渗透融合,推动概念的扩展和深化,从而实现人类的思维运动由旧逻辑向新逻辑的转化、人类的思维方式由旧模式向新模式的跃迁③。辩证逻辑认为:从历史的进步性看,哲学在自己时代所提供的"统一性原理",就是该时代人类所达到的对人与世界的统一性的最高理解,即该时代人类全部活动的最高支撑点,因此它具有绝对性;从历史的局限性看,哲学在时代所提供的"统一性原理"又只是特定历史时代的产物,它作为人类全部活动的最高支撑点,正是表现了人类作为历史的存在所无法挣脱的片面性,因此它具有相对性;

---

① ［美］凯尔纳、贝斯特:《后现代理论——批判性的质疑》,张志斌译,中央编译出版社1999年版,第72—73页。

② 同上书,第334页。

③ 孙正聿著:《辩证法研究》(上),吉林人民出版社2007年版,第65页。

从历史的可能性看，哲学在自己时代所提供的"统一性原理"，又是人类在其前进的发展中，所建构的阶梯和支撑点，它为人类的继续前进提供世界观层次的理论支持，并作为世界观层次的批判对象而存在①。辩证法的思维范式源于苏格拉底。黑格尔说，苏格拉底"这样做，是为了唤醒人们的思想，在人们的信心动摇之后，他就引导人们去怀疑他们的前提，而他们也就被推动而自己去寻求肯定的答案"②。黑格尔的概念辩证法，以唯心主义的神秘形式，提供了思维运动的"一般逻辑"——概念发展的逻辑。在这个逻辑中，对作为"已知判断"的一切前提——常识前提、科学前提和哲学前提——都在肯定的理解中同时包含着否定的理解，因而使辩证法获得了自觉的批判本性③。当然，对所有思维前见先验性的否定最终必然依赖实践辩证法，哲学家主要是以个人头脑中的思辨活动去追求思维把握和解释世界的全体自由性，没有从人的方面去理解人对世界、思维对存在的关系，因此马克思说它变得"敌视人"了。"任何一种解放都是把人的世界和人的关系还给人自己。"④ 马克思对黑格尔的"无人身的理性"的批判，在其现实意义上，就是要求把人从抽象的统治中解放出来，从物的普遍统治一下解放出来，从现实的资本的统治下解放出来，把资本的独立性和个性，变为人的独立性和个性，把人的世界和人的关系还给人自己。

辩证法的逻辑学批判还表现对常识性和经验性的反思。日常生活具有自在性，是以给定的规则和归类模式而理所当然、自然而然地展开的活动领域。日常生活还具有经验性和实用性。例如，在日常活动中，人们很少询问"为什么"，而是满足于对象的"如是性"，以求得经济化的后果。恩格斯明确地指出："常识在日常应用的范围内虽然是极可尊敬的东西，但它一旦跨入广阔的研究领域，就会碰到极为惊人的变故。"⑤ 对常识的批判是辩证法思维的重要内核。

---

① 孙正聿：《辩证法研究》（上），吉林人民出版社 2007 年版，第 65 页。
② ［德］黑格尔：《哲学史讲演录》第 2 卷，贺麟，王太庆译，商务印书馆 1997 年版，第 53 页。
③ 参阅孙正聿《辩证法研究》（上），吉林人民出版社 2007 年版，第 23 页。
④ 《马克思恩格斯全集》第 1 卷，人民出版社 1956 年版，第 44 页。
⑤ 《马克思恩格斯选集》第 3 卷，人民出版社 1995 年版，第 360 页。

马克思的政治经济学批判，以及在这种批判中所形成的科学巨著《资本论》，是辩证法的逻辑学批判的光辉典范和巨大成果。其一，在马克思的政治经济学批判中，我们发现一个十分重要特点，这就是：马克思把那些被视为不证自明的"初始概念"作为科学前提批判的出发点。他指出，古典政治经济学家的理论前提是"把人变成帽子"，即以物与物的关系掩盖人与人的关系，而他的理论出发点则在于"经济范畴只不过是生产的社会关系的理论表现"。在《资本论》中，马克思深刻地阐发了理解整个政治经济学的"枢纽点"——体现在商品中的劳动的二重性。马克思说："商品是一种二重东西，即使用价值和交换价值。后来表明，劳动就它表现为价值而论，也不再具有它作为使用价值创造者所具有的那些特征。商品中包含的劳动的这种二重性，是首先由我批判地证明了的。"① 因此，他致力于揭示商品的自然属性与社会属性（使用价值与交换价值）的内在矛盾，劳动的自然过程与社会过程（具体劳动与抽象劳动）的内在矛盾，以及商品与货币、货币与价格、价格与资本等一系列矛盾，从而创立了以劳动价值论为基础的剩余价值学说，并使关于历史的理论变成了科学。其二，马克思的政治经济学批判还有一个非常引人注目的特点即：马克思从考察人们每天都与之打交道的最平常的商品交换现象出发的，也就是从考察人们习以为常、不加思考的商品概念出发的。这表现了辩证法的科学前提批判的另一个重要特点：在科学与常识的相互观照中来实现辩证法的前提批判。马克思的《资本论》不仅是"政治经济学批判"的典范，也是所有科学前提批判的典范，是体现辩证法批判本性的典范。②

相对于西方的理性形而上学，古代中国的知识分子大多处于一种中国式的"自然形而上学"的肆虐之中，终生未走出这一"根"思维方式的"洞穴"——古代中国思想史上所谓"回向原典"（return to sources），有的学者称之为"经学思维"。按照朱阿蕾罗的理解，最早的哲学家们虽然试图以一种非神秘的理性方式来说明世界的存在，但是他们在基本倾向上，仍然与原始宗教神话一样，"保留了根的神话——说明之所以能够

① 《马克思恩格斯选集》第 2 卷，人民出版社 1995 年版，第 21 页。
② 孙正聿：《辩证法研究》（上），吉林人民出版社 2007 年版，第 49—50 页。

说明，是因为根，即说明，无论是时间的还是逻辑的，此时都与非时间和非现象的起源（后来被理解为神）联系起来。恰恰是因为起源是不朽的和无差异的，所以起源，即第一原理，才能够从不同的逻辑平面上进行说明"①。中华大一统国家复兴时期的皇帝对收集、编辑、注释和出版昔日典籍的工作极其热衷，在世界上可能无出其右者。在唐代，中国人的知识至少被汇编成 3 部著名的百科全书，在宋代，至少被汇编成 4 部百科全书。在明代和清代，人们在这些类对书的基础上进行了更浩大的词典编辑工程。在永乐皇帝、康熙皇帝和乾隆皇帝支持下，完成了中国典籍集成的煌煌巨制。拜占庭的学者也做了类似的工作，但是无论在规模上还是在学术性上，都无法与中国学者的成就相比。《百科全书》是根据狄德罗的构思于 1751—1776 年出版的 35 卷本著作。与以前中国的类书不同，它不是古书集成，而是一部学术创新之作，提出了启蒙时代的新学术②。在对汇编成集的文献加以诠释和注解方面，中国学者的工作更是独领风骚数百年。但是，所有理学争论必须"取证于经书"，便是"经学即理学"的真源所在。究其原因，源于传统的崇圣意识、依附人格与经学思维互为表里的文化模式。在"根本"（其表现形式有祖宗、原典）幽灵的牵制下，只能盛产我注六经式的强烈恋根情结的"根"思维模式，文化发展退化为文化返祖与文化复辟的喜剧表演，文化的自我教化功能让位于文化思维上的自我驯服意志。根思维追求一个绝对的、最终要消除一切差异和对立的"同一性"的真理王国。新儒学的代表们也试图从大乘佛教吸取儒学本身所缺少的思辨因素，虽然他们也试图在某些方面重振儒学的真正精神，但是这种尝试囿于"根"思维方法论的洞穴，其效果软弱无力，难以持久。新儒家的哲学复兴本身反倒成了大乘佛教精神的俘虏，这就使帝国士大夫在政治统一、社会发展的中华世界摧毁外来佛教的努力变得毫无意义了。③

---

① ［法］施兰格等编：《哲学家和他的假面具》，徐友渔编选，社会科学文献出版社 1999 年版，第 55 页。

② ［英］阿诺德－汤因比：《历史研究》（修订插图本），刘北成、郭小凌译，上海人民出版社 2005 年版，第 410 页。

③ 同上书，第 404—405 页。

　　3. 思维方式批判与文化发展

　　思维方式批判与文化发展问题实际上涉及文化循环、思维循环与文化批判之间的关系。文化循环的内涵是十分丰富的，但其核心内容则是：文化客体期待、召唤文化主体做出否定性的、能动性的、批判性的发展，但任何文化主体在发展文化客体之前已具有文化客体的先入之见，它是由文化的历史性所造成的。任何文化主体都以自己所承诺的"本体"或"基本原理"作为判断、解释和评价一切的根据、标准和尺度，也就是以自身为根据，从而造成自身无法解脱的解释循环。例如，如何像马克思所说的那样"跳出意识形态"[1]这种文化循环呢？"跳出"文化循环有两种方式：一种是历史唯物主义所论证的物质生产实践和交往实践活动。马克思说："从直接生活的物质生产出发来考察现实的生产过程，并把与该生产方式相联系的，它所产生的交往形式．即各个不同阶段上的市民社会，理解为整个历史的基础；然后必须在国家生活的范围内描述市民社会的活动，同时从市民社会出发来阐明各种不同的理论产物和意识形式，如宗教、哲学、道德等等，并在这个基础上追溯它们产生的过程。"[2]马克思在批评 18 世纪的唯物主义者关于人与环境（教育）的二律背反时指出："环境的改变和人的活动或自我改变的一致，只能被看作是并合理地理解为革命的实践。"[3] 海德格尔深刻地洞见了马克思的唯物主义的真谛："这种唯物主义的本质不在于一切只是物质这一主张中，而是在于一种形而上学的规定中，按照这种规定，一切存在者都呈现为劳动的质料。"[4] 这种"跳出文化循环"的实践方式，本书在第二、三章已作详述。

　　此外，海德格尔还有一个重要思想：从理解的历史性出发，提出了理解的"前结构"（Vor-Struktur）的理论，从而从本体论的角度肯定了"解释学循环"（der Zirkel der Hermeneutik）的正当性："决定性的事情不是从循环脱身，而是依照正确的方式进入这个循环。"[5] "依照正确的方式进入这个循环"的见解所蕴含的深层意义，即理解者并不是他置身于其

① 《马克思恩格斯全集》第 3 卷，人民出版社 1960 年版，第 98 页。
② 同上书，第 42—43 页。
③ 《马克思恩格斯选集》第 1 卷，人民出版社 1995 年版，第 55 页。
④ M. Heidegger, *Üeber den humanismus*, Frankfirt A. M., Suhrkamp Verlag, 1975, s. 27.
⑤ M. Heidegger, *Sein und Zeit*, Tuebingen: Max Niemeyer Verlag, 1986, s. 153.

中的解释学境况的消极的适应者，而是积极的反思者。马克思说："基督教只有在它的自我批判在一定程度上，可说是在可能范围内准备好时，才有助于对早期神话作客观的理解。同样，资产阶级经济只有在资产阶级社会的自我批判已经开始时，才能理解封建的、古代的和东方的经济。"[①] 所以，先验形式批判尤其是辩证法思维方式批判是正确地进入文化循环的道路。辩证法思维方式批判对为主体的理解前提提供的各种"基本原理"，或其所承诺的"本体"作为最高的或最终的根据、标准和尺度都持批判态度，它批判地反思人类一切活动的全部知识的各种前提，为人类的存在和发展提供自己时代水平的"安身立命之本"或"最高的支撑点"。它的批判性是正确进入文化循环的路径。辩证法思维方式批判的方法主要有：本质还原法、文化考古法、建设性解构法、差异逻辑法、偶然性复归法、不确定性的递归法、主客颠倒法、总体文化批判和微观文化批评相结合的方法。

总之，历史辩证法告诉我们：人类的进步、文化的发展永远离不开先验批判理性。所谓"先验"就是主体的文化存在所必然带来的"矩阵"或母体，这种"矩阵"存在许多变体：洞穴、墓穴、神殿、机器、自我、躯体、社会、民族等。"先验批判"如同文化发展的矩阵革命。先验批判以人类批判理性为研究宗旨，其本质上是启动人的理性自觉，深入探讨文化前提批判与文化发展的关系，最终实现人性结构在理论理性（科技理性、人文理性）、实践理性、宗教理性、新感性各向度的结构平衡，修正或者转换构成思想的前提，以新的逻辑支点去建构新的思维模式、价值尺度、审美标准和终极关怀，并永远敞开人类思想自我批判的维度。当然，真正的批判总是实践批判与理论批判的辩证统一。

第三节　人格主体・批判理性・文化模式

英国当代哲学家 I. 伯林把批判意识解释为对整个社会的前提反省，认为哲学"涉及的对象往往是一些作为许多寻常信念的基础的假

---

① 《马克思恩格斯选集》第 2 卷，人民出版社 1995 年版，第 24—25 页。

设。……如果不对假定的前提进行检验，将它们束之高阁，社会就会陷入僵化，信仰就会变成教条，想象就会变得呆滞，智慧就会陷入贫乏。社会如果躺在无人质疑的教条的温床上睡大觉，就有可能会渐渐烂掉。要激励想象，运用智慧，防止精神生活陷入贫瘠，要使对真理的追求（或者对正义的追求，对自我实现的追求）持之以恒，就必须对假设质疑，向前提挑战，至少做到足以推动社会前进的水平"①。哲学解释学认为，理解作为人的存在方式，它首先揭示了人的历史局限性，因此，"偏见"具有不可避免的合法性。哲学根本目的就是激起人们的批判解释活动，向那些先验确定性（各种既定的假设）进行挑战。可见，人类在解释活动中可以发现现有文化模式的局限性，开掘新文化模式的可能性，实现自我扬弃的文化辩证发展。从人格主体和解释活动与文化模式的交互发展史来看，新的文化模式大概是包括独立人格、批判思维、合理理性在内的自否性主体文化模式。

一　解释活动与文化模式

马克思揭示的文化的历史之谜是人与自然界、他人、自我之间的矛盾。这种矛盾是人类文化产生的根源，人类文化不过是这些根本性矛盾解决的暂时性方式。文化模式的差异，是不同地域的人们，对人类生活的根本性矛盾采取了不同的解决方式。在"人与自我之间"的矛盾的关系上，中外古代思想家一开始就有明确的自觉的意识。在封建时代到来的时候，东西方古代文明都有一个最为灿烂的时期——轴心时代。解决"人与自我之间"矛盾的解释方式也成为区分文化模式的重要标志。

首先，不同的解释方式为人们提供一定的对客体世界的认识，从而型塑人们对客体世界的理解和对世界的不同改造。作为现实的存在，正是解释方式型塑着我们对世界的理解。人类不仅具有生物学意义上的"遗传性的获得"，更具有文化学意义上的"获得性的遗传"，即个人被文化模式之解释方式所占有，从而成为历史性的文化存在。正是文化为我

---

① ［英］麦基编：《思想家——当代哲学的创造者们》，周穗明，翁寒松译，三联书店1987年版，第3—4页。

们提供变化着的、发展着的世界观：人的生产活动甚至于"自然观"
"人"均是由不同的解释方式生产的①。"从发展的角度看，人的这些能
力（技术创新和制度创新）的新生，首先是与'人'的观念发生了根本
性的变化密切相关。从哲学角度看，从逻辑上说，如何理解'人'，就决
定了如何理解发展。"② 伽达默尔意味深长地说："理论的含义就是超越实
践本身。"结晶了生产活动和解释活动的"劳动工具"常常成为文化的
"测量器"和"指示器"，例如人们通常把人类的文明形态区分为"农业
文明""工业文明"和"后工业文明"（包括"信息时代""网络时代"
"知识经济时代"）。

其次，不同的解释方式为人们提供不同的行为规范和制度设计及其
论证，构成人们不同的行为方式和交往规则。解释方式为人们提供具有
时代内涵的价值规范从而型塑人们的价值观念和价值追求。理性觉醒的
第三大层级是人的交往理性，它体现为"权利意识"和"责任意识"。它
是主体对社会的伦理关系、法律关系及其所涵盖的内容（如经济关系、
政治关系、文化关系、人格关系等）的自觉、认同、履行和创新的意识。
权利意识是主体所具有的有关自己作为人所应当享有的诸多权利（如生
存权、发展权、自由权、平等权等）的意识。权利意识是人的真实的自
由意识的社会引申。人若没有自由意识，也就不可能有权利意识了。

再次，解释方式为人们提供不同的思维方式，从而规范人们的思维
范式和思维方法。源于生产实践和交往活动的思维活动和思维方式，内
在地构成了总体文化的解释模式特征。解释活动对现实的超越，常常取
决于思维方式以自身与现实的"间距性"而批判性地反思实践活动和规
范性地调校实践活动。辩证法思维更是使得思维与实践之间获得了广泛
统一。辩证法能不断变换其存在的基础，引导人类展开更具体、更现实
的理性批判，创造符合自己时代的新思维。列宁提出，"辩证法是活生生
的、多方面的（方面的数目永远增加着的）认识，其中包含着无数的各
式各样观察现实、接近现实的成分（包含着从每个成分发展成整体的哲
学体系），——这就是它比起'形而上学的'唯物主义来所具有的无比丰

---

① ［德］伽达默尔：《赞美理论》，夏镇平译，三联书店1988年版，第46页。

② 刘森林：《发展哲学引论》，广东人民出版社2000年版，第9页。

富的内容。"①

主体发展文化不是从观念的文本出发来理解并解释人的生存实践活动，而是从人的生存实践活动出发来理解一切观念的文本，这是解释活动推动文化模式创新的本体论前提。

二 自否性独立人格主体文化模式

依据其之解释方式对人格主体的设计和其理性思维特征，文化共同体大概可以区分为两种文化模式：依附型肯定性主体文化模式、独立型自否性主体文化模式。

在依附型肯定性主体文化模式中，人格主体理论不发达，现实的独立人格不在场，反思性、自否性批判思维方式相对不发达，文化主体生活在自在、自然的状态值上，文化客体相对处于欠发达或落后、停滞，或发展较慢、被动发展的状态。发展的动力常常来自于外界，发展的方式是被外来文化体"鞭一下"，它才"走一步"。

在独立型自否性主体文化模式中，形成了较为健全的人格主体理论，现实的独立人格在场，当然任何独立都是相对的。自否性批判思维方式相对发达，文化主体生活在自为、自觉的状态值上，文化客体相对处于发达或进步，发展较快且往往是主动发展。发展的动力常常来自于文化体内部主体自身的反思和自否定。

（一）独立人格主体文化模式

人格类型和文化模式紧密相关。衡量一种文化的尺度是很多的，考察这种文化中的主体人格类型，毫无疑问是一条重大的尺度。辜鸿铭先生曾说："在我看来，要估价一种文明，我们最必须问的问题，不在于它是否修建了和能够修建巨大的城市、宏伟壮丽的建筑和宽广平坦的马路，也不在于它是否制造和能够制造出漂亮舒适的农具、精致实用的工具、器具和仪器，甚至不在于学院的建立、艺术的创造和科学的发明。要估价一种文明，我们必须问的问题是，它能够产生什么样的人、什么样的

---

① 《列宁全集》第55卷，人民出版社1990年版，第308—311页。

男人和女人。"① 文化的发展史似乎倾向于一种独立人格主体文化模式，这种模式的主要特征大概有以下几点。

首先，在独立人格（Persönliche Unabhängigkeit）主体文化模式中，总体文化有着比较自觉的人格主体理论，各主体有着自觉的人格意识。整个文化共同体具有批判性的人格理论、较强的人格意识、较高的人格觉悟，自觉的人格主体意识广泛深入公民主体的潜意识层次和自觉意识层次。有没有明确的人格独立意识，有没有这种了不起的觉悟也造成马克思所说的"偶然的个人"（das zufällige Individuum）和"有人格的个人"（das persönliche Individuum）② 的差异。所谓"有人格的个人"，是历史主体性的个体实现形式，或者说是历史主体性的个体体现。"如果一个人仅仅是社会关系的客体，为这些关系所盲目驱使，就是一个没有人格的人""偶然的个人"。一个人成为"有人格的个人"，意味着他在某种程度上将自己提升为他所处的社会关系的主体——独立人格。所谓独立人格意识的觉醒，就是意识到自己社会本质，即自己所处的社会关系的本质，并以此为契机在某种程度上把握了历史必然性。由此而言，历史主体性就是达到了独立人格主体的历史必然性。

其次，建构适合培育独立主体的交往制度也是独立人格主体文化模式的主要特征之一。密尔把社会流行的生活方式描述为"narrow theory of life"，意为"狭窄的人生论"，将人们为了适应这种狭窄的人生论描述为"pinched and hidebound type of human character"，意为"捏瘦和抽紧了的人生性格"③。这是将一个有血有肉的个人性格用强力挤压、扭曲，以使其符合某种模式。最好的例子就是中国古代女人裹脚。密尔批评那些力图用流行习俗要求约束个性的做法是"要用压束的方法，像中国妇女裹脚那样，断丧人性中每一突出特立的部分，把在轮廓上显得有异样的人都造成碌碌凡庸之辈"④。朗内·斯莱格斯塔德强调每个人都有合法的自由空间。按照一般的解释，这个法律赋予的、在其中自己的爱好和见解都至高无上的自由空间，正是个体人具有创造性活力的根本保证。"自由

① 辜鸿铭：《中国人的精神》，广西师范大学出版社 2002 年版，"序言"第 1 页。
② 《马克思恩格斯选集》第 1 卷，人民出版社 1995 年版，第 122 页。
③ ［英］密尔：《论自由》，许宝骙译，商务印书馆 1959 年版，第 66 页。
④ 同上书，第 75 页。

的个人不应该受其他人的统治，而只能受理性的统治。理性之光终究会使个人明白其自由的限度，只要一个人的自由不会因为其他人的自由而受到牺牲，那么这种限定就是完全正当的。这就是为什么自由的个人会共同缔结契约允许国家来调整他们行使自由的行为的原因：为了使一个人的自由与所有其他人的自由相一致。"①

此外，先验批判以及反抗各种权威是文化共同体独立人格的经常性的主体性行为。各种权威或"专家"阻挠人们思考这些重大的问题，这种影响造成的后果是双重的：一种后果是使人们对说出来的或印出来的任何事情，抱一种怀疑主义和冷嘲热讽的态度；另一种后果是使人们对权威人士的说法持一种幼稚天真的信任。冷嘲热讽和幼稚天真集于一身，则是现代个体的典型症候。因此，基本的后果便是使人丧失独立思考和自我抉择的勇气。"另一种摧毁批判性思考能力的方式是破坏世界图景的任何有序结构。事实唯有放在有序结构的总体中才有质的具体性。事实若丧失具体的质，则仅仅拥有抽象的、量的意义。在这方面，广播、电影以及报纸所起的作用无异于一场浩劫。在'自由'的名义下，生活丧失了条理和结构，生活的成分不过是许多零星的、互不相关的琐事，生活没有任何完整的意义。个人孤单单地应付这些琐事，就好像一个孩子独自摆弄一副建筑积木。"② 独立人格则能独自承担反抗各种权威或"专家"的重压，独立思考，推动文化发展。中国之所以在近代落伍于世界文明民族之林，其根源除了物质生产方式的落伍和低级，政治、法权等交往形式的陈旧和反动，解释系统的失效和失范外，还在于没有普遍培育出现代性和创造性人格，导致因"公民"难产而引发文明落伍。梁启超曾设想过具有权利思想、义务思想，和自尊、进取、冒险等特征的"新民"。陈独秀则呼唤"自主的、进步的、进取的、世界性的、实利的、科学的新青年"。尽管各种论述互有差异，但共同点是显而易见的，质言之，"文化所追求的人自身的现代化就是指人由凭借习惯、传统、风俗、

　　① ［挪］朗内·斯莱格斯塔德：《自由立宪主义及其批评者：卡尔·施米特和马克斯·韦伯》一文，载［美］埃尔斯特、［挪］斯莱格斯塔德合编：《宪政与民主——理性与社会变迁研究》，潘勤、谢鹏程译，三联书店1997年版，第121页。

　　② ［美］埃里希·弗罗姆：《对自由的恐惧》，许合平、朱士群译，国际文化出版公司1988年版，第178页。

情感而自在自发传统主体向具有主体性和创造性、具有人本精神和技术理性的自由自觉的现代主体的转变"。①

再次，人格独立型文化共同体在各个方面都具有较强的文化创造性，其人格主动追求创造的精神，个体追求自我完善的精神蔚然成风。主体的文化创造性有不同的水平，独立的人格意识对于历史主体性的形成和发展，具有不可忽视的作用，它使各种历史主体的创造性达到自觉的水平。有没有人格自我意识的这种觉醒，有没有这种"了不起的觉悟"② 决定人在历史活动中的主体性价值和主体性作用。"认识你自己"是使人获得强力与幸福的一条基本律令，而"成为你自己"则是文化创造的普遍前提。人本身的创造力量在很大程度上取决于他对关于自我的真理的认识和成为自我的独立人格意志。自我错觉是那些无法独立行走人的有用拐杖，可是也一天天削弱人的力量。唤醒奴役的人们对自身所处地位的意识，是一种了不起的觉悟。"个人的力量若以人格的完整为基地，便能得到最大限度的发挥，人对自我的认识的最大透明性则是人格完整性的重要方面。"③

事实上，人格侏儒化常常与文化不孕症紧密相连。阿诺德 - 汤因比曾经惊心动魄地描述了一段时间内西方艺术界建筑领域，由于希腊风格的复兴使得西方人的才华受到阉割的悲剧历史。在布鲁内莱斯基死后的400 年间，他的后继者们造成了一片单调的美学沙漠。这明显地体现在西方很难从工业革命中收获应有的丰硕成果。大工业给西方提供了一种前所未有的万能的新型钢铁建筑材料，但是 19 世纪的西方建筑师大多满足于把钢铁作为一种补充手段，应用于当时流行的毫无创意的古典式或哥特式建筑。很久以后，建筑师才摆脱了古典和哥特模式，充分发挥了钢铁构架结构的各种潜能。作为希腊风格复兴的一个长期恶果，西方艺术家的才华受到阉割的情况在绘画和雕刻领域也表现得同样明显。自乔托（公元 1266—1337 年）以后的 500 多年，现代西方绘画毫无疑义地接受了希腊后期视觉艺术的自然主义观念。由此接连不断地产生出各种各样

---

① 衣俊卿：《文化哲学十五讲》，北京大学出版社 2004 年版，第 297 页。
② 《马克思恩格斯全集》第 46 卷（上），人民出版社 1979 年版，第 460 页。
③ ［美］埃里希·弗罗姆：《对自由的恐惧》，许合平、朱士群译，国际文化出版公司 1988 年版，第 176 页。

表现视觉上的光影印象的方式，通过巧妙的艺术技巧制造照相效果，直到这种持续的努力因照相技术的发明而突然失去价值。在现代西方科学的巨斧砍掉了画家的立足支点后，有些画家开创了一种拉斐尔前派运动，但由于他们求助于拜占庭艺术而一直受到指责。另外一些画家则开辟出真正的道路，探索科学所打开的心理学新世界，用他们的作品来传达"心理"的精神体验，取代个人眼中的视觉印象。这种心理探索最终也影响了雕刻领域。希腊化复兴在这三个视觉艺术领域造成的西方自身才华的不育症似乎终于得到救治。但是，这种缓慢而艰难的治疗过程告诉我们，由于失去人格自我和艺术独立性，创伤是多么严重。[①]

在当今知识经济时代，创新成为文化发展的根本途径，独立人格成为文化发展的根本保障。因此，深入全面地改善中国人的个体存在的当代精神生态，一方面批判传统中国人格的病态遗传；另一方面建立既符合现实又能提升和超越现实的独立人格主体文化模式，建构当代中国人的个体生态精神平衡，显得尤其重要。独立人格和公民资格并不是生来就可以享受到的，正如福柯曾指出的："我并不相信存在着自主的、独立的主体，不存在无处不在的普遍形式的主体……正相反，我认为主体通过种种奴役实践而得以构建，或者，则以一种更加自律的方式，通过解放和自由的实践而得以构建。"[②] 独立人格和公民资格也不是毕其功于一役就可以获得的一蹴而就式的战利品，而是需要几代中国人在科学的人格理论指导下，经过痛苦的改造客观世界和改造主观世界的艰辛，才可以累积起来的人的"社会特质"的飞跃，建构当代中国人的生态的绿色现代人格类型。[③]

（二）自否性文化模式

从某种意义上讲，理性思维方式是划分文化历史形态的一个重要标

---

① ［英］阿诺德 - 汤因比著：《历史研究》（修订插图本），刘北成、郭小凌译，上海人民出版社 2005 年版，第 413—414 页。

② Lawrence Kritzrman, ed. *Foucault*：*Politics*，*Philosophy*，*Culture*，New York：Routledge. 1988，pp. 50—51.

③ 朱喆、操奇：《马克思的人格思想与公民文化建设》，《中南民族大学学报》（人文社会科学版）2010 年第 5 期，第 76 页。

尺，不同水平的理性思维方式对应于不同层级的文化发展阶段。从主体的理性思维特征来看，在整个文明发展时期，人类先后经历了两个历史阶段。高清海老师认为："古代属于'信仰理性'的支配阶段；近代则是'理智理性'（认知理性—科技理性）支配的阶段。"① 人类已跨入 21 世纪，对这个新时代，他认为："我们不妨把它称做人类'自我觉解'的时代，或者叫做'人性自主—反思理性'的时代。"② 高清海老师所说的的"人性自主—反思理性的时代"就是本书所说的以批判理性为主体特征的自否性文化模式。

1. 主体的理性思维特征的演进与文化模式转型

高清海老师说："信仰理性，理智理性，反思理性，三种形态的理性表现了人类理性具有的三种基本功能，在人的现实活动中，三种理性都在起作用，那一种也不可少，但在不同的历史阶段，由于人的发展状态不同、觉醒程度不同，它们不仅所占地位不同，作用的形式和内容也有所不同。"③

与此相对应，理性的演进标志了文化模式的嬗变。在"信仰理性"起主导作用的时代，主体还是"自然人""神化人"，那时的文化模式是自在性文化模式，是群体本位；在"认知理性"起主导作用的时代，主体就是"物化人""个体人"，此时的文化模式是自为性文化模式，是个体本位；在"批判理性"起主导作用的时代，主体就是"人性人""复归人"，这时的文化模式是自反性文化模式，是集体本位；最终，当个人主体的潜在能量已经充分释放，在人们开始走向全面发挥和占有人的全面本质的未来，与"完整人"的本性相适应，"自由理性"必然会成为21 世纪人类文明的主导理性，那时的文化模式是类本位的自由性文化模式。

在"信仰理性"起主导作用的时代，我们看到，思维理性大约经历了从人与动物共有的低级的非语言悟性思维，到猿人以手势和声调语来表达的直观形象思维，再到远古智人以感性语汇和图画文字表达的语言

① 高清海：《信仰理性·认知理性·反思理性》，《学海》2001 年第 2 期，第 26 页。
② 同上书，第 25 页。
③ 同上。

形象思维，才发展到人类高级文明阶段特有的"认知理性"——抽象逻辑思维，人类的思维方式随社会实践的深化、人脑结构的完善，言语与文字的创造而不断演进着。①

　　在"信仰理性"起主导作用的时代，是群体本位的自在性文化模式。由于"认知理性"处于从属地位，自然经济条件下的生产又是分散的、小规模的小农经济。人主要生存在由血缘宗法关系维系的自然秩序中，尚未建立起自由、平等、自觉、开放的非日常交往形式，而是作为自在的日常生活主体而进行着以血缘关系、宗法关系和天然情感为基础的日常交往活动。只是少数人享受到解释活动的乐趣和艰辛，绝大多数人没有建立起自为性和自主性，也不可能参与精神创造活动，他们终生停留在自在的日常观念世界之中，凭借着重复性的和自在的日常思维而自发地生存着。

　　随着从个别的文字抽象演化到普遍的范畴抽象、逻辑抽象，人类抽象思维随着实践的深化不断向事物的深层本质逼近，文化模式也就过渡到了"认知理性"起主导作用的时代。法拉克在《思想起源论》中引用丰富的资料指出，在许多语言中，抽象范畴起源于具体概念，如善的概念在拉丁文中来自具体的"财产"概念，在希腊语中"理性""意志"等抽象概念来自"心""肺"等具体概念，并据此认为，人类思维的基本趋势走向抽象化方向发展②。马克思 1816 年在给恩格斯的信中用古日尔曼的语言材料，嘲讽了黑格尔的思维范畴先于现实存在的唯心论，他说："要是老黑格尔在天有灵，他知道德文和北欧文中的 Allgemejne（一般）不过是公有的意思，而 Sundre，Besondre（特殊）不过是从公有地分离出来的 Sondereigen（私有财产），那他会说什么呢？真糟糕，原来逻辑的范畴还是产生于'我们的交往'。"③ 逻辑正是关于"一切物质的、自然的和精神的事物"的普遍规律性学说。而逻辑思维中最高形态的辩证思维，"只对于已处于较高发展阶段上的人（佛教徒和希腊人）才是可能的"④。

---

　　① 陶伯华著：《大飞跃——人类文明演进的十大飞跃点》，黑龙江人民出版社 2002 年版，第 252 页。

　　② 同上书，第 253 页。

　　③ 《马克思恩格斯全集》第 32 卷，人民出版社 1998 年版，第 53 页。

　　④ 《马克思恩格斯选集》第 3 卷，人民出版社 1995 年版，第 331 页。

"决定希腊宗教前景的不是神话学，不是奥林匹斯诸神，也不是作为奥林匹斯诸神崇拜的补充物的更为个人化的'神秘'宗教。决定它的是哲学。"① 公元前 4 世纪左右，从原始宗教和神话体系中分离出的哲学兴起并流行，神的存在、神和人的关系都受到了空前的挑战。理性产生在希腊。古希腊人特有的理性对当今西方世界的影响极其深重。

在"认知理性"起主导作用的时代，主体就是"物化人""个体人"，此时的文化模式是个体本位的自为性文化模式。"信仰理性"处于从属地位，"认知理性"取代"神"来设计文明的结构，并规划着文化发展的了进程。社会大生产和大规模的市场经济日渐成熟。人主要生存在由契约关系维系的社会秩序中，开始起建立起自由、平等、自觉、开放的日常交往活动。较多的社会成员享受到解释活动的乐趣和艰辛，并建立起自为性和自主性，参与到精神创造活动中去。

2. 批判理性与自否性文化模式

但是，随着文化的发展，认知理性逐渐僭越了它的领域，充分暴露出人性弱点。20 世纪的沧桑百年见证了认知理性的原罪："上帝之死""人之死"和"自然之死"。

正是借助了自然科学的建立，西方资本主义得到了长足的发展，并把科技推向了极端。资产阶级：一方面依靠科技建立了庞大的工业生产体系，推动着社会的快速发展；另一方面，把科技和理性变成了获得私利和殖民掠夺的工具。从而使国内的危机和矛盾不断激化，也加深了各资本主义国家瓜分世界市场中的不平衡状况，最终导致世界大战的爆发。在两次大战中，被现代科技武器灭绝的生命达到 7000 多万人。不仅如此，科技和战争之间还陷入了一种恶性发展之中，把科技和理性、西方社会和西方人，推向了更加片面化、极端化和畸形化的困境。人沦落为理性和机器的奴隶：科技本是为人造福的，理性本是人高于动物的本质特征之一，然而，社会历史和现实却使科技和理性走向了人的对立面——理性变成了纯粹的工具理性或科技理性，变成了部分人掠夺他人的御用工具；人道和人权也服从于工具理性，人从理性的主体和人道主义服务的中心对象的位置沦落为工具理性和机器的奴隶。这使得人们不得不用怀

---

① ［英］基托：《希腊人》，徐卫翔、黄韬译，上海人民出版社 2006 年版，第 198 页。

疑的眼光重新审视科技理性。资本主义社会的政治经济矛盾加剧，人们的生存状态更加恶化：随着西方社会的发展，管理和生产的高度机械化、科学化，社会生产和管理变成了更为庞大、严密和无情的机器体系，人成了这个庞大机器的一个部件，人们的生活、消费、思想观念完全商业化了，并且为商业广告、大众传媒所左右，人失去了主体性、选择性、否定性、超越性，成为"单面人"（马尔库塞语），由工人和学生举行的游行示威时有发生，资本主义的社会矛盾和政治矛盾不断激化。西方人在尼采喊出"上帝死了"之后，又不得不感叹"人也死了"！

与此同时发生的还有"自然之死"。随着工业的发展，一方面，人们受利益驱动大量开采自然，使很多非再生资源几近枯竭；另一方面，大工业又产生大量有害物质和气体，排放到自然界，进一步恶化了自然环境和人们的生活环境。自然界是人类的家园，是人的"无机身体"（马克思语）。环境的恶化直接威胁着人们的生存本身。资本主义对自然的破坏越演越烈，威胁着人们生存的自然家园。

其实，从近代卢梭发出"人的理性趋于完善，同时却使整个人类败坏下去"，因而应当"审视人类文明"的呼声以来，"批判理性"的声音就从未间断过。20世纪特别是60年代在西方兴起的对当今人类由于"认知—技术理性"的过度膨胀而造成了人性异化现象的批判，诸如文化批判和社会批判理论更一浪高过一浪，理性批判成为哲学理论和社会思潮的主流。

于是，批判理性以及与其相适应的自否性文化模式成为新的精神日出。理性的这一倒戈自否即批判理性的理性自否性的功能，使得理性重新获得了"合法性"和"合理性"。理性自否性成为理性继续发展的自身依据。自否性文化模式的主要特征就是文化主体的批判理性思维。批判理性思维最大限度地反抗人类自在性，解构自役性，提高自由性。在前自否性文化模式中，人类处于自在最大化自由最小化形态；在自否性文化模式中，人类处于自在最小化自由最大化形态。其实，在前两种模式中，也存在自否性思维，否则的话，人类不可能进步。只是那时的自否性还只是自在的、局部的、量的自否性，到了自否性文化模式时，自否性也就发展为自为的、整体的、质的自否性。

自否性文化模式是以后现代性文化模式为主要内涵的文化类型。自否性文化模式在生产实践向度上表征为第二章中论述过的人本生态型后工业文化模式，其在交往活动向度上表征为第三章中论述过的自由民主全球互惠交往文化模式，其在解释向度上的主要特征有如下几点：

（1）反逻各斯中心主义、反基础主义

自否性文化模式坚决否认各种的形而上学，否认本体论（但不否认本体向度），否认有世界的最终本原、本质存在，否认"基础""原则"等问题。传统哲学对事物的认识就是去追寻事物的"始基"即世界的终极基础，就是还原式寻找事物的终极本质。自否性文化模式认为"始基""终极本质"就是一种形而上学的"在场"，就是"逻各斯"的一种表现形式，应该摧毁和解构这种思想和信念。

（2）否认同一性，反对中心，寻找差异性和不确定性

自否性文化模式认为，中心的存在：就意味着有非中心的存在，意味着有主从、本末、内外等二元论存在；意味着本质决定现象、内决定外、中心决定非中心；也意味着人的认识总是要通过非中心而揭示中心。自否性文化模式认为，这实际上仍是一种"在场的形而上学"和逻各斯中心主义，是理应受到批判和解构的。

（3）批判理性，反思现代性

现代性、科学理性，破除了奴役、压抑的根源，却又设置了又一新的奴役和压抑，设置了新的"权威""本质""中心"。所以，自否性文化模式认为应批判理性，反思一切现代性的理论，自否性文化模式并不全盘否定现代性文化，它只是从现代性深处提取的合理的文化构件，建构新的自否性文化模式。

（4）建构新主体性

现代性携带认知理性来建构主体性，虽然确立了主体的地位，但随着"理性的僭政"对人性的独裁，主体越来越失去了总体主体性，主体忍受着失去了感性、情感、爱、善，存在成为焦虑苦闷、彷徨忧郁、孤独无助、随波逐流、无所适从。自否性文化模式致力于建构新主体性，均衡知情意的三维结构，从更高形态上完善人性。

总之，人格独立型自否性文化模式是一种建立在独立人格主体和批判理性的基础上的新文化模式，试图全面反思天际、人际、我际、世际矛盾的解决方式。人格的独立确保个体主体性，批判理性试图建构一种

生态人性，确保知情意的均衡，只有这样，新型主体才能彻底建构起来。批判理性还生成生态环境意识，确保人与自然向度的和谐，生成交往理性，确保人与人向度的和谐。

第 五 章

主体的历史生成：
文化发展的动力和目的

　　人与动物的根本区别就在于人是一种具有生成性质的辩证性主体性存在，而后者只是现成的存在者。卢梭认为，把人和动物区别开的主要特点，与其说是理智，倒不如说是人的"自由主动者的资格"①。正如恩格斯所言："生物在每一个瞬间是它自身，但却又是别的什么。所以，生命也是存在于物体和过程本身中的不断地自行产生并自行解决的矛盾；这一矛盾一停止，生命亦即停止。"② 人不是如同动物一样现成地摆在那里的存在者，不是给予的、前定的、固定不变的存在者，而是一种处于由自己的生存活动不断创生的特殊存在者，就此而言，人是一种具有了生成性的特殊存在。正是这种主体生成性才是文化发展的不竭动力。

第一节　主体矛盾与文化发展

　　对"人"可以有多种规定和理解，马尔库塞就指出："生命的统一体，不仅是直接的和'自然的'统一体，而且是一个持续的战胜对立事物的运动的结果。……因此，生命也是自由的一个化身。它是对立面真正统一的第一个形式，因此，也是辩证法的第一个化身。""主体，不仅仅意味着认

---

　　① ［法］卢梭：《论人类不平等的起源和基础》，李常山译，商务印书馆 1979 年版，第82 页。

　　② 《马克思恩格斯选集》第 3 卷，人民出版社 1995 年版，第 462—463 页。

识论上的自我和意识，而且意味着一种存在的方式，即意味着处在矛盾过程的一个自我发展的统一体的存在方式。"① 马尔库塞的"处在矛盾过程的一个自我发展的统一体"人性定位，深刻地体认了人的本质——正是主体的矛盾性成全了主体的生成性，成全了文化的发展动力。

一　人是一种集团矛盾结构

人是什么？或者说存在是什么？"认识你自己"，"在各种不同哲学流派之间的一切争论中，这个目标始终未被改变和动摇过：它已被证明是阿基米德点，是一切思潮的牢固而不可动摇的中心"②。马克思对此的论述极为深刻："站在稳固的地球上呼吸着一切自然力的人……是受动的、受制约的和受限制的存在物……是肉体的、有自然力的、有生命的、现实的、感性的、对象性的存在物。"③ 弗洛姆曾说过："人的生存永远为各种矛盾所困扰，人必须去解决那些永远无法解决的问题，这就是人的命运。……他将不得不成为爱冒险的、勇敢的和富于想象力的人，他必须能够忍受痛苦和享受欢乐，他的力量将奉献给生命而不是奉献给死亡。如果这个人类历史的新阶段会实现的话，它将是一个新的开端，而不是一种结束。"④ 看来，这种最古老的形而上学谜语，无论怎样回答，都必然要围绕人的生存所具有的无法擦抹的"二重性"特征：人就是分裂和矛盾、就是各种生存问题获得暂时解决的存在，人就是一种缠绕着无数矛盾的存在。

从生存论视界来看，人永远处于三种矛盾之中：人与自然的矛盾、人与（他）人的矛盾、人与自我的矛盾。

首先，是人与自然的矛盾。恰如弗洛姆所言：人的"命运是悲剧性的：既是自然的一部分，又要超越自然"⑤。人首先是自然的产物，是"呼吸着一切自然力的人……是受动的、受制约的和受限制的存在物"，

① ［美］马尔库塞：《理性与革命》，程志民等译，重庆出版社1993年版，第34、7页。
② ［德］恩斯特·卡西尔：《人论》，甘阳译，上海译文出版社1985年版，第3页。
③ 《马克思恩格斯全集》第42卷，人民出版社1979年版，第167—168页。
④ ［美］弗洛姆：《健全的社会》，欧阳谦译，中国文联出版社1988年版，第373页。
⑤ ［美］弗洛姆：《逃避自由》，北方文艺出版社1987年版，第10页。

"是肉体的、有自然力的……存在物"。受动性不等于被动性，被动性是消极的，而受动性只是说明主体受客观规律的支配，必须遵循客观规律。人的所有活动必然受到自然规律的限制，从生的偶然到死的必然，从生产生活资料来源的自然依赖性到解释方式和理论创造、思维方式的自然依赖性，毫无疑问都受到自然界的制约。"人是在超越的道路上的自然的存在物——是为了统治自然而同自然进行斗争的自然的存在物——他从自然中突出，但他那种突出的方式、他对自然的统治，却使他更深地陷进自然而根生在自然之中。"① 施勒格尔曾说："我们的自我中真正的矛盾是，我们同时感觉到自身的有限和无限。"② 有限和无限的矛盾是人与自然的矛盾也就是人的第一重生存性矛盾：自然是无限的，人是有限的。

其次，是人与人（社会）的矛盾。在人的史前生存中，作为异己的存在的自然，本质上是人的"敌对性的存在"，而当人类成长为社会存在之后，原来那种人与自然的矛盾仍然以新的形式延续下来，在此之外还生成了新的矛盾——人与人的矛盾。这种矛盾主要表现为交往活动和交往形式之间的矛盾。"人们先是在一定的基础上——起先是自然形成的基础，然后是历史的前提——从事劳动的。可是到后来，这个基础或前提本身就被扬弃，或者说成为对于不断前进的人群的发展来说过于狭隘的、正在消灭的前提。"③ "人必须把自己对象化。而社会的对象变成了转而反对人的一些东西，一些物神。在这里，人已经处在一种新的历史的和人性的矛盾之中了。"④ 马克思还说："除了现代的灾难而外，压迫着我们的还有许多遗留下来的灾难，这些灾难的产生，是由于古老的、陈旧的生产方式以及伴随着它们的过时的社会关系和政治关系还在苟延残喘。不仅活人使我们受苦，而且死人也使我们受苦。死人抓住活人！" "不管个人在主观上怎样超脱各种（生产）关系，他在社会意义上总是这些关系

---

① ［法］列斐伏尔：《日常生活批判》，载陆梅林、程代熙编选《异化问题》（下册），文化艺术出版社 1986 年版，第 237 页。

② ［德］弗兰克：《德国早期浪漫主义美学导论》，聂军等译，吉林人民出版 2006 年版，第 260 页。

③ 《马克思恩格斯全集》第 46 卷（上），人民出版社 1979 年版，第 497 页。

④ 张一兵：《马克思历史辩证法的主体向度》，南京大学出版社 2002 年版，第 338 页。

的产物。"① 交往矛盾直接或间接地存在于单个人和社会、私人活动和社会活动、个体性和社会性、地域性和普遍性、民族性和世界性之间的矛盾中。

再次，是人与自我的矛盾。在人与自我之间同样存在否定性统一的种种反讽结构：知情意、真善美与假恶丑、自我与本我和超我、本能与文化、肉体与灵魂、超验与经验、神性与德性……这些相互对立的矛盾结构在同一个人身上共存，并且两极相通，共同构成人——生命的有机环节，人的生命不存在于任何一极，而存在于这些矛盾性环节的否定性统一之中。

因此，人，是一种集团矛盾结构，其本身就是一个张力系统。人的生命只能存在于多种矛盾关系的内在张力网络之中：规定性与否定性、自然性与超越性、肉体性与精神性、因果性与目的性、受动性和能动性、有限性与无限性、历史性与超越性、意义与无意义、生与死……这些本来互相对立、彼此冲突、二律背反性质的矛盾关系共存于人身上，构成人的生命的内在环节，从而使人的生命成为一种丰富复杂的矛盾统一体。

要而言之，人是自然和社会、物质和精神、灵与肉、感性和理性、受动和能动、现实主体与理想主体②的统一体。

---

① 《马克思恩格斯选集》第 2 卷，人民出版社 1995 年版，第 100—101 页。

② 马克思就曾说过，自我意识具有最高的神性，任何神都不能与人的自我意识并列。这样推崇自我意识的哲学要征服世界，要使人达到绝对自由。当后来自我意识受到拒斥，马克思对资本主义经验现实的批判仍然意味着对那种理想的人的向往。这种向往是马克思批判资本主义现实的价值依据，它不断地向批判提供着塑造真实和意义的"内在之光"，这种"内在之光"是使批判得以成立的主要立据之一。正如法理学家莫里森所说："马克思称自由资本主义的法律秩序是不正义的，是因为他认为这种秩序违反了他的同伴所认为的理想的人应具有的主体性。"（韦恩·莫里森：《法理学——从古希腊到后现代》，武汉大学出版社 2003 年版，第 284、283 页。）也就是说，资本主义的秩序体系不符合充分享受政治权利和法律权利的理想主体。从这种理想主体出发对资本主义现实秩序的批判，构成了马克思理论的最大价值。可见，主体性中仍然蕴涵着某种神圣性、理想的东西——它们仍然寄存在主体性之中，仍然被认为是不会直接从经验现实中生发出来的崇高的、神圣的存在。显然，这些崇高和神圣性的存在原本就是从纯粹主体那里生发来的。必须看到，近代内生性主体不仅意味着知识、行为的根基和原始发生处，也意味着理想的存在根基。见刘森林《反讽、主体与内在性——兼论马克思哲学中的反讽维度》，《现代哲学》2006 年第 5 期，第 24 页。

二　主体矛盾与主体生成

人是什么或者说存在是什么的问题，在文化辩证法视界中或许应该转换为人如何或者说存在如何这样的问题。"人就是那个其行为无限'面向世界'未知者"①。"人只有在自身中打破相对的定在，欲望的力量和纯粹自然的力量"②，超越"纯粹自然的力量"，他才不是自然的产物。德国哲学人类学家兰德曼哲学认为："只有人的最一般的结构，人的认识和行动的特殊方式等，是自然通过牢固的遗传赋予人的。不过，这些坚固的要素并非是人的所有一切。在这之上产生的第二维度，并非由自然规定，而是由人自己的创造力决定。"③ "自然并没有规定人该做什么不该做什么"。然而，正是由于人没有被本能控制，人才可以进行反思和创造，后者使"人所缺少的专门化得到补偿，甚至超出了补偿"④。"人在活动方面，在与其行为有关的方面，也同样未被特定化。他不为任何本能的冲动所驱使，而是运用独特的能力，或去因循特殊的生活习惯。非特定化在这里结果是不确定性。然而，用确切术语来说，这是指：首先，人能够决定他自己的行为方式，即他是创造性的；其次，他之所以能这样，就因为他是自由的。他在双重意义上是自由的，即一方面从本能的统治下'获得自由'；另一方面又在趋向创造性的自我决定中'走向自由'。因此，创造和自由是增加在纯理论的对世界的开放性之上的两个'属人的'特征。"⑤ "人并不如此绝对，而是被无限扩大了地具有'对世界的开放性'（openness to the world）"⑥ 马克思曾把人的本性被规定为自由自觉的活动，这实际上已包含了对主体的否定性生成维度的承诺，在此意义上，甚至可以把人的生命活动本性规定为否定性，否定性意味着人的生命的自我生成和自我实现，意味着人不断地摆脱束缚。马克思正

---

① ［德］舍勒：《人在宇宙中的地位》，王维达编译，湖北人民出版社 1989 年版，第28 页。
② 《马克思恩格斯全集》第 40 卷，人民出版社 1982 年版，第 216—217 页。
③ ［德］M. 兰德曼：《哲学人类学》，阎嘉译，贵州人民出版社 2006 年版，第 6 页。
④ 同上书，第 211 页。
⑤ 同上书，第 191—192 页。
⑥ 同上书，第 176 页。

是在这个意义上要求把人理解为具体的存在，即"许多规定的综合"和
"多样性的统一"① 的存在。

　　因此，说人是一种集团矛盾，只是说出了真理的一半，另一半则是
"Being is Becoming."——人（存在）是一种生成。这与说人是一种"生
命"意思是一样的——所谓"生命"是指"生成的命定"。海德格尔认
为，人是活在将来的，人先行到未来。海德格尔认为，生存的特性是主
动生存性。"此在的本质在于他的生存""在于它去在"，此在是"如
何"，而非"什么"；它是构成性的，而非现成存在者；它根植于时间的
诸样态中，居留于可能性之中，是一种总还未完成的定在。存在者有意
义，是因为它事先作为存在被展开，只因为它在存在的筹划中亦即从这
一筹划的何所向方面得以理解。向"为它本身之故"筹划自身根据于将
来，这正是这种自身筹划的生存性的本质特性。生存性的首要意义就是
将来。

　　人如何生成呢？矛盾性塑造了人，使人生成为"人"。黑格尔认为，
一切有限事物都有矛盾，"……自在的肯定物本身就是否定性，所以它超
出自身并引起自身的变化。某物之所以有生命，只是因为它自身包含矛
盾，并且诚然是把矛盾在自身中把握和保持住的力量"②。"因为同一和矛
盾相比，不过是单纯直接物，僵死之有的规定，而矛盾则是一切运动和
生命力的根源；事物只因为自身具有矛盾，它才会运动，才具有动力和
活动。"③ "真理只有在同一与差异的统一中，才是完全的，所以真理唯在
于这种统一。"④ "有限物只是对自身的超越，所以有限性也包含无限性，
包含自身的他物。同样，无限性也只是对有限性的超越，所以它本质上
也包含它的他物。"⑤ 人是一种集团矛盾，矛盾性生成了、成全了主体性，
人是这两个命题的统一，正是这种统一构成了主体不断生成的根本动力。

　　主体所有的劳动、交往、解释实践，永远只是部分地、历史地解决
存在矛盾即生产（物质生产和人的生产）、交往、解释向度的矛盾，而解

---

① 《马克思恩格斯选集》第 2 卷，人民出版社 1995 年版，第 18 页。
② ［德］黑格尔：《逻辑学》（下卷），杨一之译，商务印书馆 1974 年版，第 67 页。
③ 同上书，第 66 页。
④ 同上书，第 33 页。
⑤ 同上书，第 145 页。

决那些剩余矛盾或新的矛盾的新的实践又不断促使主体的生成。

马克思实践哲学认为，劳动不是对主体固有本质的单纯的确证，而"是人在外化范围之内的或者作为外化的人的自为的生成"①。这种人在劳动中的"自为的生成"意味着"人同作为类存在物的自身发生现实的、能动的关系。"② 劳动之所以成为"自由自觉的活动"，是由于它的自律性，归根到底是由于它的自否定性。劳动使劳动者、个体否定了自己的封闭性、主观性和有限性，使人的活动成了社会性的、对象性的活动，使他人的存在成了自己存在的外在化、对象化，从而证明了人的对象既是他的（属人的）对象，又是在他之外、不以他为转移的客观对象（自然界）③。所以正是劳动或实践才使得人与动物的如下重要区别才呈现出来：（1）动物的生命活动是封闭和被动的，而人的生命活动是开放、能动和自由的。（2）动物的生命活动是狭隘、片面和单一的，而人的生命活动则是全面和丰富的。（3）动物的生命活动是依赖性的，而人的生命活动则是自我超越和自我创造性的。动物根本没有自己的"对象"，只能"非对象性"地存在④。"当本能对行为的决定性减少到一定限度，当对自然的适应不再具有强迫性，当行为方式不再由遗传的先天机制决定时，人类即告诞生。换句话说，人类的存在和自由从一开始就不可分割。自由指'解脱了什么'是消极义。……就上述意义而言，自由是一种含义暧昧的天赋。然而，正是人类这种不能自立的状况，构成了其迅速发展的基础。人生理上的弱点是人类进化的条件。"⑤

总的来说，人的矛盾性和自否定性成全了主体的历史生成，"人因自否定而开始在，并且人因在每一瞬间中开始在而持续在，所以，人就是自否定，历史就是自否定。自否定是人在每一瞬间历史地自我创造、自我发展的方式，它永远是一个经验的综合过程，永远是一个有待完成的

---

① 《马克思恩格斯全集》第 42 卷，人民出版社 1979 年版，第 163 页。

② 《马克思恩格斯全集》第 42 卷，人民出版社 1979 年版，第 163 页。

③ 邓晓芒：《"自否定"哲学原理》，《江海学刊》1997 年 8 月，第 89 页。

④ 参阅贺来《辩证法的生存论基础——马克思辩证法的当代阐释》，中国人民大学出版社 2004 年版，第 148 页。

⑤ ［美］埃里希·弗罗姆：《对自由的恐惧》，许合平、朱士群译，国际文化出版公司 1988 年版，第 22 页。

开放系统。"①

三　主体生成与文化发展动力

我们已经知道人的本质是一种多元二重性矛盾结构，"人只是一种'介乎其间'，一种'过渡'，一种生命激流中的'上帝显现'"。（舍勒语）人是具有可能性的存在物，"与其他一切创造物截然不同，他具有'可能性'，他是能够超越被给定者、无限地超越被给定者的那种存在物。原则上没有任何被给定的事物是人不能超越的"②。"人始终处于自身之外，人靠把自己投出并消失在自身而使人存在；另一方面，人是靠追求超越的目的才得以存在。"③ 人的多向度"二重性"（Zwiespaltigkeit）④ 矛盾，不但推动主体的历史生成，同样也推动文化的历史发展。

从"人的多元二重性矛盾结构"角度看，主体始终是历史的、具体的、生成的。人不是受既有的自然进化与社会文明进化成果限定的、凝固不变的"定在"，而是不断超越既有存在的"实在"，是一种通过创造性实践不断超越自己的"实在"。"定在"的本质规定是定在性内涵，是一切"在场"即给定的东西如自然性、民族性、传统性、空间性、结构性、静止性、确定性。"实在"的本质规定是实在性内涵，是"现实的存在"⑤ （das wirkliche Dasein）的生成性、世界性、现代性、他性、时间性、主体性、历史性、不确定性。文化现成性构成定在主体，存在生成性构成实在主体，主体的定在性与实在性的矛盾形成了主体的文化现成性与存在生成性之间的矛盾。这一矛盾内在地构成文化发展的根本动力。

（一）三种生成性矛盾形成三重动力

刘森林指出，马克思的矛盾范式是众多方面或因素之间多种可能性

---

① 邓晓芒：《"自否定"哲学原理》，《江海学刊》1997年8月，第89页。
② 参见欧阳光伟《现代哲学人类学》，辽宁人民出版社1986年版，第67页。
③ 《萨特哲学论文集》，潘培庆等译，安徽文艺出版社1998年版，第134页。
④ 刘小枫将其翻译为"二歧性"。见刘小枫《现代性社会理论绪论——现代性与现代中国》，上海三联书店1998年版，第91页。
⑤ 《马克思恩格斯全集》第42卷，人民出版社1979年版，第154页。

矛盾关系的组合体,与黑格尔那种对立双方组成的纯粹矛盾范式具有根本的区别。对马克思范式的矛盾理论的揭示,需要一种从抽象到具体的过程。"若在抽象(概念化)水平上停下,把抽象模型层次上表述出的矛盾与现实中的复杂矛盾体划等号,则是一种莫大的误解。从在具体社会范围内,都存在着多种因素或方面组成的矛盾关系体。此'体'内可以酝酿发生多种双方对立的矛盾情形,更可以发生多种几方对立的矛盾情形。"①

实际上,主体的文化现成性与存在生成性之间的矛盾在其现实性上具体就是:在人与自然维度构成了生产力向度的矛盾,在人与社会维度构成了交往力向度的矛盾,在人与自身维度构成了解释力向度的矛盾,从而也形成文化发展的三重动力。这些矛盾在其现实性上表现为类与自然、个体和群体、个体与文化模式、群体与群体、群体与时代的矛盾群。而新的文化要素、文化特质、文化精神就会通过主体的各种具有革命和批判的本性的生存实践活动而逐渐生成,它们从最初开始反抗传统文化部分要素,到最终转换传统文化模式,生成新文化模式和新文化主体。主体文化地存在着,同时也自由地生成着,就是说,在它自身的形成中向前运动着。这种前进的运动是一种不可觉察出的无形变化。其根本动力在于生成:性主体生存实践的努斯精神要突破现成性文化客体的逻各斯结构的束缚,以便能找到更富裕的自由度和更具生命活力的新型存在状态与文化形态。人是现实的存在,但现实的人却总是不满足(不满意)于人的现实,总要使现实变成对人来说是更加理想(更加满意)的现实。所以,"生产劳动,科学探索,技术发明,工艺改进,理论研究,艺术创新,道德践履,观念更新,政治变革,都是现实的人对人的现实的超越"。②

首先,在人与自然维度构成的生产力向度的矛盾形成了文化发展的第一重动力。实践活动的内在矛盾,首要是表现为实践主体的自然性与超自然性。实践活动是人以自己的感性的自然(肉体组织),并通过感性的中介(物质工具),去改造感性的对象(物质世界)。"正是这种双重

---

① 刘森林:《发展哲学引论》,广东人民出版社 2000 年版,第 183—184 页。
② 孙正聿:《辩证法研究》(上),吉林人民出版社 2007 年版,第 74 页。

的适应性,即环境对人和人对环境的不断作用与反作用,决定了人的活动的本质。"① 实践活动的内在矛盾,又表现为实践活动的合目的性与合规律性。实践活动的内在矛盾,还表现为实践活动的"人的尺度"和"物的尺度"。第一重动力最终推动了生产劳动、技术发明、工艺改进、科学探索的发展。西方文化,究其渊源,至少应当回溯到古代埃及对尼罗河的测定和土地丈量,及由此产生的最初的算术、几何学,与农业相关发展的天文学,由制作木乃伊而发达起来的解剖学、医学等。正是这些最初的科学、技术工艺及在生产中的应用,促使了主体和客体、人与自然的分化和人对自然的了解,丰富了人们的知识,锻炼了人们的思维能力,由对具体原因和结果的反复探讨中树立起因果观念,建立起因果规律,并在思维中建构起各种相关逻辑规则。

其次,在人与社会维度构成的交往力向度的矛盾形成了文化发展的第二重动力。交往的矛盾导致社会的深度分化,分化催生了许多文化特质和文化要素。在部落社会和传统社会中,交往形式是未分化,主要是因为交往活动和交往形式之间的矛盾不够激烈。现代人类社会的各种交往形式纷纷诞生,当代的历史社会学研究进展表明,一个分化的社会格局的持续发展,是理解西欧资本主义交往形式起源的关键。这种分化的多元性矛盾结构主要是:多维度和相对自治的社会群体主体的兴起(城市、教会等),它们与国家构成争夺政治权力和经济资源的竞争对手。他们之间的交往矛盾和竞争催生了许多现代交往形式。随着资产阶级交往活动的加剧,商品经济的发展和相对独立的市场交换领域的形成,经济运行系统、行政权力系统、社会控制系统等交往形式开始在法治和契约的支持下逐步从生活世界中被"发明"出来,突出的表现是市场机制和现代国家的形成。

再次,在人与自身维度构成的解释力向度的矛盾形成了文化发展的第三重动力。人的存在本质是"一",是"整体",但其具体存在常常是"多",是"分有"。尤其是在现代,人与自然、人与人的二重矛盾深深加重了具体存在的进一步深度分化,"人只能通过分裂而自我分化、自我割

---

① [法] 科尔纽:《马克思的思想起源》,王谨译,中国人民大学出版社1987年版,第75页。

裂，才能使人自己人化。这些分裂就是：活动和产品的分裂，能力和物神的分裂，产生出的意识和自发的意识的分裂，组织和反抗的分裂"①。原本"教化知识通过国家法权垄断了个体和社群的生命意义的解释权，这种知识由一个特殊化的阶层（教士或儒士）来经营。这些教化知识的精英拥有关于'神圣世界'的超越性知识的经营权，其他人只能摹仿地拥有这种知识。"现在，"现代化的社会分化过程促成教化的意义知识有效性的减缩，各种意义知识的多元化局面就出现了。曼海姆看到的，所谓民主化过程，意味着平民（或下层人）也可以经营意义知识"②。例如当代主体的解释力向度的矛盾推动文化的分化：主体维度的雅俗文化、显潜文化、主次文化、他她文化（性别文化）、它他文化（人自然、人物）、学科文化（人文、科学之间）、我他文化（阶级族群文化、种族文化）。时间维度的古今文化；空间维度：东西（内外）文化、国家文化、民族文化、公私文化（公文化：国家文化。私文化：民间市民文化）。后现代"主义"思潮对"现代性"的进攻呈现两个方向：一个方向是对理性的元知识论述的拆除；另一个方向是种种新的"主义"话语和文化的形成（女性主义、后殖民主义、东方主义）。就前一个方向的问题而言，因攻击启蒙的理性化知识学以及知识论的非逻各斯化思想竞争的秩序有可能丧失知识的、理性原则的支撑，尽管其立足点依然是一种"主义"论述。就第二个方向而言，权力知识支持的种种"主义"强化了当代社会思想中的权力冲突，以至于建立一种合理化的政治文化论争秩序更为困难，各种"主义"论述的强硬立场使社会思想的共识性日益减少。这一状况的社会实在的基础是：一方面，发达工业国家在战后向后工业（技术）国家发展时阶级结构分化，新兴知识人追求更为私人化的价值观；另一方面，民族地区性的经济增长鼓励了新一轮文化民族主义的诉求。③

---

① ［法］列斐伏尔：《日常生活批判》，载陆梅林，程代熙编选《异化问题》（下册），文化艺术出版社 1986 年版，第 238—239 页。

② 刘小枫：《现代性社会理论绪论——现代性与现代中国》，上海三联书店 1998 年版，第510 页。

③ ［美］S. M. 李普塞特：《一致与冲突》，张华青等译，上海人民出版社 1995 年版，第272—278 页。

海德格尔指出:"当古希腊哲学家谈到存在时,他们喜欢名词更甚于动词,喜欢动名词更甚于动词的不定式。"① "文化"也一样,文化辩证法与辩证法的理论本性相适应的眼光就是一种动词的眼光,"文化"既是结构的实体,更是实践的实体,既是名词,更是动词,是这两者的统一。黑格尔认为,人类有一种真正的变化的能力,而且是一种达到更完善的能力———一种达到"尽善尽美性"的冲动。现代文化因为解放了封建文化对人的精神的束缚而使得人类文化进步,后现代文化则是对人的现代文化的反抗与否定。总而言之,过去的 C1(Culture)发展为今天的 C2,并正在走向 C3,……Cn,这就是真实历史发展中客观存在的"先文""现文"与"后文"的历史矛盾分析。一定的文化总是一定的"现实"与一定的"理想"之间的差距和"冲动"。一定的②文化总是一定的"定在"与一定的"实在"之间的"最近发展区"。

(二) 矛盾的"度"与文化的生态发展

我们已经知道,任何文化实体都是暂时的、历史的、具体的文化样式,它既包含解放的承诺,同时又隐藏无心的杀机("理性的狡计");既具有解放人的生命、促进人的自由和提升人的生命质量的积极意义,同时也有戕害人性、压制自由的潜在可能性。这实际上已经讨论到矛盾的"度"与文化发展的平衡的问题。正如有的学者指出的:"矛盾推动的社会发展与该社会内的历史主体的能力要有一个相适宜'度',过于超过或低于这个'度',就很可能使客观存在的矛盾不但不推动社会发展,反而会窒息发展和阻碍发展。"③ 主体之文化现成性与存在生成性之间的矛盾可能会形成如下三种情态:

第一,文化客体的逻各斯成为压制文化主体的生命的外在束缚,即文化现成性压倒存在生成性从而导致人的生命的实体化和文化的停滞化。

---

① 转引自 R. Rorty, *Overcoming the Tradition*: *Heidegger and Dewey*, *The Consequences of Prag-matism*, Minne-apolis : University of Minnesota Press. 1982, p. 42.

② 参阅张一兵《马克思历史辩证法的主体向度》,南京大学出版社 2002 年版,第 162 页注释③。我发现这个"一定的"规定实际成了马克思历史唯物主义团重要的界定,它的内涵就是我已经多次专门指出过的:历史唯物主义的历史的现实的具体的原则和规定。

③ 刘森林:《发展哲学引论》,广东人民出版社 2000 年版,第 195 页。

"晶莹的钻石有十分固定的结晶，内部分子排列已难改变。因此结晶化可有双重的意义：一方面，其内部的结构达到高度的完美；另一方面，也是结构的僵化。结晶本身就带有辩证式的命意。"① 例如，在当代文化实践中，人类中心主义尤其是技术（生产）中心主义的极度扩张导致了各种生态灾难和文明危机，"技术社会是一个统治系统，它已经按照技术的思想和结构运转"② 。技术理性和官僚主义日益成为"铁笼"，困住了看起来极具主体性的主体们。维也纳学派创始人之一的菲利普·弗兰克曾这样提出问题：现代文明所受到的严重威胁是什么？他的回答是：科学的迅速进步反而加深了对人类问题的无能为力的矛盾。霍克海默说："正当技术知识扩大人的思想和活动的范围时，作为个体的人的自主性，他对日益发展的大众操纵机构进行抵抗的能力、想象力、独立的判断，似乎被削弱了。旨在启蒙的技术能力的进步伴随着非人化的过程。"③ "社会的压抑管制越是合理，越具生产性，越有技术性和总体性，受管制个人可以据之打破他们的奴役，并把握自己自由的手段的方式就越是不可想象。"④ "人变成了与社会发展规律、自我本身原则相反的东西。变成了单纯的类本质，相互同样地经受强制控制的集体性的孤独，不能相互说话的划船手。"⑤ 资本主义"生产系统借以调整身体的社会的、经济的和科学的工具越复杂和越精密，人身体能得到的经历体会就越贫乏"⑥ 。好在在马克思开创的社会批判理论的启发和批判精神的激励下，西方马克思主义者对此种种"逻各斯"进行了持久卓越的清算和攻击。

第二，文化现成性的崩塌使文化主体的生命失去物质的保障、交往的规范和必要的价值约束，从而导致主体的无化、空心化、非人化。一个文化共同体，其一必须能够应对自然的挑战。汤因比的《历史研究》集中探讨各种文明的起源、生长、衰落和解体的机制。在他看来，每一

---

① 许倬云：《中国文化与世界文化》，广西师范大学出版社 2006 年版，第 65 页。

② ［美］马尔库塞：《单面人》，左晓斯等译，湖南人民出版社 1988 年版，第 7 页。

③ M. Horkheimer, *Eclipse of Reason*, New York: Continuum Publishing Group, 1974, p. 5.

④ ［美］马尔库塞：《单面人》，左晓斯等译，湖南人民出版社 1988 年版，第 6 页。

⑤ ［德］霍克海默、阿多诺：《启蒙的辩证法》，洪佩郁等译，重庆出版社 1990 年版，第 32 页。

⑥ 同上。

种机制的深层内涵都与人类文化、精神或人的自由状况密切相关。例如:
文明的起源在于"挑战与应战";文明的生长在于"精神的自觉与自决"
(超人的退隐与复出);文明的衰落在于"自决能力的丧失";文明的解体
在于"社会体的分裂与灵魂的分裂"①。汤因比列举了因纽特人由于生存
环境的挑战力度超过其应战能力而使得其文化发展停滞。其二,必须能
够应对交往的矛盾。持久的战争、无序的人际争斗或无尽的革命②会给共
同体带来无尽的灾难。差一点毁掉了整个人类的两次世界大战永远是人
类文化发展史应该反思的主题。各个不同共同体也要反思自身交往矛盾
解决方式的合理性和合法性。其三,必须能够适时智慧地占有解释的真
空。美国人类学家维克多·特纳 (Victor Turner) 始终认为,由于人的动
物本性,使得人永远有一些不受社会规范约束住的"自然"与"本能"
冲动、欲望或野性等,象征不但能承载社会规范,而且也能承载这些
"自然"的欲望与情感。他甚至认为,由象征与人类生理上的联系而产生
的感情,可以为社会秩序提供动力。"当初管制它并把它约束在自己的统
一性里的那个精神已经瓦解,已不复存在了。因此,个人的这种空虚的
一,就其实在性而言,乃是一种偶然的特定的存在,一种无本质的运动
和行动,它不会有持续存在的。"③"对共同的历史—社会共同体的政治见
解,观点不同是不可避免的,重要的是,这些不同观点在共同重构历史
—社会的实事。问题仅在于,不可将某种观点推向历史—社会话语的独
断论,也不必掩饰某一观点的片面性,而是询问在某种景观的条件下,
社会知识及其客观性如何可能。社会知识达到中立的客观性,不是靠某
一种观点的'主义'话语,而是借助于竞争中的各种对立观点的张力。"④

　　第三,文化现成性的逻各斯与主体生成性的存在律令之间保持辩证
互动,文化客体的逻各斯成为内在于人的某种生命形式并促进人的发展、

---

①　[英] 阿诺德 - 汤因比:《历史研究》(修订插图本),刘北成、郭小凌译,上海人民出
版社 2005 年版。

②　任何暴力革命都存在一个顾准称之为"娜拉出走以后怎么办"的问题。

③　[德] 黑格尔:《精神现象学》(下),贺麟,王玖兴译,商务印书馆 1979 年版,第
35 页。

④　刘小枫:《现代性社会理论绪论——现代性与现代中国》,上海三联书店 1998 年版,第
288 页。

提升人的生命质量的真实力量，文化主体才会主体化、人化。从文化人类学上讲，埃德蒙·罗纳德·利奇（Edmund Ronald Leach）认为，所有社会在任何时期都只是维持一种动荡的平衡，事实上，社会是处于一种不断变迁和可能性的状态中。文化变迁或动荡的原因在于，个人的行为不可能永远符合文化规范，文化规范只是一种社会理想化的结果，而个人对经济利益和政治兴趣的反应是动态的、因人而异的。后来他又补充，抛开个人利益不谈，个人对理想规范可以有不同的看法，因此，个人之间的相互作用只能形成一种暂时的平衡。为此，利奇建构了精密的"钟摆模式"，这一模式在人类学界引起了重大反响。他在此基础上提出的"动态平衡"理论更被誉为人类学理论史上的一次"革命"。

更为重要的是，在当代社会分化的各领域（如经济、政治、生活）均享有形成自身特有的运作规则或逻辑的"自主性"。就像布迪厄所说的，"在高度分化的社会里，社会世界是由大量具有相对自主性的社会构成的，这些社会小世界就是具有自身逻辑和必然性的客观关系的空间，而这些小世界自身特有的逻辑和必然性也不可化约成支配其他场域运作的那些逻辑和必然性。"[1] 与此相反，各种力欲推进自身自主性的行动主体，相互之间在自主性追求上难免会发生冲突。"在他们相互之间的冲突中，规模愈小和组织程度愈弱的行动主体，势必其整体力量也愈小或愈弱，并因而导致其自主性可能愈被侵占和挤迫。如何增强规模小、组织程度弱或发展程度差的行动主体的自主性，以便在各层次的自主性之间保持一种合理的结构平衡，恐怕会长期作为一个现代性的难题存在。"[2] 协调矛盾的"度"与文化的生态发展，更是当代文化必须解决的新矛盾。

作为一个整体的人类文化，可以被称之为人不断自我解放的历程。语言、艺术、宗教、科学，是这一历程中的不同阶段。在所有这些阶段中，人都发现并且证实了一种新的力量——建设一个成为主体的世界，一个"理想"世界的力量。这个过程雄辩地告诉我们："哲学不可能放弃它对这个理想世界的基本统一性的探索，但并不把这种统一性与单一性

---

① ［法］皮埃尔·布迪厄、康华德：《实践与反思——反思社会学导引》，李猛，李康译，中央编译出版社 1998 年版，第 134 页。

② 刘森林：《发展哲学引论》，广东人民出版社 2000 年版，第 101 页。

混淆起来，并不忽视在人的这些不同力量之间存在的张力与摩擦、强烈的对立和深刻的冲突。这些力量不可能被归结为一个公分母。它们趋向于不同的方向，遵循着不同的原则。但是这种多样性和相异性并不一致或不和谐。所有这些功能都是相辅相成的。每一种功能都开启了一个新的地平线并且向我们展示了人性的一个新方面。不和谐者就是与它自身的相和谐；对立面并不是彼此排斥，而是互相依存：'对立造成和谐，正如弓与六弦琴。'"①

第二节　主体历史生成与文化历史形态

在论述了文化发展的根本动力之后，还要分析推动文化发展的主体生成性矛盾与文化发展历史形态之间的必然性联系，把握在其中所蕴含的要将文化推向前进的深刻意图，从而揭示这些矛盾将会推动文化向什么方向发展，绘出主体解放的文化路线图。

一　文化历史形态的划分标准与多样划分

对文化发展历史形态的研究是主体性生成的主要标志之一，它表明人类开始主动设计文化发展的路线和轨迹。文化发展历史形态理论在文化研究中是非常丰富的，这种理论往往因其划分标准不同而不同。

正如美国著名文化史学者林恩·桑戴克所言，对人类生命的思考极其丰富的希腊人，并未想到一种对我们而言似乎亦如进步的观念一样简单而又明显的观念，这一点显得特别出人意料。比如，埃斯库罗斯将人类描述为最初生活于危险的境地，生活于没有阳光照射的洞穴之中，并由普罗米修斯将人类从这一境况中拯救出来。在欧里庇得斯的创作中，我们可以发现他同样认为人类从原始的野蛮状态上升到开化状态，总是有某个神明扮演着普罗米修斯的角色。可以说，在这些作家的创作中体现出人类取得了进步的观念。这些有关进步的观点与广泛地相信人类的

---

① ［德］卡西尔：《人论》，甘阳译，上海译文出版社1985年版，第288页。

原始退步的观念并非不相一致，进步的观念通常也并不是一种具有实力的学说。有个关于单纯质朴的"黄金时代"的古老传说，例如赫西俄德"黄金时代""白银时代""黑铁时代"。人类则是从"黑铁时代"走向退步，这一般被人们认为是普遍的真理。柏拉图在其对政治团体（political community）的研究中应用了衰退理论（theory of degradation）。他认为，自己设想的乌托邦式的贵族体制曾经存在于世界回复原状时期那初始阶段的某处，当时的万物尚未变得让人忧心悲伤，因而通过阐述随后出现的荣誉政治、寡头政治、民主政治和专制政治等各个发展阶段，柏拉图展示出世界的逐渐恶化过程。他将这一恶化过程的原因解释为主要是由于种族的退步，而种族的退步则是由于国家管理婚姻方面的松懈和错误，以及随之导致所出生的个体在生物学意义上的质量低劣。①

英国历史学家阿诺德－汤因比认为，12 世纪基督教思想家（菲奥雷的）约阿基姆的"历史之树"就是人类试图理解历史的一个重要尝试。他把资料加以分类排列，然后再把它们重新组合成一个整体。他的设计基本上是一个神学结构。这棵树分为 3 个时代，分别由圣父（律法和畏惧的时代）、圣子（恩典和信仰的时代）和圣灵（爱和自由的时代）统治着。由分枝所代表的重大人物和事件是：以色列的 12 个部落，施洗者约翰的使命，基督第一次降临，教会的建立，预示着最后一个时代来临的教皇们，基督的第二次降临。这棵树最终以第三个、也是最后一个时代的结束为顶端。约阿基姆预言，在 13 世纪中期已经可以预见到这种结局，在第三个阶段实现后，将会是圣徒的王国，并持续到最后审判②。他对历史的解释显然是中世纪西方基督徒的解释，但是类似的千年王国观念一直长盛不衰，甚至隐约其神韵于马克思的一些重要文本之中。

在《新科学》中，维柯第一次明确提出了"人类历史是人们自己创造的"的观点，并以此与自然历史相区别。维柯把人类历史看成是神的时代——英雄时代——人的时代这样一个螺旋发展的过程，第一次在近代社会历史观的封闭循环论上打开了缺口。

---

① 参阅 ［美］林恩·桑戴克：《世界文化史》，陈廷璠译，陈恒整理，上海三联书店 2005 年版，第 5—7 页。

② ［英］阿诺德－汤因比：《历史研究》（修订插图本），刘北成、郭小凌译，世纪出版集团、上海人民出版社 2005 年版，见彩图 87"历史的形状"文字说明。

随后，文化历史形态的理论研究也就越来越繁富多彩，其划分标准也越来越复杂多样。这些划分标准大体上可以概括为三大类：一类是以某种单一、片面的文化力（生产力或交往力或解释力）为依据；二类是以一定历史时期占压倒优势的某一强势文化共同体为标准；三类是以文化的主体性为依据。前者可称之为单向度"文化力"标准，中者可称之为单一"文化体"标准，后者可称之为"主体性"标准。这三类标准中，"主体性"标准内在地包含了"文化力"标准、"文化体"标准，并且避免了两者的单一性、片面性。某种单一、片面的"文化力"标准往往不足以担当科学划分文化发展历史形态的标准，因为我们已经知道文化魔方具有三维向度结构。一定历史时期占压倒优势的某一强势文化共同体也不足以担当科学划分文化发展历史形态的标准，因为文化的世界毕竟是历史具体的，更是多元主体的。相对而言，以"主体性"标准为依据的划分更为合乎理性法则。

（一）以"文化力"为标准的文化历史形态理论

以"文化力"为标准的文化历史形态理论大概有三种模式：生产力标准、交往力标准、解释力标准。

1. "生产力"标准

"生产力"标准多按生产力系统中的生产工具或生产模式为标准。其中最有代表性的大家和理论有以下几个。

摩尔根的原始社会分期理论是较早的也是较有影响的一种。美国学者保罗·博安南认为："摩尔根的影响超越了他所提出的问题和他对社会科学所作的贡献；他成为新的世界观的缔造者之一。"[①] 它将文化人类学与考古学结合起来，指出古代和现代的每个民族在一般历史进程中的地位，用某种比较客观的尺度来衡量各个民族的历史发展水平，并为不同发展水平的比较提供了可能。摩尔根的贡献在于：第一，将原始或蒙昧和野蛮这两个时代又分别划分了低级、中级和高级三个子阶段。第二，指出划分每一阶段的具体标志，这就是他提出的"发明和发现"，也就是

---

① ［美］摩尔根：《美洲土著的房屋和家庭生活》，李培茱译，中国社会科学出版社1985年版，第1页。

生产技术和生产工具的发明和发现，如用火知识的获得、弓箭的发明、制陶技术的产生等。他说："冶铁术的发明在文化史上开辟了一个新纪元"，"没有铁器，人类的进步便停滞在野蛮阶段"等。①

当然，囿于历史条件和解释方式的弊端，摩尔根的《古代社会》中存在一些错误结论甚至是方法论的错误。但这些错误已被现代人类学、民族学、考古学、历史学的新发现所更正。例如，分期时段错误：摩尔根假定人类生存在地球上的时间为10万年，蒙昧阶段占6万年，野蛮阶段占35000年，文明阶段占5000年。现代考古学已证明早在距今500万年前就开始了人猿相分离的历程，在距今250万年前就已进入旧石器时代，而进入所谓"野蛮阶段"的原始农业革命仅在距今1万多年前才开始。分期标准不科学：摩尔根说蒙昧时代中级阶段始于发明用火，终于弓箭的发明，这实际上就差不多包括了整个旧石器时代。还有分期标准应用与史实不符等问题。在方法论上，摩尔根的《古代社会》存在着强烈的"白人中心论""欧洲中心论"色彩。摩尔根说："严格地说，只有闪族和雅利安族这两支是未假外力独立地达到文明社会的。雅利安人代表人类进步的主流，因为它产生了人类的最高类型，因为它通过逐渐地控制地球而证明了它内在的优势性。"② 现代考古学、历史学已经以充分事实证明，非洲人、亚洲人、美洲人各自都为人类文明的发展做出了独立的贡献。

当然这些错误无法抹杀摩尔根的伟大功绩，因为他"在主要特点上发现和恢复了我们成文历史的这种史前的基础，并且在北美印第安人的血族团体中找到了一把解开古代希腊、罗马德意志历史上那些极为重要而至今尚未解决的哑谜的钥匙"③。恩格斯指出："摩尔根是第一个具有专门知识而想给人类的史前史建立一个确定的系统的人；他所提出的分期法，在没有大量增加的资料认为需要改变以前，无疑依旧是有效的。"④
"摩尔根在美国，以他自己的方式，重新发现了40年前马克思所发现的

---

① ［美］摩尔根：《古代社会》（上），杨东莼，马雍等译，商务印书馆1981年版，第8、39页。

② ［美］摩尔根：《古代社会》，杨东莼等译，商务印书馆1977年版，第547页。

③ 《马克思恩格斯选集》第4卷，人民出版社1995年版，第2页。

④ 《马克思恩格斯全集》第21卷，人民出版社1980年版，第32页。

唯物史观。"① 用历史唯物主义的观点说明原始社会的发展与分期，指出生产工具的"发明和发现"是人文化发展不同阶段的标志。

"生产力"标准认为：各种经济时代的区别，不仅在于生产什么，还在于怎样生产，用什么劳动资料生产。例如我们人人都熟知的原始文明、农业文明、工业文明、信息文明的划分模式。其代表理论有 1980 年阿尔温·托夫勒发表轰动世界的《第三次浪潮》，系统地进行农业革命、工业革命、信息革命三次文明浪潮的比较，认为人类至今已经历了两次文明浪潮，第一次浪潮是农业革命，是人类社会发展的第一个转折点。第二次浪潮是发生在 300 年前的工业革命。这两次革命浪潮，都以当时人们所不敢想象的生活方式取代了原来的生活方式，淹没了过去的文化和文明②。丹尼尔·贝尔将社会划分为：前工业社会，其特征是以农、林、渔、矿业等为主，受到报酬递减规律的制约，生产率低下；工业社会，其特征是以工业和加工业为主，它以人与机器之间的关系为中心，利用能源把自然环境改变成为技术环境；后工业社会，其特征是以信息为基础的"智能技术"同机械技术并驾齐驱，它以人与人之间的关系为中心。贝尔认为，从工业社会转变到后工业社会有五大特征：（1）经济部门：由物品生产转向服务经济。（2）职业分布：对专职、技术职称阶层的优惠。（3）基本原理：作为技术革新和决定主要政策的理论知识的中心性。（4）确定将来方向：技术管理和技术评价。（5）基本理论决定新知识技术的创造。③

2."交往力"标准

"交往力"标准常常与其他标准（生产力标准）合在一起被作为划分的依据。其著名代表是传统马克思主义哲学解释框架中那种作为人类社会同一发展模式——所谓"原始社会—奴隶社会—封建社会—资本主义社会—共产主义社会"五大社会形态学说。

马克思在《资本论》第一卷第一版"序言"中就开宗明义："我

---

① 《马克思恩格斯选集》第 4 卷，人民出版社 1995 年版，第 1 页。

② 参阅［美］阿尔温·托夫勒《第三次浪潮》，朱志焱等译，三联书店出版社 1983 年版。

③ 参阅［美］丹尼尔·贝尔《后工业社会的来临》，高铦等译，商务印书馆 1984 年版。

的观点是，社会经济形态①的发展是一种自然历史形态。"② 早在 1846 年的《德意志意识形态》中，青年马克思依据生产力发展的不同程度和分工的不同阶段所决定的所有制形式的不同，把人类社会历史的发展划分为"部落所有制""古代公社所有制和国家所有制""封建的或等级的所有制""资本主义所有制""共产主义所有制"五种社会形态，第一次粗略地表述了各种社会形态的基本特征。

在 1859 年的《〈政治经济学批判〉序言》中，马克思把社会经济形态的演进规律确定在生产方式依次更替的基础上。1859 年 1 月，马克思这样写道："大体说来，亚细亚的、古代（此处应该翻译为古典古代，引者注）的、封建的和现代资产阶级的生产方式可以看作社会经济形态演进的几个时代。"③

在 1859 年的《〈政治经济学批判〉序言》中，马克思在做出"五大社会形态学说"的经典表述时，紧接着这段话又引出了另一种社会形态分类法。他写道："资产阶级的生产关系是社会生产过程的最后一个对抗形式，这里所说的对抗，不是指个人的对抗，而是指个人的社会生活条件中生产出来的对抗；但是，在资产阶级社会的胎胞里发展的生产力，同时又创造着解决这种对抗的物质条件。因此，人类社会的史前时期就以这种社会形态而告终。"④ 马克思此处以是否消除对抗和人的自由发展为分类标准，把人类社会的历史划分为资本主义及其以前一切社会的"史前时期"和未来的共产主义的"真正的人类历史时期"。这就是著名的"二大社会形态学说"。"二大社会形态学说"实际上把整个阶级社会看做与原始社会类似的另一种"史前时期"。

到了晚年，马克思在吸取《古代社会》等人类学、民族学研究成果的基础上，又突破了以"亚细亚生产方式"作为人类社会起点的局限性，提出了人类社会形态从原始社会向奴隶社会、封建社会、资本主义社会、

---

① 张一兵先生认为，"社会经济形态"应该翻译为"经济社会形态"，这一翻译的错误从某种程度上导致了人们对历史辩证法的客体化理解和马克思哲学的庸俗化。见张一兵《回到马克思》，江苏人民出版社 2005 年版，第 443 页。

② 《马克思恩格斯全集》第 23 卷，人民出版社 1972 年版，"序言"第 12 页。

③ 《马克思恩格斯选集》第 2 卷，人民出版社 1995 年版，第 33 页。

④ 同上。

社会主义社会、共产主义社会依次发展的观点，这就是著名的"五大社会形态学说"。"五大社会形态学说"研究的是具体的经济社会形态，其研究的对象主要是西欧发达社会的历史，具有明显的时代局限性。

1881 年 2 月底，晚年马克思在给俄国劳动解放社成员查苏利奇的复信及其草稿中，又回到以所有制为分类依据的方法中。他写道："农村公社既然是原生的社会形态的最后阶段，所以它同时也是向次生的形态过渡的阶段，即以公有制为础的社会向以私有制为基础的社会过渡。不言而喻；次生的形态包括建立在奴隶制上和农奴制上的一系列社会。"① 这样，马克思以生产资料所有制中的公有制或私有制为依据，把人类社会历史的发展划分为以古代公社所有制为基础的"原生形态"，到以私有制为基础的"次生形态"，再在更高阶段上回到古代类型的以公有制为基础的"再生形态"的三大社会形态的依次演进。这又是一种"三大社会形态学说"。

无论"五大社会形态学说"，还是"二大社会形态学说""三大社会形态学说"，都是以生产力为基础的生产资料所有制为划分标准的。马克思的社会形态分类的"五大社会形态学说"也好，"二大社会形态学说"也好，"三大社会形态学说"也好，都不过是由生产力发展的不同水平所决定的人类文明在其交往形式向度中的不同侧面、不同层次上的表现而已。

3. "解释力"标准

以"解释力"标准的理论丰富多彩，形态各异。有的按解释力系统中的知识内核为标准，例如孔多塞的文明十期理论。孔多塞的那本具有乐观精神的《人类思想进步历史图景概述》，出版于 1795 年，其初衷是"一幅过去历次革命的图景将会是最佳的革命指南"。他区分了文明的十个时期，其中的第十个时期在未来。他对历史图景的设置相当重要，因为它试图对历史阶段做出的标记不是伟大的政治变革，而是知识发展的重要阶段。前三个阶段——原始社会的形成，之后是田园时代和农业时代——终止于希腊字母书写的发明。第四阶段是希腊思想的历史，直至亚里士多德时代对科学的明确划分。在第五阶段，知识取得进步，并在

---

① 《马克思恩格斯全集》第 19 卷，人民出版社 1963 年版，第 450 页。

罗马统治下遭受蒙蔽。第六阶段是持续到十字军东征的黑暗时代。第七
阶段的重要意义在于人类思想为变革准备就绪，而变革则是由印刷术的
发明完成的。第八阶段也随着印刷术的发明而开始。由笛卡儿实现的科
学革命开启了一个崭新的阶段，至今天法兰西共和国的创立而告结束。
孔多塞视知识的发展为人类前进的标志，这既合乎逻辑也不可避免。文
明的历史就是启蒙的历史。孔多塞亦如他所属的思想领域里的所有人一
样忽视了社会制度在社会发展过程中的主导地位，因为"他没有意识到，
如果他所相信的进步是一种事实，那么进步的可能性就会取决于给社会
带来稳定的社会制度和传统惯例。"[1]

　　库辛是 19 世纪上半叶法国纯哲学领域的主要人物，他从德国获得了
灵感。他认为，世界过程是思想的必然演变过程，并认为，文明的最高
表现不是在宗教中，而是在哲学中。他将历史分为三个时期，每个时期
都受到一种主要观念的支配：第一个时期受（东方）关于无限观念的支
配；第二个时期受（经典古代）关于有限观念的支配；第三个时期受
（现代时代）关于无限与有限之间关系的观念的支配。[2]

　　实证主义的创始人奥古斯特·孔德是把观念作为文化分期依据的主
要代表，曾宣称他"发现了一条伟大的根本规律"，"这条规律就是：我
们的每一种主要观点、每一个知识部门，都先后经过三个不同的理论阶
段：神学阶段，又名虚构阶段；形而上学阶段，又名抽象阶段；科学阶
段，又名实证阶段"[3]。其耗费了十二年多的时间才完成代表作《实证哲
学教程》阐述了自己的哲学体系。在书中孔德认为，人们首先试图借助
于虚构神明的发挥作用来解释自然现象，然后寻求借助抽象概念加以解
释，最后终于对发现自然现象的理解只能借助于科学方法，即观察和试
验这一概括已经在杜尔哥那里得到表达。孔德接受了这一观念，并视其
为根本的心理规律，它一直支配着思维活动的每个领域，并可以解释人
类发展的全部过程。我们的每个主要构想、每个知识学科都相继经历了

---

　　① ［美］林恩·桑戴克：《世界文化史》，陈廷璠译，陈恒整理，上海三联书店 2005 年版，
第 146—147 页。

　　② 同上书，第 191 页。

　　③ ［法］奥古斯特·孔德：《实证哲学教程》，转引自洪谦主编《西方现代资产阶级哲学论
著选辑》，商务印书馆 1964 年版，第 25 页。

这样的三种状态。在第一种状态下，思维做出发明；在第二种状态下，思维进行抽象；在第三种状态下，思维使自己顺从于实际事实。对任何一个知识学科达到第三阶段的证明，就是对永恒自然规律的认识。孔德最终得出结论认为，历史一直由观念支配："整个社会机制都以观念为基础"。因此，人类历史在本质上是其观念的历史，这些观念又受制于根本的心理规律。普遍的进步取决于智力的进步，神学、形而上学和科学都有着共同的本源，而且从根本上说是同一的，它们都不过是智力运动过程中的不同阶段。与三个阶段的规律相一致，发展分为三个伟大时期。第一时期或神学时期大约结束于 1400 年，第二时期或形而上学时期现在正趋于终结，将位于第三时期或实证时期，孔德也正在为这一时期铺平道路。

三个阶段的规律很早就受到怀疑。他的历史描述中的最严重不足或许就是这样一个毫无根据的假设：人类在其早期的存在阶段具有万物有灵论的信念，其进步的第一阶段受到拜物教的控制。但是，没有任何证据表明拜物教不是在相对晚期时的发展；也没有任何证据表明，在历史的最早期记录之前的数万年内，当人们借助技术发明和火的发现来决定人类的未来时，他们拥有任何观点可以被称为宗教的或神学的。[①]

要而言之，"文化力"标准模式的最大缺陷源于它的片面性、单向度性的视界。因为我们已经知道文化魔方是一个三维向度结构，某种单一、片面的"文化力"标准显然不足以担当合理划分文化历史形态的标准。

(二) 以"文化体"为标准的文化历史形态理论

"文化体"标准常常以一定历史时期某个或多个占压倒优势的强势文化共同体为标准，按文化共同体的民族性、空间性来虚构文化发展史，最著名的例子是黑格尔的东方文化—希腊罗马文化—日耳曼文化的历史哲学。

斯宾格勒在真正意义上首开文化形态学或历史形态学研究的先河，他批判把历史分成"古代史—中古史—近代史"的托勒密体系和欧洲中

---

① 〔美〕林恩·桑戴克:《世界文化史》，陈廷璠译，陈恒整理，上海三联书店 2005 年版，第 204—211 页。

心论。首先，他认为，西方文化已经历如下几个发展阶段：（1）前文化时期（500—900 年）相当于西欧历史上法兰克王国的墨洛温王朝与加洛林王朝时期。（2）文化时期。早期（900—1500 年），称为哥特时期；晚期（1500—1800 年），称为巴罗克时期。（3）文明时期（1800—2200 年）。在西方，从文化向文明的过渡是在 19 世纪完成的，此后逐渐向恺撒主义过渡，斯宾格勒预测这一过程最终将在 2000—2200 年间完成。"西方的没落，将占有未来一千年中的前几个世纪，它早已由诸般证验而预示出来，而且今日在我们的周围，已经可以感觉到了。每一个文化，都要经过如同个人那样的生命阶段，每一个文化，各有它的孩提、青年、成年与老年时期。"并预言西方文明将于 2200 年以后瓦解。其次，斯宾格勒还发起了一场颠覆"欧洲中心论"的史学上的"哥白尼革命"。长期以来，西方人总是以西欧为中心来编纂世界历史，将西欧作为所有世界事件假想的中心，其他一切皆环绕在以西欧为中心的轨道上运行。斯宾格勒将这种方法称为托勒密式的历史系统。斯宾格勒认为，托勒密式的直线型历史空壳只能把人们的眼光局限在某些声势显赫的往事陈迹之中，不如代之以注意某些强而有力的文化表现更能开拓人们的视线。斯宾格勒提出要以哥白尼式的历史系统来替代托勒密式的历史系统，实行一场史学革命。斯宾格勒把人类高级文明历史划分为八大文化形态，这就是埃及文化、巴比伦文化、中国文化、古典文化、阿拉伯文化、墨西哥文化、玛雅文化和西方文化。他特别指出：文化形态史学研究的是文化有机体和文化形态，是"活生生的自然"；揭示的是有机必然性，而不是因果必然性；昭示的是文化的规律而不是历史的规律。[①]

亨廷顿认为：文明是放大了的文化，是最广泛的文化实体；是动态的，它兴起衰落、离散聚合；文明没有明确的边界、起点和终点。上下几千年的文明发展大体经历了三个发展阶段：

第一阶段是文明在公元 1500 年前的发展。在这个长达数千年的发展阶段中，文明被时间和空间分隔开来，它们之间的交往极其有限。这些被称为"轴心时代"的文明大体上不承认超验秩序和世俗秩序之间的区别，它们都具有一个独特的知识阶级所传播的超验神活。文明之间的文

---

① 参阅［德］斯宾格勒《西方的没落》上卷，齐世荣等译，商务印书馆 1963 年版。

化传播相当缓慢，常历时几个世纪之久。第二个阶段是西方文明崛起，形成对其他文明冲击的发展时期。到 1500 年，欧洲顺利地进行了文艺复兴，它在社会多元化、商业扩张和技术发明方面取得的成就奠定了它建立全球统治的基础。自此以后，文明间断续、有限和不定向的碰撞，让位于西方对所有其他文明持续、不可抗拒和单方向的冲击。在短短几百年中，欧洲文明消灭了安第斯和中美文明，征服了非洲、印度和伊斯兰诸文明，迫使中国从属于西方。强制性地将整个世界在经济和政治上联为一体，由此出现了以西方文明为主体的国际体系。第三个阶段是当代多元文明发展的时期。各文明之间的关系进入了一个持续、多向的相互作用阶段。国际体系超越了西方主宰阶段而进入了多元文明互动的时期。在这个阶段中，文明间的关系较第一阶段为紧张和频繁，而较第二阶段更为平等和互惠。有趣的是，源于西方文明的各种意识形态在这个阶段中走向了衰落，而源于非西方文明的宗教却日益成为人们认同的基础。文明间政治思想的冲突在被文明间的文化和宗教冲突所取代。文化共同体正在取代冷战阵营，文明间的断层线正在替代全球政治冲突的战线。①

梁漱溟的"世界文化三期重现说"也是其中重要的代表。在《东西文化及其哲学》中，梁漱溟基于对人类心理认识之深入的认识，认为近代西洋和古中国和古印度三种不同的人生态度，实际上代表着人类文化发展的三阶段，他断言：在世界最近未来，继欧美征服自然利用自然的近代西洋文化之后，将是中国文化的复兴。并指出其转折点即在社会经济从资本主义转入社会主义时。他说：

> 人类生活只有三大根本态度，如我在第三章中所说：由三大根本态度演为各别不同的三大系文化，世界的三大系文化实出于此。论起来，这三态度都因人类生活中的三大项问题而各有其必要与不适用。**西洋文化的胜利，只在其适应人类目前的问题，而中国文化印度文化在今日的失败，也非其本身有什么好坏可言，不过就在不合时宜罢了。人类文化之初，都不能不走第一路，中国人自也这样，却他不待把这条路走完，便中途拐弯到第二路上来；把以后方要走**

---

① ［美］亨廷顿：《文明的冲突与世界秩序的重建》，周琪等译，新华出版社 1998 年版。

到的提前走了，成为人类文化的早熟。但是明明还处在第一问题未了之下，第一路不能不走，那里能容你顺当去走第二路？所以就只能委委曲曲表出一种暧昧不明的文化——不如西洋化那样鲜明；并且耽误了第一路的路程，在第一问题之下的世界现出很大的失败。

印度文化也是所谓人类文化的早熟；他是不待第一路第二路走完而径直拐到第三路上去的。他的行径过于奇怪，所以其文化之价值始终不能为世人所认识；（无识的人之恭维不算数）既看不出有什么好，却又不敢菲薄。而未来文化之兴，实足以引进了第三问题，所以中国化复兴之后将印度化复兴。于是古文明之希腊、中国、印度三派竟于三期间次第重现一遭。我并非有意把他们弄得这般整齐好玩，无奈人类生活中的问题实有这么三层次，其文化的路径就有这么三转折，而古人又恰好把这三路都各自走过，所以事实上没法要他不重现一遭。吾自有见而为比说，今人或未必见谅，然吾亦岂求谅于今人者。①

对于这种理论的过失，梁漱溟自己后来作过较为深刻的反省："总说起来，大概不外两个根本点：一是当时所根据以解释儒家思想的心理学见解错误，一是当时解释儒家的话没有区分清楚方法错误。盖当时于儒家的人类心理观实未曾认得清，便杂取滥引现在一般的心理学作依据，而不以为非；殊不知其适为根本不相容的两样东西。至于所引各派心理学，彼此脉路各异，亦殊不可并为一谈；则又错误中的错误了。十二年以后始于此有悟，知非批评现在的心理学，而阐明儒家的人类心理观，不能谈儒家的人生思想。"②"旧著笼统地讲所谓'本能'。动物本能人类本能混而不分，是第一错误。直以此混而不分的本能当做人心来认识，就错上加错了。"③

"文化体"标准理论最大的缺陷是陷入"自我中心"意识的"洞穴"无力自拔，并且没有形成交往理性视界中的文化间性意识。事实上，"自

---

①　梁漱溟：《东西文化及其哲学》，上海人民出版社 2006 年版，第 187—188 页。（着重符为原文所有）

②　同上书，"第八版自序"第 8 页。

③　同上书，第 231 页。

我中心"意识是儿童和原始人类常有的事。儿童常常以自我为中心,原始人也常常以为自己的民族是处在大地中央的最优等的民族,其他民族则是蛮夷;这种情况有时也存在于"成人"的文明人的意识中,比如"地球中心论""欧洲中心论""人类中心论",都多少带有"自我中心"意识的色彩,具有"任性自由意识"(黑格尔语)的特质。由此可知,任何一种"文化体"标准都是一种文化帝国主义,都是一种较低级的文化任性自由意识。

(三) 以"主体性"为标准的文化历史形态理论

以"主体性"为标准的文化历史形态理论也是异常繁复多彩的。这些理论往往抓住代表主体性的某个方面作为其文化分期依据:有的是所谓的"无人身的理性",例如费希特和黑格尔;有的是抽象、无历史性的"意识",例如雅斯贝尔斯的"轴心期理论"。虽然有片面性和唯心性,但是他们却猜测到了文化发展分期的科学依据——主体性——只不过他们抓住的往往是片面的、抽象的依据而已①。

1. 理念向度"主体性"标准

对于费希特和黑格尔来说,历史渐进的发展观是理想主义者的原则的直接推演。在费希特看来,宇宙过程(cosmic process)往往充分地实现"自由":这是其终极目标,但这一目标又总是逐渐变得模糊不清。永远都无法达到这一目标,因为其完满的实现就意味着对自然的彻底征服。因此,世界的过程在于无限地趋近一个无法实现的理想:自由的实现程度永远是越来越高。这样一来,历史的发展史就是:第一时期为本能理性时期,蒙昧时代,人类处于"纯然本能状态";第二时期为专制理性时期,人类处于"犯错误的初始状况";第三时期为解释时期,怀疑主义和自由不受约束的时代,人类处于"罪孽状况","纯粹的物质利己主义成为煽动一切激情的动力"的时代;第四时期为有意识理性时期,理性科学渐渐受到重视,前一段的"罪孽状况"正在发生变化,是为"赎罪的

---

① 马克思说:"和唯物主义相反,唯心主义却发展了能动的方面,但只是抽象地发展了,因为唯心主义当然不知道现实的、感性的活动本身的。"见《马克思恩格斯选集》第1卷,人民出版社1995年版,第58页。

初始状况"；第五时期为理性占据支配地位时期，到了这个阶段，人取得了完整意义的自由，即所谓"赎罪的完成状况和圣化状况"，或叫做"理性艺术的时代"①。费希特认为，历史发展与理性发展同步，表明他猜测到了逻辑与历史的同一。不过他的历史观是唯心主义的，并且和他的宗教思想结合着。

黑格尔将世界的终极原因视为绝对精神对自身自由的意识。绝对精神的三个阶段是：（1）主观阶段（个人意识）；（2）客观阶段（法、道德、伦理等社会意识）；（3）绝对阶段。费希特和黑格尔理论之间的存在着最显著差异。两者都认为，人类发展的目标是实现"自由"。然而，对费希特而言，发展永远不会终止，因为目标是无法企及的；对黑格尔而言，发展业已完成，目标不仅可以达到，而且现在已经达到。②

德国存在主义哲学家卡尔·雅斯贝尔斯提出了一种独特的依据主体性（即他所谓的"意识"）的文化分期理论——轴心期理论。在他的代表作《历史的起源与目标》中，雅斯贝尔斯重新划分了人类文化发展阶段：

第一个时期是史前，是传说和神话中的为人类盗火的"普罗米修斯的时代"。

第二个时期为古代文明。三个最早的文明在世界上三个不同的地区兴起：先是埃及、苏美尔、巴比伦、爱琴海；然后是雅利安印度文化；接着是古代中国。这个时期重要的是人的内在精神在发生变化，人类开始由非历史走向历史，但还没有精神运动。

第三时期是轴心期。公元前800—前200年发生的精神过程标志人类历史正处于一个轴心时期，公元前500年是高峰期。"以公元前500年为中心——从公元前800年到公元前200年人类的精神基础同时地或独立地在中国、印度、波斯、巴勒斯坦和希腊开始奠基。而且直到今天人类仍然附着在这种基础上。"③"在中国诞生了孔子和老子，中国哲学的各种派别的兴起，这是墨子、庄子以及无数其他人的时代。在印度，这是优波

①　[德]费希特：《现时代的根本特点》，沈真、梁志学译，辽宁教育出版社1998年版。

②　[美]林恩·桑戴克：《世界文化史》，陈廷璠译，陈恒整理，上海三联书店2005年版，第176页。

③　[德]卡尔·雅斯贝尔斯：《人的历史》，田汝康译，载田汝康、金重远选编《现代西方史学流派文选》，上海人民出版社1982年版，第38—40页。

尼沙和佛陀的时代。如在中国一样，所有哲学派别，包括怀疑主义、唯物主义、诡辩派和虚无主义都得到了发展。在伊朗，祆教提出它挑战式的论点，认为宇宙的过程属于善与恶之间的斗争。在巴勒斯坦，先知们奋起：以利亚、以赛亚、耶利米、第二以赛亚。希腊产生了荷马，哲学家如巴门尼德、赫拉克利特、柏拉图，悲剧诗人修昔底德和阿基米德。这些名字仅仅说明这个巨大的发展而已，这都是在几个世纪之内单独地也差不多同时地在中国、印度和西方出现的。"①

"这个时代产生了所有我们今天依然在思考的基本范畴，创造了人们今天仍然信仰的世界性宗教。"② "人竭力想规划和控制事件的发展，第一次想恢复或创立一些称心的条件。思想家在盘算人们怎样才能够最好地生活在一块儿，怎样才能最好地对他们加以管理和统旧。这是一个革新的时代。"③

第四个是科学技术时代。它产生于中世纪末期的欧洲，从 15 世纪开始，经过 17 世纪决定性的发展，到 18 世纪全面展开，把欧洲和世界其他地区，特别是亚洲完全分开，使欧洲成为世界的中心。人们今天所见的就是这一改造的成果。

存在主义大师雅斯贝尔斯以意识与无意识、意义与无意义作为历史与非历史的分界标准，以历史活动有没有触及人类的精神基础、有没有展示人类"超然存在"的历史意义、有没有实现人类意识的最高潜力作为区分间歇期与轴心期的分界标准。他认为，历史起源于意识，历史又由于意识而走向统一的目标。人类意识虽不可能彻底认识客观存在的本身和全部，但却具有无限的能动性，可以不断感受和接近事物的"本源"。历史是有意义的，其意义就在于实现人类意识的最高潜力，历史就是在人类意识的逐步清醒、成熟和升华中获得进步的。人类最高的意识是通过杰出人物的精神创造在历史过程中发酵，向人类整体扩散。人类在自身深处共同感受超然存在的不断显露，走向以人的形式表现的超然

---

① ［德］卡尔·雅斯贝尔斯：《人的历史》田汝康译，载田汝康、金重远选编《现代西方史学流派文选》，上海人民出版社 1982 年版，第 39 页。

② 同上书，第 38—40 页。

③ 同上。

存在。人类意识在哲学的方面最高潜力的发挥是衡量历史进步的标准。①

2. 时间向度"主体性"标准

以时间向度"主体性"为标准的分期理论一般把文化发展史区分为：前现代文化、现代文化、后现代文化，他们的标准是时间性和主体性双重视界的融合。

这一理论的代表人物是杰姆逊。杰姆逊在对前现代、现代性到后现代性作梳理的时候，提到韦伯的"祛魅"，他把这个德文单词（Entzauberung）翻译成"非神圣化"（desacralization），其含义是："神秘或神圣性的消失"；又把这个概念同符号学打通，祛魅也就是"对神圣至上的东西进行解符码化"②。由此他吸取法国后现代理论家德勒兹和加塔利在《反俄狄甫斯》中的论述，建立起了一个文化（文学）嬗变的历史描述模式：

蒙昧时代：符码化（coding）→野蛮时代：超符码化（overcoding）→文明时代：解符码化（decoding）→19世纪末：再符码化（recoding）→当前：精神分裂。

杰姆逊在这里把解符码化、再符码化和精神分裂同现实主义、现代主义和后现代主义一一对应起来③。后来他又把这三个"主义"视为资本主义不同发展阶段上呈现的文化风格。把这两个模式结合在一起，对这三个"主义"的区分，我们就看得比较清楚了：市场资本主义：解符码化-现实主义→垄断资本主义：再符码化-现代主义→跨国资本主义：精神分裂-后现代主义。

在这里，我们需要对"精神分裂"作些简单的解释。在德勒兹和加塔利看来，现代资本主义固然对前现代给"祛魅"，极大地扩展了解符码化过程，不过它同时又以抽象的等价交换的逻辑对所有的事物进行了再符码化，把国家、家庭、消费、欲望等等重新纳入到一个规范化（也是

① 参阅［德］卡尔·雅斯贝尔斯《历史的起源与目标》，魏楚雄、俞新天译，华夏出版社1989年版。

② ［美］杰姆逊：《后现代主义与文化理论》，唐小兵译，北京大学出版社1997年，第24页。

③ ［美］杰姆逊：《后现代主义与文化理论》，唐小兵译，北京大学出版社1997年，第24页。詹明信：《晚期资本主义的文化逻辑》，三联书店1997年，第280—282。术语的译法均将"规范"改为"符码化"。

高度理性化)的制度中,对个人和社会实行更为有效的控制。这个通过
驯服和限制欲望的生产性能量来压抑欲望的过程,被德里兹和加塔利称
为"辖域化"或者"再辖域化"(reterritorialization),就像再符码化一
样,对象被重新组构或纳入一个新的符号系统;而将物质生产和欲望从
社会限制力量之枷锁下解放出来的过程则被称为"解辖域化"(deterrito-
rialization)。在德勒兹与加塔利看来,资本主义解辖域化最为明显的例子
就是产生了精神分裂。在他们的分析中,精神分裂并不是一种疾病或一
种生理状态,而是一种在资本主义状况下产生的具有潜在的解放力量的
精神状态,是一种彻底解码的产物。作为一种精神的非中心化过程,精
神分裂使主体逃脱了资产阶级的现实原则,逃脱其压抑性的自我与超我
束缚以及俄狄甫斯陷阱,从而从根本上对资本主义的稳定和再生产构成
了威胁。可是,资本主义却试图阻碍它作为一种被解码流所具有的革命
潜力。在德勒兹与加塔利看来,精神分裂是达到后现代解放的基础条件,
也就是说,是个体从现代性的规范化主体性中获得解放的基础条件,而
且,他们还把分裂主体视为资本主义内部的真正的颠覆性力量。① 也正是
由于精神分裂对现代性的反抗和颠覆,因此杰姆逊和伊格尔顿以及诸多
后现代理论家,都把精神分裂或"精神分裂的涌流"视为后现代主义的
主要标志之一。

"主体性"标准模式的最合理和最重要的代表是马克思的实践向度
"主体性"标准,我们将在下一节做详细论述。

二 马克思哲学视界中的文化历史形态理论

显然,马克思并没有在其具体文本中直接论述其文化历史形态理论。
大概可以这么说,其文化形态理论隐藏在其具体的社会形态理论和历史
唯物主义基本原理中。运用历史唯物主义基本原理和征候阅读法,结合
文本解读学知识去剖析马克思的社会形态理论,我们就可以得到马克思
哲学视界中的文化形态理论。

---

① [美]凯尔纳、贝斯特:《后现代理论——批判性的质疑》,张志斌译,中央编译出版社
2001年,第114—117页。

（一）马克思的社会形态理论

客观地讲，在马克思的文本中，关于社会历史发展时期的划分，其实是纷繁复杂的。他并没有提出一个人类社会普遍经历的一般发展模式。所以，马克思的社会形态理论是一个历史性的理论模型。既然如此，那么就让我们还是先来历史地考察马克思在其一生不同的研究阶段，对社会形态与文明演进阶段的分期理论。

在1843年以前，青年马克思以人类主体精神的地位为基点，按人的精神对自然的关系，将历史区分为自然起主导作用的古代社会和人的精神占主导地位近代社会——"新世界"①。1843年，青年马克思在《黑格尔法哲学批判》一书中，按照市民社会和国家的关系，又提出了古代社会、中世纪和新时代（民主制）的历史分期②。1844年，青年马克思在《巴黎手稿》中，以人类的主体本质（劳动）为逻辑中轴，在人类历史发展中区分出没有发生劳动异化的人类主体生存状态、劳动异化和私有制存在的时期与扬弃劳动异化和私有制的时期（共产主义）③。而在1845年的《德意志意识形态》中，马克思从所有制的方面将社会生产阶段划分为部落的所有制、古代的所有制，封建的所有制、资产阶级的所有制以及共产主义所有制。1847年，在《雇佣劳动与资本》中，马克思又提出了古代社会、封建社会和资本主义社会④。在《1857—1858年经济学手稿》中，马克思提出了"以人的依赖性为基础的"社会、"以物的依赖性为基础的"社会和个人的全面自由发展的社会之三大社会形态理论⑤。1859年，马克思在《〈政治经济学批判〉序言》中提出了社会经济形态的亚细亚的、古代的、封建的、资产阶级的四种生产方式，以及"人类社会的史前时期"和真正的人类历史时期（共产主义）的两大历史时期的划分。到了19世纪60年代，马克思在《资本论》中又提出了人类社会历史发展的"必然王国"和"自由王国"两大时期。1881年，在给查

---

① 《马克思恩格斯全集》第1卷，人民出版社1956年版，第52、61页。
② 参阅《马克思恩格斯全集》第1卷，人民出版社1956年版。
③ 参阅《马克思恩格斯全集》第42卷，人民出版社1979年版。
④ 《马克思恩格斯选集》，第1卷，人民出版社1972年版，第363页。
⑤ 《马克思恩格斯全集》第46卷（上），人民出版社1980年版，第104页。

苏里奇的复信（及草稿）中，马克思又提出了"原生的社会形态""次生的社会形态"和"再生的社会形态"新的三大社会形态的理论。①

从以上的论述中我们可以看出，在历史唯物主义的客观描述视角中，马克思主要在探讨客观社会历史发展的特定规律，并以此划分出不同的社会形态；在历史辩证法主体向度的视角上，他主要是关心现代社会历史的主导因素，即人的主体的解放，并以主体在客观历史过程中的现实的具体的地位为基本线索来区分不同的社会历史时期②。在马克思的历史分期理论中其实并不存在什么统一的固定不变的历史分期法，更谈不上传统马克思主义哲学解释框架中那种作为人类社会同一发展模式的、所谓"原始社会—奴隶社会—封建社会—资本主义社会—共产主义社会"五大社会形态之说。马克思只是在不同的时期、不同的研究层面上提出了不同的历史发展线索，因此，我们也不能仅仅停留在某一种特定的论说上，并以此作为历史发展的普适性公式。

（二）马克思的主体性尺度和文化形态理论

马克思对人类社会的历史发展分期研究，在不同时期针对不同理论问题有着大量丰富的论述。其中，以人类主体在社会历史发展中的现实的、具体的、历史地位为依据，将人类社会发展区分为三大基本形态的理论，对于指导我们研究文化发展分期标准、历史形态划分问题具有重要的指导意义。

1. 实践的"主体性"尺度

在为写作《政治经济学批判》和《资本论》做准备的《1857—1858年经济学手稿》中，马克思以社会分工发展阶段和社会历史主体人类本身的发展水平为分类依据，把人类社会划分为依次演进的人对人依赖的"最初的社会形态"、人对物依赖的"现代社会"和个人的全面自由发展的未来"共产主义社会"。马克思说：

---

① 参阅《马克思恩格斯全集》第 19 卷，人民出版社 1963 年版，第 432—450 页。
② 张一兵：《马克思历史辩证法的主体向度》，南京大学出版社 2002 年版，第 228—239 页。

人的依赖关系（起初完全是自然发生的），是最初的社会形态，在这种形态下，人的生产能力只是在狭窄的范围内和孤立的地点上发展着。以物的依赖性为基础的人的独立性，是第二大形态，在这种形态下，才形成普遍的社会物质变换，全面的关系，多方面的需求以及全面的能力的体系。建立在个人全面发展和他们共同的社会生产能力成为他们的社会财富这一基础上的自由个性，是第三个阶段。第二个阶段为第三个阶段创造条件。①

本书认为，这段论述是马克思文化形态论真正的秘密所在，实际上马克思在这段论述中隐藏了自己的实践的"主体"尺度，根据这一实践的"主体性"尺度即主体发展情况、主体在历史中的地位，马克思得出了三种主体型即人的依赖型、物的依赖型和个人全面发展自由个性型，马克思又依照这三种主体型提出了社会形态的三阶段论，而这三种主体型与文化发展的形态论又是直接相通的。并且，最重要的是马克思在这里提出的"主体性"标准，实际上内在地包含了上述"文化力"标准、"文化体"标准，同时又超越了上述唯心主义的和旧唯物主义的单向度的主体性尺度。

首先，在生产力向度，人与自然之间的狭隘性规定了人与人、人与自身之间的狭隘性，从而规定了主体性的生成。在任何情况下，斗争都是根源于匮乏。萨特认为，匮乏是一个与人类共存的基本事实。匮乏决定了人类历史的基本结构，决定了人的现实关系的基本性质。人只有在争夺物质的斗争中，在否定他人中获得对自己的肯定。人们不断地把匮乏内在化，使之以为人本身的存在状况，人就变成"匮乏的人"。在匮乏的历史条件下，物统治着人，使人异化为"非人"；在匮乏的环境中，他人就是"恶"，就是"地狱"，是"逃避迅速走向死亡的竞争者"②。马克思认为，只有在生产力的高度发达的状况下，人类主体在彻底摆脱了外在自然必然性和经济必然性的奴役之后，作为人的自由的、自我实现的

---

① K. Marx, *Grundtisse der kritik der politischen oekonornie*, Berlin: Dietz Verlag, 1974, s. 75. 同时参阅《马克思恩格斯全集》第 46 卷（上），人民出版社 1979 年版，第 104 页。

② ［法］萨特：《辩证理性批判》第 1 卷，徐懋庸译，商务印书馆 1963 年版，第 98 页。

劳动,才是一种人类主体活动,是为了实现人类主体才智的创造性发挥的主体活动。正如马克思所说:"劳动是活的、塑造形象的火;是物的易逝性,物的暂时性,这种易逝性和暂时性表现为这些物通过活的时间而被赋予形式。"① 通过实践创造人性新的结构比例和形式。"发展人类的生产力,也就是发展人类天性的财富这种目的本身。"② 马克思看到物质的匮乏使人异化的一面,更看到剩余产品作为文明进化的基础使人性升华的另一面。在未来社会,通过科技进步与生产发展,社会物质财富极大丰富后,剩余产品与自由时间一定会造就另一种主体,一定会使人的审美的"内在尺度"成为社会主导尺度。

其次,在交往力向度,人与人之间的狭隘性规定了主体性的生成。马克思说:"人们的社会历史是他们的个体发展的历史。"③ 恩格斯强调不仅要在物种关系上把人类从动物中提升出来,尤其要从社会关系方面完成这种提升,这就把人的文化创造与人的自由解放联系起来。主体性与社会个体化程度成正比,与社会的结构性束缚成反比。"人总是要追求越来越多的自由,越来越高层次的自由,这种自由是必然的,不可阻挡的。"④ 其中,男女关系维度深度表征着人类主体性。马克思说:"男女之间的关系是人与人之间的直接的、自然的、必然的关系。在这种自然的、类的关系中,人同自然界的关系直接地包含着人与人之间的关系,而人与人之间的关系直接的就是人同自然界的关系,就是他自己的自然的规定。因此,这种关系以一种感性的形式、一种显而易见的事实,表明属人的本质在何种程度上对人说来成了自然界,或者,自然界在何等程度上成了人的属人的本质。因而,根据这种关系就可以判断出人的整个文明程度。"⑤ 男女关系既是文明发展的标志,也内在地是人类主体性发展的标尺。

马克思把资本主义视为一种起到了发展生产力"伟大文明作用"的先进生产方式,它通过破坏以前社会中存在的一切地方性的发展和对自

① 《马克思恩格斯全集》第46卷(上),人民出版社1979年版,第331页。
② 马克思:《剩余价值理论》第2册,人民出版社1975年版,第124页。
③ 《马克思恩格斯选集》第4卷,人民出版社1995年版,第532页。
④ 邓晓芒:《哲学史方法论十四讲》,重庆大学出版社2008年版,第45页。
⑤ 《马克思恩格斯全集》第42卷,人民出版社1979年版,第119页。

然的崇拜，"摧毁一切阻碍发展生产力、扩大需要、使生产多样化、利用和交换自然力量和精神力量的界限"①。依马克思的设想，在共产主义中，真正取代资本主义"劳动的异己的所有制"，只能是"联合起来的社会个人的所有制"②。这是一个"自由人的公社"，"他们用共有的生产资料进行劳动，并且有意识地把许多外人的劳动力，当作一个社会劳动力来使用"③。在这里，第一次出现了真正意义上的"大写的人""建立在个人全面发展和他们共同的社会生产能力成为他们的社会财富这一基上的自由个性"，也出现了"全面发展的个人——他们的社会关系作为他们自己的共同的关系，也是服从于他们的共同的控制"，这就是人类主体的真正解放。

再次，在解释力向度，马克思认为，如何理解人与世界的关系，就决定了如何理解主体"人"、理解文化。在《关于费尔巴哈的提纲》的第一条中，马克思明确地提出，以往的全部哲学——包括唯物主义哲学和唯心主义哲学——的根本问题，就在于不是从人的"实践的'感性的人的活动'"去理解人与世界的关系，因而不能真实地理解人与世界的真实关系。在这里，马克思把"人"的根据，从《巴黎手稿》中关于人的"自由自觉活动"的"类特性"，确认为人的"实践"活动，从而破除所有意识形态的虚假性。马克思则揭露了"这仍是自我的虚构形体。为了达到目的，仅仅施魔法似地摧毁幽灵的形体性是不够的，还必须揭示其幽灵结构并回到实际的社会结构基础"④。但是，马克思虽然拒斥了主体构成的内在性、意识性，"并没有拒斥近代主体性之中蕴含着的种种理想——启蒙和浪漫主义多种理想的综合。当他用社会性机制力图为新的主体性提供出一个新的存在根基，并作为一种根本的基质来支撑知识、行为时，源于启蒙和浪漫主义的自由自主、不受他物统治尤其是不能受自己创造的客体统治（非异化）、在自己与他人相同的普遍性生存得到基本保障即并不妨碍他人自由的前提下使自己独特的个性能够得以伸张实

①　《马克思恩格斯全集》第 46 卷（上），人民出版社 1979 年版，第 393 页。

②　《马克思恩格斯全集》第 48 卷，人民出版社 1981 年版，第 21 页。

③　《马克思恩格斯全集》第 23 卷，人民出版社 1972 年版，第 95 页。

④　刘森林、龚庆：《马克思的经验主体观：从批判施蒂纳的角度看》，《学术研究》2008 年第 4 期，第 27 页。

现、自身的创造性潜能得以发挥、自身内在的各种主体性品质得到全面而非片面的发展等内涵，仍然与先验主体、与 Ur-ich 关联着。"①

　　最后，在主体性向度，马克思的历史唯物主义以现实的、普通的个人为出发点，而以全面发展的自由个性为归宿。马克思说："整个历史也无非是人类本性的不断改变而已。"② 辽阔幽暗的人性如同拉美原始森林，野兽出没，同时又人迹罕至。但它终将在劳动之火的型塑下、文化之水的浸润下，获得现实的完善。真正的文化发展史是人性结构优化的结晶体，是人性结构的外在和内在的感性显现。其一，"不依旧有的尺度来衡量的人类全部力量的全面发展成为目的本身。在这里，人不是在某一种规定性上再生产自己，而是生产出他的全面性；不是力求停留在某种已经变成的东西，而是处在变易的绝对运动之中"③。全面发展、知情意的协和的人性终归是主体的目的。其二，恩格斯："文化上的每一个进步，都是迈向自由的一步。"④ 自由的含义是人摆脱盲目必然性力量的控制而支配自己和支配对象，既是自己的主宰，也是对象的主宰。恩格斯："自由是在于根据对自然界的必然性的认识来支配我们自己和外部自然界。"⑤ 马克思说人的自由的实现在于"外在的目的性失掉了单纯外在必然性的外观，被看作个人自己提出的目的，因而被看作自我实现，主体的物化，也就是实在的自由。""而这种自由见之于活动恰恰就是劳动。"⑥ 真正的主体必然是自由、个性化的个体，通过劳动和文化实践终将在人身上实现。

　　2. 基于主体性视界的文化形态论

　　这样一来，我们根据马克思的人的依赖型、物的依赖型和个人全面发展自由个性型这三种主体型，可以把文化发展历史划分为人的依赖文化形态、物的依赖文化形态和个人全面发展自由个性文化形态。这三种

---

　　① 刘森林：《反讽、主体与内在性——兼论马克思哲学中的反讽维度》，《现代哲学》2006年第5期，第24页。

　　② 《马克思恩格斯选集》第1卷，人民出版社1995年版，第172页。

　　③ 《马克思恩格斯全集》第46卷（上），人民出版社1979年版，第486页。

　　④ 《马克思恩格斯全集》第20卷，人民出版社1971年版，第126页。

　　⑤ 同上书，第125—126页。

　　⑥ 《马克思恩格斯全集》第46卷（上），人民出版社1979年版，第112页。

文化形态的具体表现：

在人的依赖文化形态中，根据主体性标准即主体在历史发展中的地位，马克思提出了：以"人的依赖性为基础"的文化形态；依据生产力标准，这种文化形态则是"人的生产能力只是在狭窄的范围内和孤立的地点上发展着"的生产方式；依据交往力标准，则是"以自然血缘关系和统治服从关系为基础的地方性联系"的交往方式；依据解释力标准，则是"人的自我异化的神圣形象"的解释方式。

在物的依赖文化形态中：根据主体性标准即主体在历史发展中的地位，则是"以物的依赖性为基础的人的独立性"的文化形态；依据生产力标准，这种文化形态则是"普遍的社会物质变换"为表现形式的生产方式；依据交往力标准，则是"物的联系""全面的关系"为表现形式的交往方式；依据解释力标准，则是"个人现在受抽象统治"① 的解释方式。

在个人全面发展自由个性文化形态中：根据主体性标准即主体在历史发展中的地位，则是"建立在个人全面发展和他们共同的社会生产能力成为他们的社会财富这一基础的自由个性"的文化形态；依据生产力标准，这种文化形态则是"个人全面发展和他们共同的社会生产能力成为他们的社会财富"的生产方式；依据交往力标准，则是"全面发展的个人——他们的相互关系作为他们自己的共同的关系"② 的交往方式；依据解释力标准，则是"哲学家们只是用不同的方式解释世界，问题在于改变世界"和"社会存在决定人们的社会意识"的解释方式。

显而易见，从人的文化实践活动本身的综合性，逐步超越人对自然关系的狭隘性和人与社会关系的贫乏性、人对自我关系的分裂性，发展出人与自然的浑然一体性、人与人的"具体的丰富性"，使人的自我发展呈现出某种"和谐的矛盾性"。前两者也就是所谓人类社会"史前"发展的"必然王国"文化形态，后者则是"自由王国"文化形态。一言以蔽之，人对自然的生态互动程度、人与人之间的自由理性交往程度、人与自我之间的自否性程度和个人的全面发展自由个性的发达程度，是检验

① 《马克思恩格斯全集》第46卷（上），人民出版社1979年版，第111页。
② 同上书，第108页。

人类文化进步状况的四个重要的具体标准。

第三节　人类解放与文化发展目的

马克思认为，全部历史都是为了使"人作为人"的需要成为需要而准备的发展史。历史只是人的活动在时间中的展开，人的活动只是为了人本身。文化发展的目的是为了主体的更高生成——而人类解放表征了主体的更高生成状态，也就是说，人类解放是文化发展的根本目的。对未来文化的谋划理所当然是建立在文化发展的根本目的上的。人类解放在具体向度上又必然表征为马克思关于"个人全面发展"和"自由个性"两个方面内涵的经典表述，否则解放只是一种抽象，它将构成对人的新的统治。所谓文化发展的目的论始终只是主体生存论视界中的目的论，"共产主义社会""个人的全面发展""自由个性"只是未来向度中的马克思主体生存论，包含着马克思主体生存论意义上的"本体论承诺"（奎因语），没有主体生存论视界的目的论是神学本体论，是无效的抽象的承诺，也将构成对人的新的"抽象统治"。

一　个人全面发展与文化发展目的

文化发展的根本目的之"个人全面发展"这个理论决不能在通常的抽象意义上去理解，它包含着两方面的"具体的丰富性"：个人全面发展和个人全面发展。

（一）个人全面发展

在《1857—1858年经济学手稿》中，马克思在叙述其"三大社会形态"理论时进一步指出："人的依赖关系（起初完全是自然发生的），是最初的社会形态，在这种形态下，人的生产能力只是在狭窄的范围内和孤立的地点上发展着。以物的依赖性为基础的人的独立性，是第二大形态，在这种形态下，才形成普遍的社会物质变换，全面的关系（der uni-versalen Beziehungen），多方面的需求以及全面的能力（universeller Vermoegen）的体系。建立在个人全面发展（die universeller Entwicklung der Individuen）和他们共同的社会生产能力成为他们的社会财富这一基础上的自由个性（freie Individualitaet），是第三个阶段。第二个阶段为第三个阶段创造条件。"①

马克思在这里提出的是"个人全面发展"的理论，而不是"人的全面发展"的理论。马克思使用的德语名词 Individuum（复数为 Individuums 或 Individuen），专指"个人"，而不是指一般意义上的"人"。在德语中，一般意义上的"人"通常用另一个名词 Mensch（复数为 Menschen）来表示。Individuum 和 Mensch 这两个词之间的差别是显而易见的：前者着眼点是具体的个人，后者的着眼点则是一般意义上的人或人类的整体。事实上，只有当人们使用 einer Mensch（"一个人"）或 jeder Mensch（"每个人"）这样的表达方式时，其含义才与 Individuum 接近起来②。这就告诉我们，马克思并不是泛泛地谈论"人的全面发展"，他注重的是"个人全面发展"和"自由个性"的确立。也就是说，马克思的"个人全面发展"理论首先是相对应于"人的全面发展"即人类整体的发展的"个人全面发展"理论。其一，每一个个体的全面发展是文化发展的根本承担者和根本目的。在"共产主义"社会，"每一个个人的自由发展是一切人的自由发展的条件"③。"共产主义"在马克思看来究竟有何不同？马克思说："共产主义和所有过去的运动不同的地方在于：它推翻一切旧的生产关系和交往关系的基础，并且第一次自觉地把一切自发形成的前提看作是前人的创造，消除这些前提的自发性，使它们受联合起来的个人的支配。"④ 美国人类学家 C. Geertz（格尔兹）从文化人类学的视界提出了同样的主张："人群有诞生日，个体没有。"（Men have birthdays, but man does not.）同时又说："成为人就是成为个体。"（Becoming human is be-

---

① K. Marx, *Grundtisse der kritik der politischen oekonornie*, Berlin: Dietz Verlag, 1974, s. 75. 同时参阅《马克思恩格斯全集》第 46 卷（上），人民出版社 1979 年版，第 104 页。

② 参阅俞吾金《重新理解马克思》，北京师范大学出版社 2005 年版，第 254 页。

③ "the full and free development of every individual forms the ruling principle"，在新版的《资本论》第 1 卷，这句话翻译为"每一个个人的全面而自由的发展"（人民出版社 2001 年版，第 683 页），而在旧版《资本论》中，则翻译为"每个人的全面而自由的发展"，虽然只差"两字"，但思想境界判若云泥。

④ 《马克思恩格斯选集》第 1 卷，人民出版社 1995 年版，第 122 页。

coming individual.）①个体的命运越是由自己而不是由外在的权威、环境、条件、力量、意识……所决定，其创造性、个性就越是突出。在时间上，人将越是占有更多的纯粹由自己支配的自由时间，不再终日停留和消耗在某种服务社会的机器里，这便可以愈益自由地选择、把握、支配和决定自己的行动和生活。在空间上，作为世界人，活动的空间急剧扩大，人际接触和交流愈益频繁多样，生活状态愈益多元和丰富，不可控制不可预计的成分也愈益加多，这也使偶然性急剧增大和变得非常重要②。在这个基础上，文化实体才得到各种发展。其二，个人的全面发展与人类的全面发展的统一。马克思的个人全面发展思想很显然还针对这样的语境：从精神生产与物质生产的分工开始，一直到资本主义社会，人类整体的全面发展与个体的全面发展之间始终处在尖锐的对立中。非自愿的社会分工，使得人类整体的才能得到了加速的、较全面的发展，但这是以绝大多数社会个体片面的、畸形的发展为代价的。有志于探讨文明发展规律的马克思认为，个体与类的这一对立在经济社会形态这一特定阶段上是必然的，但在钟爱主体性的马克思看来它毕竟是人的发展过程中应该予以克服的状态。所以他说："'人'类的才能的这种发展，虽然在开始时要靠牺牲多数的个人，甚至靠牺牲整个阶级，但最终会克服这种对抗，而同每个个人的发展相一致。"③ 在共产主义实现以前，个体与集体（以及社会）总是处在某种矛盾之中，前共产主义的集体必然带有某种"虚幻的集体"的成分，不可能全面地保证个体的自主发展。马恩在1848 年出版的《共产党宣言》中写下了一句名言："每个人的自由发展是一切人的自由发展的前提。"（die freie Entwicklung eines jeden die Bedingung fuer die freie Entwicklung aller ist.）④ 在这里，jeden 和 aller 分别以省略的方式表示"每个人"和"一切人"。不难看出，既然马克思和恩格斯把每个人的自由发展看做一切人的自由发展的前提，这就表明，在他们

---

① C. Geertz, *The Interpretation of Cultures* , New York：Basic Books, 1973, p. 47, p. 52. 参阅黑格尔说 "人最高贵的事就是成为个人（Das Höchste des Menschen ist Person zu sein）." Hegel, *Grundlinien der Philosophie des Rechts*, Suhrkamp, 1986, S. 95.

② 李泽厚：《实用理性与乐感文化》，三联书店 2005 年版，第 135 页。

③ 《马克思恩格斯全集》第 26 卷（中），人民出版社 1973 年版，第 124—125 页。

④ Marx Engles, *Ausgewaehlte Werke*（Band Ⅰ）, Dietz Verlag, 1989, s. 438.

的心目中，个人和一切人之间不但存在着重大的差别，而且比较起来，个人居于基础性的层面上。而要克服个体与类的对立，达到自由个性这一人的发展的理想状态，关键在于实现个人的全面发展，而后者又是以消灭旧式分工为首要前提的。人类整体的全面发展与个体的全面发展终将完全统一起来。只有每一个个体全面发展了，共同体才能全面发展。真正的文化共同体的唯一目的应该是组织个体，并发挥他们所有的能力，而不应该是束缚、强制甚至奴役个体。也只有到那个时候，人的自由个性才能成为现实。最后，"全面发展的个人（Die universal entwickelten Individuen）——他们的社会关系作为他们自己的共同的关系，也是服从于他们自己的共同的控制的——不是自然的产物，而是历史的产物。要使这种个性（diese Individualitaet）成为可能，能力（Vermoegen）的发展就要达到一定的程度和全面性，这正是以建立在交换价值基础上的生产为前提的，这种生产才在产生出个人同自己和同别人的普遍异化的同时，也产生出个人关系和个人能力（Faehigkeiten）的普遍性和全面性。"① 这里的两个德文词 Vermoegen 和 Faehigkeiten 在中文里都可以译为"能力"。在马克思看来，全面发展的个人蕴涵着其全面发展的能力，而全面发展的能力的造就又是以一定的历史条件为前提的。②

（二）个人全面发展

"个人全面发展"之另一个重要内涵是"个人**全面**发展"。首先，从思想发生学来看，"个人全面发展"是针对当时资本社会大规模涌现的个人单向度、片面、畸形发展甚至是"异化"现象而提出的，当然也同时批判了前资本主义社会的"原始的丰富性"。其次，这种理论的主体理想是："个人向完整的个人的发展以及一切自发性的消除。"③ "人作为一种全面的方式，就是说，作为一个完整的人（ein totaler Mensch），占有自己的全面的本质。"④ 这种"个人全面发展"必然实现了主体占有丰富的

---

① K. Marx, *Grundtisse der kritik der politischen oekonornie*, Berlin, Dietz Verlag, 1974, ss. 81 – 82. 同时参阅《马克思恩格斯全集》第 46 卷（上），人民出版社 1979 年版，第 108—109 页。
② 参阅俞吾金《重新理解马克思》，北京师范大学出版社 2005 年版，第 254 页。
③ 《马克思恩格斯选集》第 1 卷，人民出版社 1995 年版，第 130 页。
④ 《马克思恩格斯全集》第 42 卷，人民出版社 1979 年版，第 123 页。

物质资料，又在交往活动中表现着自由和谐的社会关系，每一个主体个体都富有个性化的力量、才智、情感、审美等。马克思认为："富有的人同时就是需要有完整的人的生命表现的人，在这样的人身上，他自己的实现作为内在的必然性、作为需要而存在。"① 马克思说："在这里，人不是在某一种规定性上再生产自己，而是生产出他的全面性；不是力求停留在某种已经变成的东西上，而是处在变易的绝对运动之中。"② 再次，"全面"发展的个人不等于成为无所不能的全能人、完美的人，绝不是上帝的另一版本，只是强调发展为一种"完整的人"，"完整的人"这一说法后来很多新版本翻译为"总体的人"也是这个意思。

那么个人的所谓"全面"发展究竟有哪些内容呢？个人"全面"发展主要是指知情意行辩证互动的完整的主体性结构，经验主体与超验主体的辩证和合。

在近代的社会和文化发展理论中，试图把握、控制一切的启蒙理性，在一开始谋划自己的目标时，就已经"压抑和遗忘了主体的诸多方面：本能、感性、受难、流变、空虚、恐惧，就已经隐含着力图控制的客体对象从他者转向人自身的自否定逻辑，从而就低估和简化了主体内在的复杂结构。"③ 这样一来，个人"全面"发展的知情意行辩证性主体性结构常常被认知理性粗暴地约化为工具理性，工具理性的威力和成果常常以技术创新和制度创新等方式凝结在生产力之中。在这种生产力拜物教的话语支撑中，由外在目的促动的物质实践成为基本的实践范式，趋向于卓越、内在的好或麦金泰尔所说的内在利益的实践（米勒称之为自我包含的实践）类型被埋没、弱化或忽视。结果，"实践趋向于自由、个性、卓越、至善等更高价值的维度被埋进了由物质财富搭架起来的物品世界之中"④。

实际上，个人全面的主体性结构即"主体内在的辩证法"远比启蒙思想理解的复杂，理性的学问认知与整体性的世界和生命意义释义的关

---

① 《马克思恩格斯全集》第 42 卷，人民出版社 1979 年版，第 129 页。

② 《马克思恩格斯全集》第 46 卷（上），人民出版社 1979 年版，第 486 页。

③ ［德］弗兰克：《理解的界限》，先刚译，华夏出版社 2003 年版，第 83 页。

④ 刘森林：《实践：从主体性到社会性》，《全国"唯物史观的理论创新"与"马克思主义实践理论的当代意义"学术研讨会论文集》，2004 年 12 月，第 94 页。

联受到（启蒙）认知理性的限制：理性化尽管是生活世界的法则，但它至多只能代表一种类型的生活和世界意义解释。韦伯看到，随着社会生活形态（经济组织和政治组织）之理性化，非理性认识会同时高涨。"所谓非理性认知，指对世界和生命意义的整体性认知。经验理性的认知，是经验性的、个别的认知之积累；这种积累永远不可能产生一次飞跃，达到对世界的整体性认识，因而，它亦应拒绝这种整体性的意义解释。社会生活形态的理性化和学术理性化与世界、人生的整体性意义之分离，包含着一个现世的二元论：世界的整体性意义知识既因知识理性化而与超越的神灵世界断绝了关系，但又不能由经验理性提供出来。因为理性实验的认识不可能达到整体性的意义认识，社会生活形态内理性化也不可能引导出整体性的意义。"① 代表非理性认识高峰的后现代性思潮最大限度地反对了理性主义。它们大规模地批判了理性的负面作用，反对普遍性和同一性，强调"信念""延异""游戏"的概念，主张用"过程的主体""创造性的主体""散乱的主体"等来代替具有普遍性的现代主体，认为主体只是情绪、感觉、直观、自主性、创造性、想象力、幻想和沉思等非理性因素的集合体。格里芬就以强调内在性来反对现代主体性的所谓的独立实体观念，认为："人与他人和他物的关系是外在的、'偶然的'、派生的。"② "个体与其躯体的关系、他（她）与较广阔的自然环境的关系、与其家庭的关系、与文化的关系等等，都是个身份的构成性的东西。"③ 所以，个人全面发展必然表现为知情意行主体性结构的辩证和合。

理所当然，个人全面的人性结构应该是感性与理性的互渗，自然性与社会性的融合，这种统一不是两者的相加、凑合或混合，不是"一半天使，一半恶魔"，而应是感性（自然性）中有理性（社会性），或理性

---

① 刘小枫：《现代性社会理论绪论——现代性与现代中国》，上海三联书店1998年版，第225页。

② ［美］大卫·雷·格里芬：《后现代精神》，王成兵译，中央编译出版社1998年版，第21页。

③ 同上书，第22页。

在感性中的内化、凝聚和积淀，使两者合二而一，融为整体①。这也就是自然的人化或人化的自然。主体性，是沉积在感性中的理性，它才是真正具有活力的人性。"历史本体论认为这里的关键是'情理结构'问题。即情（欲）与理是以何种方式、比例、关系、韵律而相关联系、渗透、交叉、重叠着。"② 当然，这种辩证和合还表现为经验主体与超验主体的辩证和合。正如兰德曼所言："我们不仅应该努力（至今这仍然是可能的）锻炼我们的理解力，而且要恢复灵魂中的那些更为基本的层次（即尼采后来所说的'本能'），从而可以说，再次成为'最初的人'（the first man）。理性不是我们内在的神圣属性。'智慧的人'（homo sapiens）应该被'神圣的人'（homo divinans）（直觉的人）所代替，对人类目标的评价也该相应地替换。"③ 不过马克思认为，只有随着经验现实的优化劳动时间的缩短，经验现实本身必定会趋向这些神性维度的不断实现。"神性被揉进了现实的人的品性之中"，就像维塞尔所说的："上帝被反讽化了，被毁灭了，他被重构为人自己的力量。"④

当然，马克思的个人全面发展思想是历史唯物主义的，他认为，物对人的统治、偶然性对个性的压抑，是现代性的现象，而消除这种状况也是现代的一项任务："在现代，物的关系对个人的统治、偶然性对个性的压抑，已具有最尖锐最普遍的形式，这样就给现有的个人提出了十分明确的任务。这种情况向它们提出了这样的任务：确立个人对偶然性和关系的统治，以之代替关系和偶然性对个人的统治。"⑤ 马克思从生产方式和分工的角度对此做了卓越的批判，只要分工还不是出于自愿，而是自然形成的，那么人本身的活动对人来说就成为一种异己的、同他对立的力量，这种力量压制着人，而不是人驾驭着这种力量。在资本主义阶段，社会生产活动的分工固定化，使得我们本身的产物聚合为一种统治

---

① 与此相对立的是劳动的异化，它既是感性的异化又是理性的异化。劳动的异化是其他各种异化（如技术异化、心理异化）的根源。

② 李泽厚：《实用理性与乐感文化》，三联书店 2005 年第 1 版，第 71 页。

③ ［德］M. 兰德曼：《哲学人类学》，阎嘉译，贵州人民出版社 2006 年版，第 109 页。

④ Leonard P. Wessel, Jr. Karl Marx Romantic Irony, and the Proletariat, Louisiana：Louisiana State University Press, 1979, p. 97.

⑤ 《马克思恩格斯全集》第 3 卷，人民出版社 1960 年，第 515 页。

我们、不受我们控制、使我们的愿望不能实现并使我们的打算落空的物质力量。受分工制约的不同个人的共同活动产生了一种社会力量，即扩大了的生产力。因为共同活动本身不是自愿地而是自然形成的，所以这种社会力量在这些个人看来就不是他们自身的联合力量，而是某种异己的、在他们之外的强制力量。但是，所有的个人全面发展毫无疑问都要在主体全面驾驭所有客体时才会好起来，所以马克思主张："个人的全面发展，只有到了外部世界对个人才能的实际发展所起的推动作用为个人本身所驾驭的时候，才不再是理想、职责等等，这也正是共产主义者所向往的。"① 因此，个人全面发展又必然表现为人类行动能力（生产能力是主要部分）的全面发展。马克思形象地描述道："而在共产主义社会里，任何人都没有特殊的活动范围，而是都可以在任何部门内发展，社会调节着整个生产，因而使我有可能随自己的兴趣今天干这事，明天干那事，上午打猎，下午捕鱼，傍晚从事畜牧，晚饭后从事批判，这样就不会使我老是一个猎人、渔夫、牧人或批判者。"② "用那种把不同社会职能当作互相交替的活动方式的全面发展的个人，来代替只是承担一种社会局部职能的局部个人。"③

在个人全面发展的文化共同体里，刘森林这样为我们畅想："社会生活的理性澄明，人们都被哲人带出洞穴，充分沐浴理性的阳光。内心被理性之光照亮的人们联结成的社会，其复杂、多样、凌乱、纷争终会被控制在某种秩序之内。也就是说，现代生活的多元性、偶然性、片断性、瞬间性、空无性终究要被（先是）劳动、（后是）自由自觉的艺术创造活动整合进一个由坚实而固定的本质支撑起来的永久性的历史系列之中，成为这个大系列中的一个部分或片段。"④

总之，在"个人全面发展"的文化模式中，人类将超越"适者生存"的丛林法则，代之以富者福存，法者尊存，德者善存，美者良存，信者

---

① 《马克思恩格斯全集》第3卷，人民出版社，1960年，第330页。
② 《马克思恩格斯选集》第1卷，人民出版社1995年版，第85页。
③ 同上书，第213页。
④ 刘森林：《主体性理论视域中的现代辩证法》，《南京大学学报》（哲学·人文科学·社会科学）2008年第1期，第25—26页。

敬存，思者慧存，合之则优、全存的发展法则。①

二　自由个性与文化发展的目的

"自由个性"同样构成文化发展的根本目的，因为它是对人的存在问题——人如何存在，人应当如何存在的问题——的深刻回答。"自由个性"在马克思的原初语境中具有广义含义和狭义含义。广义的"自由个性"是指每一个个体在自由劳动、自主活动、自我批判基础上最终达到全面自我实现和个性自由的主体存在形态，即马克思所说的"自由人"。狭义的"自由个性"是指每一个个体的自由个性，即马克思所说的"自由的（特殊）个性""丰富的全面的个性""个性自由"。

广义含义的"自由个性"首先是一个历史范畴，其次是一个关系范畴，也是一个实体范畴。"自由个性"范畴的生成史表明它是相对于主体的历史存在状态——"依赖性"（即人的依赖性和物的依赖性）而言的一种话语，马克思看到了"资本具有独立性，而活动着的个人却没有独立性和个性"② 这一根本主体存在状态，任何离开"依赖性"的语境是不可能理解好这一范畴的。在马克思的这一范畴中，提出了与"依赖性"针锋相对"自由"即"个人的独立性"存在状态。自由是对于人而言的自由，只有人作为主体时才可能是自由的。如黑格尔所说的："在主体中自由才能得到实现，因为主体是自由实现的真实的材料。"③ 除此以外，自由只是一句空话，是一个绝对的抽象而已。它还是一个具体的范畴，所以，在关系意义上，它表现为总体文化之三个向度和主体性四个方面的内涵。生产力向度："自由个性"的实现首先表征为个体自由劳动、个体自由时间的实现。交往力向度：奠基于"自由人联合体"的个体自主活动的实现。解释力向度：自反性个性的实现。主体性方面的内涵即狭义"自由个性"向度："完整的个人""真正的个人""有个性的个人"的自我实现。在实体意义上，"自由个性"是作为主体的"每一个个人"

---

① 邱观建、操奇:《新三统论与"德法美"社会》,《江汉论坛》2011 年第 9 期,第 77 页。
② 《马克思恩格斯选集》第 1 卷,人民出版社 1995 年版,第 287 页。
③ ［德］黑格尔:《法哲学原理》,范扬、张企泰译,商务印书馆 1961 年版,第 111 页。

的更高存在形态，它表征的主体形态是这样的："每一个个人"的消除了自发性的自主性、解构了人和物的依赖性的人的独立性、融合了自律性的自决性、培育了自反性的创造性。

（一）生产力向度的自由个性

"自由个性"的实现首先表征为个体自由劳动的实现。人在生产力向度获得了真实的解放，才有可能使主体的"个性得到自由发展，因此，并不是为了获得剩余劳动而缩短必要劳动时间，而是直接把社会必要劳动时间缩短到最低限度，那时，与此相适应，由于给所有的人腾出了时间和创造了手段，个人会在艺术、科学等等方面得到发展。"① 马克思还说："如果我们在现在这样的社会中没有发现隐蔽地存在着无阶级社会所必需的物质生产条件和与之相适应的交往关系，那么一切炸毁的尝试都是唐·吉诃德的荒唐行为。"② 所以，人类社会从必然王国向自由王国的转变的社会历史进程中，物质生产力的充分发展是必然的历史过程，"工业的历史和工业的已经产生的对象性的存在，是一本打开了的关于人的本质力量的书，是感性地摆在我们面前的人的心理学"，马克思批判"对于这种心理学人们至今还没有从它同人的本质的联系上，而总是仅仅从外表的效用方面来理解"③。"而在控制了自己的生存条件和社会全体成员的生存条件的革命无产者的共同体中，情况就完全不同了。在这个共同体中各个人都是作为个人参加的。它是各个人的这样一种联合（自然是以当时发达的生产力为前提的），这种联合把个人的自由发展和运动的条件置于他们的控制之下。而这些条件从前是受偶然性支配的，并且是作为某种独立的东西同单个人对立的。"④

共产主义的前提主要不是来自社会制度上的一般政治解放，而是人类主体在生产力充分发展基础上的全面解放。"在这个转变中，表现为生产和财富的宏大基石的，既不是人本身完成的直接劳动，也不是人从事劳动的时间，而是对人本身的一般生产力的占有。是人对自然界的了解

---

① 《马克思恩格斯全集》第 46 卷（下），人民出版社 1980 年版，第 218—219 页。

② 《马克思恩格斯全集》第 42 卷，人民出版社 1979 年版，第 106 页。

③ 同上书，第 127 页。

④ 《马克思恩格斯选集》第 1 卷，人民出版社 1995 年版，第 121 页。

和通过人作为社会体的存在来对自然界的统治，总之，是社会个人的发展。"① 可是具体地说，在什么条件下才会出现这种人的自我实现的自由劳动呢？马克思分析道：

> 物质生产的劳动只有在下列情况下才能获得这种性质：（1）劳动具有社会性；（2）劳动具有科学性，同时又是一般的劳动，是这样的人的紧张活动，这种人不是用一定方式刻板训练出来的自然力，而是一个主体，这种主体不是以纯粹自然的、自然形成的形式出现在生产过程中，而作为支配一切自然力的那种活动出现在生产过程中。②

马克思认为，当人们还不能使自己的吃喝住穿在质和量方面得到充分保证的时候，人们就根本不能获得解放。"解放"是一种历史活动，不是思想活动，"解放"是由历史的关系，是由工业状况、商业状况、农业状况、交往状况促成的。马克思在《资本论》第三卷中明确写道："自由王国只是在由必需和外在目的规定要做的劳动终止的地方才开始；因而按照事物的本性来说，它存在于真正物质生产领域的彼岸。""社会化的人，联合起来的生产者，将合理地调节他们和自然之间的物质变换，把它置于他们的共同控制之下，而不让它作为盲目的力量来统治自己；靠消耗最小的力量，在最无愧于和最适合于他们的人类本性的条件下来进行这种物质变换。但是不管怎样，这个领域始终是一个必然王国。在这个必然王国的彼岸，作为目的本身的人类能力的发展，真正的自由王国，就开始了。但是，这个自由王国只有建立在必然王国的基础上，才能繁荣起来。"③ 只有这样，人类才有可能真正去"发展不追求任何直接实践目的的人的能力和社会的潜力"④。只有在这时，存在的自由个性形态才能实现："外在目的失掉了单纯外在必然性的外观，被看作个人自己自我

---

① 《马克思恩格斯全集》第46卷（下），人民出版社1980年版，第218页。
② 同上书，第113页。
③ 《马克思恩格斯全集》第25卷，人民出版社1979年版，第926—927页。
④ 《马克思恩格斯全集》第46卷（上），人民出版社1979年版，第218—219页。

提出的目的，因而被看作自我实现，主体的物化，也就是实在的自由。"①

与此同时，个体自由时间的获得与个体自由劳动成为现实是互为表里的二重性实现。马克思说道："现今财富的基础是盗窃他人的劳动时间。"② 但是，"真正的财富就是所有个人的发达的生产力。那时，财富的尺度决不再是劳动时间，而是可以自由支配的时间"③。因为从马克思的生存论哲学来看，个体自由时间是存在自由的天然尺度，把时间看作是空间的真理，"用时间去更多地消灭空间"④。他认为，资本社会的自由时间是以通过强制劳动吸收工人的个体自由时间为基础的，这样，工人就丧失了精神发展所必需的空间，因为时间就是这种空间。"时间实际上是人的积极存在，它不仅是人的生命尺度，而且是人的发展的空间。"⑤ 个体有了自由时间，主体的发展空间才会更大的敞开，个体的自我实现空间才会更大的敞开，"从整个社会来说，创造可以自由支配的时间，也就是创造产生科学、艺术等等的时间"⑥。"节约劳动时间等于增加自由时间，即增加使个人得到充分发展的时间。"⑦ 人们在真实的集体中真实地占有全部生产力，"时间的节约，以及劳动时间在不同的生产部门之间有计划的分配，在共同生产的基础上仍然是首要的经济规律。这甚至在更加高得多的程度上成为规律"⑧。从事真正自由的劳动，从而利用个体"自由时间"使自己发展成为真正"自由的人"，所以，个体自由时间⑨的获得成为自由个性的表征。

（二）交往力向度的自由个性

马克思还认为，人在交往力向度获得真实的解放，才有可能使"自

---

① 《马克思恩格斯全集》第 46 卷（下），人民出版社 1980 年版，第 112 页。
② 《马克思恩格斯全集》第 46 卷（上），人民出版社 1979 年版，第 218 页。
③ 《马克思恩格斯全集》第 47 卷，人民出版社 1979 年版，第 532 页。
④ 《马克思恩格斯全集》第 46 卷（上），人民出版社 1979 年版，第 33 页。
⑤ 《马克思恩格斯全集》第 46 卷（下），人民出版社 1980 年版，第 112 页。
⑥ 《马克思恩格斯全集》第 46 卷（上），人民出版社 1979 年版，第 381 页。
⑦ 《马克思恩格斯全集》第 46 卷（下），人民出版社 1980 年版，第 225 页。
⑧ 《马克思恩格斯全集》第 46 卷（上），人民出版社 1979 年版，第 120 页。
⑨ 不过："时至景观资本主义时期，马克思意义上的自由时间已被景观殖民化"（德波语），显然这是另一个值得探究的重大问题。

由个性"的存在形态得以实现。马克思一贯坚持,以虚假的共同体压抑个体、物的孤立性、人的依赖性是封建宗法共同体的存在形态特征。力图打破宗法共同体的资产阶级市民社会实行了个人主义——它对于宗法共同体是一种巨大进步。资本主义创造的这个存在形态阶段,一定程度上扩展了人与自然关系上的自由,同时,人类也开始"发现、创造和满足由社会本身产生的新的需要",从而不断生产出人和社会的全面性。在资本主义生产中,人类主体开始在"用那种把不同社会职能当作互相交替的活动方式的全面发展的个人,来代替只是承担一种社会局部职能的局部个人"①。在这里,人类社会才第一次有可能"培养社会的人的一切属性,并且把他作为具有尽可能丰富的属性和联系的人,因而具有尽可能广泛需要的人生产出来"②。以形成"普遍的社会物质变换,全面的关系,多方面的需求以及全面能力的体系",正是在这种情况下,原来第一种宗法共同体存在形态中的"直接形式的自然必然性消失了,这是因为一种历史形成的需要代替了自然的需要"③。并且,这里的"一切关系都是由社会决定的,不是由自然决定的"④。也只有资本主义才"创造出社会成员对自然界和社会联系本身的普遍占有"⑤。在这里,人类获得了社会存在上的"更大的自由",即个人从原来的对人的依附关系中解放出来的人身自由,在商品交换中的自由和竞争中的自由。但是,这种"自由的并不是个人,而是资本"⑥。而对人来说,"这种个人自由同时也是最彻底地消除任何个人自由,而使个性完全屈从于这样的社会条件,这些社会条件采取物的权力的形式,而且是极其强大的物,离开彼此发生关系的个人本身而独立的物。"⑦

在前述三大社会形态理论中,马克思认为,人类发展将经历从自然(宗法)共同体到市民社会再到自由人联合体的过程。在实现了交往力向

---

① 《马克思恩格斯全集》第46卷(上),人民出版社1979年版,第392页。
② 同上书,第287页
③ 同上书,第234页。
④ 同上书,第393页。
⑤ 同上书,第159页。
⑥ 同上书,第161页。
⑦ 《马克思恩格斯全集》第3卷,人民出版社1979年版,第157—158页。

度的自由的社会共同体里——"没有共同体,这是不可能实现的。只有在共同体中、个人才能获得全面发展其才能的手段,也就是说,只有在共同体中才可能有个人自由。"① ——"自由人的联合体"是更高级的存在形态,建构这一共同体的唯一基本原则是"每个人的自由发展将是一切人的自由发展的条件",各种交往形式即生产方式、生产关系、上层建筑、社会制度等,都是围绕"个体自主活动"建构的。这种联合体的其他特征是:私有制度和分工的消灭、每一个个体是"全面发展的个人"。个体不是社会的敌人,共同体也不是个体的敌人,个体自主活动成为主体的存在形态。当然,在这个分工合作的联合体存在形态里,"构成有意识社会联系之核心的、并不是对于社会合作的共同支配,而是对共同生活的规范性调节,这种调节以所有人的同意为基础,并确保包容的、平等的相互承认(以及每个个人的人格完整)。"②

(三)解释力向度的自由个性

马克思还认为,人在解释力向度获得了真实的解放,才有可能使主体"自由个性"存在形态得以实现。自由的存在形态必然包括重要的解释向度,恩格斯:"自由是在于根据对**自然界的必然性的认识**来支配我们自己和外部自然界。"③(黑体为引者所加)缺失了这一向度的自由是抽象的伪自由。马克思说:"……'解放'是由历史的关系,是由工业状况、商业状况、农业状况、交往状况促成的[……]。其次,还要根据它们的不同发展阶段,清除实体、主体、自我意识和纯批判等无稽之谈,正如同清除宗教的和神学的无稽之谈一样,而且在它们有了更充分的发展以后再次清除这些无稽之谈。"④ 马克思在这里所说到的"清除实体、主体、自我意识和纯批判等无稽之谈"等,毫无疑问是针对解释向度的自由个性存在形态的。在形形色色的伪意识形态中的"洞穴"存在绝不是自由的存在形态。例如,马克思曾经这样一针见血地批判了资本主

---

① 《马克思恩格斯选集》第 1 卷,人民出版社 1995 年版,第 119 页。

② [德]哈贝马斯:《在事实与规范之间:关于法律和民主法治国的商谈理论》,童世骏译,三联书店 2003 年版,第 409 页。

③ 《马克思恩格斯全集》第 20 卷,人民出版社 1971 年版,第 125—126 页。

④ 《马克思恩格斯选集》第 1 卷,人民出版社 1995 年版,第 75—76 页。

的自然观:资本主义"创造了这样一个社会阶段,与这个社会阶段相比,以前的一切社会阶段都只表现为人类的地方性发展和对自然的崇拜。只有在资本主义制度下自然界才不过是人的对象,不过是有用物;它不再被认为是自为的力量;而对自然界的独立规律的理论认识本身不过表现为狡猾,其目的是使自然界(不管是作为消费品,还是作为生产资料)服从于人的需要"①。上面引文中的"而且在它们有了更充分的发展以后再次清除这些无稽之谈"这半句话具有十分重要的意义,它表明了这种解释力向度的解放历程充满凶险和曲折(在第三章中已做过论述),也暗示了这一向度的自由存在实现的艰辛和重要性——实际上马克思终其一生都在和这种种"无稽之谈"作斗争,包括一切形式的形而上学、资产阶级意识形态、各种虚假的"社会主义"思潮,并且我们也常常把马克思哲学"解释"为一种具有革命性力量和科学的世界观、方法论。这些都在另一层意义上证明了解释力向度的自由个性存在形态的实现的必然性,只不过这一向度具有很强的隐蔽性使得大多数论者没有注意到——这也恰恰说明了放过研究这一向度的自由个性存在形态的危险性,因为具有反讽性的是任何一个个体若是寄生在一种洞穴性的解释方式中而妄谈解放和自由个性。

解释力向度的自由个性是衡量进步文化共同体的主要标准之一,尤其是其中的思维水平(原始、古代、近代、现代\后现代思维)。从文化人类学的角度,大概可以这么说,工业化解放人类的体力,民主化共同体解放人的组织力,信息化解放人类的脑力,而自否性理性则解放了人类的思维方式。解释力向度是这样一种内在机制:使用符号的能力使得解释或理解得以产生,符号虽然未曾为文化进化直接提供能量,但是,反过来讲,解释方式的革命首要功能是发现更多能量形式,改变利用和控制能量的方式和手段,使得文化逐步发展和进步,使之服务于人类。

黑格尔说:"精神的发展是自身超越、自身分离,并且同时是自身回复的过程。精神的这种内在性或自身回复,也可以说是它的最高的,绝对的目的。精神自己二元化自己,自己乖离自己,但却是为了能够发现

---

① 《马克思恩格斯全集》第 23 卷,人民出版社 1979 年版,第 535 页。

自己，为了能够回复自己。"① 但如果人类在精神的发展起点上就不能通过实施自我批判来起动自身超越、自身分离的伟大历程，但如果人类证明他自己不能对束缚其心灵的解释挑战战而胜之的话，这种解释母体则常常可能导致人类的毁灭。真正的自由个性还在于心灵的自由翱翔和解释方式的不断变化，精神的不断壮大，自主活动场所从外部宏观世界转向内在微观领域。所以，在这个意义上的自由个性的意思是指：正在发展着的个性或文化模式，趋向于反观成就它们自身的母体，它必然要把自我个性变为成就自身的挑战以及自身的战场。自由个性的标准是一种趋向自我自反性的进程，而趋向自反性的进程则是平淡无奇的，但最终却换来了使生命个体进入自由王国的奇迹。

（四）自由个性与文化发展

狭义的"自由个性"是指每一个个体的自由个性，它是相当于"异化"个性"偶然的个人"而言的。狭义的"自由个性"实际上还等于马克思所说的"丰富的全面的个性""有个性的人""个性自由"。

第一，具有自由个性的人就是"丰富的全面的个性"，他们更为注重自由的社会关系，以及精神生活中的各种需要、自我实现、自我发展、自我超越的需要等，人的存在空间将呈现出空前多的层次性和不断的超越性，从而实现了人的个性的真正丰富性。这样一来，人就能发展成为自由、自觉、自为的主体，人仅仅对财产的追求变成人对自身全面发展的追求。

第二，具有自由个性的人就是"有个性的人"。马克思的"有个性的人"是与"偶然的个人"相对的。他们自己决定自己，自己支配自己。正如鲍恩所说："我们有思想、情感和意志，这是属于我们自己的；我们还有一种自我控制的手段，也就是自己支配自己的力量。所以在经验中我们知道有个'自我'和相对的'自主'，这个事实使我们成为真正的人格。说得更确切一点，这就是'人格'的意义。"② 他们改变了其中独立

---

① ［德］黑格尔：《哲学史讲演录》第 1 卷，贺麟，王太庆译译，商务印书馆 1983 年版，第 28 页。

② ［美］鲍恩：《形而上学》第 102 页，转引自刘放桐等编著《现代西方哲学》（下），人民出版社 1990 年版，第 505—506 页。

性的人格取向，做真正依赖自己的人，而不是依赖他人或其他外物（如其地位、财产）的人。"有个性的人"剥夺了物的社会权利，并把它置于自己的控制之下，使物的价值从属于人的价值，人类全部力量的发展成为人生产的目的之本身。这样一来，存在就成为主体以自己的方式、自身的标准，进行自主选择、自主创造的活动。

第三，"自由个性"就是"个性自由""个性自由发展"。所谓的自由个性，大概是构成人的个性的各种因素包括人的体力、智力、才能、情感、兴趣、品质、审美等都得到自由而全面的发展，因而人的个性极其丰富。社会如果相当地压抑个性，从社会的最上层到最底层；"每个人仿佛都生活在一双充满敌意的、可怕的审查制度的眼睛之下"，结果造成了"束缚和阻碍"的一致性，以至我们就像"被修剪去枝梢"的树木。或者用一个更为形象的比喻：我们"就如中国妇女的小脚般"因被压束而致残①。在密尔（今译穆勒）看来，个性的自由发展有以下几个方面的意义：其一，个性自由是个人幸福的必要条件。真正的自由也就是能够"按照我们自己的道路去追求我们自己的好处的自由"。其二，个性自由有助于人类智力活动和道德取舍能力的提高，即有利于人的发展。其三，个性自由有利于社会的进步的。密尔指出："进步的唯一可靠而永久的源泉还是自由，因为如果有自由，有多少个人就可能有多少独立的进步中心。"②

第四，具有自由个性的人必须具有创造性的个性。自由的题中要义就是创造，人格主义把人格（即人性）看做一种自我的创造力量。法国人格主义者拉克鲁瓦认为，人格是一种"生命的冲动"，或上帝赋予的精神能量③。正因为创造，人类：从原始洞穴走向了各色华居走向了赛博空间；从自然（宗法）共同体发展到市民社会并豪迈地自由人联合体进发；从奴役自身的各色的观念实体走向敞开的自由的实践时空。密尔的《论自由》是对思想和言论自由的辩护，也是对创造性的强调。其一，我们即使在面对批评时仍未改变自己的观点，在与他人观点进行碰撞的过程

---

① John Stuart Mill, *On Liberty*, New York: Bartleby Com, 1999, p., 62.

② ［英］密尔：《论自由》，许宝骙译，商务印书馆1959年版，第13—14页。

③ ［法］拉克鲁瓦：《马克思主义、存在主义、人格主义》，转引自谷方《主体性哲学与文化问题》，中国社会科学出版社1994年版，第387页。

中，我们鲜明地感受到了自己见解的独到之处，了解到人们对它们的种种误解，并加深了对其意义的认识。其二，一个公开的思想和讨论的论坛（即一个推销思想的自由市场）激发了新思想，鼓励了新观念的出现。假设的前提是，这些新思想、新观念中，某些是真理性的、有趣的或者有用的，文化共同体从这种自由中获益①。一言以蔽之，正是创造，最终使得人类从兽类生成为人类，从客体自然生成为主体自然。

第五，具有自由个性的人就是多样性的个性。人之繁荣可以采取许多种形式。密尔是一位提倡至善论的自由主义者。他明确地提到了这种多样性："人与人之间在快乐的源泉、对痛苦的感受性以及各种物质和道德力量对他们的作用上，有着如此多样的差别，以至于除非在他们的生活方式中也存在相应的多样性，否则他们既不能获得美好的快感，也不能成长为按其本性能够达致的精神、道德和审美境界。"② 在《论自由》中，密尔提出应鼓励"生活实验"，这是指创造条件让人们进行创新活动，以便有可能带来任何形式和方面中未曾预期客观的人间善。他相信，关于生活的一些重要的、令人满意的形式等待发掘。自由原则允许"生活的种种试验"，这些试验有助于涌现出那些新的形式。毫无疑问，这些"新的形式"正在新的维度上打开文化发展和人类存在的新空间和新境界。

（五）个人的全面发展与自由个性的辩证

马克思称未来的共产主义社会是"以每一个个人的全面而自由的发展为基本原则的社会形式"③，这句话为我们辨明了个人的全面发展与自由个性两者之间的辩证关系。个人的全面发展与自由个性实际上是一而二，二而一的互相沟通的两极。

第一，每一个个人的全面发展是以其自由发展为前提的。历史上曾经出现过"丰富的个性"，但是这是一种原始的丰富性，远不是马克思式

---

① 参阅［英］杰弗里·托马斯《政治哲学导论》，顾肃、刘雪梅译，中国人民大学出版社2006年1月第1版，第240页。

② 转引自［英］杰弗里·托马斯《政治哲学导论》，顾肃、刘雪梅译，中国人民大学出版社2006年版，第242—243页。

③ 《马克思恩格斯全集》第23卷，人民出版社1972年版，第649页。译文有改动。

的个人的全面发展存在形态。马克思指出:"在发展的早期阶段,单个人
显得比较全面,那正是因为他还没有造成自己丰富的关系,并且还没有
使这种关系作为独立于他自身之外的社会权力和社会关系同他自己相对
立。留恋那种原始的丰富,是可笑的,相信必须停留在那种完全空虚之
中,也是可笑的。""在这里,无论个人还是社会,都不能想像会有自由
而充分的发展,因为这样的发展是同(个人和社会之间的)原始关系相
矛盾的。"① 所以,个人的全面发展必然是以自由发展为前提的,而所谓
自由发展是建立在对自然必然性和社会必然性的双重克服的基础上的存
在形态。只要自然还外在于人类主体,没有成为人化的自然、对象化的
自然;只要社会分工还不是出于自愿,而是自发的,那么人本身的活动
对人说来就成为一种异己的、与他对立的力量,这种力量驱使着人,而
不是人驾驭着这种力量,自由发展就会遥遥无期,个人的全面发展更无
从谈起。

第二,每一个个人的全面发展是自由个性的实现的前提。自由个性
即全面性与独特性的统一,全面发展使个人得到全面性,克服了畸形的
片面性;个性自由发展则意味着个人得到独特性,不同于他人,克服了
千篇一律。两者的结合才是"自由个性"即"有个性的个人"的实现。

第三,个人的全面发展与自由个性最终是以"总体(有的译为完整)
的个人""全面发展的个人"为文化发展的旨归,为马克思所憧憬的更高
存在形态的真实的落脚点。

在谈论文化发展的目的是,我们或许更应该认识到:马克思哲学所
提供的文化发展的主体性尺度是一个客观的、具体的、历史的尺度。人
类解放这个目的同样也不能做抽象的理解,是具体的历史的。在谋划文
化发展时,不应将处于较高发展阶段上的人的自由解放程度作为尺度去
衡量评价处于较低发展阶段上的人的自由与解放,不能用将来衡量现在,
不能用理想来剪裁现实。

---

① 《马克思恩格斯全集》第46卷(上),人民出版社1979年版,第109页。

结 束 语

　　马克思文化发展哲学运用大尺度的历史眼光、总体性的哲学视界、主体性的价值取向来看待文化概念，将其把握为一个关于人的对象性的生命活动及其历史发展的生存论本体论概念，文化活动在根本上是人的最为基本的生命存在和生命活动方式，文化的重要性就在于它为全面地理解人的现实生命及其历史发展提供一种基本的反思视界。文化表征着人的历史生成，这是文化概念在马克思哲学原则中被"生存论地"加以改造的指认，在这里，人的狭义精神存在已被现象学地虢夺①为总体文化存在，是文化概念的马克思哲学表达式。在此基础上，文化发展也是一个总体性概念。它指的是特定时代特定民族文化共同体之主体在生产实践（文化壹）、交往活动（文化贰）、解释行为（文化叁）三个向度上对主体（性）生成、文化结构优化与协调以及文化模式改良与升级三个方面的辩证否定变革。文化发展最终表征为人的主体性的加强与升级，主体的进步，文化共同体文化力总体的增强，文化力是一种最整合主体的力量的表征。主体的存在总是先于文化的发展，而文化的发展反过来可以优化、提升主体的存在，文化的发展总是主体存在的宾词。文化的发展不单单是进化意义上的文化结构的调整和完善，它更是生存意义上的更高存在形态和主体形态，就像马克思的"自由个性"所寄寓的理想存在和主体形态一样，它是人类对存在空间的开掘和拓展，是主体存在境界的升华。

　　正因为文化是主体历史生成历程中的脚印和痕迹，所以约翰·伯瑞

---

　　①　参阅［德］海德格尔《存在与时间》，陈嘉映、王庆节译，三联书店1987年版，第7节。

发现人类在获得其优势地位和展示其意义的过程中，进步观不得不克服一种可以被描述为"对终结的幻想"的心理障碍①。"它也将迎来自己的后继者……换言之，进步本身是否暗示着它作为一种学说的价值只是相对的，只对应于某个不是非常先进的文明阶段。"② 伽达默尔、利科和汤普森认识到活的历史经验既有回溯的决心，也有预期的决心。回溯文化的历史经验的维度是文化传统的存在论问题。坚持限制文化的过去，形成未来的文化是历史经验预期的维度③。正是在这个意义上，汤因比说：我们"不必猜测未来，也能够通过自己的内省辨别出它来。因为人类的目标已大写在人性的结构之中。那些令我们的动物祖先变成我们人类的因素，就是意识和愿望的获得。这两种心灵的才能是人性的显著标志，相互矛盾是它们的特征。它们既是赐予我们希望的宝库，又是把我们置于危险境地的负担。它们出现在人类身上，为了每一个有意识的、任性的灵魂，而打破了宇宙的统一性，破坏了宇宙的平衡。"④

历史不提出自己完成不了的任务，但也从不预设一个绝对的固定不变的目标荒度时日。马克思历史辩证法预告了世界文化的新轴心时期正在酝酿中。早在《共产党宣言》中马克思、恩格斯就预见："资产阶级，由于开拓了世界市场，使一切国家的生产和消费都成为世界性的了……过去那种地方和民族的自给自足和闭关自守的状态，被各民族的各方面的相互往来和各方面的相互依赖所替代了。物质生产是如此，精神生产也是如此。各民族的精神产品成了公共的财产。民族的片面性和局限性日益成为不可能，于是有许多种民族的和地方的文学形成了一种世界的文学。"⑤ "文学"一词德文是"Literatur"，这里泛指科学、艺术、哲学、政治等方面的著作。虽然"Literatur"其本义只是精神文化产品，但其预告了新的世界文化的孕育和分娩。新的世界文化将在物质与精神、事实

---

① ［英］约翰·伯瑞：《进步的观念》"后记"，范祥涛译，上海三联书店 2005 年版，第 245 页。

② 同上书，第 246 页。

③ ［美］罗伯特·C. 尤林：《理解文化：从人类学和社会理论视角》，何国强译，北京大学出版社 2005 年版，第 193—194 页。

④ ［英］阿诺德－汤因比：《历史研究》（修订插图本），刘北成、郭小凌译，世纪出版集团上海人民出版社 2005 年版，第 61 页。

⑤ 《马克思恩格斯选集》第 1 卷，人民出版社 1995 年版，第 276 页。

和价值、否定与否定之否定、世界与民族、东西方之间的和合辩证中诞生。

在新的孕育和分娩过程中，快乐伴随着阵痛，新生伴随着衰亡，正如 R. 基辛所论："在文化快速变迁的情境中，传统用以穿越迷津的方式可能不再适用；新的目标出现了，而通向目标的道路虽可揣测但还窒碍难行。个人可能变得有点同时受两个文化的影响可能利用传统的价值与伦理肯定新的行为策略。不然两种生活方式可能会被隔开，让个人在其间游走。这就需要在认知上有一次复杂的重组，让个人重新构思新的世界观，构思应付世界的新策略以及新道路。"①

总之，我们必须"在存在中认识到历史事物的本质性"，从人类实践对主体的本质生成中发现文化转型的真实根据，以及这种转型之实现方式的历史性。实践的否定的辩证法的宗旨是超越一切现存的事物。无论是传统，还是现存的进步，无论是陈旧的东西，还是刚刚生成的东西，一切都要经受实践和存在的逻辑的检验。根据阿多尔诺，彻底的否定或绝对的否定并不是从人的活动之外加诸人之存在的一种理论态度，而是根植于人的实践活动的超越本性。只有这种彻底的实践才真正是"革命的、批判的"，才可以保证人的自由不受任何超人的实体或外在的力量的损害。按照黑格尔的说法："自由就是回到自己的家"，"自由正是在他物中即是在自己本身中、自己依赖自己、自己是自己的决定者"②。实践活动之所以能做到"自由"这一点，最根本的原因在于它是人的自我规定、自我主宰的生命活动。只有这样，才有可能去谈论和理解生产实践和交往实践史对"有人格的个体"（das persönliche Individuum）③ 的"完整的人"（totale Mensch）的生成与诞生的存在论意义，否则，我们没有资格"和马克思主义交谈"④。

既然如此，那就点燃你内心的一星半点"普罗米修斯的火光"吧！"正是对外在权威的怀疑和否定，才有内在人格的觉醒和追求。"（李泽厚

---

① 转引自高瑞泉等《人格论》，上海文化出版社 1989 年版，第 249 页。

② ［南］马尔科维奇、彼德洛维奇编：《南斯拉夫"实践派"的历史和理论》，郑一明、曲跃厚译，重庆出版社 1994 年版，第 83 页。

③ Marx, *Marx Engels Werke*, Band Ⅲ, Berlin: Dietz Verlag, 1959, S. 70.

④ 《海德格尔选集》（上卷），孙周兴选编，上海三联书店 1996 年版，第 383 页。

语）。让我们准备走出洞穴，揖别母体，成就主体。

　　既然如此，那就让我们企望利用厚生之事，经由黼黻之盛，器物之繁，以成人文之亹亹。① 所谓利用，厚生，必依于正德。那就让我们企望"人类的进步才会不再像可怕的异教神像那样，只有用人头做酒杯才能喝下甜美的琼浆。"②

　　既然如此，在这种新生的文化模式中，让我们超越适者生存的丛林规则（Maxime），代之以富者福存，法者尊存，德者善存，美者良存，信者敬存，思者慧存，合之则优存全存③的发展法则（Gesetz）。

　　①　参阅唐君毅《中国文化之精神价值》，江苏教育出版社 2005 年版，第 131 页。

　　②　《马克思恩格斯全集》第 9 卷，人民出版社 1961 年版，第 252 页。

　　③　邱观建、操奇：《新三统论与"德法美"社会》，《江汉论坛》2011 年第 9 期，第 77 页。

主要参考文献

马克思主义原典

《马克思恩格斯选集》第 1、2、3、4 卷，人民出版社 1995 年版。

《马克思恩格斯全集》第 1 卷，人民出版社 1956 年第 1 版和 1995 年版。

《马克思恩格斯全集》第 2 卷，人民出版社 1957 年版。

《马克思恩格斯全集》第 3 卷，人民出版社 1960 年版。

《马克思恩格斯全集》第 4 卷，人民出版社 1958 年版。

《马克思恩格斯全集》第 6 卷，人民出版社 1961 年版。

《马克思恩格斯全集》第 9 卷，人民出版社 1961 年版。

《马克思恩格斯全集》第 13 卷，人民出版社 1962 年版。

《马克思恩格斯全集》第 16 卷，人民出版社 1964 年版。

《马克思恩格斯全集》第 17 卷，人民出版社 1963 年版。

《马克思恩格斯全集》第 19 卷，人民出版社 1963 年版。

《马克思恩格斯全集》第 20 卷，人民出版社 1971 年版。

《马克思恩格斯全集》第 21 卷，人民出版社 1965 年版。

《马克思恩格斯全集》第 23 卷，人民出版社 1972 年版和 2003 年第 2 版之
  第 44 卷。

《马克思恩格斯全集》第 24 卷，人民出版社 1972 年版和 2003 年第 2 版之
  第 45 卷。

《马克思恩格斯全集》第 25 卷（上、下），人民出版社 1974 年版和 2003
  年第 2 版之第 46 卷。

《马克思恩格斯全集》第 26 卷（上、中、下），人民出版社 1972、1973、
  1975 年版。

《马克思恩格斯全集》第 27 卷，人民出版社 1972 年版。

《马克思恩格斯全集》第 28 卷（上、下），人民出版社 1973 年版。

《马克思恩格斯全集》第 29 卷，人民出版社 1972 年版。

《马克思恩格斯全集》第 30 卷（上、下），人民出版社 1974 年版。

《马克思恩格斯全集》第 40 卷，人民出版社 1982 年版。

《马克思恩格斯全集》第 42 卷，人民出版社 1979 年版。

《马克思恩格斯全集》第 45 卷，人民出版社 1985 年版。

《马克思恩格斯全集》第 46 卷（上），人民出版社 1979 年版。

《马克思恩格斯全集》第 46 卷（下），人民出版社 1980 年版。

《马克思恩格斯全集》第 47 卷，人民出版社 1979 年版。

《马克思恩格斯全集》第 48 卷，人民出版社 1985 年版。

《列宁全集》第 38 卷，人民出版社 1986 年版。

《列宁全集》第 55 卷，人民出版社 1990 年版。

列宁：《哲学笔记》，人民出版社 1993 年第 2 版。

中文著作

梁启超：《新民说》，《饮冰室文集全编》，上海广益书局 1948 年版。

梁漱溟：《中国文化要义》，《民国丛书》第一编第 4 册，上海书店 1989 年版。

梁漱溟：《东西文化及其哲学》，商务印书馆 1999 年版。

钱穆：《中国文化史导论》（修订本），商务印书馆 1996 年。

殷海光：《中国文化的展望》，中国和平出版社 1988 年版。

唐君毅：《中国人文精神之发展》，广西师范大学出版社 2005 年版。

唐君毅：《中国文化之精神价值》，江苏教育出版社 2006 年版。

张岱年：《中国哲学大纲》，江苏教育出版社 2006 年版。

林毓生：《中国意识的危机》，贵州人民出版社 1988 年版。

罗荣渠：《现代化新论》，北京大学出版社 1993 年版。

许纪霖：《寻求意义：现代化变迁与文化批判》，上海三联书店 1997 年版。

许倬云：《中国文化与世界文化》，广西师范大学出版社 2006 年版。

余英时：《中国思想传统的现代诠释》，联经出版事业 1987 年版。

余英时：《文史传统与文化重建》，北京三联书店 2004 年版。

张光直:《中国青铜时代》,三联书店 1999 年 9 月版。

罗荣渠主编:《现代化:理论与历史经验的再探讨》,上海译文出版社
　　1993 年版。

何萍:《马克思主义哲学与文化哲学》,武汉大学出版社 2002 年版。

邱观建等:《湖北公路文化通论》,人民交通出版社 2009 年版。

朱喆主编:《中国文化讲义》,武汉理工大学出版社 2006 年版。

杨明佳:《自由与主权之间:美国制宪辩论的政治逻辑》,中国社会科学
　　出版社 2009 年版。

郭国祥:《当代中国先进文化建设规律研究》,湖北人民出版社 2005
　　年版。

操奇、朱喆主编:《艺术文化学》,北京大学出版社 2011 年版。

刘小枫:《现代性社会理论绪论——现代性与现代中国》,上海三联书店
　　1998 年版。

许宝强、汪晖主编:《发展的幻象》,中央编译出版社 2001 年版。

周宪:《审美现代性批判》,商务印书馆 2005 年版。

萧新煌编:《低度发展与发展》,台湾巨流图书公司 1985 年版。

刘森林:《发展哲学引论》,广东人民出版社 2000 年版。

黄仁宇:《资本主义与二十一世纪》,三联书店 1997 年版。

邓正来、亚历山大编:《国家与市民社会》,中央编译出版社 1998 年版。

梁治平:《寻求自然秩序中的和谐:中国传统法律文化研究》,中国政法
　　大学出版社 1997 年版。

梁治平编:《法律的文化解释》,三联书店 1998 年版。

高全喜:《论相互承认的法权》,北京大学出版社 2005 年版。

金太军、王庆五:《中国传统政治文化新论》,社会科学文献出版社 2006
　　年第 1 版。

葛荃:《中国政治文化教程》,高等教育出版社 2006 年版。

苏国勋等:《全球化:文化冲突与共生》,社会科学文献出版社 2006
　　年版。

赵汀阳:《天下体系》,江苏教育出版社 2005 年版。

邓晓芒:《思辨的张力》,商务印书馆 2008 年版。

李泽厚:《批判哲学的批判》,人民出版社 1995 年版。

李泽厚：《历史本体论·己卯五说》，三联书店 2006 年第 2 版。

李泽厚：《实用理性与乐感文化》，三联书店 2005 年第 1 版。

李泽厚：《美学三书》，安徽文艺出版社 1999 年版。

李泽厚：《中国古代思想史论》，安徽文艺出版社 1999 年版。

李泽厚：《中国近代思想史论》，安徽文艺出版社 1999 年版。

李泽厚：《中国现代思想史论》，安徽文艺出版社 1999 年版。

张立文：《和合学——21 世纪文化战略的构想》（上、下卷），中国人民大学出版社 2006 年版。

张一兵：《回到马克思——经济学语境中的哲学话语》，江苏人民出版社 1999 年版。

张一兵：《马克思历史辩证法的主体向度》，南京大学出版社 2002 年版。

黄楠森等主编：《马克思主义哲学史》（第 1—8 卷），北京出版社 1991—1996 年版。

司马云杰：《文化主体论——种价值实现的精神科学》，山东人民出版社 1992 年版。

孙正聿：《辩证法研究》（上、下），吉林人民出版社 2007 年版。

刘森林：《辩证法的社会空间》，吉林人民出版社 2005 年 11 月版。

贺来：《辩证法的生存论基础——马克思辩证法的当代阐释》，中国人民大学出版 2004 年版。

张世英：《新哲学讲演录》，广西师范大学出版社 2004 年版。

郑发祥：《主体心理学》，上海教育出版社 2006 年版。

李为善等：《主体性和哲学基本问题》，中央文献出版社 2002 年版。

谷方：《主体性哲学与文化问题》，中国社会科学出版社 1994 年版。

邓晓芒、易中天：《黄与蓝的交响：中西美学比较论》，人民文学出版社 1999 年版。

莫伟民：《主体的命运》，上海人民出版社 1995 年版。

葛兆光：《禅宗与中国文化》，上海人民出版社 1986 年版。

葛兆光：《中国思想史》（第 1 卷），复旦大学人民出版社 1998 年版。

葛兆光：《中国思想史》（第 2 卷），复旦大学人民出版社 2000 年版。

汪晖：《现代中国思想的兴起》，（上、下卷），三联书店 2004 年版。

陶伯华：《大飞跃——人类文明演进的十大飞跃点》，黑龙江人民出版社

2002 年版。

庄锡昌等编:《多维视角中的文化理论》,浙江人民出版社 1987 年版。

齐振海,袁贵仁主编:《哲学中的主体和客体》,中国人民大学出版社
　1992 年版。

衣俊卿:《文化哲学十五讲》,北京大学出版社 2004 年版。

李鹏程:《当代文化哲学沉思》,人民出版社 1994 年版。

黄力之、张春美主编:《马克思主义文化哲学与现代性》,上海三联书店
　2006 年版。

夏建中:《文化人类学理论学派——文化研究的历史》,中国人民大学出
　版 1997 年版。

赵林:《中西文化分野的历史反思》,武汉大学出版社 2004 年版。

许明、马驰主编:《马克思主义与当代文化发展》,上海社会科学院出版
　社 2008 年版。

许明、花建主编:《文化发展论》,北京大学出版社 2005 年版。

韩永进:《新的文化发展观》,文化艺术出版社 2006 年版。

史宗主编:《20 世纪西方宗教人类学文选》,上海三联书店 1995 年出版。

中文译著

[古希腊] 亚里士多德:《形而上学》,吴寿彭译,商务印书馆 1983 年版。

[德] 康德:《纯粹理性批判》,邓晓芒译,杨祖陶校,人民出版社 2004
　年版。

[德] 康德:《实践理性批判》,邓晓芒译,杨祖陶校,人民出版社 2004
　年版。

[德] 康德:《判断力批判》,邓晓芒译,杨祖陶校,人民出版社 2004
　年版。

[德] 黑格尔:《哲学史讲演录》(第 1 卷),贺麟、王太庆译,商务印书
　馆 1959 年版。

[德] 黑格尔:《哲学史讲演录》(第 2 卷),贺麟、王太庆译,商务印书
　馆 1960 年版。

[德] 黑格尔:《哲学史讲演录》(第 3 卷),贺麟、王太庆译,商务印书
　馆 1959 年版。

［德］黑格尔：《哲学史讲演录》（第4卷），贺麟、王太庆译，商务印书馆1978年版。

［德］黑格尔：《精神现象学》上、下卷，贺麟、王玖兴译，商务印书馆1987年版。

［德］黑格尔：《历史哲学》，王造时译，上海译文出版社2000年第2版。

［德］黑格尔：《小逻辑》，贺麟译，商务印书馆1980年7月第2版。

［德］黑格尔：《法哲学原理》，范扬、张企泰译，商务印书馆1961年版。

［意］维柯：《新科学》，朱光潜译，人民文学出版社1986年版。

［德］尼采：《偶像的黄昏》，周国平译，湖南人民出版社1987年版。

［法］孟德斯鸠：《论法的精神》上、下，张雁深译，商务印书馆1982年版。

［德］海德格尔：《诗·语言·思》，彭富春、戴晖译，文化艺术出版社1990年版。

［德］海德格尔：《存在与时间》，陈嘉映、王庆节译，商务印书馆1999年修订版。

［德］海德格尔：《海德格尔选集》，孙周兴选编，上海三联书店1996年版。

［德］海德格尔：《尼采》，商务印书馆2002年版。

［德］海德格尔：《林中路》，孙周兴译，上海译文出版社2004年版。

［德］海德格尔：《在通向语言的途中》，孙周兴译，商务印书馆1997年版。

［德］海德格尔：《路标》，孙周兴译，商务印书馆2000年版。

［德］海德格尔：《演讲与论文集》，孙周兴译，三联书店2005年版。

［德］本雅明：《本雅明文选》，陈永国、马海良选编，中国社会科学出版社2011年版。

［德］哈贝马斯：《作为"意识形态"的技术与科学》，学林出版社1999年版。

［德］伽达默尔：《真理与方法》上、下卷，洪汉鼎译，上海译文出版社1999年版。

［俄］别尔嘉耶夫：《人的奴役与自由》，徐黎明译，贵州人民比版社1995年版。

［法］多斯：《从结构到解构：法国 20 世纪思想主潮》，季广茂译，中央编译出版 2004 年版。

［德］埃德蒙德·胡塞尔：《欧洲科学危机和超验现象学》，上海译文出版社 1988 年版。

［法］萨特：《辩证理性批判》，林骧华等译，安徽文艺出版社 1998 年版。

［法］福柯：《癫狂与文明》，孙淑强、金筑云译，浙江人民出版社 1990 年版。

［法］米歇尔·福柯：《规训与惩罚》，刘北成、杨远婴译，三联书店 1999 年版。

［法］布罗代尔：《资本主义的动力》，杨起译，三联书店 1997 年版。

［法］列维－施特劳斯：《结构人类学》第 1、2 卷，张祖建译，中国人民大学出版社 2002 年版。

［法］罗兰·巴特：《流行体系——符号学与服饰符码》，敖军译，上海人民出版社 2000 年版。

［德］恩斯特·卡西尔：《语言与神话》，于晓等译，三联书店 1988 年版。

［德］卡西尔：《人论》，甘阳译，上海译文出版社 1985 年版。

［德］文德尔班：《哲学史教程》上、下卷，罗达仁译，商务印书馆 1997 年版。

［美］赫尔伯特·马尔库塞：《审美之维》，李小兵译，广西师范大学出版社 2001 年版。

［美］赫尔伯特·马尔库塞：《单面人》，左晓斯译，湖南人民出版社 1988 年版。

［法］路易·阿尔都塞、艾蒂安·巴里巴尔：《读〈资本论〉》，李其庆、冯文光译，中央编译出版社 2001 年版。。

［德］马克斯·舍勒：《知识社会学问题》，艾彦译，华夏出版社 2000 年版。

［德］霍克海默：《批判理论》，李小兵等译，重庆出版社 1989 年版。

［日］石田一良：《文化史学：理论与方法》，王勇译，浙江人民出版社 1989 年版。

［法］让·波德里亚：《消费社会》，刘成富、金志钢译，南京大学出版社 2001 年版。

［法］鲍德里亚：《物体系》，林志明译，时报出版社1997年版。

［英］费瑟斯通：《消费文化与后现代主义》，刘精明译，译林出版社1998年版。

［美］格尔茨：《地方性知识》，王海龙、张家煊译，中央编译出版社2000年版。

［美］乔治·E.马尔库斯、米开尔·M.J.费切尔：《作为文化批评的人类学：一个人文学科的实验时代》，王铭铭、蓝达居译，三联书店1998年版。

［英］泰勒：《原始文化》，连树声译，上海文艺出版社1992年版。

［英］杰弗里·托马斯：《政治哲学导论》，顾肃、刘雪梅译，中国人民大学出版社2006年版。

［美］田辰山：《中国辩证法：从〈易经〉到马克思主义》，萧延中译，中国人民大学出版社2008年版。

［美］C.E.布莱克：《现代化的动力》，段小光译，四川人民出版社1988年版。

［美］英格尔斯：《人的现代化》，殷陆君编译，四川人民出版社1985年版。

［美］凯尔纳、贝斯特：《后现代理论》，张志斌译，中央编译出版社1998年版。

［法］让－弗郎索瓦·利奥塔：《后现代状态：关于知识的报告》，车槿山译，北京三联书店1997年版。

［英］史蒂文·康纳：《后现代主义文化——当代理论导引》，严忠志译，商务印书馆2002年版。

［法］拉康：《拉康选集》，褚孝泉译，上海三联书店2001年版。

［德］卡尔·雅斯贝斯：《时代的精神状况》，王德峰译，上海译文出版社1997年版。

［德］鲁道夫·奥伊肯：《生活的意义与价值》，万以译，上海译文出版社1997年版。

［荷］胡伊青加：《人：游戏者》，成穷译，贵州人民出版社1998年版。

［英］安东尼·吉登斯：《现代性与自我认同》，赵旭东译，北京三联书店1998年版。

〔英〕吉登斯：《现代性的后果》，田禾译，译林出版社 2000 年版。

〔英〕查尔斯·泰勒：《自我的根源：现代性认同的形成》，韩震等译，译林出版社 2001 年版。

〔美〕林恩·桑戴克：《世界文化史》，陈廷璠译，陈恒整理，上海三联书店 2005 年版。

〔美〕格尔茨：《文化的解释》，韩莉译，译林出版社 1999 年版。

〔美〕萨林斯：《文化与实践理性》，赵丙祥译，上海人民出版社 2002 年版。

〔德〕舍勒：《价值的颠覆》，刘小枫、罗悌伦译，三联书店 1997 年版。

〔美〕马歇尔·萨林斯：《文化与实践理性》，赵丙祥译，上海人民出版社 2002 年版。

〔英〕马凌诺斯基：《文化论》，费孝通译，华夏出版社 2001 版。

〔美〕阿瑟·赫尔曼：《文明衰落论》，张爱平、许先春、蒲国良等译，上海人民出版社 2007 年版。

〔美〕詹姆逊：《詹姆逊文集》第 1、2、3 卷，王逢振主编，中国人民大学出版社 2004 年版。

〔美〕弗雷德里克·詹姆逊：《快感：文化与政治》，王逢振等译，中国社会科学出版社 1999 年版。

〔美〕弗雷德里克·詹明信（詹姆逊）：《晚期资本主义的文化逻辑》，陈清侨等译，北京三联书店 1999 年版。

〔德〕阿多诺：《否定的辩证法》，张峰译，重庆出版社 1993 年版。

〔德〕霍克海默、阿多诺：《启蒙辩证法》，渠敬东、曹卫东译，上海人民出版社 2003 年版。

〔美〕丹尼尔·贝尔：《资本主义文化矛盾》，赵一凡等译，三联书店 1989 年版。

〔德〕西美尔：《货币哲学》，陈戎女等译，华夏出版社 2002 年版。

〔德〕汉娜·阿伦特：《人的条件》，竺乾威等译，上海人民出版社 1999 年版。

〔英〕汤林森：《文化帝国主义》，冯建三译，上海人民出版社 1999 年版。

〔法〕弗朗索瓦·佩鲁：《新发展观》，丰子义译，华夏出版社 1987 年版。

〔韩〕宋荣培：《东西哲学的交汇与思维方式的差异》，朴光海、吕钼译，河南人民出版社 2006 年版。

［美］S. 阿瑞提：《创造的秘密》，钱岗南译，辽宁人民出版社 1987 年版。

［美］摩尔根：《古代社会》，杨东莼等译，商务印书馆 1977 年版。

［意］葛兰西：《狱中札记》，曹雷雨等译，中国社会科学出版社 2000 年版。

［美］弗洛姆：《对自由的恐惧》，许合平、朱士群译，国际文化出版公司 1988 年版。

［美］弗洛姆：《逃避自由》，陈学明译，工人出版社 1987 年版。

［美］弗洛姆：《在幻想锁链的彼岸：我所理解的马克思和弗洛伊德》，张燕译，湖南人民出版社 1986 年版。

［美］萨义德：《东方学》，王宇根译，三联书店 2003 年版。

［美］萨义德：《文化和帝国主义》，李锟译，三联书店 2003 年版。

［英］密尔：《论自由》，严复译，上海三联书店 2009 年版。

［美］本尼迪克特：《文化模式》，王炜译，三联书店 1988 年版。

［德］马克斯·韦伯：《新教伦理与资本主义精神》，于晓译，三联书店 1987 年版。

［法］列维·布留尔：《原始思维》，丁由译，商务印书馆 1987 年版。

［英］李约瑟：《中国科学技术史》第 3 卷，科学出版社 1978 年版。

［美］丹尼尔·贝尔：《意识形态的终结——五十年代政治观念衰微之考察》，张国清译，江苏人民出版社 2001 年版。

［英］马丁·阿尔布劳：《全球时代：超越现代牲之外的国家和社会》，高湘泽、冯玲译，商务印书馆 2001 年版。

［德］尼采：《道德的谱系》，周红译，北京三联版 1992。

［美］A. 马塞勒等著，《文化与自我》，任鹰等译，浙江人民出贩杜 1988 年出版。

［美］奎因：《从逻辑的观点看》，陈启伟、江天骥等译，中国人民大学出版社 2007 年版。

［美］埃尔斯特、［挪］斯莱格斯塔德合编：《宪政与民主——理性与社会变迁研究》，潘勤、谢鹏程译，三联书店 1997 年版。

［德］卡尔·雅斯贝尔斯：《历史的起源与目标》，魏楚雄等译，华夏出版

社 1989 年版。

［美］克拉克洪等：《文化与个人》，高佳等译，浙江人民出版社 1986
年版。

［美］哈里斯：《文化唯物主义》，张海洋、王曼萍译，华夏出版社 1988
年版。

［德］斯宾斯勤：《西方的没落》，吴琼译，上海三联书店 2006 年版。

［意］葛兰西：《实践哲学》，徐崇温译，重庆出版社 1990 年 9 月版。

［美］托马斯·内格尔：《人的问题》，万以译，上海译文出版社 2000
年版。

［南］马尔科维奇、彼德洛维奇编：《南斯拉夫"实践派"的历史和理
论》，郑一明、曲跃厚译，重庆出版社 1994 年版。

［法］科尔纽：《马克思的思想起源》，王瑾译，中国人民大学出版社
1987 年版。

［美］C. 恩伯和 M. 恩伯：《文化的变异——现代文化人类学通论》，杜
彬彬译，辽宁人民出版社 1988 年版。

［美］F. 卡普拉：《现代物理学与东方神秘主义》，灌耕编译，四川人民
出版社 1984 年版。

［美］F. 卡普拉：《转折点——科学、社会、兴起中的新文化》，冯禹等
编译，中国人民大学出版社 1989 年版。

［德］利奇温：《18 世纪中国与欧洲文化的接触》，朱杰勤译，商务印书
馆 1991 年版。

［美］菲利普·巴格比：《文化：历史的投影》，夏克等译，上海人民出版
社 1987 年版。

［德］蓝德曼：《哲学人类学》，张乐天译，上海译文出版社，上海译文出
版社 1988 年版。

［苏］E. A. 瓦维林、B. Π 弗法诺夫：《历史唯物主义与文化范畴》，雷永
生、邱守娟译，河北人民出版社 1987 年版。

［英］约翰·伯瑞：《进步的观念》，范祥涛译，上海三联书店 2005 年版。

［美］罗伯特·C. 尤林：《理解文化：从人类学和社会理论视角》，何国
强译，北京大学出版社 2005 年版。

［英］汤因比，［英］索麦维尔节录：《历史研究》（上、中、下册），曹

未风译，上海人民出版 1966 年 6 月第 2 版。

［英］阿诺德 – 汤因比：《历史研究》（修订插图本），刘北成、郭小凌译，世纪出版集团上海人民出版社 2005 年版。

［美］大卫·格里芬：《后现代精神》，王成兵译，中央编译出版社 1998年版。

［美］罗蒂：《后哲学文化》，黄勇译，上海译文出版社 1992 年版。

［匈］卢卡奇：《历史和阶级意识》，杜章智等译，商务印书馆 1996 年版。

［匈］卢卡奇：《理性的毁灭》，王玖兴等译，江苏教育出版社 1988 年版。

［匈］卢卡奇：《社会存在本体论》，李俊文译，中国社会科学出版社2007 年版。

［德］本雅明：《机械复制时代的艺术作品》，王才勇译，江苏人民出版社2006 年版。

［德］本雅明：《经验与贫乏》，王炳均，杨劲译，百花洲文艺出版社1999 年版。

［美］马尔库塞：《爱欲与文明》，黄勇译，上海译文出版社 1987 年版。

［美］马尔库塞：《工业社会与新左派》，任立编译，商务印书馆 1981年版。

［德］哈贝马斯：《交往与社会进化》，张博树译，重庆出版社 1990 年版。

［德］哈贝马斯：《重建历史唯物主义》，郭官义译，社会科学文献出版社2000 年版。

［德］哈贝马斯：《合法性危机》，陈学明译，上海人民出版社 2000 年版。

［德］韦伯：《经济与社会》上、下卷，林荣远译，商务印书馆 1997年版。

［德］韦伯：《学术与政治》，冯克利译，三联书店 1998 年版。

［德］曼海姆：《意识形态与乌托邦》，黎鸣、李书崇译，商务印书馆2000 年版。

复旦大学哲学系现代西方哲学研究室编译：《西方学者论"1844 年经济学哲学手稿"》，复旦大学出版社 1983 年版。

［意］德拉 – 沃尔佩：《卢梭与马克思》，薛贵译，重庆出版社 1993 年版。

［英］伊格尔顿：《美学意识形态》，王杰等译，广西师范大学出版社1997 年版。

〔美〕杰姆逊:《语言的牢笼》,《马克思主义与形式》,钱佼汝、李自修译,百花洲文艺出版社1997年版。

〔美〕杰姆逊:《时间的种子》,王逢振译,漓江出版社1995年版。

〔法〕德鲁兹:《哲学与权力的谈判》,刘汉全译,商务印书馆2000年版。

〔美〕波斯特:《信息方式》,范静哗译,商务印书馆2000年版。

〔美〕波斯特:《第二媒介时代》,范静哗译,南京大学出版社2000年版。

〔美〕罗兰·罗伯森:《全球化:社会理论与全球文化》,梁光严译,上海人民出版社2000年版。

〔美〕伊曼纽尔·沃勒斯坦:《现代世界体系》第1、2卷,路爱国、罗荣渠等译,高等教育出版社1998年版。

〔美〕伊曼纽尔·沃勒斯坦:《现代世界体系》第3卷,庞卓恒等译,高等教育出版社2000年版。

北京大学哲学系外国哲学史教研室编译:《西方哲学原著选读》上、下卷,商务印书馆1988年版。

〔美〕库恩:《科学革命的结构》,李宝恒等译,上海科学技术出版社1980年版。

〔德〕A. G. 弗兰克:《依附性积累与不发达》,高铦、高戈译,译林出版社1999年版。

〔美〕多尔迈:《主体性的黄昏》,万俊人译,上海译文出版社1992年版。

〔法〕利奥塔:《非人》,罗国祥译,商务印书馆2000年版。

〔美〕莱文:《辩证法内部对话》,张翼星等译,云南人民出版社1997年版。

〔捷〕科西克:《具体的辩证法》,傅小平译,社会科学文献出版社1989年版。

〔法〕埃德加·莫兰:《迷失的范式:人性研究》,陈一壮译,北京大学出版社1999年版。

〔苏〕弗·凯勒:《文化的本质与历程》,陈文江、吴骏远等译,浙江人民出版社1989年版。

〔美〕托马斯·哈定:《文化与进化》,韩建军等译,浙江人民出版社1987年版。

〔法〕德里达:《马克思的幽灵》,何一译,中国人民大学出版社1999

年版。

［德］阿尔都塞：《保卫马克思》，顾良译，商务印书馆 2009 年版。

［英］哈耶克：《致命的自负》，冯克利、胡晋华译，中国社会科学出版社 2000 年版。

［英］哈耶克：《科学的反革命理性滥用之研究》，冯克利译，译林出版社 2003 年版。

［英］哈耶克：《自由秩序原理》，邓正来译，三联书店 1997 年版。

［英］雷蒙·威廉斯：《文化与社会》，吴松江、张文定译，北京大学出版社 1991 年版。

［美］费正清：《中国：传统与变迁》，张沛译，世界知识出版社 2002 年版。

［英］波普尔：《历史决定论的贫困》，杜汝楫，邱仁宗译，华夏出版社 1987 年版。

［美］伯格：《发展理论的反省：第三世界发展的困境》，蔡启明译，台湾巨流图书公司 1987 年版。

［埃］阿明：《不平等的发展：论外围资本主义的社会形态》，高铦译，商务印书馆 1990 年版。

［美］艾恺：《世界范围的反现代化思潮——论文化守成主义》，贵州人民出版社 1991 年版。

［美］亨廷顿等：《现代化：理论与历史经验的再探讨》，罗荣渠主编，上海译文出版社 1993 年版。

［美］昂格尔：《现代社会中的法律》，吴玉章等译，译林出版社 2001 年版。

［美］B. 史华慈：《寻求富强：严复与西方》，叶凤美译，江苏人民出版社 1998 年版。

［美］费正清主编：《剑桥中华民国史》上、下卷，杨品泉等译，中国社会科学出版社 1994 年版。

［美］杜赞奇：《文化、权力与国家：1900—1942 年的华北农村》，王福明译，江苏人民出版社 1994 年版。

［美］杜赞奇：《从民族国家拯救历史：民族主义话语与中国现代史研究》，王宪明译，社会科学文献出版社 2003 年版。

［美］托马斯·库恩：《必要的张力——科学的革命和变革论文选》，纪树立、范岱年和罗慧生等译，福建人民出版社1981年版。

［德］哈肯：《协同学——大自然构成的奥秘》，凌复华译，上海译文出版社2005年版。

［美］亨廷顿：《文明的冲突与世界秩序的重建》，周琪等译，新华出版社2002年第3版。

［美］卡斯特：《网络社会的崛起》，夏铸九等译，社会科学文献出版社2001年版。

［美］卡斯特：《千年终结》，夏铸九、黄慧琦译，社会科学文献出版社2003年版。

［美］卡斯特：《认同的力量》，夏铸九等译，社会科学文献出版社2003年版。

中文论文

邓正来：《对知识分子"契合"关系的反思与批判——关于中国社会科学自主性的再思考》，《天津社会科学》2004年第6期。

顾准：《辩证法与神学》，载《顾准文集》，贵州人民出版社1994年版。

赵汀阳：《二元论与二元性》，《社会科学战线》2000年第1期。

聂锦芳：《版本考证与文本解读、思想研究的关系辨析——以〈德意志意识形态〉为例》，《马克思主义与现实》2007年第3期。

刘森林、龚庆：《马克思的经验主体观：从批判施蒂纳的角度看》，《学术研究》2008年第4期。

操奇、朱喆：《马克思哲学的文化概念》，《马克思主义哲学研究》2010年卷，湖北人民出版社2010年版。

欧阳谦：《文化的辩证法——关于"文化主义的马克思主义"的几点思考》，《马克思主义与现实》2008年第4期。

黄力之：《解读马克思、恩格斯的文化概念》，《上海行政学院学报》2007年第7期。

李国强：《当代西方发展理论的变迁与危机》，《天津社会科学》1994年第4期。

刘森林：《对话：内化与空间拓展——以"主体性"问题为例》，《哲学研究》2005 年第 10 期。

刘森林：《主体性理论视域中的现代辩证法》，《南京大学学报》（哲学・
　人文科学・社会科学）2008 年第 1 期。

王至元，刘大基：《文化学与文化概念》，《北京社会科学》1986 年第
　2 期。

冯天瑜：《地理环境与文化创造》，《理论月刊》1991 年第 1 期。

唯易：《文化发生的生态动力》，《新东方》，1995 年第 4 期。

顾乃忠：《地理环境与文化——兼论地理环境决定论研究的方法论》，《浙
　江社会科学》2000 年第 3 期。

王岳川：《深生态学的文化张力与人类价值》，《江苏行政学院学报》2009
　年第 1 期。

陈学明：《马克思唯物主义自然观的生态意蕴——约翰・贝拉米・福斯特
　对马克思主义的解释》，《马克思主义与现实》2009 年第 6 期。

邓晓芒：《马克思人本主义的生态主义探源》，《马克思主义与现实》2009
　年第 1 期。

吴晓江：《生态哲学视野中的“第一生产力”》，《哲学研究》1991 年第
　12 期。

洪黎民：《共生概念发展的历史、现状及展望》，《中国微生物学杂志》
　1996 年第 4 期。

吕爱兰：《论人类自我意识的发生和发展》，《湖北三峡学院学报》1999
　年 2 月。

陈志良：《论对象意识与自我意识》，《江淮论坛》1990 年第 1 期。

徐崇温：《“后工业社会主义”的社会主义观》，《理论视野》2001 年
　第 4 期。

胡潇：《关于主体性的实践唯物论解释》，《哲学研究》2008 年第 12 期。

邱观建、操奇：《新三统论与“德法美”社会》，《江汉论坛》2011 年第
　9 期。

邓晓芒：《从大历史看文化的演进——〈赵林谈文明冲突与文化演进〉读
　后》，《中国图书评论》2007 年第 2 期。

衣俊卿、孙占奎：《交往与异化——关于现代交往的负面研究》，《哲学研
　究》1994 年第 5 期。

任平：《知识经济生产方式、交往实践观与新全球化时代》，《教学与研究》2001 年第 4 期。

刘森林：《实践：从主体性到社会性》，《全国"唯物史观的理论创新"与"马克思主义实践理论的当代意义"学术研讨会论文集》，2004 年 12 月。

邓晓芒：《再辨"人格"之义——答徐少锦先生》，《江海学刊》1995 年第 6 期。

朱喆、操奇：《马克思的人格思想与公民文化建设》，《中南民族大学学报》（人文社会科学版）2010 年第 5 期。

王锐生：《个性的哲学探讨》，《光明日报》1988 年 6 月 13 日第 5 版。

陈独秀：《孔子之道与现代生活》，《新青年》1916 年 12 月 1 日第 2 卷第 4 号。

方军：《论人格的社会历史规定性》，《哲学研究》1992 年第 8 期。

沈亚生：《马克思主义哲学视野中的人格、自我与个体性》，吉林大学博士学位论文，2004 年 5 月。

何晓明：《张之洞文化人格论》，《哲学研究》1993 年第 10 期。

韩水法：《如何理解西方文明的核心因素？》，《华东师范大学学报》（哲学社会科学版）2008 年第 1 期。

刘森林：《反讽、主体与内在性——兼论马克思哲学中的反讽维度》，《现代哲学》2006 年第 5 期。

操奇、邱观建：《主奴辩证法与后现代主义》，《理论月刊》2009 年第 11 期。

高清海：《信仰理性·认知理性·反思理性》，《学海》2001 年第 2 期。

邓晓芒：《"自否定"哲学原理》，《江海学刊》1997 年 8 月。

张灏等编：《晚清思想》，载《晚清思想发展讨论——几个基本论点的提出与检讨》，台北，时报出版公司 1980 年版。

苏力：《法律文化类型学研究的一个评析——〈法律的文化解释〉读后》，载苏力《批评与自恋》，法律出版社 2004 年版。

中译论文

[日] 岩崎允胤：《文化和人类活动的辩证法》，原博昭译，《哲学研究》
1990 年第 2 期。

[法] 阿兰·巴迪乌：《当代法国哲学思潮》，陈杰，李谶译，《国外理论
动态》2008 年第 12 期。

[澳] 阿伦·盖尔：《走向生态文明：生态形成的科学、伦理和政治》，武
锡申译，《马克思主义与现实》2010 年第 1 期。

[俄] 叶莲娜·萨马尔斯卡娅：《从工业社会主义到后工业社会主义》，顾
家庆译，《当代世界与社会主义》1997 年第 1 期。

[美] 丹尼尔·贝尔：《技术轴心时代（上）——〈后工业社会的来临〉
1999 年版前言》，王建民译，《当代世界社会主义问题》2003 年第
2 期。

[英] 阿德里安·里特尔：《论后工业社会主义》，郑一明编译，《马克思
主义与现实》2002 年第 2 期。

[美] 石里克：《哲学的未来》，叶闽译，《哲学译丛》1990 年第 6 期。

[美] J. C. 亚历山大：《分化理论：问题及其前景》，姚莎莎译，《国外社
会学》1992 年第 1 期。

[德] J. 哈贝马斯：《生产力与交住》，李黎摘译，《哲学译丛》1992 年第
6 期。

[德] 伽达默尔：《摧毁和解构》，孙周兴译，《哲学译丛》，1991 年第
5 期。

[法] 列斐伏尔：《人类的产生》，乔桂云译，载复旦大学编《西方学者
论一八四四年经济学哲学手稿》，复旦大学出版社 1983 年版。

[美] 吉尔兹：《深描说：迈向解释的文化理论》，于晓译，载《文化：
中国与世界》第一辑，三联书店 1987 年版。

[美] 杜赞奇：《为什么历史是反理论的》，姚星、马钊译，载黄宗
智编《中国研究的范式问题讨论》，社会科学文献出版社 2003
年版。

[以] 约维尔：《存在主义与历史辩证法》，巫白慧摘译，《世界哲学》
1980 年第 4 期。

［英］雷蒙·威廉斯:《马克思主义文化理论中的基础与上层建筑》
（1973 年），胡谱忠译，《外国文学》1999 年第 5 期。

［德］卡尔·雅斯贝尔斯:《人的历史》，载田汝康、金重远选编《现代
西方史学流派文选》，上海人民出版社 1982 年版。

［以］艾森斯塔德（S. N. Eisenstadt):《轴心时代的突破：轴心时代的特
征与起源》，沈原译，《国外社会学》1993 年第 5 期。

［德］海德格尔:《哲学的终结和思想的任务》，孙周兴译，《哲学译丛》
1992 年第 5 期。

外语原著

Marx Engles, *Ausgewaehlte Werke* (Band I —Ⅶ), Berlin: Dietz
Verlag, 1989.

K. Marx, *Grundtisse der kritik der politischen oekonornie*, Berlin: Dietz Verlag,
1974.

Hegel, *Grundlinien der Philosophie des Rechts*, Frankfurt am Main: Suhrkamp
Verlag, 1986.

Martin Heidegger, *Erläuterungen zu Hölderlins Dichtung*, Frankfurt am Main:
Vittorio Klostermann Verlag, 1996.

M. Heidegger, *Ueber den humanismus*, Frankfurt am Main: Suhrkamp Verlag,
1975.

M. Heidegger, *Sein und Zeit*, Tuebingen: Max Niemeyer Verlag, 1986.

Karl Jaspers, *Philosophie* II, Berlin/Gttingen/Heidelberg: Springer-
Verlag, 1956.

A. L. Kroeber, Clyde Kluckhohn, *Culture: A Critical Review of Concepts and
Definitions*, Alfred A. Knopf, Inc. and Random House, Inc. 1963.

V. G. Childe, *Piecing Together the Past*, London: Routledge & Kegan
Paul, 1959.

William Fielding Ogburn, *Social Change*. New York: Viking Press, 1922.

Alfred Kroeber, *Configurations of Cultural Growth*, Berkeley and LA: Univer-
sity of California Press, 1944.

A. Smity, *The Concept of Social Change*, London: Routledge & Kegan Paul Ltd, 1973.

C. Tilly, *The Formation of Nation States in Western Europe*, Boston: Princeton Univ. Press, 1975.

Morris Berman, *The Reenchantment of the World*, New York: Bantam, 1984.

Julian H. Steward, *Theory of Culture Change: the Methodology of Multilinear Evolution*, Illinois: University of Illinois Press, 1955.

Donald Worster, *Nature's Economy: A History of Ecological Ideas.* Cambridge UK: Cambridge University Press, 1994.

C. f Eric Katz, Andrew Light, and David Rothenber (ed.). *Beneath the Surface: Critical Essays in the Philosophy of Deep Ecology.* Cambridge, Mass. : MIT Press, 2000.

Fredric Jameson, *The Ideologies of Theory: Essays* 1971 – 1986, vol. 2 , London: Routledge, 1988.

Fredric Jameson, *The Political Unconscious*, Connell Universitity press, 1981.

I. Wallerstein, *The Modern World System*, New York: Academic Press, 1974.

John U. Nef, *Cultural Foundations of Industrial Civilization*, New York: Cambridge University Press, 1958.

A. Giddens, *The Consequences of Modernity*, Cambridge: Polity Press, 1990.

E. Shils, *Center and Periphery*, Chicago: The University of Chicago Press, 1975 .

M. Albrow, *The Global Age* , London: Polity Press, 1996.

F. M. Wuketits, *Concepts and approaches in evolutionary epistemology: towards an evolutionary theory of knowledge*, Holland: D. Reidel Publishing Company, 1984.

Teng and Fairbank, *China's Response to the West*, Boston: Harvard Univ. Press, 1954.

Fairbank, Reischouer and Craig, *East Asia: The Modern Transformation*, Boston: Houghton Mifflin, 1965.

J. R. Levension, *Confucian China and its Modern Fate*, Califoria: University of California Press, 1958.

J. B. Foster, *Marx's Ecology: Materialism and Nature*, Monthly Review Press, 2000.

P. Evens, *Dependent and Development*, Princeton: Princeton University Press, 1979.

Alexandre Kojeve, *Introduction to the Reading of Hegel.* New York and London: Basic Books, 1969.

Buck-Morss, Susan, *The Origin of Negative Dialectics*, Sussex: Free Press, 1977.

Norman, Richard, *HegeL, Marx and Dialectic: A Debate*, Sussex: Free Press, 1980.

Deleuze, *Anti-Oedipus*, Minneapolis University of Minnesota Pre. , 1983.

Theodor Adorno and Max Horkheimer, *Dialectic of Enlightenment* , New York: The Seabury Press, 1972.

M. Horkheimer, *Eclipse of Reason*, New York: Continuum Publishing Group, 1974.

Georg Simmel, *Philosophie des Geldes*, Frankfurt am Main: Suhrkamp Verlag, 1988.

Ellul Jacques, *The Technological System*, Trans. By Jouchim Neugroschel, New York Continuum, 1980.

Feenberg, *A Critical Theory Technology*, New York Oxford: Oxford University Press, 1991.

Habermas, "Modernity - An Incomplete Project", *Interpretive Social Science: a Second book*, edited by Paul Rabinow and William M, Sullivan, University of California Press, 1979.

Calinescu, *Five Faces of Modernity*, Duke University Press, 1987.

Lawrence Kritzman, ed. *Foucault: Politics, Philosophy, Culture*, New York: Routledge. 1988.

R. Rorty, *Overcoming the Tradition: Heidegger and Dewey*, *The Consequences of Pragmatism*, Minneapolis: University of Minnesota Press. 1982.

Alain Renaul, *The Era of The Individual——A Contribution to History of Sub-*

jectivity, Princeton , New Jersey: Princeton University Press, 1997.

Cary Nelson and Lawrence Grossberg (eds), *Marxism and Interpretation of Culture*, Chicago: University of Illinois Press, 1988.

Adorno, *Negative Dialectics*, Routlege, 1973.

Lyotard, Jean-Francois: *The Post modern Condition*: *A Report on Knowledge*, University of Minnesota Press, 1984.

C. Geertz, *The Interpretation of Cultures* , New York: Basic Books, 1973.

Leonard P. Wessel, Jr. *Karl Marx Romantic Irony*, *and the Proletariat*, Louisiana State University Press , 1979.

John Stuart Mill, *On Liberty*, New York: Bartleby. Com. , 1999.

Marcuse, *Reason and Revolution*, *Hegel and the Rise of Social Theory*, Boston: Beacon Press, 1960.

R. Williams, *Culture and Society* 1780—1950, Harmondsworth: Penguin Books, 1983.

Herbert Marcuse, *Technology*, *War and Fascism*, By Douglas Kellner edit. , London and New York: Routledge, 1998.

外语期刊论文

J. R. Gusfield, Tradition and Modernity: Misplaced Polarities in the Study of Social Change, in *American Journal of Sociology*, 72, 1967, pp. 352—362.

R. Bendix, Tradition and Modernity Reconsidered, in *Comparative Studies in Society and History*, 9, 1967, pp. 292—346.

D. C. Tipps, Modernization Theory and the Comparative Study of Societies: A Critical Perspective, in *Comparative Studies in Society and History*, 15, 1973, pp. 199—226.

Bourdieu, Structruralism and theory of sociological knowedge. *Social Research* 35 (4), pp. 681—706.

Sapir Edward, Do We Need A Superorganic, *American Anthropologist*, 1917 (19), p. 441.

Pike, Kenneth L. "On the Emics and Etics of Pike and Harris. " *Emics and*

Etics. The Insider/Outsider Debate. Th. N. Head and K. L. Pike, and M. Harris, eds. , *Frontiers of Anthropology* 7. Newbury Park, London, New Delhi, Sage. 1990, pp. 46—58.

后　记

着迷于文化魔方已有年月，它既源于 20 世纪 80 年代的"文化热"，还源于自己对当下转型中国的文化困惑，更源于本人与生俱来的形而上冲动。

20 世纪 80 年代风情万种的"文化热潮"仍然摇曳于记忆之深处，形形色色之文化研究既风姿绰约又启人心智，但它们也或多或少总给人留下这样或那样的遗憾，总觉得还有一些根本性问题没有得到真正透彻的研究，尤其是在文化发展哲学（我称之为文化辩证法）的拓展这一块，有一笔迟早要还的"思想债务"。因为生为中国人，我们继承了一笔巨额遗产——在德里达看来，"一笔遗产总是一项债务""遗产从来不是一种给予，它向来是一驱动"。"我们是继承人，……而是意味着我们所是的存在就是最重要的遗产。无论我们喜欢知道它，还是不喜欢知道它。"① 生活在转型中国的我们每时每刻都可以感受到"三境合一（前现代、现代、后现代）"的"时空压缩"（非 Lefebvre 意义上的）特征。各色新式拜物教尾随着资本涌动在古老的中华大地，一面摧毁着中国式的"血与土形而上学"（Charls Bambach），一面为新的凶神打着"权与钱形而上学"的粉底。就在饕餮这场貌似的文化盛宴中，主流文化依然偏见，精英文化依然傲慢，民间文化依然盲目——因为我们越来越靠近那个把中介作为目的（赫斯语），把桥当作家（西美尔语）之时代，我们的存在越来越证明着马克思"历史现象学"所指认的刚性"自然规律"。同为"剧中人和剧作者"的我们究竟是饕餮了百年难遇的醍醐，还是被卷入了一场瞎子指挥跛子的闹剧呢？——时代在每一个中国人身上留下了如此

---

① ［法］德里达：《马克思的幽灵》，何一译，中国人民大学出版社 1999 年版，第 79 页。

鲜明的烙印，以至于我们这些役己娱神媚资者在"生产之镜"中的艳照越发映衬出上述思想债务的沉重。

　　有感于此久矣，戚戚焉而不能释。是时候偿还这笔债务和解决这种转型之困惑了，顺便满足一下自己的小小"形而上冲动"。——3 年前，告别了浪漫反讽，自己否定自己离开改革开放的窗口城市，返回武汉继续求学。盖当下的时代大体算得上是著名诗人丁尼生所颂赞的"奇妙的孕育时代"（wonderous Mother-age），某种意义上也是一部分学人在倡导的"文明第二轴心期"。怎样在这样一个充满发展机会与文化风险的时代，真实、有效地为我们的文化共同体做一些力所能及的思考，也许是本书的最冠冕堂皇的宏大叙事。然而，真正的困境仍然是"摆脱掉那旧的亚当"①，走出"洞穴"获得新的空间。这一问题还得回到"文化"本身——文化既是人存在的"家园"，也是人栖居的"洞穴"。在反思的意义上，我更愿意用"洞穴"这一隐喻，因为它让我们晓谕文化魔方晦暗与光明、粗糙与精致、遮蔽与敞开之间的矛盾和张力。因此，清算我们的文化前见、错误先验，是走出"洞穴"的前提之一。当然，我们最得小心"洞穴"之外还有"洞穴"！歌德说过："谬误如同船头之水，船分开水，水又立即在船后合拢了；第一流的天才人物消除谬误并确立了自己的地位，在这些人物之后谬误再度自然地合拢了。"② 形而上学是人类思维的原罪，但它绝不是人类思维的宿命。对此，毫无疑问，还是马克思为我们指引了解放的方向，而后现代主义大师们为我们绘出了解放地图，并且在解放的路径上，清晰地标示出那些我们必须攻克的凶险的文化"巴士底"③。德里达说过：我们要"不带 nostalgie 地思考这一点。"④巴迪乌说过"概念的探险者"（adventurers of the concept）可以成为把我

---

　　①　原文是 den alten Adam ausziehen，即悔过迁善，一新旧面目之意。"旧的亚当"指原罪、本性之恶。见［德］黑格尔《小逻辑》，贺麟译，商务印书馆 1980 年版，第 377 页。
　　②　转引自叔本华《作为意志与表象的世界》，石冲白译，商务印书馆 1982 年版，第567 页。
　　③　操奇、邱观建：《主奴辩证法与后现代主义》，《理论月刊》2009 年 11 月，第 39—44 页。
　　④　Jacques Derrida: *Marges le da Philosophie*, Éd. de Minuit, 1972, p. 29.

们团结起来的令旗①。罗素当年写过一篇《精神废料大纲》，其中把许多西方"非知识"的文化垃圾划分出来。也许，当我们在现实的、具体的实践中，历史唯物主义地响应后现代的"不带 nostalgie"地进行概念的探险和精神废料的清理，终归可以找到"摆脱掉那旧的亚当"的路径。尽管辽阔幽暗的人性如同原始森林，野兽出没，同时又人迹罕至。但我相信：它终将在劳动之火的型塑下、文化之水的浸润下，能够健康的生长。

　　在学位论文的撰写过程中，我本人多次亲身体验了"文化辩证法"，及至写作"致谢"更是使我从正文纯理性的逻辑推演状态回到感性与理性复合的大我中，感谢那些曾经帮助我的所有人。博士期间的学习生活蕴藏着丰富的生产辩证法、交往辩证法和解释辩证法，它同时又是一种融合知识、智慧、深情、高谊、精神、人品、思想的奇特海洋，徜徉其间，受益匪浅。第一导师邱观建老师以其渊博的学识、严格的要求和耐心的引导、温暖的关怀最大程度地提升了我的学术和为人，耳提面命，幸甚至哉。师母曾老师同样地关心我的学习，而且一直关注我的生活问题，学生倍加感动。第二导师朱喆老师以高标准的要求和具体的事功开阔了我的学术视野、砥砺我的学术根基，教诲有加，不胜感激。还感谢武汉大学何萍老师在开题答辩会上给我的严厉而专业的批评，让我醍醐灌顶，少走很多弯路，起到事半功倍之效。同时感谢硕士导师孙文宪老师为我打下的学术基础。感谢文法学院杨明佳老师、王智老师、郭国祥老师、蓝江老师在教学和日常交谈中的指点，一并感谢文法学院彭攀老师、张志伟老师、李坚评书记、谭静老师、赵晴老师、周福老师。

　　感谢卢岚师姐、朱梅梵博士、曾庆铃博士、董杰博士、郭建平博士、马晖慧博士、王崎峰博士、李立国博士、胡神松博士，在学习、生活和找工作上对我的诸多建议、提醒和帮助，感谢项小军博士、陈丽博士、孙栋博士、张少君博士、魏志勤博士诸君的种种关心。

　　感谢爸爸、妈妈、大哥、大嫂、姐姐、姐夫、弟弟、弟妹，他们满足了我攻博期间全部文化活动（写作和读书、生活与健康）必须的物质前提条件——尤其是大哥提供的高科技产品 e 摘客（电子扫描笔），使得

---

　　① ［法］阿兰·巴迪乌：《当代法国哲学思潮》，陈杰、李谧译，《国外理论动态》2008 年第 12 期，第 82 页。

原本萧散、闲逸惯了的我能够老老实实地一本接一本地阅读早该阅读的重要著作，并且节省了做笔记的劳动时间，获得了更多的思考时间。再次感谢他们对我一如既往的支持、鼓励和关爱。

回首往事，既有着收获时的充实，又有着收获时的荒凉（又一种文化辩证法？）。每一个人都在某些文化母体中粗重地呼吸、西西弗斯样地行动、笨拙地思考，我们都是这些文化母体的食物，包括我的这一篇论著，也是文化之胃的食物。我知道，作为对文化母体的告别仪式，它还远远不够资格。"也许我们能够修修一个过程的一段段狭窄而又走不了多远的小路也就疲惫不堪了。"① 但是，好在我们有先知的引导，——文化日历中最高尚的代表和最睿智的哲人之一——马克思。因此，我可以把它作为揖别自我的仪式。因为辩证法的本质就是自否定，因为"哲学是不断更新的对自己的开端的体验"，"真正的哲学在于重新学回看世界"（梅洛—庞蒂语），终点即是起点，别尔嘉耶夫在《来世论形而上学》一书末尾写道："生命的每时每刻都需要结束旧世界，开始新世界，这就是精神的呼吸。"② 只是在写下新的文化日历时，忠告自己带上三句话："光是思想竭力体现为现实是不够的，现实本身应当力求趋向思想。"③ "单纯志向的桂冠就等于从不发绿的枯叶。"④ "哲学家们只是用不同的方式解释世界，问题在于改变世界。"

① 《海德格尔选集》（下卷），孙周兴选编，上海三联书店 1996 年版，第 1317 页。

② Н. А. Бердяев. *Царство Духа и цирсто Кесаря*. М. , 1995. С.

③ 《马克思恩格斯全集》第 1 卷，人民出版社 1956 年版，第 462 页。

④ ［德］黑格尔：《法哲学原理》，范扬、张企泰译，商务印书馆 1961 年版，第 126 页。

又 记

　　岁月无痕，时光苍老。在年华的流水中，弹指间又蹉跎了四年。在这四年里，调动、买房、职评、结婚、生子，终于完成了人生中的几件大事，努力趋近了社会学和生命学意义上的"完整的人"。

　　在工作之余的时光碎片中陆陆续续完成了博士学位论文的修改任务。感谢夫人刘俊丽女士在这个过程中为看护儿子晓声付出了艰辛劳动；感谢晓声带来的欢乐和笑声幸福并充实了我们平淡而虚无的时光；感谢社科部魏娟大姐为我们一家三口在生活上提供的帮助；感谢社科部和广东医学院以及其他所有帮助过我们的朋友。感谢责任编辑张林老师为本书的出版所做的一切。

　　剽悍青春渐行渐远，中年气质扑面而来。要趋近文化学和主体性意义上的"完整的人"，有待于文化模式的整体发展和文化个体的持续修为——当然，更有待于年华逝水的时光雕琢。

2015 年 4 月 19 日于松湖烟雨